형태 중심 한국어 통사론

이 저서는 2011학년도 연세대학교 학술연구비의 지원에 의하여 이루어진 것임

형태 중심 한국어 통사론

유 현 경

역락

한국어 문법 공부를 하면서 조사와 어미 등 문법 형태에 관심을 갖게 된 것은 1990년대 중반 『연세한국어사전』 편찬 작업에 참여하게 되면서 부터였던 것 같다. 말뭉치에 나타난 문법 형태들의 용법을 분석하고 조사, 어미 등 문법 형태 하나하나가 가지는 의미와 기능을 밝히는 것은 아주 흥미로운 작업이었다. 그 후 20여 년 간을 문법 형태 분석에 관심을 가지면서 형태를 중심으로 한국어 문법을 기술해 보고자 하는 생각을 갖게 되었다. 이는 문법 범주 중심의 기존의 통사론 기술의 한계를 극복해 보고자 하는 시도이기도 하다. 최근 한국어 말뭉치 구축과 활용이 더욱 활성화되면서 여러 유형의 말뭉치에 나타난 문법 형태의 용법을 정밀하게 분석하고 이를 바탕으로 한국어 문법을 기술하는 것이 가능하게 되었다. 이연구는 한국어의 모든 문법 형태를 대상으로 한 것이 아니라 형태를 중심으로 문법 범주를 기술하고자 하는 방법론을 제시해 보고자 한 것이다. 이러한 방법론으로 한국어 통사론의 여러 쟁점들을 다른 시각으로 바라볼 수 있을 것으로 생각한다.

이 책은 어미를 형태별로 기술한 장과 조사를 형태별로 기술한 장, 그리고 문법 형태 분석의 결과를 통하여 문법 범주 간의 관련성을 기술한 장으로 구성되어 있다. 형태를 중심으로 한국어 문법 체계를 살펴보게 되면 범주들이 어떤 관계를 맺고 있는지, 이를 어떻게 설명해야 할지에 대하여 구체적인 논거를 기반으로 한국어 문법을 기술할 수 있다. 문법 형태에는 형태 이상의 그 무엇이 있다. 형태 내면에 있는 그 무엇인가가 기능을 표상하는 것을 가능하게 한다. 이러한 측면에서 한국어 문법 연구는 시작도 형태이고 그 끝도 형태가 된다. 연구를 시작하면서 했던 질문들이 있고 이 책을 마무리하면서도 질문이 계속되었다. 질문이 곧 공부의 시작이고 질문이 날카로우면 당장 대답을 하지 못해도 질문 자체도 의미가 있다. 앞으로도 그 질문에 대답하기 위하여 문법 형태에 대한 고찰을 계속할 것이다.

문법 공부를 하면서 한국어와 한국인, 한국문화에 대하여 많은 생각을 하게 된다. 문법 형태의 의미와 기능은 고정적인 것이 아니라 우리가 조사와 어미 등 문법 형태를 사용하는 과정에서 그 형태는 어떤 기능을 새롭게 획득하게 되기 때문에 언어에는 우리의 모습이 그대로 드러나 있다. 앞으로도 문법 형태를 천착하고 이를 통하여 한국인, 한국어, 한국문화에 대한 이해를 넓힐 생각이다.

이 책은 연세대학교 2011년 학술연구비의 지원을 받아 저술되었다. 이제야 그 결과물을 내 놓은 것은 필자의 게으름 때문이기도 하거니와 문법 형태를 모두 살펴보려는 욕심도 한몫을 했다. 닫힌 구조가 아니라 열린 결말을 전제로 하여 그 욕심을 줄이고서야 책이 세상에 나오게 되었다. 늦었지만 책이 나올 수 있도록 지원해 주고 기다려 준 연세대학교 연구처에 감사의 마음을 전한다. 내용 교정과 형식 교정에 연세대 대학원생 김슬교가 많은 수고를 하였다. 이 책의 출판을 선뜻 승낙해 주신 역락 출판사의 이대현 사장님과, 촉박한 제작 일정에도 수고를 아끼지 않은 권분옥 편집장님을 비롯한 편집팀에게도 이 자리를 빌려 감사드린다.

2017년 2월
유현경 씀

차례

제4장 문법 형태의 기능과 범주 • 291

제1장 서론

　이 연구는 한국어가 교착어라는 점에 주목하여 문법 형태를 중심으로
한국어 통사론을 기술해 보려 하는 것을 목적으로 한다. 교착어의 중요한
특성 중의 하나는 어미나 조사와 같은 교착소에 통사적 기능이 집중되어
있다는 것이다. 그러므로 교착어의 문법 연구는 개별 어미나 조사에 대한
연구가 시작이며 종착점이 된다. 한국어 문법 연구는 여러 가지 기준으로
나누어 볼 수 있는데 연구의 대상을 중심으로 볼 때, 문법 체계를 범주 중
심으로 연역인 기술을 한 연구와, 어미나 조사 등 문법형태소 즉 교착소
에 대한 미시적 연구로 대별할 수 있다. 문법 형태를 중심으로 한 미시적
연구는 문법 전체의 체계에 관한 고려가 상대적으로 적기 때문에 연구의
대상이 되는 문법 형태에 대한 기술은 정확한 편이지만 한국어 문법 전체
를 조망하기는 어렵다는 문제를 지니고 있다. 반면 문법 범주 중심의 연
구는 문법 체계 전반에 대한 논의가 가능하지만 문법 형태들이 두 가지
이상의 범주의 기능을 하고 있을 경우 이를 별도의 형태로 보아야 하는
문제가 있을 수 있다.

한국어의 문법 체계는 몇 개의 주요 문법 범주에 대한 기술로 이루어진다. 주요한 한국어의 문법 범주는 격(Case), 문장종결법, 시제, 피동과 사동, 부정법, 높임법, 접속과 내포 등이 있다. 격은 격조사에 의하여 실현되며 문장종결법은 종결어미로 실현된다. 시제는 선어말어미, 높임법은 선어말어미와 종결어미가 관여하며 접속과 내포는 연결어미와 전성어미로 실현되는 범주이다. 주요 문법 범주 중 피동과 사동은 피사동 접사와 우언적 구성으로 실현되지만 접사로 인하여 형성되는 피동과 사동은 어휘론에서 기술하여야 할 문제이지 통사론적 범주로 보기 어렵다. 또한 부정법도 어미나 조사와 같은 교착소가 아닌 통사 구성으로 이루어지는 범주이므로 한국어 문법론에서 피동과 사동, 그리고 부정법과 같은 범주를 엄밀한 의미에서 문법 범주로 볼 수 있는지는 의문이다. 이 연구는 문법 체계를 연역적으로 기술하는 기존의 태도에서 벗어나 형태(morph)를 중심으로 한국어 통사론을 기술해 보려 한다.

이 연구는 문법 형태를 중심으로 한국어 통사론을 기술하려는 것을 목적으로 다음과 같은 세부적 목표를 가지고 있다.

첫째, 한국어의 어미와 조사는 어미 1700여 개, 조사 300여 개 정도가 있다는 것이 기존의 연구에서 밝혀진 바 있다. 이 중 문법 범주에 직접적으로 관여하는 주요한 문법형태소를 선택하여 이를 중심으로 각 문법 범주의 기능과 특성을 기술해 보려 한다. 어미와 조사의 수가 2000여 개에 이르지만 이들은 몇 개의 한정적인 유형으로 분류할 수 있고 대표적인 몇 개의 어미와 조사에 대한 상세한 연구를 통하여 한국어 통사론의 새로운 체계를 기술할 수 있다고 본다.

둘째, 형태 중심의 문법 연구를 통하여 기존의 연구와 다른 어미와 조사의 체계에 대한 쟁점을 해결할 수 있는 실제적인 논거를 제공할 수 있을 것으로 생각한다. 한국어 통사론은 어미와 조사의 체계와 밀접한 관련이 있는데 형태 중심 문법론은 문법 체계와 교착소의 체계를 동시에 기술할 수 있기 때문에 기존의 연구가 갖는 한계를 극복할 수 있다.

셋째, 형태를 중심으로 한국어 문법을 바라보았을 때 한 형태가 여러 문법 범주의 기능을 하는 것에 대한 설명이 가능해질 것이다. 왜 하나의 형태가 두 가지 이상의 문법 기능을 가지게 되는지에 대하여 살펴보는 것은 문법 범주 간의 관계를 규명하는 데에도 도움을 줄 수 있을 것이라고 본다.

이 연구에서는 주로 구조주의적 이론과 변형생성문법 이론 등 이론적인 연구방법론과 더불어 말뭉치 용례 분석을 기반으로 하는 말뭉치 언어학적 방법론을 사용할 것이다. 한국어의 교착어적 특성으로 인하여 구조주의적 분석의 틀로 교착소를 분석해내는 작업이 필요할 것이며 분석해낸 교착소의 기능은 지배결속이론 등 변형생성문법의 통사 이론을 바탕으로 기술될 것이다. 한국어의 교착소는 언어 단위의 핵(Head)으로서 해당 언어 단위를 규정하는 기능을 한다. 이러한 측면에서 지배결속이론은 한국어의 교착소를 설명하는 데 매우 유용한 연구방법론이 될 것이다. 말뭉치 언어학적 연구방법론은 해당 교착소(문법 형태)의 기능과 용법을 세밀하게 살펴보는 데 유효한 방법론이다.

기존의 문법론은 문법 범주 중심으로 기술되었기 때문에 개별 문법 형태에 대한 정치한 분석에는 이르지 못하였다. 예를 들어 종결어미는 상대높임법과 문장종결법의 두 범주에 관여하지만 각각의 범주에서 기술되어 이 두 범주의 관련성에 대하여서는 충분하게 설명되지 못하였다. 문법 형태를 중심으로 문법론을 기술하는 이 연구에서는 하나의 형태에 둘 이상의 문법 범주가 어떤 관련성을 가지게 되는가를 보여줄 수 있다. 예컨대 선어말어미 '-겠-'의 경우는 다양한 기능을 가지고 있다. '-겠-'은 '미래, 가능성, 추측, 예정, 의지' 등을 드러낸다. '-겠-'을 시제(tense)의 범주에서만 다루게 되면 '-겠-'이 가지는 다양한 기능들은 놓치게 되는 것이다. 교착어는 기본적으로 하나의 교착소에 하나의 기능을 부담하는 것이 일반적이지만 교착소들은 문법화 과정을 통하여 여러 가지 기능을 지니게 된다. 현재의 한국어 통사론은 인구어에 기반한 통사론의 틀을 가져다 입힌 것이기 때문에 한국어의 특성을 제대로 반영하지 못하고 있다.

　이 연구의 내용은 먼저 주요 문법 형태를 중심으로 귀납적으로 기술한 후 다시 이에 대한 해석을 하게 된다. 2장은 말뭉치에 나타난 어미의 구체적인 용법 분석을 중심으로 문법 형태들이 어떠한 기능을 하고 있는지와 그 범주 간의 겹침 현상에 대하여 살펴볼 것이다. 3장에서는 말뭉치에서의 조사 용법을 살펴보려고 한다. 2장과 3장에서 하나의 문법 형태가 여러 가지 문법 범주로 기능할 수 있음을 보여줌으로써 각 문법 형태가 관여하는 문법 범주의 관련성까지도 논의할 수 있을 것이다. 4장에서는 2장과 3장에서 귀납적으로 기술된 문법 형태의 기능들이 어떠한 관련성을 가지는지에 대하여 살펴보게 될 것이다. 이는 기존의 한국어 문법론에서 틀을 먼저 제시하고 이에 해당 문법 형태를 단순 배열하는 방법론에서 벗어나 한국어 문법의 특성을 그대로 보여줄 수 있을 것이다. 마지막으로 결론 부분에서는 형태 중심 한국어 통사론의 의의와 전망을 제시한다.

제2장 어미의 형태와 기능

한국어 어미[1]는 먼저 어말어미와 선어말어미로 나뉘고 어말어미는 종결어미와 비종결어미로 나뉜다. 선어말어미는 시제(tense), 법(mood), 양태(modality) 등을 나타내고 어말어미 중 종결어미는 문장종결법과 상대높임법의 기능을 한다. 비종결어미는 연결어미와 전성어미로 나누어지는데 연결어미는 접속을, 전성어미는 내포의 기능을 담당한다.[2] 종결어미는 문장의 유형에 따라 평서형, 의문형, 명령형, 청유형, 감탄형 어미로 나누는 것이 일반적이며 논자에 따라 몇 개의 종결어미를 추가하기도 한다. 어말어미 가운데 종결어미는 하위 유형을 몇 가지로 설정하느냐에 초점이 있고

---

1) 이 글에서는 어미 '-으시-/-시-'는 '-(으)시-', '-었-/-았-'은 '-었-', '-었겠-/-았겠-'은 '-었겠-', '-어라/-아라'는 '-어라', '-어서/-아서'는 '-어서', '-어도/-아도'는 '-어도', '-어야/-아야'는 '-어야', '-리라고/-으리라고'는 '-(으)리라고', '-려고/-으려고'는 '-(으)려고', '-음/-ㅁ'은 '-(으)ㅁ', '-을/-ㄹ'은 '-(으)ㄹ', '-면서/-으면서'는 '-(으)면서', '-으니/-니/-으니까/-니까'는 '-(으)니(까)', '-으므로/-므로'는 '-(으)므로', '-ㄴ들/-은들'은 '-(으)ㄴ들'을 대표형으로 하기로 한다.

2) 이는 한국어는 교착어이고 어미나 조사와 같은 교착소는 대부분 하나의 문법 기능을 담당한다는 것을 전제로 한 기술이다.

적게는 4개부터 8개까지 다양한 견해가 존재하지만 종결어미의 기능이나 범주 자체에 대한 논란은 많지 않은 편이다. 그러나 비종결어미에 관해서는 지난 몇 십 년 간 수많은 논쟁이 있어 왔으며 이는 한국어 문법에서 매우 중요한 연구 대상이 되어 왔다. 비종결어미에는 연결어미와 전성어미가 있는데 전성어미 중 부사형 어미와 접속어미의 관계가 문법서나 문법 체계에 따라 다르게 설정되어 혼란이 가중되었다. 그러나 이러한 기술은 문법 범주를 기준으로 한 것이고 개별 어미를 형태별로 살펴보면 하나의 형태가 여러 가지 문법 범주의 기능을 하고 있는 경우가 많다. 연결어미가 종결어미로 사용되거나 접속을 담당하는 연결어미가 전성어미의 기능을 하는 등 하나의 형태가 두 가지 이상의 기능을 하는 것이 오히려 일반적인 현상이다. 이 장에서는 어미의 형태별로 어떤 문법 기능을 하고 있는지를 살펴봄으로써 기능 간의 전이 문제를 다루려고 한다.

1. 어미 '-고'[3]

1.1. 어미 '-고'의 용법

어미 '-고'는 대표적인 대등적인 연결어미로 다루어진다. 그러나 어미 '-고'는 대등적인 연결어미로뿐 아니라 종속적인 연결어미로 쓰이기도 하며 종결어미로도 사용된다. 먼저 연결어미 '-고'의 기능을 살펴보면 다음의 네 가지 정도로 나눌 수 있다.[4]

---

3) 이 절은 유현경(2002ㄱ), 유현경(2003ㄴ), 유현경(2008) 등을 기반으로 기술되었다.

4) '-고'의 의미는 『연세한국어사전』의 기술을 참고하였다. 연결어미 '-고'가 대등접속뿐 아니라 종속접속으로도 쓰인다는 사실은 최현배(1937/1971), 양동휘(1978), 서태룡(1979), 남기심 엮음(1994), 윤평현(2005) 등 여러 논의에서 지적한 바 있다. 남기심(1978)에서는 '-고'의 종속적 관계 즉 시간의 순차성(또는 계기성)은 '-고'의 내재적 의미가 아니라 화용론적 상황에 의한 것이라 하였고 서정수(1982)에서는 이러한 '-고'의 순차성이 서술동사의

(1) ㄱ. 산은 높고 물은 맑다.
　　ㄴ. 넓고 넓은 바다에 조각배가 간다.

(2) ㄱ. 철수는 비를 맞고 걸어간다.
　　ㄴ. 영희는 밥을 먹고 학교에 간다.
　　ㄷ. 철수는 가방을 메고 학교에 간다.
　　ㄹ. 철수는 차를 몰고 부산에 갔다.
　　ㅁ. 그는 쉰밥을 먹고 배탈이 났다.

(3) 영희는 서울에서 살고 있다.

(4) 요즘은 먹고살기가 참 어렵다.

　연결어미 '-고'의 가장 대표적인 기능은 (1)에서처럼 선행절과 후행절을 대등적으로 접속하는 것이다(공간나열). (2)는 종속접속의 예인데 (2ㄱ)은 선행절의 행동과 후행절의 행동이 동시에 이루어짐(동시나열)을 나타내고 (2ㄴ)은 선행절의 행동이 후행절의 행동에 앞섬(계기나열)을 나타내며 (2ㄷ)은 선행절의 행동이나 결과가 후행절의 행동과 더불어 계속됨(동작지속)을 나타낸다. (2ㄹ)은 선행절의 행동이 후행절의 행동의 수단이나 방법임(수단/방법)을 나타내고 (2ㅁ)은 선행절의 행동이 후행절의 사실의 이유나 근거(이유/근거)가 되는 예이다. (2)의 '-고'는 '-고서'와 바꾸어 쓸 수 있지만 (2)를 제외한 나머지 (3), (4)의 '-고'는 '-고서'와 교체할 수 없다. (3)은 소위 보조적 연결어미로서의 '-고'이며 (4)는 단어를 형성하는 과정에 개입되는 '-고'이다. (1)~(4)에서 보듯이 어미 '-고'는 대등접속과 종속접속 등 절 접속뿐 아니라 동사구 접속, 단어 접속에 이르기까지 그 기능이 다양하고,

---

의미적 특질과 관계가 있다고 주장하였다. 연결어미 '-고'의 다양한 의미 관계를 인정할 것인가 아니면 기본적으로 '-고'의 의미가 있고 화용론적 상황이나 앞뒤에 오는 어휘들과의 관계에 따라 의미가 달라진다고 볼 것인가도 문제가 될 수 있다.

나열을 비롯하여 동작지속, 수단, 이유 등 의미도 여러 가지로 분화되어 있다.

어미 '-고'는 (1)~(4) 이외에 다음과 같이 종결어미처럼 쓰이기도 한다.

(5) ㄱ. 아이고, 해가 서쪽에서 뜨겠네. 네가 내 방에 다 찾아오고.
ㄴ. 조금만 기다려. 이것 좀 마저 하고.
ㄷ. 나보러 여기 있으라고? 너는 집에 가고?

다음에서는 연결어미로 쓰인 '-고'에 대하여 살펴본 후 종결어미로 쓰인 '-고', 그리고 그 밖의 쓰임에 대하여 차례로 살펴보기로 하겠다.

1.2. 연결어미로서의 '-고'

일반적으로 연결어미 '-고'는 '-고서'와 '-고 나서'의 대치 여부에 따라 공간나열, 동시나열, 계기나열로 해석된다. 그 대표적인 예는 다음과 같다.[5]

(6) ㄱ. 농촌 지역에서는 공동체 의식이 강하고 이웃과의 협력이 잘 이루어지고 있다.
ㄴ. *농촌 지역에서는 공동체 의식이 강하고서 이웃과의 협력이 잘 이루어지고 있다.
ㄷ. *농촌 지역에서는 공동체 의식이 강하고 나서 이웃과의 협력이 잘 이루어지고 있다.

(7) ㄱ. 환웅은 무리 3천 명을 거느리고 신단수 아래로 내려왔다.
ㄴ. 환웅은 무리 3천 명을 거느리고서 신단수 아래로 내려왔다.
ㄷ. *환웅은 무리 3천 명을 거느리고 나서 신단수 아래로 내려왔다.

---

5) 어미 '-고'에 대한 논의에서, 용례는 대부분 연세말뭉치2(100만)에서 가져온 것이다.

(8) ㄱ. 그는 4시가 되면 소다수를 한잔 마시고 집을 나선다.
　　 ㄴ. 그는 4시가 되면 소다수를 한잔 마시<u>고서</u> 집을 나선다.
　　 ㄷ. 그는 4시가 되면 소다수를 한잔 마시<u>고 나서</u> 집을 나선다.

연결어미 '-고'는 선행절과 후행절의 두 가지 사건이나 상태에 시간적 선후 관계가 있느냐 없느냐에 따라 크게 공간적 나열과 시간적 나열로 나뉜다. 공간적 나열은 선·후행절의 시간적 선후 관계에 상관하지 않고 단순히 공간적으로 나열하는 것으로 예문 (6)이 이에 해당한다. 시간적 나열은 선·후행절의 시간적 선후 관계에 따라 나열하는 것으로, 예문 (7)과 같이 선·후행절의 사건의 관계가 시간적으로 겹쳐 일어나는 동시나열과, 예문 (8)처럼 선행절의 사건이 일어난 다음 후행절의 사건이 일어나는 계기나열이 있다. (6)에 쓰인 '-고'의 경우는 '-고서', '-고 나서' 모두 대치가 되지 않으며, (7)의 '-고'는 '-고서'와만 대치되고 '-고 나서'와는 바꾸어 쓸수 없다. (8)에서 '-고'는 '-고서', '-고 나서' 모두와 대치가 가능하다.

(8)과 같은 계기나열은 다음의 (9)에서처럼 선행절의 행위가 끝나고 나서 그 결과가 지속되는 상태지속나열6)로 해석되기도 한다.

(9) ㄱ. 그녀는 황급히 옷을 입고 밖으로 달려 나왔다.
　　 ㄴ. 그녀는 황급히 옷을 입<u>고서</u> 밖으로 달려 나왔다.
　　 ㄷ. 그녀는 황급히 옷을 입<u>고 나서</u> 밖으로 달려 나왔다.

계기나열과 상태지속나열의 구분은 선행절의 서술어의 종류가 무엇인가에 따라 결정된다. 즉, 서술어로 쓰인 동사가 행위가 끝나고 나서 그 결과가 지속되는 상태를 나타내는 의미를 가지게 되면 상태지속나열로 해석될 수 있다. 이러한 동사로 '가지다, 감다, 감추다, 거느리다, 걸치다, 두

---

6) 남기심(1980)에서는 이를 완료나열이라 하였으나, 남기심 엮음(1994)에서는 이를 다시 상태지속나열이라 했다.

다, 두르다, 들다, 뚫다, 메다, 벗다, 붙들다, 비집다, 신다, 씨다, 안다, 없
다, 이다, 입다, 잇다, 잡다, 쥐다, 지다, 짚다, 쪼그리다, 타다, 태우다' 등
이 있다.

　일반적으로 대등접속 구문으로 볼 수 있는 문장은 (6)과 같은 공간나열
에 제한되는데 어미 '-고'가 이러한 대등적인 의미로 쓰이는 경우가 예상
보다 그렇게 많지는 않다. 이외에 나머지 동시나열, 계기나열, 상태지속나
열의 경우는 종속접속문으로서의 성격을 강하게 지니고 있다.[7] 대등접속
이 선행절과 후행절의 순서를 바꿀 수 있고, 선행절이 후행절 안으로 들
어갈 수 없으며, 동일한 연결어미가 반복되면서 바로 상위문에 내포되는
구성이 가능하고, 재귀화 실현 가능성, 주제화 가능성 등에서 종속접속과
차이를 보이는 것은 사실이다. 그러나 이를 대등접속과 종속접속의 근본
적인 구조의 차이에서 온 것이라고 하기는 힘들 것 같다. 같은 문장이 앞
뒤 문맥에 따라 대등접속으로도 종속접속으로도 해석될 수 있다는 사실
은 대등접속과 종속접속이 구조적인 차이가 아니라 문맥적 의미의 차이
로 구분될 수 있다는 것을 보여준다.

　실제 문장에서 '-고'가 선·후행절을 대등적으로 연결하는 경우는 나
열이나 대조의 의미를 지닐 때다. 주로 어떠한 사실을 열거할 때, 두 가지
사실을 동등하게 비교하거나 대조할 때 대등접속문이 생성된다.

(10) ㄱ. 그들은 숙제를 함께 했고 비밀을 나누었으며, 장난도 같이 했다.
　　　ㄴ. 그는 조용하고 약간 수줍으며 겸손한 소년입니다.

(11) ㄱ. 지혜는 약하고 욕심은 강하다.
　　　ㄴ. 이곳은 겨울이면 춥고 여름이면 오히려 덥다.

---

7) 대등접속문의 통사적 특성에 대해서는 김영희(1988) 등에서 논의된 바 있는데, 계기나열,
　동시나열, 상태지속나열의 '-고'의 대등접속문의 조건에 대한 검증은 남기심 엮음(199
　4 : 44~47)에서 이미 한 바 있으므로 이 글에서 이를 되풀이하지는 않겠다.

(10)은 여러 개의 사건을 열거하는 경우이고, (11)은 선행절과 후행절이 대조를 이루는 경우이다. 이러한 전형적인 대등접속문까지도 기본적으로는 부사절의 속성을 가지고 있다. 대등접속문의 부사적 속성은 종속접속문에 비하여 현저히 떨어진다. 이는 대등접속이 가지는 대칭성과 독립성의 의미 자질 때문인 듯한데, 대등 연결어미로 분류되는 어미 중에서도 그 부사적 속성의 많고 적음의 차이가 있고, 같은 어미로 연결되는 문장이라 할지라도 문맥에 따라 그 부사성이 달리 나타나는 것으로 보아, 대등접속의 대칭성과 독립성의 의미 자질도 정도성의 문제도 파악할 수 있다. 다음에서는 대등 연결어미 중에서도 가장 전형적인 것으로 분류되는 '-고'의 부사적 속성에 대하여 살펴보겠다.

대등적 연결어미 '-고'는 연결어미 중 가장 독립성과 대칭성이 강한 어미이다. 독립성과 대칭성이 강하다는 것은 후행절에 대한 의존도나 수식의 정도가 그만큼 약하다는 것을 의미한다. 그러나 가장 독립성과 대칭성이 강한 대등적 연결어미 '-고'도 다음과 같은 측면에서는 의존적인 특성을 보인다.

어미 '-고'는 의미적으로는 독립성을 지니고 있지만 형태적, 통사적으로는 의존적이다. 어미 '-고'뿐 아니라, 한국어에서 어미는 용언과 결합해서만 문장의 성분으로 쓰일 수 있는 형태적인 의존성을 지니고 있다. 이러한 점이 인구어의 접속사와 다른 점이다. 인구어의 접속사는 선행절이나 후행절에 의존적이지 않고 자립적인 형태로 쓰이기 때문에 선행절과 후행절의 자리를 바꿀 때에도 접속사의 위치는 고정적이다. 그러나 한국어에서의 연결어미는 형태적으로 의존적이기 때문에 연결어미는 선행절에 붙어서 함께 움직이게 된다.

(12) ㄱ. John loves Mary and Mary loves Tom.
ㄴ. Mary loves Tom and John loves Mary.

(13) ㄱ. 철수는 영희를 사랑하고 영희는 민수를 사랑한다.
 ㄴ. 영희는 민수를 사랑하고 철수는 영희를 사랑한다.
 ㄷ. ?영희는 민수를 사랑한다 철수는 영희를 사랑하고.

영어의 경우, (12)처럼 선행절과 후행절의 자리를 바꿀 때 접속사의 위치가 고정적이다. 그러나 한국어의 경우 대부분의 논의에서 자리 이동을 한 결과의 문장으로 (13ㄴ)을 예로 들고 있으나, 선행절과 후행절이 대칭성을 가지고 있다면 엄밀한 의미에서 선·후행절의 자리 이동의 결과가 (13ㄷ)과 같이 되어야 한다.

어미 '-고'가 이끄는 절은 형태적인 의존성뿐 아니라 통사적인 의존성도 함께 가진다. 어미 '-고'가 이끄는 절의 시제나 높임법의 해석은 후행절에 의존한다.

(14) ㄱ. 철수는 영희를 사랑하고 영희는 민수를 사랑한다.
 ㄴ. 철수는 영희를 사랑하고 영희는 민수를 사랑했다.
 ㄷ. 언니는 학교에 가고 어머니는 장에 가셨습니다.
 ㄹ. 언니는 오전에 학교에 갔고 나는 지금 학교에 간다.

대등적 의미를 지닌 '-고'가 이끄는 절의 시제나 상대높임법의 해석은 다른 종속 연결어미들의 경우처럼 후행절에 따라 결정된다. 물론 대등접속의 경우, (14ㄹ)처럼 선행절과 후행절의 시제 해석이 각각인 경우도 있고, (14ㄷ)에서 보듯 상대높임법의 해석은 의존적이나 주체높임법의 해석은 선행절과 후행절이 별개이기도 하다. 선·후행절의 시제나 높임법의 해석의 문제를 보면, 대등접속의 대칭성과 독립성이 경우에 따라 달라질 수 있음을 알 수 있다.

대등의 의미를 지닌 어미 '-고'가 이끄는 절이 다른 요소로 대치될 때 부사어나 부사구, 부사절 등으로 바꾸어 쓸 수 있다는 점은 대등적인 연결어미 '-고'도 부사형 어미의 기능을 하고 있음을 시사한다.

(15) ㄱ. 누군가가 휠체어를 탄 그를 거기까지 데려다 주었고 손에 장정
　　　된 권총을 쥐어 주었다.
　→ ㄴ. 누군가가 휠체어를 탄 그를 거기까지 데려다 주었다. 그리고
　　　손에 장정된 권총을 쥐어 주었다.
　→ ㄷ. 누군가가 휠체어를 탄 그를 거기까지 데려다 주는 동시에, 손
　　　에 장정된 권총을 쥐어 주었다.

(15ㄴ)에서 보듯이 대등적 의미를 지닌 '-고'가 이끄는 절은 (15ㄴ)에서
처럼 접속부사 '그리고'로 바꾸어 쓸 수 있다. (15ㄷ)은 접속의 기능을 하
는 부사구[8]로 바꾸어 쓴 경우인데, 대등의 의미를 지닌 다른 어미들도 접
속의 기능을 하는 부사구로 바꾸어 쓸 수 있는 경우가 있다.

(16) ㄱ. 부모를 따라 죽는 예는 드물지만 실연으로 자살하는 예는 많다.
　→ ㄴ. 부모를 따라 죽는 예는 드물다. 그렇지만 실연으로 자살하는
　　　예는 많다.
　→ ㄷ. 부모를 따라 죽는 예는 드문 반면에 실연으로 자살하는 예는
　　　많다.

(15), (16)에서 보듯, 대표적인 대등적 연결어미로 분류되는 '-고', '-지
만' 등이 접속부사나 접속의 기능을 지닌 부사구로 대치가 가능한 것은,
이러한 연결어미들이 부사적인 속성을 가지고 있음을 보여주는 것이다.
　대등적 연결어미 '-고'가 이끄는 절에 보조사가 붙을 수 있다는 점도
'-고'가 이끄는 절이 부사적인 기능을 하고 있음을 보여준다.

---

8) 우형식(1996)에서는 접속의 기능을 하는 명사구로 정의한 바 있으나, 엄밀한 의미에서 부
사구로 보는 것이 옳다고 본다.

(17) ㄱ. 샤워를 하고 나오자, 전신은 가뜬하<u>고도</u> 상쾌해지면서 정신이 맑
　　　아졌다.
　　ㄴ. 세상은 넓<u>고도</u> 아름다웠다.
　　ㄷ. 아버지는 목사로서 자기 아들에게 깊은 애정을 쏟<u>고는</u> 아들의
　　　생애에 큰 기대를 걸었다.

(17)은 대등적 연결어미 '-고'에 다양한 보조사들이 붙어 쓰인 문장들
이다. '-고도'나 '-고는'은 새로운 연결어미로서 사전에 등재되어 있는 것
들이다. 어미 '-고도'는 '이다'의 어간, 용언의 어간이나 '-(으)시-' 뒤에
붙어서 어떠한 사실이나 느낌을 나타내면서, 뒤이어 이에 상반되거나 또
다른 특성이 있음을 나타내는 연결어미이며, '-고는'은 용언의 어간 또는
어미 '-(으)시-' 뒤에 붙어서 앞의 내용이 뒤에 오는 내용의 전제나 조건
이 됨을 나타내는 연결어미로 흔히 뒤에는 부정 형식이 온다고 설명되어
있다(『표준국어대사전』). 다음은 『표준국어대사전』에서 그 각각의 예로 든
것이다.

(18) ㄱ. 슬프<u>고도</u> 아름다운 이야기
　　ㄴ. 졸<u>고도</u> 졸지 않은 체하다.
　　ㄷ. 오시<u>고도</u> 연락을 안 하셨다니 섭섭합니다.

(19) ㄱ. 그는 남에게 빚지<u>고는</u> 못 배기는 성미였다.
　　ㄴ. 돋보기가 아니<u>고는</u> 글을 못 보시는 모양이셨다.
　　ㄷ. 천주쟁이를 혹독하게 다스린다 해서 비난하는 백성은 그놈의 무
　　　리를 빼놓<u>고는</u> 한 사람도 없을 것이다.

(18ㄱ, ㄴ)은 일반적인 나열의 의미를 지닌 반면, (19)는 선행절과 후행
절의 대조가 뚜렷하여 (18)의 경우는 보조사가 없어도 문장이 자연스럽지
만 (19)는 보조사가 없이는 문장의 원래의 뜻을 제대로 전달하지 못한다.

(18ㄷ)의 경우 결합된 보조사의 의미만이 더해지는 데 반해, (19)에서는 선행절이 후행절의 전제나 조건을 나타내는 의미를 가지고 있다. 이러한 대등적 연결어미 '-고'와 보조사와의 결합은 종속 연결어미나 부사에 보조사들이 결합되는 양상과 유사하며, 문장 속에서 한 성분으로 기능한다는 것을 보여주는 것이라 할 수 있다.

1.3. '-고' 접속문에서의 선어말어미의 해석

'-고' 접속문은 앞뒤의 문맥에 따라서 대등접속문으로 해석되기도 하고 종속접속문으로 볼 수도 있는 등 접속문의 여러 측면을 다양하게 드러내는 특징을 가지고 있다. 다음의 (20), (21)은 대등접속의 '-고' 접속문에서 '-겠-'이 결합되는 양상을 보인 것이다.

(20) ㄱ. 영희는 학교에 가<u>고</u> 철수는 병원에 가<u>겠</u>다.
ㄴ. 영희는 학교에 가<u>겠고</u> 철수는 병원에 가<u>겠</u>다.

(21) ㄱ. 엄마는 시장에 가시<u>고</u> 나는 학교에 가<u>겠</u>다.
ㄴ. ?엄마는 시장에 가시<u>겠고</u> 나는 학교에 가<u>겠</u>다.

(20ㄱ)에서 '-겠-'이 후행절에만 결합되었지만 '-겠-'의 작용역은 선행절까지 미치는 것으로 볼 수 있다. (20ㄴ)에서 보듯이 '-겠-'은 선행절과 후행절의 양쪽에 다 결합할 수 있는데 이때 대등접속으로서의 '-고'의 기능이 더 확실해진다. (20)에서의 '-겠-'은 모두 추측의 의미를 갖는다. (21)도 대등접속으로 해석되지만 (21ㄱ)의 후행절에 결합된 '-겠-'은 의지의 의미를 가지며 이러한 '-겠-'의 작용역은 후행절에 국한된다. (21ㄱ)의 선행절에서는 의지의 의미를 읽을 수 없으며 (21ㄴ)의 경우처럼 선행절에 '-겠-'이 결합되더라도 의지가 아닌 추측의 의미로 해석된다.

이와 같이 접속문에서 '-겠-'의 작용역은 연결어미가 지니는 접속 기능뿐 아니라 선·후행절의 주어 관계에 따른 '-겠-'의 해석과도 밀접한 관련이 있다. 이 절에서는 '-고' 접속문에서의 '-겠-'의 작용역과 통합 양상에 대하여 연결어미의 기능에 따른 선·후행절의 의미 관계, 선·후행절의 주어 관계, '-겠-'의 의미 해석 등에 초점을 두고 살펴본다. 접속문에서 선어말어미의 작용역과 통합 양상에 대하여 논의한 결과는 접속문의 의미 관계나 구조에 대한 연구에 객관적인 근거로 활용될 수 있다.

임홍빈·장소원(1995 : 332)에서는 대등적으로 이어진 문장의 선행절 시제는 독립적인 해석이 가능하나 종속적으로 이어진 문장의 경우는 의존적 해석만이 가능하다고 하였다. 반면 이은경(1995 : 95~101)에서는 대등접속문뿐 아니라 종속접속문에서도 독립적인 시제 해석이 가능하다는 것이 지적되었다. 이는 시제 등 선어말어미의 해석에서 선행절과 후행절의 의미적 관계뿐 아니라 여러 가지 조건이 고려되어야 함을 의미한다. 접속문의 선행절과 후행절에 결합하는 선어말어미의 제약에 대하여 서태룡(1979), 이은경(1995) 등 기존의 여러 논의에서 언급한 바 있지만 여러 연결어미별로 선어말어미의 제약을 포괄적으로 제시하였기 때문에 연결어미가 가지는 다양한 의미 관계에 따라 달라지는 제약을 세밀히 살펴보지는 못하였다.[9]

1.3.1. 대등접속의 '-고' 접속문과 '-겠-'

대등접속의 '-고' 접속문에서 '-고'는 '-고서'나 '-고 나서'로 바꾸어 쓸 수 없으며 선행절과 후행절의 주어가 반드시 같아야 하는 제약이 없다. 대등접속의 '-고' 접속문에서 '-겠-'의 작용역은 예문 (20), (21)에서

---

9) 서태룡(1979 : 29), 이은경(1995 : 105)에서는 연결어미가 가지는 여러 형태 통사 제약을 하나의 표로 통합하여 선어말어미의 제약 혹은 시제 해석에 대한 검증 결과를 제시한 바 있다.

보았듯이 '-겠-'의 의미에 따라 달라질 수 있다. '-겠-'의 의미는 단순한 미래, 화자의 추측, 화자의 의지 등을 비롯하여 가능성이나 능력, 완곡하게 말하는 태도를 나타내기도 한다.

(22) ㄱ. 내일은 비가 오고 바람이 불<u>겠</u>습니다.
ㄴ. 조금 후에 부산행 기차가 떠나고 대전행 기차가 도착하<u>겠</u>다.

(22)는 '-겠-'이 단순한 미래를 의미하는 예인데 이때의 '-겠-'은 추측의 경우와 마찬가지로 그 작용역이 선행절에까지 미치는 것을 알 수 있다. (22)에서 후행절에 결합된 '-겠-'의 작용역이 선행절에 미친다는 것은, '-겠-'이 결합되지 않았는데도 (22ㄱ)의 '비가 오고', (22ㄴ)의 '부산행 기차가 떠나고'와 같은 선행절이 후행절의 영향을 받아 미래나 추측의 의미로 해석된다는 것을 의미한다.

(22)' ㄱ. 내일은 비가 오<u>겠</u>고 바람이 불<u>겠</u>습니다.
ㄴ. 조금 후에 부산행 기차가 떠나<u>겠</u>고 대전행 기차가 도착하<u>겠</u>다.

(22)는 (22)'에서처럼 선행절에 '-겠-'을 삽입하여도 문장의 의미에 큰 변화가 없다. (22)에 '-겠-'이 결합되면 대등접속으로서의 의미가 더 선명해져서 시간적 선후 관계로 해석될 여지가 없어진다. 대등접속문에서의 선어말어미 '-었-'의 결합 양상은 '-겠-'과 동일하다. 다음의 (23), (23)'는 '-었-'이 결합된 경우이다.

(23) ㄱ. 비가 오고 바람이 불<u>었</u>다.
ㄴ. 부산행 기차가 떠나고 대전행 기차가 도착하<u>였</u>다.

(23)' ㄱ. 비가 왔<u>고</u> 바람이 불<u>었</u>다.
ㄴ. 부산행 기차가 떠<u>났</u>고 대전행 기차가 도착하<u>였</u>다.

(23)과 (23)'가 같은 의미를 가지고 있느냐에 대한 논란이 있을 수 있다. 남기심(1978), 최재희(1991 : 48~50), 윤평현(2005 : 29) 등 대부분의 논의에서 (23)'에서 선행절의 시제 요소가 수의적으로 생략되는 것으로 보고 있으나 김정대(1999)에서는 (23)과 (23)'가 근본적인 차이를 가지고 있는 것으로 보 았는데 (23)은 선행절과 후행절 전체가 절대시제의 해석을 받고 (23)'는 선 행절과 후행절 각각이 절대시제의 해석을 받는 것이라고 하였다.

    (24) ㄱ. [VP1+VP2] T
        ㄴ. [[VP1]T1]+[[VP2]T2]

김정대(1999)에서는 (23)의 구조는 (24ㄱ)과 같으며 (23)'의 구조는 (24ㄴ) 과 같은 것으로 보고 있다. 그러나 우리의 논의에서는 (23)과 (23)'의 구조 가 같고 다름에 초점을 맞추기보다는 후행절에 결합된 선어말어미의 해 석이 선행절에 미치는가에 관심이 있으며 동일한 의미 관계10)를 가지는 (22), (22)'의 선행절에 선어말어미 '-겠-'이 결합될 수도 있고 그렇지 않 을 수도 있다는 사실에 주목한다.

대등접속문에서 '-겠-'과 '-었-'은 후행절에만 결합하여도 선행절까지 그 기능이 미치는 데 비하여 선어말어미 '-(으)시-'는 후행절에 결합될 경 우 선행절까지 그 기능이 미치지 못한다.

---

10) 김정대(1999)의 논의에서 중요한 전제로 삼은 세 명제는 '형식(form)이 다르면 의미 (meaning)도 다르다', '의미가 다르면 통사 구조도 다르다', '그러나 모든 의미 구조가 완벽하게 통사 구조로 반영되는 것은 아니다' 등이다. 첫 번째와 세 번째의 전제에는 동의하나 의미가 다르면 통사 구조가 다르다는 명제에는 동의하기 어렵다. 왜냐하면 첫 번째 명제가 성립한다면 세상에 존재하는 모든 문장이 각각의 의미를 가지고 있게 되 는데 세 번째 명제에 의하면 모든 문장의 통사 구조가 달라져야 그 의미의 차이를 설명 할 수 있게 된다. 이는 이론적 논의가 불가능함을 의미하기 때문에 성립하기 힘든 명제 이다. 여기서 '동일한 의미 관계'라 함은 앞뒤에 오는 문장의 의미적 관계가 대등적인 가 종속적인가 하는 것과 종속적인 접속을 이룰 때 선행절과 후행절이 가지게 되는 관 계적 의미(동시나열, 계기나열, 동작지속 등)를 가리킨다.

(25) ㄱ. *할아버지는 부산에 가고 할머니는 대전에 가신다.
　　 ㄴ. 할아버지는 부산에 가<u>시고</u> 할머니는 대전에 가<u>신</u>다.

(26) ㄱ. 동생은 학교에 가<u>고</u> 어머니는 장에 가신다.
　　 ㄴ. 동생은 학교에 가<u>고</u> 어머니는 장에 가<u>셨</u>다.

　예문 (25)는 선어말어미 '-(으)시-'가 '-겠-'이나 '-었-'과 달리 선행절과 후행절에 각각 결합되어야 주어를 높이는 기능을 할 수 있다는 것을 보여준다. (26ㄱ)에서 후행절에 결합된 '-(으)시-'는 선행절에 영향을 미치지 않지만 (26ㄴ)에서 보듯이 '-었-'은 후행절에 결합된 경우 '-(으)시-'와 달리 선행절의 시제 해석에 영향을 준다. 선어말어미는 그 의미와 기능에 따라 작용역이 달라질 수 있는데 이는 선어말어미의 범주 설정이나 결합 순서와도 관련이 있다.
　'-겠-'이 화자의 의지를 나타낼 때 선행절의 주어와 후행절의 주어가 다른 경우도 있지만 다음의 (27)에서와 같이 선행절의 주어와 후행절의 주어가 같은 경우도 있다.

(27) ㄱ. 나는 밥도 먹고 빵도 먹<u>겠</u>다.
　　 ㄴ. 나는 밥도 먹<u>겠고</u> 빵도 먹<u>겠</u>다.

　(27)은 선·후행절의 주어가 같을 경우에 후행절 '-겠-'의 기능이 선행절에도 미친다는 것을 보여준다. 의지의 '-겠-'도 추측이나 미래의 의미를 지닐 때와 마찬가지로 후행절의 '-겠-'의 작용역이 선행절에까지 미친다. (21)과 같이 선행절과 후행절의 주어가 다를 때는 후행절의 '-겠-'이 가지는 의지의 의미가 선행절에까지 이르지 못한다. 의지의 '-겠-'의 해석은 문장의 주어가 1인칭인지 아닌지에 달려 있기 때문에 선행절과 후행절의 의미 관계보다 선행절과 후행절의 주어의 동일성 여부와 더 밀접한

관계가 있다. 그러므로 (21)과 (27)에서의 '-겠-'의 작용역의 차이는 '-겠-'의 문제라기보다 주어의 인칭에 따른 '-겠-'의 해석에 의한 것이다.

> (28) ㄱ. 이 문제도 모르겠고 저 문제도 모르겠어요.
> ㄴ. ?이 문제도 모르고 저 문제도 모르겠어요.

(28ㄱ)은 '-겠-'이 화자의 완곡한 태도를 나타내는 경우인데 후행절에 '-겠-'이 결합되어 있다 할지라도 선행절에도 반드시 '-겠-'이 결합되어야만 동일한 의미를 나타낼 수 있다. (28ㄴ)처럼 선행절의 '-겠-'이 생략되면 후행절의 '-겠-'이 가지는 완곡한 의미가 선행절에까지 이르지 못한다. 이는 선어말어미 '-(으)시-'와 동일한 양상이다. 이는 완곡의 '-겠-'이 추측이나 의지 등의 의미와 같은 범주가 아니라 다른 범주일 가능성을 시사한다. '-겠-'이 완곡하게 말하는 태도를 나타내는 것은 '-겠-'이 가지는 추측의 의미 때문이다. 사태를 단정하지 않고 단지 추측을 한다는 것은 청자에게 판단이나 결정을 할 수 있는 여지를 주기 때문에 추측의 의미에서 완곡의 의미로 번지게 되는 것이다. (28)의 경우 문제에 대한 답을 모르는 것이 현재의 상태일지라도 모른다는 사실을 단정적으로 말하는 것이 청자에게 부담을 줄 수 있기 때문에 추측의 '-겠-'을 사용함으로써 화자의 완곡한 태도를 드러내게 된다. 완곡의 '-겠-'이 추측의 의미에서 전이되었음에도 불구하고 그 작용역이 절 경계를 넘지 못하는 것은 완곡의 '-겠-'이 '알다, 모르다, 뵙다' 등의 특정한 어휘들과 주로 어울려서 전체가 일종의 어휘적 요소로 해석될 가능성이 있기 때문이라고 생각된다.

> (29) ㄱ. 비가 왔겠고 바람도 불었겠다.
> ㄴ. *이 문제도 몰랐겠고 저 문제도 몰랐겠어요.
> ㄷ. *나는 집에 갔겠다.[11]

(29ㄱ)에서 추측의 '-겠-'은 과거의 선어말어미 '-었-'과 함께 쓰일 수 있지만 (29ㄴ)은 완곡의 '-겠-'이 '-었-'과 함께 쓰일 수 없음을 보여준다. (29ㄷ)에서 의지의 '-겠-' 역시 선어말어미 '-었-'과 함께 쓰일 수 없다. 임동훈(2001 : 144)에서는 '-겠-'이 의지나 능력을 나타내는 경우 '-(으)시-' 이외의 선어말어미와의 결합이 불가능한 것을 두고 이때의 '-겠-'의 작용역은 명제 전체가 아니라 명제의 일부가 된다고 보았다. 반면 추측의 '-겠-'은 '-었-'과의 결합이 가능하므로 그 작용역이 명제 전체에 미친다고 하였다. 그러나 예문 (27)과 (29)를 두고 볼 때 '-었-'과의 결합 여부만을 가지고 '-겠-'의 작용역을 따지기는 어렵다. 의지의 '-겠-'이 '-었-'과 결합이 불가능한 것은 의미적인 문제인 것으로 보인다.

1.3.2. 종속접속의 '-고' 접속문과 '-겠-'

종속접속의 '-고' 접속문은 앞에서 제시한 바와 같이 '동시나열, 계기나열, 동작지속, 수단/방법, 이유/근거' 등 다섯 가지의 의미를 가지고 있다. 각각의 의미 관계별로 '-겠-'의 작용역의 양상을 살펴보기로 하겠다.

1.3.2.1. 동시나열의 '-고' 접속문

동시나열의 '-고' 접속문에서 '-고'는 '-고서'로 바꾸어 쓸 수 있지만 '-고 나서'로는 교체되지 않으며 선행절과 후행절의 주어가 반드시 동일해야 하는 제약이 있다. 동시나열의 '-고' 접속문은 선행절의 행동과 후행절의 행동이 동시에 이루어짐을 나타내기 때문에 (30)에서 보듯이 후행절에 결합된 추측의 의미로 쓰인 '-겠-'의 작용역이 선행절에까지 미친다.

> (30) ㄱ. 철수는 비를 맞고 가겠다.
>   ㄴ. 철수는 농사를 짓고 살겠다.

---

11) (29ㄴ)과 (29ㄷ)이 가능하다면 이때의 '-겠-'은 추측으로 해석되는 경우이다.

(30)' ㄱ. *철수는 비를 맞<u>겠</u>고 가<u>겠</u>다.
　　　 ㄴ. *철수는 농사를 짓<u>겠</u>고 살<u>겠</u>다.

그러나 (30)'에서 보듯이 동시나열의 '-고' 접속문의 선행절에 '-겠-'이 결합되면 비문이 된다.

(31) ㄱ. 나는 비를 맞고 가<u>겠</u>다.
　　　ㄴ. 나는 농사를 짓고 살<u>겠</u>다.

(31)' ㄱ. *나는 비를 맞<u>겠</u>고 가<u>겠</u>다.
　　　 ㄴ. *나는 농사를 짓<u>겠</u>고 살<u>겠</u>다.

(31), (31)'를 통해 의지의 '-겠-'도 후행절에 결합된 '-겠-'의 작용역 양상이 추측의 '-겠-'과 동일한 것을 확인할 수 있다. 동시나열의 '-고' 접속문의 선행절에는 '-겠-'뿐 아니라 '-었-', '-(으)시-' 등의 선어말어미도 결합할 수 없다.

(32) ㄱ. 철수는 비를 맞고 <u>갔</u>다.
　　　ㄴ. 나는 농사를 짓고 <u>살</u>았다.

(32)' ㄱ. *철수는 비를 맞<u>았</u>고 <u>갔</u>다.
　　　 ㄴ. *나는 농사를 지<u>었</u>고 살<u>았</u>다.

(33) ㄱ. 할아버지께서 비를 맞고 가<u>신</u>다.
　　　ㄴ. 할아버지께서 농사를 짓고 사<u>신</u>다.

(33)' ㄱ. ?할아버지께서 비를 맞<u>으시</u>고 가<u>신</u>다.
　　　 ㄴ. ?할아버지께서 농사를 지<u>으시</u>고 사<u>신</u>다.

대등접속의 '-고' 접속문에서 선행절에 선어말어미가 결합할 수 있었던 것과 달리 동시나열의 '-고' 접속문의 선행절에는 선어말어미가 결합하기 어렵다. 대등접속의 선행절의 '-(으)시-' 결합 여부를 보인 (25), (26)과 비교해 볼 때 (33)'는 동시나열의 '-고' 접속문의 후행절에 결합된 '-(으)시-'의 작용역이 대등접속과 달리 선행절에까지 미치고 있음을 보여준다. 이는 동시나열의 '-고' 접속문이 대등접속처럼 두 개의 사태를 나타내지 않고 선행절과 후행절의 행위를 하나의 사태로 인식하고 있음을 의미한다고 볼 수 있다. 반면 대등접속의 '-고' 접속문에서는 후행절의 '-겠-'의 기능이 선행절에까지 미칠 뿐 아니라 선행절에도 '-겠-'이 결합할 수 있어 선행절과 후행절이 각각 독립적인 절의 지위를 가지고 있는 것으로 생각된다. 추측이나 의지 이외의 의미인 완곡, 미래 등의 '-겠-'은 동시나열의 '-고'로 접속되기 어려워 논의에서 제외하였다.

1.3.2.2. 계기나열의 '-고' 접속문

계기나열의 '-고' 접속문은 선행절과 후행절의 시간적 순서가 뚜렷한 것을 그 특징으로 들 수 있다. 계기나열의 '-고'는 '-고서'나 '-고 나서'로 교체가 가능하며[12] 선행절과 후행절의 주어가 동일해야 하는 제약은 없다.

> (34) ㄱ. 철수는 밥을 먹고 학교에 가겠다.
> ㄴ. 나는 밥을 먹고 학교에 가겠다.
> ㄷ. 잠시 후 기차가 기적을 울리고 도착하겠다.
>
> (34)' ㄱ. #철수는 밥을 먹겠고 학교에 가겠다.[13]

---

12) 선행절과 후행절의 주어가 동일할 경우는 '-고서'와 교체가 가능하나 선·후행절의 주어가 다를 경우에는 '-고서'로 교체가 불가능하고 '-고 나서'와 바꿀 수 있다. 윤평현 (2005 : 201)을 참조할 것.

     ㄴ. #나는 밥을 먹겠고 학교에 가겠다.
     ㄷ. ?잠시 후 기차가 기적을 울리겠고 도착하겠다.

　선행절과 후행절의 주어가 동일한 경우 계기나열의 '-겠-'의 작용역은 동시나열과 비슷한 양상을 보인다. (34)에서 후행절에 결합된 '-겠-'이 선행절까지 영향을 미치는 것을 알 수 있고 (34)'는 계기나열의 선행절에 '-겠-'이 결합될 수 없음을 보여준다. 이는 '-겠-'이 추측, 의지, 단순미래로 쓰이는 경우 모두에 해당된다.

    (35) ㄱ. 철수는 밥을 먹고 학교에 갔다.
        ㄴ. 나는 밥을 먹고 학교에 갔다.
        ㄷ. 잠시 후 기차가 기적을 울리고 도착했다.

    (35)' ㄱ. #철수는 밥을 먹었고 학교에 갔다.
        ㄴ. #나는 밥을 먹었고 학교에 갔다.
        ㄷ. #잠시 후 기차가 기적을 울렸고 도착했다.

　(35)에서 선어말어미 '-었-'의 작용역을 살펴보면 '-겠-'과 마찬가지로 후행절에 결합된 '-었-'의 기능이 선행절까지 미치는 것을 알 수 있다. (35)'에서처럼 '-었-'이 선행절에 결합될 수 있으나 이때의 '-고' 접속문은 종속접속이 아닌 대등접속으로 해석되어 선행절과 후행절이 각각 독립된 사태로 인식될 가능성이 있다.[14]

---

13) '*'는 비문을 표시하고 '#'은 비문은 아니나 선어말어미가 결합되기 전의 문장과 의미 관계가 달라지는 경우에 사용하며 '?'은 문장이 어색하다는 것을 의미한다. 여기에서는 '-고' 접속문의 의미 관계별로 예문을 제시하고 이들에 다시 선어말어미를 결합시켰기 때문에 결합 후 문장이 어색하거나 비문 판정에 있어서 자의적인 부분이 있을 수 있다. 이러한 점을 고려하여 비문 판정에 '*, #, ?'의 세 가지 기호를 사용한 것이다.
14) 이러한 사실은 최재희(1991 : 49), 이은경(1995 : 117), 윤평현(2005 : 30) 등에서 지적한 바 있다.

선행절과 후행절의 주어가 다른 경우의 계기나열은 다음과 같다.

(36) ㄱ. 남편이 죽<u>고</u> 아내가 시름시름 앓기 시작<u>했</u>다.
　　ㄴ. 도둑이 도망가<u>고</u> 경찰이 집에 도착<u>했</u>다.
　　　　　　　　　　　　　　　　　―(윤평현 2005 : 201~203)에서 재인용

(37) ㄱ. *남편이 죽<u>고</u> 아내가 시름시름 앓기 시작하<u>겠</u>다.
　　ㄴ. ?도둑이 도망가<u>고</u> 경찰이 집에 도착하<u>겠</u>다.

'-고' 접속문에서 선행절의 주어와 후행절의 주어가 다르면 계기나열이
아니라 대등접속으로 해석될 가능성이 많아진다. (36)의 경우는 선행절의
사건이 있고 나서 후행절의 사건이 일어나는데 두 사건이 시간적으로도
이어지지만 의미적으로 밀접한 관계를 가지고 있어서 대등접속으로 해석
되지 않는다.15) (37)에서 보듯이 후행절에 '-겠-'이 결합되면 문장이 어색
해진다. (36)에서 '-었-'의 해석은 선·후행절의 주어가 동일한 경우와 다
르지 않다.

(38) ㄱ. *할아버지께서 아침을 먹<u>고</u> 경로당에 가<u>셨</u>다.
　　ㄴ. *할아버지께서 체조를 하<u>고</u> 경로당에 가<u>셨</u>다.

---

15) 선행절과 후행절의 주어가 다른 '-고' 접속문을 계기나열로 볼 수 있는지에 관해서 남
　기심(1978)에서 논의한 바 있다. 다음의 (가), (나)가 계기나열인지 공간나열(즉 대등접속)
　인지를 구분하기 어려움을 지적하였다.
　가. 형이 장작을 쪼개<u>고</u> 아우가 그것을 쌓아 올렸다.
　나. 철수가 자동차 문을 열<u>고</u> 창호가 짐을 밀어 넣었다.
　가'. 형이 장작을 쪼개었<u>고</u> 아우가 그것을 쌓아 올렸다.
　나'. 철수가 자동차 문을 열었<u>고</u> 창호가 짐을 밀어 넣었다.
　선행절에 과거시제 선어말어미 '-었-'을 결합한 문장 (가)', (나)'와 (가), (나)가 동의적인
　지를 따져서 계기나열인지의 여부를 결정하여야 함을 주장하였다. 그러나 동의성 여부
　를 증명할 근거가 무엇인지 분명하게 말하기 어렵다고 하면서 다만 이들이 선·후행절
　행위 사이에 연계적 관계가 있는 점을 계기나열로 볼 수 있는 근거로 보았다.

(38)' ㄱ. 할아버지께서 아침을 드시고 경로당에 가셨다.
　　ㄴ. 할아버지께서 체조를 하시고 경로당에 가셨다.

(38), (38)'를 통하여 계기나열의 '-고' 접속문에서 선어말어미 '-(으)시-'의 경우는 선행절과 후행절 모두에 '-(으)시-'가 결합되어야 함을 알 수 있다. 앞서 살펴본 '-겠-', '-었-'의 결합 양상과 달리 선행절에 '-(으)시-'가 결합되었다고 해서 대등접속으로 해석되지는 않는다. 이는 동시나열의 '-고' 접속문에서의 '-(으)시-' 결합 양상과 차이를 보이는 측면이다. 같은 연결어미로 이어진 '-고' 종속접속문이라 할지라도 선어말어미의 결합 양상이 달라진다는 것은 의미에 따라서 구조도 변할 수 있음을 시사한다.

1.3.2.3. 동작지속의 '-고' 접속문

동작지속의 '-고' 접속문은 선행절의 동작이 완료된 결과가 후행절에도 지속되는 경우이다. 이때의 '-고'는 '-고서'로는 교체할 수 있으나 '-고 나서'로 바꿀 수 없으며 선행절과 후행절의 주어가 동일한 것이 일반적이다.

(39) ㄱ. 철수는 새로 산 책가방을 메고 학교에 가겠다.
　　ㄴ. 나는 새로 산 책가방을 메고 학교에 가겠다.
　　ㄷ. 잠시 후 기차가 석탄을 싣고 도착하겠다.

(39)' ㄱ. *철수는 새로 산 책가방을 메겠고 학교에 가겠다.
　　ㄴ. *나는 새로 산 책가방을 메겠고 학교에 가겠다.
　　ㄷ. *잠시 후 기차가 석탄을 싣겠고 도착하겠다.

(39), (39)'를 통하여 볼 때 동작지속의 '-고' 접속문에서 후행절의 '-겠-'의 기능이 선행절에도 미치며 선행절에 '-겠-'이 결합되는 것이 불가능함을 알 수 있다. 다음의 예에서 '-었-'의 경우도 동일한 양상을 보인다.

(40) ㄱ. 철수는 새로 산 책가방을 메고 학교에 갔다.
　　ㄴ. 나는 새로 산 책가방을 메고 학교에 갔다.
　　ㄷ. 잠시 후 기차가 석탄을 싣고 도착했다.

(40)' ㄱ. #철수는 새로 산 책가방을 멨고 학교에 갔다.
　　ㄴ. #나는 새로 산 책가방을 멨고 학교에 갔다.
　　ㄷ. *잠시 후 기차가 석탄을 실었고 도착했다.

(39)', (40)'에서 선행절에 선어말어미 '-겠-'이나 '-었-'이 결합되면 비문이 되거나 동작지속의 의미가 아니라 각각의 사태가 독립적으로 해석되어 대등접속으로 해석된다(최재희 1991 : 49).

(41) ㄱ. 할아버지께서 새로 산 가방을 들고 부산에 가셨다.
　　ㄴ. 할아버지께서 스탠드를 켜고 책을 보신다.

(41)' ㄱ. 할아버지께서 새로 산 가방을 드시고 부산에 가셨다.
　　ㄴ. 할아버지께서 스탠드를 켜시고 책을 보신다.

동작지속의 '-고' 접속문에서 '-(으)시-'는 선행절에 결합되지 않아도 자연스러운 문장이 되며 선행절에 결합되는 경우에도 비문이 되거나 대등접속으로 해석되지 않는다.

1.3.2.4. 수단/방법의 '-고' 접속문

수단/방법의 '-고' 접속문의 '-고'는 '-고서'로는 교체가 가능하나 '-고나서'로 바꿀 수 없고 선행절과 후행절의 주어가 동일하다. 수단이나 방법을 의미하는 '-고' 접속문에서 '-겠-', '-었-', '-(으)시-'의 양상을 보이면 다음과 같다.

(42) ㄱ. 철수는 자전거를 타고 학교에 가겠다.
    ㄴ. 나는 자전거를 타고 학교에 가겠다.

(42)' ㄱ. #철수는 자전거를 타겠고 학교에 가겠다.
     ㄴ. #나는 자전거를 타겠고 학교에 가겠다.

(43) ㄱ. 철수는 자전거를 타고 학교에 갔다.
    ㄴ. 나는 자전거를 타고 학교에 갔다.

(43)' ㄱ. #철수는 자전거를 탔고 학교에 갔다.
     ㄴ. #나는 자전거를 탔고 학교에 갔다.

(44) ㄱ. 할아버지께서 자전거를 타고 학교에 가셨다.
    ㄴ. 할아버지께서 차를 몰고 부산에 가셨다.

(44)' ㄱ. 할아버지께서 자전거를 타시고 학교에 가셨다.
     ㄴ. 할아버지께서 차를 모시고 부산에 가셨다.

(42)~(44)에 나타난 수단이나 방법을 나타내는 '-고' 접속문의 선어말어미 결합 양상은 동작지속과 비슷하다. '-겠-'과 '-었-'은 후행절에 결합된 선어말어미의 작용역이 선행절까지 미치며 선행절과 후행절 각각에 '-겠-'과 '-었-'이 결합되는 것은 불가능하다. '-(으)시-'는 선행절에 결합되지 않아도 자연스러운 문장이 되며 선행절에 결합되는 경우에도 비문이 되거나 대등접속으로 해석되지는 않는다.

1.3.2.5. 이유/근거의 '-고' 접속문

이유나 근거를 의미하는 '-고' 접속문의 '-고'는 '-고서'로는 교체할 수 있지만 '-고 나서'로의 교체는 불가능하다. 이유/근거의 '-고' 접속문에서 '-겠-' 작용역은 앞서 살펴본 '-고' 종속접속문의 양상과 다르다.

(45) ㄱ. ?철수가 상한 음식을 먹고 배탈이 나겠다.
    ㄴ. *나는 상한 음식을 먹고 배탈이 나겠다.

(46) ㄱ. 철수가 상한 음식을 먹고 배탈이 났겠다.
    ㄴ. *나는 상한 음식을 먹고 배탈이 났겠다.

(47) ㄱ. *철수는 상한 음식을 먹었고 배탈이 났겠다.
    ㄴ. *철수는 상한 음식을 먹겠고 배탈이 났겠다.
    ㄷ. #철수는 상한 음식을 먹었겠고 배탈이 났겠다.

(45)에서 후행절에 '-겠-'만 결합하는 경우에는 부자연스러운 문장이 되거나 '-고' 접속문이 이유/근거로 해석되기보다 조건으로 해석될 가능성이 있다. (46ㄱ)에서처럼 후행절에 '-었겠-'이 결합되면 문장이 훨씬 자연스러워진다. (46ㄴ)은 이유/근거의 '-고' 접속문에서는 의지의 '-겠-'이 결합될 수 없음을 보여준다. 이유/근거의 '-고' 접속문의 후행절은 선행절에 의한 소극적인 결과를 나타내기 때문에 후행절의 사태가 화자의 의도성을 가지기 어렵다.16) 그러므로 이유/근거의 '-고' 접속문에서는 '-겠-'이 의지를 나타낼 수 없다. (46ㄱ)에서 '-었-'은 선행절에까지 그 기능이 미쳐 '철수가 상한 음식을 먹은' 사실이 과거로 해석될 수 있으나 '-겠-'의 작용역은 '-었-'과 달리 선행절에 이르지 못한다. 즉 '철수가 상한 음식을 먹은 것'에 대한 추측으로 해석되지 않는다는 것이다. (47)에서 보듯이 선행절에 '-었-', '-겠-', '-었겠-' 모두 결합이 불가능하거나, 결합이 가능해지면 대등접속으로 해석되어 '-고'가 이유나 근거를 나타낼 수 없게 된다.

---

16) 이희자·이종희(2001)에서는 이유나 근거의 '-고' 접속문의 후행절에 명령문이나 청유문이 올 수 없다고 하였다. 비슷한 의미의 연결어미 중 '-어서'는 '-고'와 비슷하게 후행절이 선행절의 사태로 인한 소극적인 결과를 드러내기 때문에 후행절에 명령문이나 청유문이 올 수 없지만 '-(으)니(까)'는 후행절에 명령문이나 청유문이 올 수 있다.

(48) ㄱ. 철수는 밥을 많이 먹<u>어서</u> 배가 부르<u>겠</u>다.
　　 ㄴ. 영희는 결혼해<u>서</u> 행복하<u>겠</u>다.
　　 ㄷ. 물가가 너무 오르<u>니까</u> 살기 어렵<u>겠</u>다.
　　 ㄹ. 너는 남자<u>니까</u> 잘 알<u>겠</u>다.

(48)' ㄱ. *철수는 밥을 많이 먹<u>겠어서</u> 배가 부르겠다.
　　 ㄴ. *영희는 결혼하<u>겠어서</u> 행복하겠다.
　　 ㄷ. *물가가 너무 오르<u>겠으니까</u> 살기 어렵겠다.
　　 ㄹ. *너는 남자이<u>겠으니까</u> 잘 알겠다.

　(48)은 이유나 근거를 나타내는 '-어서', '-(으)니(까)'와 같은 어미로 연결된 접속문에서도 '-겠-'의 작용역은 후행절에만 미친다는 것을 보여준다. (48)'에서 '-어서'나 '-(으)니(까)'로 연결된 접속문의 선행절에 '-겠-'이 결합될 수 없음을 알 수 있다.

(49) ㄱ. 철수는 상한 음식을 먹<u>고</u> 배탈이 났다.
　　 ㄴ. 나는 상한 음식을 먹<u>고</u> 배탈이 났다.

(49)' ㄱ. #철수는 상한 음식을 먹<u>었고</u> 배탈이 났다.
　　 ㄴ. #나는 상한 음식을 먹<u>었고</u> 배탈이 났다.

　(49), (49)'에서 '-었-'의 작용역이 선행절까지 미치지만 선행절에 '-었-'이 결합되면 종속접속의 이유나 근거의 의미가 사라지는 것을 볼 수 있다.

(50) ㄱ. *할아버지께서 상한 음식을 먹<u>고</u> 배탈이 나셨다.
　　 ㄴ. ?할아버지께서 연탄가스를 맡<u>고</u> 쓰러지셨다.

(50)' ㄱ. 할아버지께서 상한 음식을 드<u>시고</u> 배탈이 나셨다.

ㄴ. 할아버지께서 연탄가스를 맡<u>으시고</u> 쓰러지<u>셨</u>다.

이유/근거의 '-고' 접속문에서의 '-(으)시-' 결합 양상을 보면 선행절에 '-(으)시-'가 결합되는 것이 더 자연스럽다. 이 같은 사실은 (50ㄱ)과 같이 선행절의 서술어로 '먹다'를 선택하면 더 선명해진다. 이유/근거의 '-고' 접속문의 선행절에 '-(으)시-'가 결합되어야 자연스럽다는 것은 후행절의 '-(으)시-'가 선행절에까지 영향을 미치지 못한다는 것을 의미한다.

1.3.3. '-고' 접속문에서의 선어말어미의 작용역과 결합 양상

'-고' 접속문에서 '-겠-'의 작용역을 살펴본 결과 완곡의 '-겠-'을 제외하고 추측이나 의지, 단순미래 등의 '-겠-'의 다양한 의미는 '-겠-'의 작용역에 그다지 영향을 미치고 있지 않음을 알 수 있다. '-고' 대등접속문에서 완곡의 '-겠-'의 작용역이 그 밖의 의미로 쓰인 '-겠-'의 작용역과 다른 것은 완곡의 '-겠-'이 그 이외의 의미의 '-겠-'과 다른 범주일 가능성을 시사한다.

앞에서 '-고' 접속문의 후행절에 결합된 '-겠-'의 기능이 선행절에까지 영향을 미치는가를 '-었-', '-(으)시-' 등의 선어말어미와 비교하면서 살펴보았는데 이를 표로 정리하면 다음과 같다.

[표 1] 선어말어미 작용역의 선행절 영향 여부

'-고' 접속문 선어말어미	대등접속	종속접속				
		동시나열	계기나열	동작지속	수단	이유/근거
-겠-	○	○	○	○	○	×
-었-	○	○	○	○	○	○
-(으)시-	×	○	×	○	○	×

후행절에 결합된 선어말어미의 기능이 선행절에까지 미치느냐를 살펴

본 결과, '-고' 종속접속문의 선·후행절이 '동시나열, 동작지속, 수단'의 의미 관계로 해석될 때 선어말어미의 작용역 양상이 동일한 것을 볼 수 있다. 동시나열이나 동작지속, 수단 등의 의미 관계는 선행절의 사태가 후행절의 사태와 겹쳐 일어난다는 공통점을 가지고 있기 때문에 후행절에 결합된 선어말어미의 작용역이 선행절에까지 미치게 된다. 대등접속과, 종속접속의 계기나열은 선어말어미의 작용역 영향 관계에서 동일한 양상을 보이게 되는데 계기나열이 종속접속이기는 하나 선행절의 사태와 후행절의 사태가 겹치지 않고 시간적인 순서만 결정되어 있기 때문에 종속접속 중 가장 대등접속과 유사한 패턴을 보인다고 해석할 수 있다. 이유/근거를 나타내는 '-고' 접속문은 선행절의 사태가 일어난 후 그 결과로 후행절의 사태가 일어나기 때문에 선어말어미 '-었-'을 제외한 나머지 '-겠-'과 '-(으)시-'의 해석에 있어 선행절과 후행절이 독립적이다.

그러나 후행절에 결합된 선어말어미의 작용역이 선행절에까지 미친다는 것과 선행절과 후행절의 독립성 여부는 별개의 문제이다. 접속문에서 선행절과 후행절의 사태가 독립적이라면 선행절과 후행절 각각에 선어말어미가 결합될 수 있어야 할 것이다. 선행절과 후행절의 독립성 정도를 보기 위하여 앞에서 살펴본 '-고' 접속문에서 선어말어미가 선행절에 결합할 수 있는지를 정리하여 표로 보이면 다음과 같다.

[표 2] 선어말어미의 선행절 결합 여부

'-고' 접속문 선어말어미	대등접속	종속접속				
		동시나열	계기나열	동작지속	수단	이유
-겠-	O	×	×	×	×	×
-었-	O	×	×	×	×	×
-(으)시-	O	×	O	O	O	O

'-고' 대등접속문은 선행절과 후행절의 사태가 독립적이므로 [표 2]에

서 선어말어미 '-겠-', '-었-', '-(으)시-' 모두 선행절에 결합이 가능한
것을 볼 수 있다. '-고' 종속접속문에서는 '-겠-'과 '-었-' 모두 선행절
결합이 불가능하였으며 이는 선행절이 후행절에 종속적으로 연결되었음
을 보여준다. 선어말어미 '-(으)시-'의 결합은 선·후행절의 독립성 여부
와도 관련이 있지만 주로 선행절의 동작이 후행절에도 계속 유지되는가
에 달려 있는 것으로 보인다. 후행절의 사태가 시작되기 전에 선행절의
사태가 종료되면 선행절에 '-(으)시-'가 결합될 수 있으나 동시나열과 같
이 선행절의 동작이 후행절의 동작이 일어나는 것과 함께 지속되는 경우
선행절에 '-(으)시-'가 결합되면 비문이 된다. 동시나열과 동작지속은 선
행절과 후행절의 사태가 겹친다는 점에서는 동일하나[17] 동시나열에서는
선행절의 동작이 후행절에도 지속되는 반면 동작지속은 선행절의 동작이
완료된 결과가 후행절에 영향을 미친다는 점에서 차이를 보인다. 그러므
로 동시나열이 동작지속에 비하여 선행절이 후행절에 더 종속적인 관계
를 가지고 있다고 볼 수 있다. 이는 '-고' 접속문에서의 선어말어미의 작
용역과 결합 여부를 살펴본 [표 1]과 [표 2]에서도 드러난다. 동시나열은
선행절과 후행절이 하나의 사태처럼 인식되어 선행절에 선어말어미의 결
합이 불가능하며 선행절의 시제나 서법 등은 후행절에 결합된 선어말어
미에 의해 해석된다. Givón(1984 : 315)에서도 종속절(SUB-clause)이 의미적,
화용적으로 주절(MAIN-clause)에 더 의존적일수록 종속절에 독립적으로 표
현된 시제(T)-상(A)-양태(M)의 표지가 덜 나타나는 경향이 있다고 지적한
바 있다.[18] 이은경(1995 : 133~134)에서도 서술어의 어간에 가까이 결합하
는 선어말어미일수록 그 결합 정도가 높아지며 서술어의 어간에서 멀리

---

17) '-고' 대등접속문도 '영희는 춤을 추고 철수는 노래를 부른다.'에서와 같이 선행절의 동
   작이 후행절에 지속되는 경우가 있다. 그러나 종속접속문과 달리 선행절과 후행절이 독
   립적인 사태로 인식되기 때문에 선어말어미 '-(으)시-'의 결합에 제약이 적다.
18) 고재설(2003 : 100)에서도 이와 비슷한 주장을 한 바 있다.

있는 선어말어미일수록 그 결합의 정도가 낮아짐을 보인다고 하면서 서술어의 어간과 종결어미 사이의 결합 정도는 앞쪽으로 갈수록 독립성이 높아지며 뒤쪽으로 갈수록 그 의존성의 정도가 심해진다고 보았다.

'-고' 접속문에서 선어말어미의 작용역은 선어말어미의 범주와 밀접한 관련이 있다. 앞서 살펴본 결과 선어말어미 중 '-었-'이 가장 넓은 작용역을 가지고 있었으며 '-겠-'과 '-(으)시-'의 순서였다. 특히 '-(으)시-'의 경우는 가장 좁은 범위의 작용역을 가지고 있었다. '-겠-'의 작용역은 추측, 의지, 미래 등 구체적인 의미에 그다지 영향을 받지 않았다. '-겠-'의 의미 중 완곡의 의미는 작용역과 결합 양상에서 다른 특징을 가지고 있었는데 이는 완곡의 '-겠-'을 추측이나 의지, 미래 등의 의미를 가진 '-겠-'과 다른 범주로 볼 수 있는 가능성을 제기한다. 완곡의 '-겠-'은 '-(으)시-'와 동일한 범주로 볼 수 있는 가능성도 있다고 본다.

'-고' 접속문에서 선어말어미 '-겠-'과 '-었-'의 결합 양상은 선행절과 후행절의 독립성의 정도와 관련이 있었다. 대등접속문의 경우는 선행절과 후행절이 독립적이기 때문에 각각에 선어말어미 '-겠-'과 '-었-'이 결합될 수 있었으며 종속접속문의 경우에는 선행절과 후행절의 관계가 의존적이기 때문에 선어말어미의 결합이 자유롭지 않다. 선어말어미 '-(으)시-'는 동시나열을 제외하고는 모든 경우에 선행절 결합이 가능하였는데 이는 선행절과 후행절의 독립성보다는 선행절 동작의 지속성 여부와 관련이 있는 것으로 보인다.

복문에서의 선어말어미의 작용역이나 결합 관계를 세밀히 살핀 결과는 선어말어미를 어떠한 범주로 볼 것인가의 논의에서 중요한 논거로 사용될 수 있을 것이다. 그동안 선어말어미를 양태, 서법, 시제 등 여러 범주로 보아 왔는데 선어말어미의 범주적 정체성에 대한 논의에서 접속문과 같은 복문에서의 선어말어미의 기능과 작용역, 결합 양상을 객관적인 기준으로 삼을 수 있으리라 생각한다. '-고' 접속문에서의 선어말어미의 작

용역 및 결합 관계를 살펴봄으로써 '-고' 접속문의 의미 관계를 확인할
수 있었다.

1.4. 종결어미 '-고'

어미 '-고'는 종결어미로도 쓰인다. 조민하(2011)에 의하면 '-고'와 '-는
데'는 구어의 연결 기능과 종결 기능으로 가장 많이 사용되는 연결어미이
다. 손옥현·김영주(2009), 조민하(2011 : 85) 등에서는 종결의 기능을 하는
연결어미 중 '-고'가 가장 높은 빈도로 사용되며 이어 '-는데', '-다고',
'-거든', '-다니까' 순으로 사용된다고 하였다.

> (51) ㄱ. 아이고, 해가 서쪽에서 뜨겠네. 네가 내 방에 다 찾아오고.
> ㄴ. 조금만 기다려. 이것 좀 마저 하고.
> ㄷ. 나보러 여기 있으라고? 너는 집에 가고?

연결어미가 종결어미로 쓰이는 것은 '-고'뿐 아니라 몇몇 종속적 연결
어미에서도 보이는 현상이다.

> (52) ㄱ. 할머니 좀 나가 계세요, 잠 좀 자게.
> ㄴ. 벌써 집에 가게?
> ㄷ. 비야, 더 퍼부어라, 더 힘차게!

> (53) ㄱ. 응, 동물원에 전화를 좀 하려고.
> ㄴ. 그 돈을 어디에 쓰려고?
> ㄷ. 왕자가 칼로 찌르면 어떻게 하려고!

(52)는 종속적 연결어미 '-게'가 평서, 의문, 감탄의 종결어미로 쓰인
예이고, (53)은 종속적 연결어미 '-(으)려고'가 종결어미처럼 쓰인 예이

다. 대등적 연결어미 '-고'도 여타의 다른 종속적 연결어미들처럼 종결어미로 쓰인다. 일반적으로 부사절을 이끄는 어미들은 문장 안에서 연결어미로 쓰이는 동시에 후행절 없이 종결어미로 쓰이는 경우가 많다.

어미 '-고'가 모든 경우에 종결어미로 쓰일 수 있는 것은 아니다.

(54) ㄱ. 어제부터 목이 붓고 열이 났어요. (대등한 사실의 나열)
　　 ㄴ. 지혜는 약하고 욕심은 강하다. (반대되는 것을 대조)
　　 ㄷ. 우리들을 하루종일 눈을 맞고 거리를 걸어다녔다. (앞의 행동과 뒤의 행동이 동시에 이루어짐)
　　 ㄹ. 여기에서 그는 독일 처녀와 결혼하였고 다음 해에 러시아로 귀국할 수 있었다. (앞의 행동이 뒤에 오는 동작보다 시간상으로 앞섬)
　　 ㅁ. 그는 안경을 쓰고 신문을 읽었다. (앞의 행동이나 그 결과가 뒤에 오는 행동에 그대로 지속됨)
　　 ㅂ. 지하철을 타고 시내를 한 바퀴 돌았다. (앞의 행동이 뒤의 행동의 수단이나 방법임을 나타냄)
　　 ㅅ. 비가 안 올 줄 알고 우산을 안 가져 왔어요. (앞의 사실이 뒤의 사실의 이유나 근거임을 나타냄)

(55) ㄱ. 어제부터 열이 났어요. 목이 붓고.
　　 ㄴ. ?욕심은 강하다. 지혜는 약하고.
　　 ㄷ. *?우리들은 거리를 걸어다녔다. 하루종일 눈을 맞고.
　　 ㄹ. *다음 해에 러시아로 귀국할 수 있었다. 여기에서 그는 독일 처녀와 결혼하였고.
　　 ㅁ. *?그는 서류 한 장을 읽고 있었다. 안경을 쓰고.
　　 ㅂ. ?시내를 한 바퀴 돌았다. 지하철을 타고.
　　 ㅅ. 우산을 안 가지고 왔어요. 비가 안 올 줄 알고.

선행절과 후행절의 도치를 통하여 종결어미화 여부를 살펴본 (55)를 보면, 종결어미의 자리에서 가장 자연스럽게 쓰일 수 있는 것은 역시 이유나 근거를 나타내는 (55ㅅ)이었고, 시간의 선후 관계와 관련이 있는 (55ㄷ), (55ㄹ)의 '-고'는 종결어미로 쓰이기 어려운 것을 볼 수 있었으며, 나머지 의미들은 선행절이 후행절의 뒤로 도치되어 앞말을 보충하는 의미로 쓰일 때 종결어미화가 가능함을 알 수 있다. 어미 '-고'는' 이유나 원인을 나타낼 때 종결 기능으로 쓰이는 것이 자연스럽다. 조민하(2011 : 100)에서는 종결 기능 '-고'는 억양에 의해 서법이나 화자의 태도가 달라질 뿐 나열의 의미 속성은 변하지 않으며 음운론적 요소인 억양의 기능에 따라 발화 말에서 종결 기능을 수행하는 것으로 보고 종결 기능을 하는 '-고'를 연결어미의 범주로 분류하고 있다. 종결 기능을 하는 연결어미는 문법화의 정도에 따라 완전히 종결어미로 볼 수 있는 것이 있는가 하면 연결어미가 종결어미적인 용법을 가지는 것으로 볼 수 있는 것이 있다. 이에 대해서는 4장에서 좀 더 논의하기로 하겠다.

2. 어미 '-다고'[19]

2.1. 간접인용절의 정체와 어미 '-다고'

어미 '-다고'를 비롯한 '-라고, -자고, -냐고'의 '-다, -라, -자, -냐'는 각각 평서형, 명령형, 청유형, 의문형 어미와 그 형태와 의미가 같기 때문에, 거의 모든 연구자들이 '-고'만을 간접인용절을 이끄는 성분으로 보고 있다. 물론 통시적인 측면에서 본다면 '-다, -라, -자, -냐'는 각각의 문장종결법 어미에서 나온 것일 것이다. 그러나 과연 공시적인 측면에서도 이를 문장종결법 어미와 동일시할 수 있는가에 대하여서는 의문의 여지

---

19) 이 절은 유현경(2001ㄴ)을 기반으로 기술되었다.

가 남는다.

　간접인용절을 이끄는 '-다고, -라고, -자고, -냐고'에 대한 기존의 연구를 살펴보면, 거의 모든 연구에서 종결어미 '-다, -라, -자, -냐'에 '-고'가 결합된 것으로 본다. 대부분의 연구에서 '-다, -라, -자, -냐'에 대한 구체적인 논의 없이 '-고'가 어떠한 범주에 속하는지에 대해서 논의하고 있다. '-고'에 대한 논의는 크게 두 가지로 나누어 볼 수 있다. 첫째로 '-고'를 조사의 일종으로 보는 시각이 있고 둘째로는 '-고'를 보문소나 어미의 일종으로 보는 논의들이 있다. '-고'를 조사로 보는 논의로는 이상복(1974), 임동훈(1995), Jeong(1999) 등을 들 수 있다. '-고'를 조사로 보는 논의에서도 어떤 조사로 보는가는 각각 다른데, 이상복(1974)은 '-고'를 인용조사로 보고 있고, 임동훈(1995)은 명사적 성격을 띠는 피인용절에 부사격 조사 '-고'가 결합된 것으로 보며, Jeong(1999)에서는 '-고'를 대격 조사라고 한다. '-고'를 보문소로 보는 논의에는 남기심(1973), 정주리(1995), 안명철(1998), 최재희(2000) 등이 있는데, 어미도 보문소의 일종으로 본다면, 이는 '-고'를 어미로 보는 시각과 통한다고도 볼 수 있다.

　이필영(1992)에서는 간접인용절의 '-고'는 본래 인용절 상위동사였던 '하고'로부터 '하-'가 탈락되면서 인용절의 종결어미와 융합된 것으로 보았다. 이러한 융합으로 말미암아 인용절의 종결어미와 상위문 어미 '-고'는 '-다고, -냐고, -라고, -자고'와 같은 어미구조체로 재구조화되며 '-다고' 자체를 하나의 보문자로 간주하고 있다. 우리의 입장은 이필영(1992)과 가장 흡사한데, '-다고'를 종속적 연결어미 즉, 부사형 어미로 본다는 점에서 이필영(1992)과 구별된다.

　일부의 논의에서 간접인용절을 이끄는 '-고'를 격조사나 보문자, 혹은 어미의 일종으로 보았는데, '-고'를 격조사나 보문자, 어미로 볼 수 없는 이유는 다음과 같다.

　간접인용절의 '-고'가 격조사이려면 앞에 오는 성분이 명사 상당 어귀

이어야 한다. 즉 명사절이어야 한다는 것이다. 그러나 '-고' 앞의 문장에
는 명사절임을 보여주는 절 표지가 없다. 간접인용절의 '-고'를 격조사로
보려면, 국어에서 명사절 표지 없이 문장 그 자체에 격조사가 붙는다는
예외를 만들어야 한다.

Jeong(1999)에서는 '-고'를 조사 '를'과 같은 대격 조사로 보는데, 다음과
같은 자동사 구문에서 '-고'를 과연 대격 조사로 볼 수 있는가의 문제가
생긴다.

(1) ㄱ. 가끔씩 내 나이가 공부하기에는 너무 늦었<u>다고</u> 생각되었다.
ㄴ. 세상에 있는 모든 것은 시시각각으로 변하고 있<u>다고</u> 여겨지기도
한다.

예문 (1)의 서술어인 '생각되다, 여겨지다'는 목적어를 가질 수 없는 자
동사들이다. '-고'를 대격 조사로 보는 시각에서는 대격 조사인 '를'이 나
올 수 없는 (1)과 같은 자동사 구문에서 '-고'가 나오는 이유를 설명할 수
없다. '-고'가 목적어가 나올 수 없는 자리에 나온다는 것 말고도 모든 목
적어와 간접인용절의 '-고'의 대치가 부분적이라는 것을 보아도 '-고'를
대격 조사로 보기 힘들다.

(2) ㄱ. 나는 뜨거운 슬픔이 치밀어 오르는 것을 느꼈다.
ㄱ'. *나는 뜨거운 슬픔이 치밀어 오른<u>다고</u> 느꼈다.
ㄴ. 왕은 지혜의 싸움에서 자신이 패배했<u>다고</u> 느꼈다.
ㄴ'. ?왕은 지혜의 싸움에서 자신이 패배했다는 것을 느꼈다.

인용동사가 아닌 경우에는 말할 것이 없지만 (2)처럼 인용동사가 서술
어인 문장에서도 대격 조사 '를'과 간접인용절의 '-고'가 교체되지 않는
경우가 있다.

'-고'가 격조사라면 왜 '-다, -냐, -라, -자'로 끝나는 일부 문장에만 붙으며 이 문장들은 문말 억양과 상대높임법이 중화되는 제약을 가지는 가? 임동훈(1995 : 120)에서는 통시적인 데서 그 원인을 찾고 있는데, 공시적으로 볼 때 '-고'를 격조사로 보는 견해로는 이러한 제약을 설명할 수 없다.

만약 '-고'가 격조사라면 왜 다른 보조사와 결합할 때 다른 격조사들과 다른 측면을 가지는가? 일반적으로 격조사가 보조사들과 결합하는 양상을 살펴보면, 보조사와 결합할 때 주격 조사와 목적격 조사의 경우는 생략이 된다. '에', '로' 등의 부사격 조사는 보조사와의 결합할 때 별다른 제약이 없으며, 결합 시에 부사격 조사는 생략이 되지 않고 그대로 유지된다. 그러나 간접인용절의 '-고'는 지극히 제한된 보조사 몇 개와만 결합이 된다.

(3) ㄱ. 일한은 자신이 완전하다고{(*ø)는/*마저/?*만} 생각하지 않았다.
　　ㄴ. 내가 먼저 저녁을 같이 하자고{(*ø)도/*마저/?*만} 제의해 보았다.

(3)에서 보듯이 보조사와의 결합에서 '-고'는 생략될 수 없으며, 몇 개의 한정된 보조사와만 결합되는 특징을 보인다. 이는 간접인용절의 '-고'가 격조사의 일종이 아니라는 것을 보여준다. '-고'는 앞에 오는 성분에 대한 제약이 심하고, 보조사와의 결합에서도 제약을 가지고 있다는 점에서 볼 때, 격조사로 보기 힘들다.

간접인용절의 '-고'는 인용을 나타내는 보문자나 어미의 일종으로 보는 것이 일반적이다. 간접인용절의 '-고'를 보문자로 보았을 때 가장 큰 문제점은 '-고'가 생략될 수 있다는 것이다. 보문자는 문장 내에서 보문을 도입하는 핵으로서의 기능을 가지고 있기 때문에 핵이 생략될 수 있다는 예외적 문제를 야기시킨다.

근본적으로 '보문자'라는 용어가 가지는 문제도 고려하지 않을 수 없다.

국어 문법에서 '보문자'라는 용어만큼 다양한 범주들을 포괄하여, 그 개념과 경계가 모호한 것도 없을 것이다. 문법 용어는 그와 비슷한, 혹은 그와 대비되는 다른 용어들과의 관계 속에서 규정될 수 있는데, '보문자'라는 용어는 다른 어떤 용어들과도 비슷하거나 대비되지 않는다. 이러한 고립적인 관계 용어는 되도록 피하는 것이 좋다. '-고'를 보문자로 규정하는 것은 문제를 해결하는 것이 아니라 문제를 덮어두는 것에 불과하다. 즉, '-고'는 기존의 국어 문법의 구조 틀 안에서 설명할 수 있는 범주로 설명하는 것이 가장 합리적일 것이다.

간접인용절의 '-고'를 어미로 보는 것은 기존의 논의에서 가장 폭넓게 받아들여진 견해이다. 그러나 '-고'를 어미의 일종으로 규정하기 전에, '-고' 앞에 오는 '-다, -라, -자, -냐'에 대한 논의가 선행되어야 한다. 즉, 간접인용절의 '-다고, -라고, -자고, -냐고'에서 '-고'를 어미의 일종으로 분리해 내기 위해서는 '-다, -라, -자, -냐'가 어떠한 성격을 지니고 있는가를 먼저 살펴보아야 한다.

대부분의 논의에서 간접인용절을 이끄는 '-다고, -라고, -자고, -냐고'에서의 '-다, -라, -자, -냐'를 문장의 종결어미와 같은 것이라는 전제를 가지고 논의를 진행한다. 그러나 간접인용절의 '-다, -라, -자, -냐'는 일반적인 종결어미와 비교할 때, 여러 가지 측면에서 다른 점을 가지고 있기 때문에, 그 형태가 같고 의미적인 공통점이 있다고 해서 이 두 부류를 동일한 것으로 취급하는 것은 옳지 못하다. 간접인용절의 '-다고, -라고, -자고, -냐고'는 다음과 같은 점에서 보통의 문장 종결어미와 다르다. 일반적인 문장의 종결어미는 문장의 종류를 결정할 뿐 아니라 상대높임법 화계와, 화자의 태도의 양태를 나타내는 기능도 있으나, 간접인용절의 '-다, -라, -자, -냐'에는 화계와 양태를 나타내는 기능은 없고 문장의 종류만을 드러내 주는 기능만 있을 뿐이다.

문장의 종결어미의 가장 기본적인 기능은 문장을 끝맺는 것이다. 그러나 간접인용절의 '-다, -라, -자, -냐'는 문장의 종류만을 나타낼 뿐 문장을 끝맺는 기능은 없다. 그러므로 간접인용절의 '-다, -라, -자, -냐'를 보통의 문장 종결어미처럼 어말어미로 볼 수는 없다.

간접인용절을 이끄는 '-다고, -라고, -자고, -냐고'는 결합되는 선어말어미에 제약이 있다는 점에서 종결어미와 차이를 가진다.

(4) ㄱ. 어머니는 아버지가 노여워하는 것도 이해해야 한<u>다고</u> 설득하려 했다.
    ㄴ. *어머니는 아버지가 노여워하는 것도 이해해야 하<u>겠다고</u> 설득하려 했다.
    ㄷ. *어머니는 아버지가 노여워하는 것도 이해해야 <u>했다고</u> 설득하려 했다.

(5) ㄱ. 묘동은 2학년에 올라오면서 최대한 성적을 올려보<u>겠다고</u> 결심했다.
    ㄴ. *묘동은 2학년에 올라오면서 최대한 성적을 올려보<u>았다고</u> 결심했다.
    ㄷ. *묘동은 2학년에 올라오면서 최대한 성적을 올려본<u>다고</u> 결심했다.

(4), (5)에서 보듯이 간접인용절을 이끄는 '-다고, -라고, -자고, -냐고'는 후행동사의 의미에 따라 선어말어미의 결합 제약을 보인다. 만약 '-다, -라, -자, -냐'를 일반적인 종결어미와 동일한 것으로 본다면 이러한 선어말어미들의 결합 제약을 설명할 수 없다. '-다고, -라고, -자고, -냐고'를 하나의 연결어미로 보고, 이들 연결어미가 주절의 동사에 의해 선택된다고 해야 이러한 결합 제약을 설명할 수 있다. 다시 말해서 '-다, -라, -자, -냐'는 단순히 인용절을 끝맺는 종결어미이고, 여기에 인용의 의미를 지닌 '-고'가 붙는다고 보는 입장에서는 이러한 제약에 대한 설명을 제공해

줄 수 없다.

간접인용절을 이끄는 '-다고, -라고, -자고, -냐고'는 주절의 동사가 가지는 의미적 특성에 따라 선택된다. 이는 '-다고, -라고, -자고, -냐고'가 주절의 동사를 의미적으로 보충해 주는 기능을 가지고 있다는 것을 말해 주는 것이다.

간접인용절을 이끄는 '-라고'의 '-라'는 소위 명령형 어미와 형태가 동일한 것으로 간주된다. 간접인용절을 이끄는 나머지 성분들인 '-다고, -자고, -냐고'는 상대높임법 등급 중 '해라체'의 종결어미에서 온 것으로 볼 수 있다. 그러나 명령형 '-라고'는 '해라체'의 종결어미인 '-어라/-아라'에서 온 것이 아니라 상대높임법이 중화된 형태인 '하라체'에서 온 것이다.

(6) ㄱ. 선생님께서는 나에게 붓글씨를 <u>쓰라고</u> 하셨다.
　　ㄴ. *선생님께서는 나에게 붓글씨를 <u>써라고</u> 하셨다.

(7) ㄱ. 엄마는 어서 밥을 <u>먹으라고</u> 했다.
　　ㄴ. *엄마는 어서 밥을 <u>먹어라고</u> 했다.

예문 (6), (7)은 간접인용절의 '-다고, -라고, -자고, -냐고'의 '-다, -라, -자, -냐'는 보통의 일반적인 문장 종결어미와는 별개의 것으로, 실제 사용되는 단위가 아니라 추상적인 단위임을 보여준다. 추상적인 단위라는 것은 실제 발화에서 사용되는 단위가 아니라 복합형태에만 나타나는 단어구성소의 측면을 가지고 있다는 말이다.[20] 형태론적으로 볼 때 '-다고, -라고, -자고, -냐고'는 각각 두 개의 형태소로 분석할 수는 있으나 이때의 '-다, -라, -자, -냐'는 동일한 형태의 종결어미와 같은 의미와 기능을

---

20) '문장구성소'에 관한 것은 남기심 · 고영근(1993 : 48)을 참조할 것.

가진 형태소로 볼 수 없다.

간접인용절의 '-다, -라, -자, -냐'는 '-다고, -라고, -자고, -냐고'의 복합어미 형태에만 나타나는 문장구성소로 볼 수 있다. 이와 비슷한 경우로 '먹는다'의 '-는다'를 들 수 있다. '먹는다'의 '-는-'은 '먹었다'의 '-었-'과의 계열 관계가 분명하다는 점에서 분석할 수 있으나, 후자는 거의 모든 어미와 제한 없이 결합하여 문장형성에 직접 참여할 수 있는 데 반해, 전자 '-는-'은 어미 '-다'와 어울린 채로만 문장형성에 관여하므로 그 기능이 간접적이다.[21] 간접인용절의 '-다고, -라고, -자고, -냐고'의 '-다, -라, -자, -냐'의 경우도 어원적으로 볼 때, 동일한 형태의 문장 종결어미에서 비롯된 것임에 틀림없으나, 공시적으로는 복합어미 형태 안에서 간접적으로 문장형성에 관여한다.

마지막으로 간접인용절의 '-다고, -라고, -자고, -냐고'가 일반적인 문장의 종결어미와 다른 점을 들자면 간접인용절의 '-다, -라, -자, -냐'에는 보통의 종결어미에 얹히는 억양이 없다는 것이다. 이는 간접인용절이라는 문장 특성상 필연적인 결과라고 할 수 있을지 모른다. 그러나 이러한 주장이 직접인용절의 종결어미와 간접인용절의 '-다, -라, -자, -냐'를 동일한 것으로 볼 수 있는 근거가 되지는 못한다. 또한 이 둘을 동일시하는 논의에서는 간접인용절에서 문장종결법 어미가 다양하게 나타나지 않고 몇 개의 한정된 어미만이 나타나는 이유에 대하여 설명할 수 없다.

지금까지 간접인용절을 이끄는 '-다고, -라고, -자고, -냐고'의 '-다, -라, -자, -냐'는 일반적인 문장 종결어미와 같은 것으로 볼 수 없음을 밝혔다. 그러므로 '-다고, -라고, -자고, -냐고'는 별개의 단위로 분석하지 않고 하나의 단위로 보아야 한다.

간접인용절의 '-다고, -라고, -자고, -냐고'에서 '-고'는 격조사나 보문

---

21) '먹는다'의 '-는다'를 분석하지 않고 한 단위로 보아야 한다는 주장으로 남기심(1982)을 참조하라.

자로 볼 수도 없고, '-다, -라, -자, -냐'와 '-고'는 분리할 수 없는 하나의 단위체를 이루고 있다는 것을 살펴보았다. 그러면 간접인용절을 이끄는 '-다고, -라고 -자고, -냐고'는 어떠한 범주로 볼 것인가? 이 글의 앞부분에서도 잠깐 언급했듯이 이 글에서는 '-다고, -라고 -자고, -냐고'를 종속적 연결어미, 즉 부사절을 이끄는 어미로 보려 한다. 간접인용절의 '-다고, -라고 -자고, -냐고'를 부사형 어미로 보는 이유 중 하나는 간접인용절을 대용할 때는 '이렇게, 그렇게, 저렇게'로 대용된다는 것이다.

(8) ㄱ. 수임은 마음속으로 <u>이렇게/다행이라고</u> 생각하며 성호를 그었다.
　　ㄴ. 관객들이 <u>그렇게/자연스럽다고</u> 느끼게끔 의도적으로 계산된 연극이었을지도 모른다.
　　ㄷ. 그 애가 <u>저렇게/집에 간다고</u> 말하는 데에는 뭔가 이유가 있을 거야.

간접인용절에 초점을 맞추어 질문을 할 때는 '어떻게'가 쓰인다.

(9) ㄱ. 너는 이 일에 대하여 <u>어떻게</u> 생각하고 있니?
　　ㄴ. 아버지를 <u>어떻게</u> 설득하실 거예요?
　　ㄷ. 소년은 부엌 안을 보고 <u>어떻게</u> 느꼈는가?

의문문에서 '어떻게'가 쓰인다는 것은 이와 대응하는 성분이 부사어의 성격을 지니고 있음을 보여주는 것이다. 간접인용절의 부사어적인 속성은 간접인용절이 와야 할 자리에 여타의 다른 부사절이 올 수 있게 한다.

(10) ㄱ. 이를 <u>안타깝게/안타깝다고</u> 여긴 주민들은 물이 잠기지 않은 높은 곳을 택해 새집을 옮겨 주었다.
　　ㄴ. 우리가 어떤 행위로 <u>나아가도록/나아가라고</u> 설득하는 보상의 종류는 두 가지가 있습니다.

ㄷ. 콜롬부스는 더욱 인디아로 가는 항로를 <u>개척하려고/개척하겠다</u>
<u>고</u> 결심하게 되었다.

간접인용절은 뒤에 오는 주절의 동사의 의미에 따라 '-게', '-도록',
'-(으)려고' 등의 부사절로 대치가 가능하다. 이때 '-게', '-도록', '-(으)려
고' 등의 부사형 어미와 대응되는 것은 '-고'만이 아니라 '-다고, -라고,
-자고, -냐고' 등의 복합어미 전체이다.

간접인용절을 이끄는 '-다고, -라고, -자고, -냐고'에서 '-고'가 탈락되
는 현상은 이와 비슷한 여타의 연결어미에서도 볼 수 있다. 예컨대 '-(으)
려고'나 '-느라고' 등의 연결어미에서도 '-고'가 탈락되기도 한다.

간접인용절은 인용동사와만 어울리는 것은 아니다. 인용동사와 무관한
문맥에서도 나타난다.

(11) ㄱ. 그는 집에 <u>간다고</u> 나섰다.
　　 ㄴ. 엄마는 용돈으로 <u>쓰라고</u> 돈을 주셨다.
　　 ㄷ. 그는 몸이 <u>피곤하다고</u> 집에 갔다.

(11)의 '나서다, 주다, 가다' 등은 인용절을 요구하는 인용동사가 아닌데
도 간접인용절과 어울려 나타날 수 있다. 일반적으로 간접인용절은 직접
인용절과의 관계 속에서 논의하고 있는데, (11)의 예는 간접인용절이 직접
인용절과 무관할 수도 있음을 보여준다. 물론 (11)에서 '-다고' 뒤에 '하
며'가 생략되었다고 볼 수도 있다. 하지만 다음의 예를 보자.

(12) ㄱ. 젊어 <u>보이라고</u> (*하며) 빨간 옷을 입었다.
　　 ㄴ. 개울을 잘 <u>건너라고</u> (*하며) 징검다리를 놓았다.
　　 ㄷ. 그는 시험<u>공부한다고</u> (*?하며) 외출도 안 한다.

예문 (12)는 '하며'를 상정할 수 없는 경우이다. (11), (12)를 볼 때, 간접
인용절의 '-다고, -라고, -자고, -냐고'가 직접인용절에서 온 것이라는 전
제가 옳지 않다는 것을 알 수 있다.

'-다고'는 인용의 의미를 가지지 않은 채 원인이나 이유를 나타내는 연
결어미로 쓰일 수 있다.

(13) ㄱ. 작은아버지는 돈을 좀 벌었다고 우리집을 무시한다.
　　　ㄴ. 우리가 숨긴다고 어머니께서 모르시겠냐?
　　　ㄷ. 공부 좀 잘한다고 잘난 척 하지 말아라.

'-다고'는 종결어미로도 쓰인다.

(14) ㄱ. 우리 선생님은 얼마나 좋으시다고.
　　　ㄴ. 나는 또 영진이가 1등을 했다고.
　　　ㄷ. 네가 이 일을 다했다고?
　　　ㄹ. 영희가 숙제를 안 해 왔다고?

(14)의 '-다고'는 종결어미로 쓰여서, 뒤에 주절이 나오지 않는다. 이는
간접인용절의 여러 어미 중 '-다고'가 '-라고, -자고, -냐고'에 비해 여러
가지 다양한 기능으로 분화되고 있음을 보여준다. 이는 '-다고, -라고,
-자고, -냐고'가 각각 하나의 덩어리이며 별개의 연결어미로 기능하고 있
음을 드러내주는 것이라 할 수 있다.

간접인용절의 '-다고, -라고, -자고, -냐고'는 인용절에서 서술어의 의
미를 보충하는 필수적 부사절을 이끄는 종속적 연결어미로 기능한다. 그
러므로 서술어에 따라 다른 간접인용절 어미가 선택된다. 소위 인용동사
들은 내용절로서 인용절이 반드시 나와야 하는 의미구조를 가지고 있기
때문에, '-다고, -라고, -자고, -냐고' 등의 부사형 어미를 필수적으로 요

구한다. 인용의 부사형 어미 '-다고, -라고, -자고, -냐고'는 다른 부사형 어미들처럼 필수적으로 쓰이기도 하지만 (11), (12), (13)에서와 같이 인용의 의미를 갖지 않은 동사가 서술어인 문장에서는 부가어로 기능하기도 한다. 그러나 인용의 부사형 어미 '-다고, -라고, -자고, -냐고'는 통시적인 측면에서 볼 때 '인용'이라는 의미를 기본으로 하고 있기 때문에, 인용 동사 구문에서 필수적인 부사절로 쓰이는 것이 일반적인 용법이 된다.

간접인용절의 '-다고, -라고, -자고, -냐고'는 인용의 부사형 어미로서, 문장 내에서 서술어의 의미구조에 따라 선택되는 필수적 부사절을 이끌거나 때로는 부가어의 자리에서 부사절을 이끌기도 하는 기능을 가지고 있다. 간접인용절의 문제는 간접인용절의 통시적인 배경과, 직접인용절과의 관계에 집착한 나머지, 간접인용절을 이끄는 '-다고, -라고, -자고, -냐고' 등이 가지는 개별적인 특성에 대한 논의가 부족하여 이들 어미가 문장 안에서 가지는 진정한 기능에 대한 문제를 소홀하게 다루어 왔다고 생각한다.

간접인용절이라는 용어 역시 직접인용절을 전제로 하고 있기 때문에 별로 적당하지 않다. 본론에서도 살펴보았듯 인용동사를 서술어로 하지 않는 구문에서도 '-다고, -라고, -자고, -냐고'가 여러 가지 의미를 지니고 나올 수 있지만, '-다고, -라고, -자고, -냐고'의 기본적인 의미는 '인용'에 있기 때문에, '인용'의 부사형 어미로 본다.[22]

간접인용절의 '-다고, -라고, -자고, -냐고'를 '인용'의 부사절로 범주화하게 되면, 간접인용절을 내포절의 예외적 특수 구문으로 취급할 필요가 없다. '인용'의 부사절이라는 용어는 그 고유의 기능과 의미를 드러내

---

22) 부사형 어미는 보통 그 기능적 의미에 따라 일군의 어미들을 '대립'의 부사형 어미(혹은 연결어미), '조건'의 부사형 어미, '양보'의 부사형 어미 등으로 분류한다. 이러한 측면에서 간접인용절을 이끄는 '-다고, -라고, -자고, -냐고'를 '인용'의 부사형 어미로 불러도 좋을 것이다.

줄 수 있으므로, 기존의 격조사설이나 보문자설 등에서 제기되는 여러 문제들을 해결할 수 있으며 국어 문법 설명을 보다 간결하게 만들 수 있다.

2.2. '-다고'의 용법

기존의 연구에서 '-다고'는[23) 직접인용절을 전제한 간접인용절을 이끄는 어미로서 논의되어 왔다. 그러나 실제로 '-다고'의 용법을 살펴보면, '간접인용'을 비롯하여 다음과 같이 다양한 의미로 쓰이고 있다.

(15) ㄱ. 나는 누나에게 퇴근 후 가겠다고 말했다.
　　 ㄴ. 동네 사람들은 우리 어머니가 미쳤다고 수군거렸다.
　　 ㄷ. 엄마는 내가 민숙희와의 일을 잊어버렸다고 여긴다.
　　 ㄹ. 초인종 소리를 듣고 버선발로 뛰어 나갔다고 치자.
　　 ㅁ. 선생님께서는 나에게 효에 근본이 있다고 가르치셨다.
　　 ㅂ. 영희는 이제부터 책을 부지런히 읽겠다고 결심했습니다.
　　 ㅅ. 어제는 시험 공부를 한다고 밤을 꼬박 새웠다.
　　 ㅇ. 네가 언제 나를 봤다고 나한테 반말이냐?
　　 ㅈ. 금강산도 식후경이라고 뭘 좀 먹자꾸나.
　　 ㅊ. 내가 너를 얼마나 좋아한다고.
　　 ㅋ. 오늘 학교에서 명수와 다투었다고?
　　 ㅌ. 내가 그 때 얼마나 기뻤다고!

(15ㄱ), (15ㄴ)은 간접인용의 '-다고'이다. (15ㄷ)의 경우에는 '-다고'가 주어의 판단의 내용을 드러내며, (15ㄹ)의 '-다고'는 가정의 의미를 가지고 있다. (15ㅁ)의 '-다고'는 서술어가 지시하는 행위의 대상을 나타내며,

---

23) 이 연구에서는 '-다고 하-'로 환원될 수 없는 '-다고'만을 연구 대상으로 삼는다. '-다고'의 용례의 대부분은 연세대학교 언어정보개발연구원에서 구축한 연세말뭉치(4,300만 마디)에서 가져온 것이다.

(15ㅂ)의 '-다고'는 행위의 내용을 의미한다. (15ㅅ)의 '-다고'는 원인의 의미를, (15ㅇ)은 의문문 앞에서 상황을 설명하는 뜻을 나타낸다. (15ㅈ)은 일반적으로 잘 알려져 있는 속담이나 성구를 인용하여 다음의 말에 대한 근거를 제시할 때 쓰는 '-다고'이다. (15ㅊ)과 (15ㅋ), (15ㅌ)은 각각 종결어미처럼 평서형, 의문형, 감탄형으로 쓰인 '-다고'이다.

이를 다시 정리하면, 어미 '-다고'는 크게 비종결어미로서의 쓰임(ㄱ-ㅈ)과 종결어미로서의 쓰임(ㅊ, ㅋ, ㅌ)이 있다. 비종결어미로서의 용법은 다시 서술어로 쓰인 용언의 내용절을 나타내는 것(ㄱ-ㅂ)과 그렇지 않은 것(ㅅ-ㅈ)으로 나눌 수 있다. (15ㅅ-ㅈ)의 '-다고'는 일반적인 부사형 어미와 가장 비슷한 용법이다. 내용절을 나타내는 '-다고'는 다시 인용의 의미를 가진 경우(ㄱ, ㄴ)와 인용의 의미를 갖지 않은 경우(ㄷ, ㄹ, ㅁ, ㅂ)로 나눌 수 있다. 이를 표로 나타내 보면 다음의 [표 1]과 같다.

[표 1] '-다고'의 용법(Ⅰ)

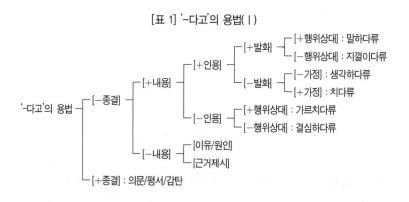

위의 [표 1]에서 비종결어미로 쓰인 '-다고'는 앞에서 논의한 바와 같이 부사형 어미로 규정할 수 있으며, 종결어미적 용법의 '-다고'는 부사형 어미가 종결어미처럼 쓰인 것이라고 볼 수 있다. 부사형 어미와 종결어미적 용법의 관계에 관해서는 뒤에서 자세한 논의를 하도록 하겠다.

다음에서는 '-다고'의 용법이 드러내는 특징들을, 통사적 관계, 대치 관계, 형태적 관계 등을 중심으로 하여 세밀히 살펴보기로 하겠다. 통사적 관계에서는 문장의 서술어가 '-다고'를 필수적으로 요구하는지의 문제와 '에게' 논항과 함께 나타날 수 있는지를 살펴볼 것인데, 이는 '-다고'가 드러내는 구체적인 의미와 밀접한 관련이 있는 문제이다. 대치 관계는 '-다고'가 명사구나 명사절, 부사구, 부사절, 완형보문, 불구보문, 직접인용 등으로 대치될 수 있는가를 검증해 볼 것이다. 이는 '-다고'가 가지는 부사적 속성과 밀접하게 관련이 있다. 형태적 문제로는 '-다고'에 시제 선어말어미가 결합할 때 제약이 있는가, '-다고'의 '-고'가 생략될 수 있는가, '-다구'와 바꾸어 쓸 수 있는가 등의 문제24)에 대한 논의를 할 것이다. 문장의 서술어가 '-다고'를 필수적이나 수의적으로 요구하는 경우에는 '-다고'와 결합하는 서술어 중심 즉, 구문 중심으로 '-다고'의 특징들을 살펴보기로 하겠다.25)

2.2.1. [-종결][+내용][+인용][+발화]의 '-다고'

인용의 의미를 가지면서 발화되어 서술어의 내용절을 나타내는 비종결어미 '-다고'는 기존의 연구에서 간접인용절이나 완형보문으로 다루어 왔던 것이다. '인용'의 의미를 가진 '-다고'는 위의 [표 1]에서 보다시피 '-다고'의 여러 용법 중 하나이다. 『연세한국어사전』에 실린 동사를 살펴보면 '-다고'를 필수적, 수의적으로 요구하는 동사는 353개가 있는데, 그

---

24) '-다고'가 '-다구'로 대치되는지의 여부를 대치 관계로 넣지 않고 형태적 관계에서 다룬 이유는, 대치 관계가 주로 문장 성분 간의 대치를 본 것인 데 비해, '-다구'의 대치는 형태론적인 문제에 더 가깝다고 보았기 때문이다.
25) 서술어가 필수적, 수의적으로 요구하는 '-다고'의 경우, 그 의미가 '-다고'의 고유의 의미인가가 논란이 될 수 있겠다. 그러나 이는 '-다고'뿐 아니라 어미나 조사 등의 문법형태소의 의미를 논할 때 공통적으로 제기되는 문제이다. 여타의 문법형태소들처럼 '-다고'의 의미는 앞뒤 문맥이나 서술어의 의미구조에 직접적으로 영향을 받기 때문에, 서술어에 따라 '-다고'의 구체적인 의미를 살펴본 것이다.

중 인용의 의미를 갖는 '-다고'를 요구하는 경우는 약 100여 개 정도이다. 그러므로 기존의 연구에서 '-다고'의 의미로 [인용]의 의미만을 주로 다룬 것은 '-다고'의 한쪽 면만을 부각시킨 것으로 볼 수 있다. [-종결][+내용][+인용][+발화]의 '-다고'는 발화 행위의 상대인 '에게' 명사구를 가질 수 있느냐의 여부에 따라 '말하다'류와 '수군거리다'류의 두 유형으로 나눌 수 있다.

'말하다'류의 '-다고'26)는 서술어와의 관계에서 볼 때, 서술어로 쓰인 동사가 필수적으로 요구하는 성분이다.

> (16) ㄱ. 차라리 설희에게 <u>사랑한다고</u>(*ø) 고백해 버리는 게 나을 것 같았다.
> ㄴ. 나는 선생님께 <u>길이 막혀서 늦었다고</u>(*ø) 변명했다.
> ㄷ. 그는 나에게 <u>품삯이 너무 적다고</u>(*ø) 쏘아붙였다.

'말하다'류는 예문 (16)에서 보듯이 발화 행위의 상대인 '에게' 명사구를 필수적 혹은 수의적으로 요구한다. 이에 비해서 '수군거리다'류의 '-다고'는 동사가 필수적으로 요구하는 성분은 아니며, 수의적으로 나올 수 있다. 이때의 '-다고'는 '에게' 명사구와 함께 나올 수 없다.

> (17) ㄱ. 아이들이 이곳저곳에 모여 ø 수군거렸습니다.
> ㄴ. <u>부동산 경기가 침체되어 간다고</u> 저마다 수군거렸다.

> (18) ㄱ. 아이들은 와자하니 ø 떠들며 강으로 간다.
> ㄴ. <u>아이들이 비행접시가 나타났다고</u> 떠들었다.

> (19) ㄱ. *<u>나에게</u> 부동산 경기가 침체되어 간다고 저마다 수군거렸다.

---

26) '-다고'의 용법에 대한 개별적인 논의를 할 때, 편의상 [표 1]에서 예를 든 가장 대표적인 동사의 이름을 따서 '말하다'류, '수군거리다'류 등으로 부르겠다.

ㄴ. *아이들이 <u>나에게</u> 비행접시가 나타났다고 떠들었다.

논항 자리에 오는 [-종결][+내용][+인용][+발화]의 '-다고'는 다른 형
태의 성분들과 바꾸어 쓸 수 있다.

(20) ㄱ. 그들은 <u>잘못을</u> 고백하거나 용서를 구하지 않았다.
ㄴ. 나 자신은 <u>남을 용서 못 한 적이 많음을</u> 고백합니다.
ㄷ. <u>제 역할은 거의 없다는 것을</u>/*제 역할은 거의 없는 것을 고백
했다.

(21) ㄱ. 나는 현희에게 <u>편지에 대해</u> 고백하게 되었습니다.
ㄴ. 수미도 스스로 <u>이렇게</u> 고백했다.

'-다고'가 쓰이는 자리에는 (20ㄱ)처럼 일반적인 명사가 올 수도 있고,
(20ㄴ), (20ㄷ)에서 보듯 '고백하는' 행위의 구체적인 내용이 되는 명사절
이 오기도 한다. 이 경우 명사나 명사절에 결합되는 격조사는 목적격인
'를'이다. (20ㄷ)의 경우처럼, '-다고' 자리에는 완형보문인 '-다는 것'은
올 수 있으나 불구보문인 '-는 것'은 올 수 없다.[27] '-다고' 대신에 명사
절이나 명사구 등이 오기도 하지만, (21ㄱ)과 (21ㄴ)의 밑줄 친 부분처럼
부사어 대치가 가능한 것을 보면 어미 '-다고'가 이끄는 절이 부사절의
성격을 가지고 있음을 알 수 있다.
'말하다'류의 '-다고' 자리에는 직접인용절이 나올 수도 있다.

(22) <u>"잘못했어요"하고</u>/라고 고백하니 마음이 후련해졌다.

---

27) 완형보문과 불구보문은 남기심(1973)의 용어이다. 이 연구의 입장은 보문이라는 개념을
받아들이지는 않지만, 논의의 편의를 위해 일반적으로 널리 알려져 있는 이 용어들을
쓰기로 한다.

직접인용과 간접인용의 대응은 흔히 생각하는 것처럼 일대일 대응은
아닌 듯하다.

> (23) ㄱ. <u>무심코 나온 말이라고</u> 변명하였으나 소용없었다.
> ㄱ'. <u>"무심코 나온 말이요"</u> 하고, 변명하였으나 소용없었다.
> ㄴ. <u>이에 대한 아무 증거도 가지고 있질 못하다고</u> 주간지는 변명하
> 고 있다.
> ㄴ'. *<u>"이에 대한 아무 증거도 가지고 있질 못합니다"</u> 하고 주간지는
> 변명하고 있다.

(23ㄱ)의 경우처럼 직접인용절이 나올 수도 있으나, (23ㄴ)처럼 직접인
용을 상정할 수 없는 경우도 많다.

'수군거리다'류의 '-다고'는 '말하다'류처럼 다양한 성분들이 대치되지
는 않는다.

> (24) ㄱ. *아이들은 <u>그 일을/비행접시가 나타났다는 것을</u> 수군거렸다.
> ㄴ. 뒤에서 작은 소리로 <u>이렇게</u> 수군거리는 아이도 있었습니다.
> ㄷ. <u>어머니의 죽음에 대해</u> 사람들은 끊임없이 수군거렸다.
> ㄹ. <u>버스 안의 사람들이 웬일인가 하고</u> 수군거렸다.

> (25) ㄱ. *아이들은 <u>자신들의 의견을/이제 큰일이 났다는 것을</u> 떠들었다.
> ㄴ. 왜들 안 가고 <u>이렇게</u> 떠드냐?
> ㄷ. 그들은 분명 <u>현철이에 대해서</u> 떠들고 있었다.
> ㄹ. 많은 사람들이 <u>왁자지껄/이러쿵저러쿵/시끌벅적</u> 떠들며 몰려 들
> 어왔다.
> ㅁ. <u>"저도 찬성이에요"</u> 하고 떠드는 학생도 있었다.

'수군거리다'류의 '-다고'는 '말하다'류처럼 서술어의 행위에 대한 내용
을 지시하는 의미를 가지고 있지마는, (24ㄱ), (25ㄱ)에서 보듯 명사구나

명사절로 대치되지 않고 (24ㄴ), (24ㄷ)이나 (25ㄴ), (25ㄷ), (25ㄹ)처럼 부사구나 부사절과 함께 쓰인다. (24ㄹ)과 (25ㅁ)을 보면 직접인용으로도 대치가 가능하다는 것을 알 수 있다.

[-종결][+내용][+인용][+발화]의 '-다고'의 시제 선어말어미와의 결합 관계, '-고'의 생략 여부, '-다구'와의 대치 여부를 살펴보자.

먼저 '말하다'류의 '-다고'에 '-겠-', '-었-' 등의 선어말어미가 결합되는 양상을 보겠다.

> (26) ㄱ. 차라리 설희에게 <u>사랑한다고/사랑했다고/*사랑하겠다고</u> 고백해
> 버리는 게 나을 것 같았다.
> ㄴ. 동생은 선생님께 길이 막혀서 <u>늦었다고/*늦는다고/*늦겠다고</u> 변
> 명했다.
> ㄷ. 문 기사가 정 씨에게 품삯이 <u>적다고/적었다고/*적겠다고</u> 쏘아붙
> 였다.

'-다고'는 선어말어미와의 결합 시, 서술어에 따라 제약이 다르게 나타난다. 위의 (26)의 서술어를 '말하다'로 모두 바꾸어 보면,

> (27) ㄱ. 차라리 설희에게 <u>사랑한다고/사랑했다고/사랑하겠다고</u> 말해 버리
> 는 게 나을 것 같았다.
> ㄴ. 동생은 선생님께 길이 막혀서 <u>늦었다고/늦는다고/늦겠다고</u> 말
> 했다.
> ㄷ. 문 기사가 정 씨에게 품삯이 <u>적다고/적었다고/?적겠다고</u> 쏘아붙
> 였다.

와 같이 된다. 이는 '-다고'의 문제라기보다 서술어의 의미에 따른 제약으로 보인다. 이는 '수군거리다'류의 '-다고'도 마찬가지이다.

'말하다'류의 '-다고'의 '-고'는 생략이 가능하지만, '수군거리다'류의

'-다고'는 '-고'가 생략될 수 없으며, 두 부류 모두 '-다구'로 교체될 수 없다.

2.2.2. [-종결][+내용][+인용][-발화]의 '-다고'

비종결어미이면서 서술어의 내용을 가리키고 간접인용의 의미를 나타내면서도 발화되지 않은 '-다고'를 요구하는 동사로 '생각하다, 보다, 여기다, 믿다…' 등이 있다. 이러한 [-종결][+내용][+인용][-발화]의 '-다고'는 화자가 판단하는 내용을 나타내는 절을 이끈다.[28] 이와 비슷한 것으로 가정의 의미를 지니는 '치다'류가 있다. '치다'류에는 '치다, 가정하다, 하다…' 등이 속한다.

'생각하다'류의 '-다고'는 서술어가 필수적으로 요구하는 성분이다.

> (28) ㄱ. 그는 <u>아내의 조그만 글씨가 정답다고</u>(*ø) 생각했다.
> ㄴ. 나는 <u>여러분이 모두 정직하다고</u>(*ø) 믿고 있어요.
> ㄷ. 그녀는 <u>때가 왔다고</u>(*ø) 여겼다.

(28ㄱ-ㄷ)을 보면, '-다고'는 화자의 내적인 판단을 나타내는 내용절을 이끌고 있다. 이러한 '-다고'는 '에게' 명사구와 함께 나올 수 없다.

> (29) ㄱ. *그는 <u>나에게</u> 아내의 조그만 글씨가 정답다고 생각했다.
> ㄴ. *나는 <u>그에게</u> 여러분이 모두 정직하다고 믿고 있어요.
> ㄷ. *그녀는 <u>나에게</u> 때가 왔다고 여겼다.

[-종결][+내용][+인용][-발화]의 '-다고' 절은 다음에서와 같이 문장에서 다른 성분으로 바꾸어 쓸 수 있다.

---

28) 우순조(1995)에서는 이러한 부류를 평가구문으로 분류하고 있다.

(30) ㄱ. <u>친구가 한 이야기</u>를 생각하여 봅시다.

　　ㄴ. 순간 <u>생명의 부질없음을/생명이 부질없다고</u> 생각했다.

　　ㄷ. 이곳에서 밤을 <u>밝힐 것을/밝힌다고</u> 생각하니 그저 답답할 뿐이
었다.

　　ㄹ. 나는 <u>집에 가야 한다고/*집에 가야 한다는 것을</u> 생각했다.

(31) ㄱ. 선생님께서는 <u>어떻게</u> 생각하십니까?

　　ㄴ. 나는 <u>그 일에 대해</u> 생각했다.

　　ㄷ. 일부 사람들은 <u>인간의 본성이 악한 것으로</u> 생각한다.

　　ㄹ. <u>백성을 으뜸으로</u> 생각하는 것이 곧 어진 정치입니다.

[-종결][+내용][+인용][-발화]의 '-다고'의 자리에는 (30ㄱ)처럼 보문
명사가 올 수 있고 (30ㄴ)처럼 명사 상당 어귀로 문장이 올 수도 있으며,
'-(으)ㅁ'이나 '것'이 이끄는 명사절이 오기도 한다. 이때 결합되는 조사는
목적격 조사 '를'이다. (30ㄷ, ㄹ)에서 보듯 불구보문은 가능하나 완형보문
은 '-다고' 자리에 나올 수 없다. 이 경우에도 (31ㄱ)처럼 '-게' 꼴의 부사
절이 올 수가 있으며, 여타의 다른 부사어가 오기도 한다. '생각하다'류의
'-다고'가 다른 구문과 구별되는 가장 특징적인 면은 (31ㄷ, ㄹ)처럼 '으
로' 명사구와 대치될 수 있다는 것이다.29)

　'생각하다'류는 동사에 따라 직접인용으로 환원되기도 한다.

(32) ㄱ. <u>'통일을 이루었다면 좋았을 것을....'</u> 하고 생각하였습니다.

　　ㄴ. <u>'그것이 벌써....'</u> 하고 생각하니, 그녀는 손녀가 대견했다.

　　ㄷ. <u>'너하고 함께라면 얼마나 좋았을까'</u> 하고 생각했어.

---

29) '-다고'와 'NP-으로'의 관계에 대해서는 여러 가지 논란이 있을 수 있겠으나 이 논문은
'-다고'의 여러 용법을 모두 보여주고 그 특징을 비교 기술하는 데에 목적이 있으므로
이에 대한 상세한 논의는 하지 않겠다. 이에 관해서는 김영희(1988), 우순조(1995), 이필
영(1995ㄱ) 등을 참조할 것.

(32ㄱ-ㄷ)처럼 직접인용절이 나오는 부류로는 '생각하다, 생각되다, 짐작하다, 짐작되다, 추측하다, 쓰다…' 등이 있다. 그러나 '보다, 여기다, 믿다, 느끼다…' 등의 동사는 직접인용과 관계를 지을 수 없다.

[-종결][+내용][+인용][-발화]의 '-다고'의 시제 선어말어미와의 결합 관계를 살펴보자.

> (33) ㄱ. 파릇파릇한 잎들이 이슬을 머금었으면 <u>좋겠다고</u> 생각했다.
> ㄴ. 용수는 정말 모든 일이 <u>끝났다고</u> 생각했다.
> ㄷ. 인간은 이중적 구조를 <u>갖는다고</u> 생각했다.

(33)을 보면, 별다른 제약이 없음을 알 수 있다. 이때의 '-다고'의 '-고'는 생략이 가능하며, 다음의 (34)처럼 '-다구'로 교체될 수 있다.

> (34) ㄱ. 너는 어떻게 했으면 <u>좋겠다구</u> 생각하니?
> ㄴ. 이미 <u>늦었다구</u> 생각할는지 모르지만 아직 늦은 건 아무것도 없어.

2.2.3. [-종결][+내용][-인용]의 '-다고'

비종결어미로서 서술어가 의미하는 행위의 내용절이 되면서 인용의 의미를 갖지 않는 '-다고'를 요구하는 동사에는 '가르치다'류와 '결심하다'류의 두 부류가 있다. '가르치다'류에는 '가르치다, 약속하다, 나무라다, 권유하다, 건의하다 설명하다…' 등이 있고, '결심하다'류에는 '결심하다, 마음먹다, 결정하다…' 등의 동사가 속한다.

[-종결][+내용][-인용]의 '-다고'는 서술어가 필수적으로 요구하는 성분이다.

> (35) ㄱ. 예수는 <u>새 술은 헌 부대에 담을 수 없다고</u>(*ø) 가르쳤다.
> ㄴ. 남 실장은 <u>다품종 소량 생산의 시대를 맞고 있다고</u>(*ø) 설명했다.

ㄷ. 그는 무슨 일이 있어도 고향으로 돌아가지 않겠다고(*ø) 결심했
　　었다.

ㄹ. 나는 열심히 공부하겠다고(*ø) 마음먹었습니다.

(35ㄱ-ㄹ)의 '-다고'는 동사가 의미하는 행위의 대상이 된다.

'가르치다'류의 '-다고'는 'NP-에게'와 함께 나올 수 있는 반면, '결심
하다'류는 'NP-에게'와 나올 수 없다.

(36) ㄱ. 선생께서는 제자들에게 자립과 협동이 농촌을 일으키는 힘이 된
　　　　다고 가르쳤다.

ㄴ. 그녀는 나에게 그것이 그의 바램이었다고 설명했다.

ㄷ. *어느 날 저는 그에게 죽지 않겠다고 결심했습니다.

ㄹ. *나는 선생님께 앞으로는 서로 사이좋게 지내야겠다고 마음먹었
　　　　습니다.

[-종결][+내용][-인용]의 '-다고'는 다른 성분으로 대치가 가능하다.

(37) ㄱ. 할아버지는 아버지에게 생활의 지혜를 가르쳐 주셨다.

ㄴ. 그는 온 겨레가 하나 되기를 가르치고 있다.

ㄷ. 예수는 새 술은 헌 부대에 담을 수 없다는 것을/*새 술은 헌 부
　　　　대에 담을 수 없는 것을 가르쳤다.

ㄹ. 아저씨께서는 나무를 이용하는 데가 많다는 것을/*나무를 이용하
　　　　는 데가 많은 것을 설명해 주셨다.

'가르치다'류의 '-다고'의 자리에는 (37ㄱ)처럼 명사가 올 수도 있고,
(37ㄴ)처럼 '-기'꼴의 명사절이 오기도 하지만 앞의 인용의 '-다고'처럼
'-(으)ㅁ'꼴의 명사절은 올 수가 없다. (37ㄷ, ㄹ)에서 보듯이 완형보문은
올 수 있지만, 불구보문은 올 수 없다. 이와 비교하여 다음을 보자.

(38) ㄱ. 경철이가 <u>그 날 학교에서 공부한 것을</u> 종수에게 가르쳐 주었다.
　　 ㄴ. *경철이가 <u>그 날 학교에서 공부했다고</u> 종수에게 가르쳐 주었다.

(38ㄱ)의 밑줄 친 부분은 불구보문이지만, 이를 (38ㄴ)으로 바꿀 수 없기 때문에 '-다고' 자리에 대치된 것으로 볼 수는 없다.

(39) ㄱ. 학생들을 <u>국제적인 수준으로 넓히도록</u> 가르쳐야 했다.
　　 ㄴ. 아이들에게 <u>곧은 마음과 행동을 지니도록</u> 가르쳤다.

다른 '-다고'와 달리, '-도록' 부사절이 오기도 한다.

(40) 선생님께서는 학생들을 <u>어떻게</u> 가르치고 계십니까?

(40)의 '어떻게'는 방법을 묻는 의문부사로, 생략이 가능하며 '말하다'류나 '생각하다'류처럼 내용절의 '-다고'에 초점이 가는 대답을 할 수 없다. '가르치다'류의 '-다고'는 '-게'꼴의 부사절로 대치될 수 없다.

(41) ㄱ. 그는 쉽게 <u>복학을</u> 결심하지 못했다.
　　 ㄴ. 그는 <u>서광옥을 만나기로</u> 결심했다.
　　 ㄷ. 유관순 누나는 <u>만세를 부를 것을/*만세를 부른다는 것을</u> 결심하였다.

(42) ㄱ. 나는 <u>이렇게</u> 결심하고 경찰서를 찾아갔습니다.
　　 ㄴ. 콜롬부스는 <u>인디아로 가는</u> 항로를 개척하려고 결심하게 되었다.
　　 ㄷ. 나는 <u>그녀가 찾아오면 결혼하리라고</u> 결심했다.

'결심하다'류의 '-다고' 자리에는 (41ㄱ)처럼 명사가 올 수도 있고, (41ㄴ)에서 보듯 '-기'꼴의 명사절이 올 수도 있다. (41ㄷ)을 보면, 불구보문이 올 수 있으나 완형보문은 올 수 없다. '가르치다'류와 달리 (42)에서와 같이 '-게', '-(으)려고', '-(으)리라고' 등이 이끄는 부사절로 대치가 가능하다.

[-종결][+내용][-인용]의 '-다고'는 시제를 나타내는 선어말어미와의 결합에서 제약을 보인다.

> (43) ㄱ. 할아버지께서는 {그늘에 있는 강낭콩은 잘 자라지 않는다고/*않겠다고/*않았다고} 가르쳐 주셨다.
> ㄴ. 나는 {최대한 성적을 올려보겠다고/*본다고/*보았다고} 결심했다.

'가르치다'류의 '-다고'는 '-고'를 생략할 수 없지만, '결심하다'류의 '-다고'는 '-고' 생략이 가능하며, 모두 '-다구'로 바꾸어 쓸 수 있다.

2.2.4. [-종결][-내용][+이유]의 '-다고'

비종결어미이면서 서술어가 되는 동사의 행위의 내용절이 되지는 않고 후행절의 이유나 원인을 나타내는 '-다고'가 있다. 이러한 '-다고'는 부사형 어미(종속 연결어미)의 원형(prototype)에 가장 근접한 용법이다.

[-종결][-내용][+이유]의 '-다고'가 이끄는 절은 서술어가 필수적, 수의적으로 요구하는 성분이 아니다.

> (44) ㄱ. 어제는 숙제를 한다고(ø) 밤을 꼬박 새웠다.
> ㄴ. 성적이 떨어졌다고(ø) 엄마한테 혼이 났다.
> ㄷ. 아빠! 엄마가 준비 다 됐다고(ø) 내려오시래요.

'-다고'의 이러한 면은 주로 부가어로 쓰이는 부사절의 특징을 잘 드러내는 것이라 할 수 있다.

[-종결][-내용][+이유]의 '-다고' 자리는 비슷한 뜻을 가진 이유나 원인을 나타내는 부사형 어미로 바꾸어 쓸 수 있다.

(45) ㄱ. 어제는 <u>숙제를 한다고/하느라고/*한다고 해서</u> 밤을 꼬박 새웠다.
　　 ㄴ. <u>성적이 떨어졌다고/떨어져서/*떨어졌다고 해서</u> 엄마한테 혼났다.
　　 ㄷ. 아빠! <u>엄마가 준비 다 됐다고/되었으니까/*됐다고 해서</u> 내려오시래요.

　(45ㄱ-ㄷ)은 이유나 원인을 나타내는 부사형 어미로 바꾸어 쓸 수 있을 뿐 아니라, '-다고 하-'의 꼴로 환원하면 문장이 어색해지거나 비문이 된다. 이러한 사실은 이때의 '-다고'가 온전히 부사형 어미로 기능하고 있음을 보여준다.

(46) ㄱ. <u>손님들이 온다고/*와서/*오니까/온다고 해서</u> 온식구가 대청소를 했다.
　　 ㄴ. 내 동생은 <u>두꺼비집이 헐렸다고/?헐려서/*헐렸으니까/헐렸다고 해서/헐렸다고 하면서</u> 눈물을 흘렸다.

　(46)에서도 '-다고'가 이유나 원인의 의미를 가지기는 하지만, 다른 부사형 어미와 바꾸어 쓸 수도 없고, '-다고 하-'로 환원될 수 있는 점에서 (45)와 구별이 된다.
　[-종결][-내용][+이유]의 '-다고'는 시제 선어말어미와의 결합에서 '-겠-'과의 결합에서만 제약을 보인다. 이때의 '-다고'는 '-고'를 생략할 수 없으며, '-다구'로 바꾸어 쓸 수 있다.

(47) ㄱ. 어제는 <u>숙제를 한다고/*했다고/*하겠다고</u> 밤을 꼬박 새웠다.
　　 ㄴ. <u>성적이 떨어졌다고/떨어진다고/*떨어지겠다고</u> 엄마한테 혼이 났다.
　　 ㄷ. 아빠! <u>엄마가 준비 다 됐다고/*된다고/*되겠다고</u> 내려오시래요.

(48) ㄱ. 어제는 <u>숙제는 한다고/*한다/한다구</u> 밤을 꼬박 새웠다.
　　 ㄴ. <u>성적이 떨어졌다고/*떨어진다/떨어진다구</u> 엄마한테 혼이 났다.

ㄷ. 아빠! <u>엄마가 준비 다 됐다고/*됐다/됐다구</u> 내려오시래요.

'-고' 생략이 불가능한 것은 다른 용법에 비해, 하나의 독립된 어미로 굳어져 쓰이는 정도가 강함을 보여준다.

2.2.5. 기타의 '-다고'

이밖에 비종결어미이면서 [-내용]인 '-다고'의 용법에는 다음과 같은 것들이 있다.

(49) ㄱ. <u>여기가 어디라고</u> 네가 감히 왔니?
 ㄴ. <u>사촌이 땅을 사면 배가 아프다고</u>, 남이 잘 되면 시기가 생기는 법이지.

(49ㄱ)은 상황을 설명하는 '-는데'의 뜻을 가지고 있는 '-다고'이며, 후행절에는 주로 의문문이 온다. (49ㄴ)은 일반적으로 잘 알려져 있는 사실을 인용할 때 쓰는 '-다고'이나, '-다고'를 요구하는 서술어는 생략된 채 쓰인다. (49ㄱ, ㄴ)과 같은 예는 '-다고'의 주된 용법은 아니지만 입말에서 흔히 많이 쓰인다. 이때의 '-다고'는 '-고'를 생략할 수 없으며, '-다구'로 바꾸어 쓸 수 있다.

2.2.6. [+종결]의 '-다고'

종결어미로 쓰이는 '-다고'는 다음과 같은 것들이 있다.

(50) ㄱ. 우리가 무슨 죄가 있<u>다고</u>.
 ㄴ. 아이고, 내가 모르는 게 뭐 있<u>다고</u>.

(51) ㄱ. 여자가 우주 비행사를 하겠<u>다고</u>?
 ㄴ. 누, 누가 왔<u>다고</u>?

(52) ㄱ. 햐, 언제부터 네가 애처가가 됐<u>다고</u>!
ㄴ. 감히 여기가 어디<u>라고</u>!

종결어미적 용법의 '-다고'는 (50)~(52)에서 보듯이 평서형이나 의문형, 감탄형으로 쓰일 수 있다. 이때의 '-다고'는 '-고' 생략이 불가하고, '-다 구'로 쓰이는 것이 더 일반적이다.

'-다고'가 종결어미처럼 쓰이는 것은 여타의 부사형 어미에서도 볼 수 있는 용법이다.

(53) ㄱ. 할머니 좀 나가 계세요, 잠 좀 자<u>게</u>.
ㄴ. 벌써 집에 가<u>게</u>?
ㄷ. 비야, 더 퍼부어라, 더 힘차<u>게</u>!

(54) ㄱ. 응, 동물원에 전화를 하<u>려고</u>
ㄴ. 그 돈을 어디에 쓰<u>려고</u>?
ㄷ. 왕자가 칼로 찌르면 어떻게 하<u>려고</u>!

이때, '-다고'를 비롯한 '-게', '-(으)려고' 등 부사형 어미 자체에 평서 나 의문, 감탄의 뜻이 있는 것이 아니라, 억양이나 앞뒤 문맥에 따라 평서 형인지, 의문형인지, 감탄형인지가 결정된다.

2.3. '-다고'의 의미

지금까지 '-다고'의 범주를 부사형 어미로 규정하고 '-다고'의 다양한 용법들을 살펴보았다. '-다고'의 용법을 표로써 정리하면 다음과 같다.[30]

---

30) [표 2]에서 '*'는 해당 사항이 없음을 나타내고 '+'는 제약이 있음을 '-'는 제약이 없음 을, '±'는 문맥에 따라 제약이 나타나기도 하고 그렇지 않을 수도 있음을 뜻한다.

[표 2] '-다고'의 용법(Ⅱ)

의미성분					'-다고'의 종류	통사적 관계		대치 관계						형태적 관계			의미
						필수	에게	명사구	명사절	완형보문/불구보문	부사구	부사절	직접인용	시제선어말어미	고생략	다구	
-종결	+내용	+인용	+발화	+행위상대	말하다류	+	+	+/를	+/(으)ㅁ, 것	+/-	+	+/게	+	±	+	-	인용
				-행위상대	지껄이다류	±수의	-	-	-	-/-	+	+/게	+	-	-	-	인용
			-발화	-가정	생각하다류	+	-	+/를, 로	+/(으)ㅁ, 것	-/+	+	+/게	±	-	+	+	판단
		-인용	-발화	+가정	치다류	+	-	+/를, 로	+/것	-/+	+	-	-	+/겠	+	+	가정
				+행위상대	가르치다류	+	+	+/를	+/기, 것	+/-	-	+/도록	-	+/었, 겠	-	+	행위대상
				-행위상대	결심하다류	+	-	+/를	+/기, 것	-/+	-	+/게, (으)려고, (으)라고	-	+/었, 겠	+	+	행위내용
-내용	*				*	*	*	-	-	-	-	+/어서, 느라고, (으)니(까)	+	-/겠	-	+	이유/원인
+종결	*				*	*	*									+	종결 [평서 의문 감탄]

위의 [표 2]에서 정리한 바와 같이 '-다고'의 용법은 무척 복잡하고 세분화되어 있으며, 의미 또한 다양하다. 이러한 '-다고'의 다양한 의미들은 과연 어디에서 나오는 것일까? 2.2.1, 2.2.2, 2.2.3에서 살펴본 '-다고'는 문장의 서술어가 수의적, 혹은 필수적으로 요구하는 성분이다. 이때의 '-다고'가 '인용'이나 '판단', '가정' 등의 의미를 가지게 되는 것은 결국 서술어로 쓰이는 동사의 의미와 직접적으로 연관이 있다. 다른 부사형 어미와

마찬가지로 '-다고'의 구체적인 의미는 앞뒤에 오는 요소나 '-다고'를 요구하는 서술어의 의미에 따라 드러나게 된다.

유현경(2001ㄱ)에서는 '-다고, -라고, -자고, -냐고'를 [인용]의 의미를 가진 부사형 어미로 규정한 바 있다. 앞에서 살펴보았듯이 '-다고'는 [인용]이라는 의미로 묶기에는 너무나 다양한 의미를 가지고 있다. '-다고'의 구체적인 의미는 '인용, 이유, 판단의 근거, 가정, 행위의 대상, 행위의 내용' 등인데, 이들은 한 마디로 말하면, '화자가 전달하려는 정보'들이다. 즉, '-다고'는 '화자가 의도적으로 전달하려는 절 단위의 정보들을 담는 그릇'이라고 할 수 있다. 이렇게 보면 '-다고'의 기본적인 의미는 [정보전달]이 된다.31) '-다고'가 전달하는 '정보'는 내용절의 사실성이 전제되지는 않는다. '-다고'의 기본적인 의미인 [정보전달]은 '정보'보다는 '전달'이라는 점에 더 초점이 놓여 있다. [정보전달]의 의미는 '-다고'뿐 아니라 '-자고, -라고, -냐고'에 공통된 의미이다. '-다고, -자고, -라고, -냐고'의 선택은 이들 어미를 요구하는 서술어의 의미 특성에 따라 결정된다.

어미 '-다고'는 부사형 어미로서, 문장 내에서 서술어의 의미구조에 따라 선택되는 필수적 부사절을 이끌거나 때로는 부가어의 자리에서 원인을 나타내는 부사형 어미로 쓰인다. 뿐만 아니라 '-다고'는 종결어미처럼 쓰이기도 한다.

이와 같은 '-다고'의 다양한 의미는 [정보전달]이라는 기본 의미가 앞뒤 문맥에 따라 구체적으로 실현된 것으로 볼 수 있다. 문장 내에서 필수적으로 혹은 수의적으로 논항 자리에 쓰이거나, 서술어와 관련을 맺지 않고 부가어인 부사절을 이끄는 기능을 하거나, 종결어미처럼 쓰이는 것은

---

31) [정보전달]의 측면에서 '-다고'와 조사 '로'의 관계를 다시 볼 수도 있겠다. 특히 '생각하다'류의 '-다고'는 조사 '로'와 밀접한 관련을 맺고 있다. '-다고' 절에 담긴 정보를 'NP-를'과 'NP-로'로 나누어 담아 전달한다는 것과 연결지어 본다면, '전달'은 '이동'을 전제로 하기 때문에 '로'의 의미를 [경로]로 보는 것과도 무관하지 않을 듯하다.

'-다고'를 비롯한 '-라고', '-자고', '-냐고'뿐 아니라 '-게', '-도록', '-(으)려고' 등의 여타의 부사형 어미에서도 찾아볼 수 있는 일반적인 속성이다.

3. 어미 '-게'[32)]

3.1. 어미 '-게'의 용법

어미 '-게'는 최현배(1937/1971)에서 부사형 어미로 논의된 이후 논자에 따라 접속어미나 부사형 어미, 파생접사 등 여러 가지 범주로 간주되어 왔다. 어미 '-게'는 다음과 같은 쓰임을 가지고 있다.

> (1) ㄱ. <u>차가 지나가게</u> 길을 비켜라.
> ㄴ. 엄마가 아이에게 옷을 <u>입게</u> 하셨다.
> ㄷ. 어머니가 아이를 <u>곱게</u> 안았다.
> ㄹ. 나는 영희를 <u>나쁘게</u> 여겼다.

(1ㄱ)은 일반적으로 종속접속절로 보는 예이고 (1ㄴ)은 사동구문의 '-게'의 용법이다. (1ㄱ)과 (1ㄴ)의 경우는 대부분 '-게'에 동사가 결합하는 반면[33)] (1ㄷ)과 (1ㄹ)은 '-게'가 형용사와 결합한다. (1ㄷ)의 '-게' 구성은 부

---

32) 이 절은 유현경(2006)을 기반으로 기술되었다.

33) '-게 하다' 구문의 경우 '윤활유는 엔진 소리를 부드럽게 한다'의 예에서와 같이 '-게'에 형용사가 결합될 수 있으나 이는 행위를 시키는 의미를 가지고 있지 않기 때문에 사동구문으로 볼 수 없다. 이러한 '형용사+게 하다' 구문의 경우에는 (1ㄹ)과 같이 부사절이 문장에 안긴 것으로 본다. 이와 비슷한 것으로 '-게 되다' 구문이 있는데 동사 어간에 '-게 되다'가 붙은 구성을 피동구문으로 보기도 하나 이 글에서는 이에 관해 깊이 논의하지 않는다. 다만, '밥이 맛있게 되었다'의 예에서처럼 피동구문으로 볼 수 없는 '형용사+게 되다' 구성은 (1ㄹ)과 같은 유형으로 보아 예를 따로 제시하지 않았다.

사 '고이'와 바꾸어 쓸 수 있어 파생부사라고도 볼 수 있는 경우이고 (1
ㄹ)은 형용사와 결합한 '-게' 부사절의 예이다.

> (2) ㄱ. <u>차가 지나가도록</u> 길을 비켜라.
> 　　ㄴ. 엄마가 아이에게 옷을 <u>입도록</u> 하셨다.
> 　　ㄷ. *어머니가 아이를 <u>곱도록</u> 안았다.
> 　　ㄹ. *나는 영희를 <u>나쁘도록</u> 여겼다.

　위의 예 (2)에서 보듯이 동사와 결합하는 '-게'는 '-도록'으로 바꾸어
쓸 수 있지만 형용사와 결합하는 '-게'는 '-도록'과 교체될 수 없다. 동사
와 결합하는 '-게'도 물론 종속접속이냐 내포문이냐의 문제가 있을 수 있
고(1ㄱ), '-게'가 포함된 구문을 사동구문으로 볼 수 있느냐(1ㄴ)의 문제가
제기되지만, 여기에서는 (1ㄷ), (1ㄹ)에서와 같이 형용사와 결합하는 경우
를 중심으로 '-게'의 특성과 범주에 대하여 살펴보기로 하겠다. 형용사와
결합하는 '-게'의 경우 동사 결합의 '-게'와 달리 문장이나 구를 연결하
는 접속어미로 보기 힘든 특이한 용례가 많이 발견되고, 그동안 학계에서
'-게'와 관련하여 논란이 되어 온 예들이 주로 형용사와 결합하는 경우이
기 때문에 형용사 결합의 '-게'의 특성을 살펴보는 것이 어미 '-게'의 문
제를 풀 수 있는 실마리를 제공할 수 있을 것으로 생각한다.
　다음에서는 (1ㄷ)과 같은 파생접사적 용법의 '-게'를 먼저 살펴보고 형
용사와 결합하는 '-게' 부사절(1ㄹ)에 대하여 논의하도록 하겠다.

3.2. 파생접사적 용법의 '-게'

　예 (1ㄷ)에서의 '-게'는 접속어미나 부사절을 이끄는 어미로 보기 어렵
고 파생접사적인 속성을 가지고 있는 경우이다.[34]

(3) ㄱ. 엄마가 아이를 <u>곱게</u> 안았다. (=1ㄷ)
　　ㄴ. 엄마가 아이를 <u>고이</u> 안았다.

(3ㄱ)(=1ㄷ)의 '곱게'는 파생부사 '고이'와 교체되어 쓰일 수 있을 뿐 아니라 '곱다'의 주어를 상정하기도 어렵다.[35] 남기심(1985 : 357)에서는 '곱게'는 '고이'와 같은 뜻으로 그 기본형 '곱다'가 뜻하는 것과는 조금 거리가 있어 일종의 파생접사로 생각할 수 있다고 하였다.

이종희(1991)에서는 '-게'에 부사절을 형성하는 내포절 어미로서의 기능과, 절을 이끌지 않고 부사를 형성하는 부사형 어미의 두 가지 기능이 있음을 밝혔다. 그리고 절을 이끌지 않는 부사형 어미는 주로 형용사에 붙으며 동사의 경우는 '화나게', '겁나게' 등의 극히 일부의 동사만이 절을 이끌지 않는 부사형으로 나타난다고 하였다. '화나다', '겁나다' 등도 동작성이 있는 동사라기보다 상태를 표현하는 형용사적인 특성이 있기 때문에 절을 이끌지 않는 부사형 어미는 형용사에 주로 붙는다고 할 수 있다. 그러나 형용사와 결합한 모든 '-게'가 모두 절을 형성하지 않고 파생부사처럼 쓰이는 것은 아니다.

(4) ㄱ. 생선에 양념장이 많이 배어 살이 <u>단단하게</u> 익어 있다.
　　ㄴ. 나는 <u>단단하게</u> 다져진 땅에 발을 내딛는다.
　　ㄷ. 철수는 뛰기 전에 운동화 끈을 <u>단단하게</u> 잡아맸다.
　　ㄹ. 이것이 더욱 안주인의 확신을 <u>단단하게</u> 해 주었다.

---

34) 이 글에서는 이러한 '-게'를 파생접사로 보지는 않으나 파생접사의 속성을 일정 부분 가지고 있다고 생각되어 '파생접사적'이라는 용어를 사용하였다.
35) (3ㄱ)의 경우 중의적인 의미를 가진다. '엄마가 아이를 안은 것이 고운' 경우는 '엄마가 아이를 자태가 곱게 안았다'로 보아 부사절이 안긴 문장으로 볼 수 있으나 '곱게'를 '조용하게, 얌전하게, 소중하게'의 의미로 해석하면 파생접사적으로 쓰인 '-게'의 용법이다. 본문에서는 두 번째 의미로 해석한다.

(4ㄱ)과 (4ㄴ)의 밑줄 친 '단단하게'는 '무르지 않고 매우 굳다'라는 기본 의미에 가까운 예인데 주술 관계를 상정할 수도 있고 '단단한 살, 살이 단단하다, 단단한 땅, 땅이 단단하다' 등 다른 활용형으로 바꾸어 볼 수도 있다. 그러나 예문 (4ㄷ)과 (4ㄹ)의 밑줄 친 부분은 각각 '헐겁거나 느슨하지 않게'와 '틀림이 없고 미덥게'의 의미로 쓰인 것이고 주술 관계를 상정할 수 없으며 *단단한 끈, *끈이 단단하다, *단단한 확신, *확신이 단단하다'에서 보듯이 다른 활용형으로 쓰일 수 없고 주로 '단단하게'의 형태로만 쓰인다.36) 파생접사적 '-게' 구성에서 주술 관계를 상정할 수 없는 것은 이러한 '-게' 활용형이 전체 문장에서 단순한 부사와 같은 역할을 하고 있기 때문이다. 즉 일반적으로 용언의 활용형이 문장 안에 쓰이면 그 문장은 복문이 되는데 파생접사적 '-게'가 쓰인 문장은 단문으로 볼 수밖에 없다.

용언의 부정은 용언 앞에 '안', '못' 등의 부사가 오거나 용언의 어간 다음에 '-지 않다', '-지 못하다', '-지 말다'를 결합시켜 표현하는 것이 보통이다. 파생접사적 '-게' 구성은 이러한 부정의 관계를 허용하지 않는 경우가 많다.

(5) ㄱ. 내일 가방을 <u>가볍게</u> 가지고 오너라.
　　　 → 내일 가방을 <u>가볍지 않게</u> 가지고 오너라.
　　 ㄴ. 판결문을 읽는 소장의 손이 <u>가볍게</u> 떨렸다.
　　　 → *판결문을 읽는 소장의 손이 <u>가볍지 않게</u> 떨렸다.

(5ㄱ)은 주술 관계가 성립하는 '가볍다'의 예로 '-지 않다'를 붙여 부정

---

36) 형용사가 전이 의미로 쓰일 때는 주로 부사형인 '-게'와 관형사형 '-(으)ㄴ'의 활용형으로 쓰인다. 예를 들어, 형용사 '새까맣다'가 전이 의미로 쓰이게 되면 '새까맣게 어린 후배'나 '새까만 후배'의 두 가지 형태로 쓰인다. 이 글은 '-게'에 대하여 살펴보는 것이 목적이므로 관형사형에 대하여서는 언급하지 않는다.

의 의미를 나타낼 수 있다. 그러나 (5ㄴ)의 밑줄 친 '가볍게'는 중심 의미 로부터 많이 멀어진 전이 의미로 쓰인 예인데, '-지 않다'를 사용한 부정 이 어색하다.

> (6) ㄱ. 머리는 자꾸 희어지는데 <u>새까맣게</u> 젊은 놈들에게 명령을 받아야 만 했다.
> → *머리는 자꾸 희어지는데 <u>새까맣지 않게</u> 젊은 놈들에게 명령 을 받아야만 했다.
> ㄴ. 나는 약속을 <u>새까맣게</u> 잊고 있었다.
> → *나는 약속을 <u>새까맣지 않게</u> 잊고 있었다.
> ㄷ. 광장에 사람들이 <u>새까맣게</u> 모여들었다.
> → *광장에 사람들이 <u>새까맣지 않게</u> 모여들었다.

'새까맣다'의 전이 의미로 쓰인 (6)의 '새까맣게'는 '-지 않-'을 결합시 켜 부정의 의미를 표현하는 것이 부자연스럽다. (6ㄱ)은 '나이가 많이 차 이 나게'의 뜻을 가지며, (6ㄴ)은 '전혀 기억이 나지 않게'의 뜻을 나타낸 다. (6ㄷ)은 '모인 수가 헤아릴 수 없이 많게'의 뜻을 나타낸다.

> (7) ㄱ. 곁에서 할머니를 <u>심심치 않게</u> 해 드리세요
> ㄴ. 나는 온종일 <u>심심했고</u> 외로웠다.

> (8) ㄱ. 현행 상표권 등록제도 때문에 상표권 분쟁이 <u>심심치 않게</u> 일어 나고 있습니다.
> ㄴ. 이제 내 귀는 <u>심심하면</u> 소리를 내는 불량품이 되고 말았다.

'심심하다'의 중심 의미는 '할 일이나 재미있는 일이 없어 지루하고 따 분하다'인데, (7)에서 보듯이 긍정형과 부정형이 부정의 의미가 있느냐 없 느냐의 차이가 있을 뿐 기본적인 어휘의미의 차이는 없다. 그러나 (8)의 경우는 부정일 때와 긍정의 형태일 때의 의미의 차이가 뚜렷하다. (8ㄱ)은

'꽤 자주', '빈번하게'의 뜻으로 마치 부사처럼 쓰였고, (8ㄴ)은 '-게' 꼴의
부사형은 아니지만 서술형으로 환원할 수도 없고 '툭하면'이라는 전이된
의미로 쓰인 것이다. (8ㄱ)과 (8ㄴ)은 '심심하게'나 '심심하지 않으면'의 꼴
이 되면 뜻이 전혀 달라지기 때문에, 일반적인 활용형과 달리 파생부사적
'-게'는 대부분 대응되는 부정형을 가지고 있지 않은 것으로 볼 수 있다.
   반의어, 유의어 등의 관련어와의 관계에서도 파생부사적 '-게' 꼴은 일
반적인 활용형과 다른 양상을 보인다.

   (9) ㄱ. 노인의 얼굴이 <u>까맣게</u> 타 있었다.
       ㄴ. 환경청은 이를 <u>까맣게</u> 몰랐다는 것이다.

   (10) ㄱ. 외출할 때는 <u>엷게</u> 화장을 하는 게 좋다.
        ㄴ. 소녀가 <u>엷게</u> 웃었다.

   (11) ㄱ. 노인의 얼굴이 {까맣게, 새까맣게, 꺼멓게, 시꺼멓게} 타 있었다.
        ㄴ. 환경청은 이를 {까맣게, 새까맣게, *꺼멓게, *시꺼멓게} 몰랐다는
            것이다.

   (12) ㄱ. 외출할 때는 {엷게, 짙게} 화장을 하는 게 좋다.
        ㄴ. 소녀가 {엷게, *짙게} 웃었다.

   (9ㄱ)의 '까맣게'는 (11ㄱ)에서 보듯이 유의 관계에 있는 어휘로 교체가
자유로우나 (9ㄴ)의 '까맣게'는 유의 관계에 있어 제약이 있다. (10ㄱ)의
밑줄 친 '엷다'의 반의어로는 '짙다'를 들 수 있는데 (10ㄴ)은 반의어를 상
정할 수 없다. 위의 예에서 보듯이 파생부사적으로 쓰인 '-게' 꼴은 중심
의미로 쓰인 일반적인 활용형과는 다르게 반의어나 유의어 등의 관련어
관계가 성립되지 않는다.

(13) ㄱ. 가슴 속에 돈에 대한 애착심이 <u>무섭게</u> 싹트기 시작했다.

ㄴ. 비가 <u>무섭게</u> 퍼붓기 시작했다.

ㄷ. 그는 밥상을 앞에 대하자 <u>무섭게</u> 먹어댔다.

ㄹ. 어딘가를 <u>무섭게</u> 노려보는 모양새가 마치 실성한 사람 같았다.

(13)의 '무섭게'는 '정도가 매우 심하게'의 뜻을 나타낸다. 이러한 '-게' 꼴은 수식하는 용언에 제약이 있다.

(14) ㄱ. 내 가슴 속에 돈에 대한 애착심이 <u>무섭게</u> {싹트기 시작했다/?싹튼다}

ㄴ. 비가 <u>무섭게</u> {퍼붓기 시작했다/*흩뿌린다}.

ㄷ. 사흘을 굶은 그는 밥상을 앞에 대하자 <u>무섭게</u> {먹어댔다/?먹었다}.

ㄹ. 어딘가를 <u>무섭게</u> {노려보는/*보는} 모양새가 마치 실성한 사람 같았다.

(13)의 '무섭게'는 '정도가 매우 심하게'의 뜻이기 때문에 뒤에 오는 동사에 심한 정도를 드러내는 의미가 있어야 자연스럽다. 예를 들어 (14ㄴ)은 '비가 흩뿌리는 것'은 조금 오는 것이므로 오는 것 자체가 '두렵거나 끔찍하다'의 중심 의미를 가질 때를 제외하고는 — 이때는 파생접사적 용법이 아니라 일반적인 활용의 형태이다 — 문장이 어색해진다.

파생접사적 '-게'는 같은 의미의 부사로 대치가 가능하다.

(15) ㄱ. 운동화 끈을 {<u>단단하게/단단히</u>} 잡아맸다.

ㄴ. 이것이 안주인의 확신을 {<u>단단하게/단단히</u>} 해주었다.

(16) ㄱ. 무쇠를 더욱 {<u>단단하게/*단단히</u>} 단련하려면 센 불에 달구어야 한다.[37)]

ㄴ. 그는 {<u>단단하게/*단단히</u>} 보이지만 속은 무르다.

(15)의 '단단하게'는 절을 이끄는 것이 아니라 하나의 부사처럼 기능하기 때문에 '단단히'와의 대치가 가능하지만 (16)의 '단단하게'는 형용사의 중심 의미가 살아있고 '-게'가 부사절을 이끄는 전성어미이기 때문에 부사인 '단단히'와 대치할 수 없다.

성상형용사는 사물의 속성이나 상태를 서술하는 형용사로, 문장의 주어 이외에 속성 주어가 나타나는 경우가 있다. 속성 주어란 성상형용사나 일부 자동사 구문에서 주어 이외에, 용언이 서술하는 속성(속성 자질)을 가진 명사구를 말한다.38) 파생부사적 '-게'는 성상형용사에 결합될 때에도 속성 주어가 나올 수 없는 특징을 가지고 있다.

(17) ㄱ. 구덩이를 <u>깊이가 깊게</u> 파도록 해라.
ㄴ. 이 강은 <u>깊이가 얕게</u> 보여도 꽤 깊으니 조심해라.

(18) ㄱ. *아기가 <u>깊이가 깊게</u> 잠들었다.
ㄴ. *화장을 <u>깊이가 얕게</u> 하는 것이 좋겠다.

(17)의 성상형용사 '깊다, 얕다'는 기본 의미로 쓰여 속성 주어가 나올 수 있으나, (18)의 밑줄 친 부분은 전이 의미를 가지고 있는 파생부사적 쓰임으로 속성 주어가 나올 수 없다.

파생접사적 '-게'는 '-게' 부사절과 달리 동어 반복이 가능하고 보조사와도 결합이 가능하다.

(19) ㄱ. 어머니가 아이를 <u>곱게 곱게</u> 안았다.

---

37) 만약 이 문장이 성립한다면 '단단하다'의 중심 의미인 '무르지 않고 매우 굳게'의 뜻이 아니라 '세게'와 같은 전이 의미로 쓰인 것으로 볼 수 있다.

38) 속성 주어의 예로 '길이, 높이, 맛, 크기, 색, 깊이, 넓이, 모양, 수, 무게…' 등을 들 수 있다. '길다', '짧다' 등의 형용사의 속성 주어로는 [+길이]의 자질을 가진 명사가 속성 주어가 될 수 있고, '높다', '낮다' 등의 속성 주어로는 [+높이]의 자질을 가진 명사가 속성 주어로 나올 수 있다. 속성 주어에 대한 자세한 것은 유현경(2005)을 참조할 것.

ㄴ. 어머니가 아이를 <u>곱게</u>{도/만/는...} 안았다.

(20) ㄱ. *차가 <u>지나가게 지나가게</u> 길을 비켜라.
　　 ㄴ. *차가 <u>지나가게</u>{도/만/까지...} 길을 비켜라.

(19ㄱ)의 경우는 일반적으로 부사를 반복하는 것이 가능한 것처럼 반복해도 어색하지 않은 반면, (20ㄱ)의 부사절은 반복하면 문장이 어색해지거나 비문이 되는 것을 확인할 수 있다. (19ㄴ)과 (20ㄴ)은 두 구성의 보조사 결합의 차이를 보여 준다.

이상에서 살펴본 파생접사적 '-게'의 여러 특성은 '-게' 구성을 활용형이 아니라 하나의 어휘로 기능하는 것으로 볼 수 있게 한다. 그렇다고 해서 이때의 '-게'를 파생접사로 처리할 수 있을까?

파생접사적 '-게' 구성을 하나의 독립된 어휘로 보기에는 이들의 분포가 너무 제약되어 있다. 위에서 '-게' 구성의 특성으로 보인 것들 중 주어를 가질 수 없는 점과 대치 관계 등을 제외한 나머지 세 가지인 '공존하는 동사의 제약', '부정형이 없는 것', 그리고 '관련어 관계에서의 결손 현상'은 이들을 독립적인 단어로 보기 힘들게 하는 근거가 된다.

일반적으로 어떠한 요소가 단어와 같은 형태론적 구성이냐 아니면 구나 절과 같은 통사론적 구성이냐를 판단할 때 확장 가능성을 따져 보게 된다. 만약 파생부사적 '-게'가 형태론적 구성이라면 구 단위로 확장이 불가능할 것이다. 다음의 예를 보자.

(21) ㄱ. 형사는 <u>싱겁고 재빠르게</u> 결론에 다다랐다.
　　 ㄴ. 친구들과 <u>넓고 깊게</u> 사귈 줄 알아야 한다.
　　 ㄷ. 소란은 숲의 새벽잠을 더 <u>깊고 깊게</u> 할 수도 있다.

(22) ㄱ. 이 음식은 <u>싱겁고 맛없게</u> 만들어졌다.
　　 ㄴ. 이 저수지는 <u>넓고 깊게</u> 보인다.

　　ㄷ. 그들은 땅굴을 <u>깊고 깊게</u> 파들어 갔다.

　(21)에서의 '싱겁다'와 '깊다'는 전이 의미를 가지고 있으며 관련어 관계도 자유롭지 못하고 속성 주어를 취할 수 없는 등 (22)의 기본 의미로 쓰인 경우와 여러 가지 측면에서 다르다. 그러나 파생부사적 쓰임의 '-게' 구성도 (21)에서 보듯이 접속어미에 의한 연결이 가능하여 구 단위로 확장할 수 있다. 이는 파생부사적 쓰임이 아닌 '-게' 구성의 예를 보인 (22)과 동일한 특성이다. 파생부사적 '-게' 구성의 구 단위 확장 가능성은 이 구성을 형태론적 구성으로 볼 수 없게 하는 결정적인 근거가 된다.

　　(23) ㄱ. 소녀가 <u>엷게</u> 웃었다.
　　　　ㄴ. [?]<u>엷게</u> 소녀가 웃었다.

　파생접사적 '-게' 구성을 완전한 부사로 파생된 것으로 보기 어려운 이유로 이동 제약을 들 수 있다. 부사는 문장 내에서의 이동이 자유로운 특징을 가지고 있는 데 비해, (23)에서 '-게' 구성은 이동 제약을 보여 준다. 물론 이들 중에서 이동이 자유로운 것들이 없는 것은 아니지만,[39] 대개 파생접사적 '-게' 구성은 자리를 옮기면 가지고 있던 전이 의미가 사라지게 된다. 이는 파생접사적 '-게' 구성이 인접한 성분들과 밀접하게 의미적인 관계를 맺기 때문이다.
　파생접사적 '-게' 구성은 관용구로 처리할 수도 없고 그렇다고 독립된 어휘로 인정할 수도 없다. 더구나 하나의 형용사가 의미의 전이에 따라 주술 관계가 있는 절로도 쓰이고 부사로도 파생된다는 것은 이해하기 힘

---

39) 파생부사적 '-게' 구성 중에서도 다음과 같은 예는 비교적 이동이 자유롭다.
　　가. 으레 또 주위에는 구경꾼들이 <u>새까맣게</u> 모여든다.
　　　→ 으레 또 주위에는 <u>새까맣게</u> 구경꾼들이 모여든다.
　　　→ 으레 또 <u>새까맣게</u> 주위에 구경꾼들이 모여든다.

들다. 그러므로 형용사에 '-게'가 붙어 부사처럼 쓰이는 경우는 파생이 아
니라 의미 전이에 따른 어휘의 제약으로 인한 활용형의 변이(variation) 현상
으로 보는 것이 타당할 듯하다. 명사형 어미의 경우 '얼음, 달리기' 등에
서 파생명사를 만들기도 하지만 이는 극히 일부의 명사에만 나타나는 현
상이고 '얼다'나 '달리다'의 의미 전이에서 비롯된 것이 아니기 때문에 어
미 '-게'와 동일하게 생각할 수 없다. 파생접사적 '-게'의 경우는 형용사
전반에 걸쳐 나타나는 매우 일반적인 현상이기 때문에 형용사의 상태성
과 '-게'의 결과적 의미 기능이 합쳐서 생긴 활용의 한 측면으로 보는 것
이 옳을 것이다.

임홍빈(1976 : 43)의 예 중 다음과 같은 것이 있다.

(24) 시계가 5분 {ㄱ. 빨리, ㄴ. 빠르게} 간다.

임홍빈(1976)에서는 (24ㄱ)은 시계의 회전 속도에 관한 진술이고, (24ㄴ)
은 단순히 시계의 장침(長針)이 표준 시각에서 얼마나 많이 가서 있는가 하
는 거리에 관한 진술이라고 하였다. 그러므로 (24ㄱ)은 두 시간 후에 10분
이 빠르게 되지만 (24ㄴ)은 두 시간 후에도 5분 앞서 있을 것이라고 하고,
이러한 차이를 [대상성(對象性)]의 의미를 가지고 설명하였다.

위의 예 (24)에서 '빨리'는 다른 부사들과 마찬가지로 단지 동사 '가다'
가 의미하는 행위를 수식하는 것인 반면, '빠르게'는 '-게'의 결과적 의미
때문에 동사 '가다'가 의미하는 행위(과정)의 결과성에 초점을 맞추게 한
다. 다시 말해서 (24ㄱ)은 시계가 가는 행위(과정)가 빠른 것이기 때문에 과
정의 누적이 가능하지만, (24ㄴ)의 경우는 단지 시계가 가는 행위가 끝난
결과 상태를 가리키기 때문에 더 이상 누적이 불가능하게 된다. 이러한
'-게'가 가지는 [결과성]은 동사와 결합하는 경우와 형용사와 결합하는
경우의 차이를 가져오게 한다.

　형용사는 대상의 성질이나 상태를 나타내는 단어들의 어휘 문법적 부류이며 대상의 비과정적 표식에 의하여 특징지어진다. 행동성, 또는 과정성의 표식에 의하여 특징지어지는 동사와는 달리 형용사는 대상의 비과정적 표식인 성질성과 관련되어 있는 단어 부류이다. 동사 가운데도 가끔 상태를 나타내는 것이 있으나 그 밑바닥에는 과정의 뜻이 깔려 있다. 그러므로 형용사의 가장 중요한 의미적 특성으로 [상태성]을 꼽을 수 있다. 화자가 어떤 사건을 표현하기 위해서 문장이라는 언어 단위를 사용하는데 화자가 그 사건을 단일 사태로 인식하느냐 복합 사태로 인식하느냐에 따라 서술어로 동사를 선택하기도 하고 형용사를 선택하기도 한다. 화자가 만약 그 사건을 단일 사태로 인식한다면 형용사를 서술어로 선택할 것이요, 복합 사태로 인식한다면 동사가 선택된다. 국어의 경우, 형용사가 동사와 마찬가지로 계사의 도움을 받지 않고도 서술적 용법으로 쓰일 수 있기 때문에 화자의 선택은 더 명확하다. 형용사는 하나의 사태를 표현하는 데 비해 동사는 두 개 이상의 사태를 나타낸다. 동사의 주요 의미적 특성인 '동작'이나 '과정'은 두 개 이상의 사태를 포함한다. 예를 들어 동사 '가다', '오다' 등의 이동 동사는 이동 전과 이동 후의 두 가지의 사태를 표현한다. '예쁘다'와 '예뻐지다'를 비교해 보면, '예쁘다'는 대상에 대한 단순한 상태의 표상인 데 반하여 '예뻐지다'는 '예쁘기 전의 상태'와 '예뻐진 다음의 상태'의 두 가지의 사태를 전제해야 한다. '젊다'와 '늙다'를 보면 '젊다'는 대상의 단순 상태를 서술하는 데 반해, '늙다'는 '늙지 않은 (젊은) 상태'와 '늙은 상태'의 두 가지 사태를 서술하기 때문에 반의 관계임에도 불구하고 '젊다'는 형용사이고 '늙다'는 동사인 것이다. 한국어에서 상태의 변화를 나타내는 서술어가 형용사가 아니라 자동사인 것은 상태의 변화가 두 개의 사태를 전제로 하고 있기 때문이다. 같은 [상태성]이라 해도 형용사의 [상태성]은 단일 사태를 나타내며, 자동사의 [상태성]은 복합 사태를 의미한다(유현경 2003ㄷ : 201~202).

동사 결합의 '-게' 구성과 형용사 결합의 '-게' 구성의 특성은 이러한 동사와 형용사의 의미적 차이 때문에 달라지게 되는 것으로 볼 수 있다. 복합 사태를 의미하는 동사의 경우 '-게'와 결합하면 사건의 결과가 하나의 사태에서 다른 사태로 이어지게 되지만 형용사는 단일 사태를 나타내기 때문에 사태의 변화로 인한 결과적 의미보다는 결과 상태를 의미하게 되는 것이다.

다음에서는 '-게'가 형용사와 결합하여 부사절로 기능하는 경우를 살펴보기로 한다.

3.3. 형용사 결합 '-게' 부사절

형용사에 결합하는 '-게' 부사절(이하 '형용사 '-게' 부사절'이라 함)은 문장에서 필수적인 성분으로 쓰이기도 하고 수의적인 성분으로 쓰이기도 한다. 형용사 '-게' 부사절이 문장에서 필수적인 성분으로 쓰일 때는 주로 소절(small clause) 구성에 쓰인 경우이다.

(25) ㄱ. 철수는 영희를 <u>훌륭하게</u> 생각한다.
ㄴ. *철수는 영희가 <u>훌륭하게</u> 생각한다.[40]

(26) ㄱ. 철수는 영희를 <u>훌륭하다고</u> 생각한다.
ㄴ. 철수는 영희가 <u>훌륭하다고</u> 생각한다.

소절 구성의 '-게'는 전체 문장의 목적어와 주술 관계를 이루지만 (25ㄴ)에서 보듯이 목적어가 주어로 환원될 수 없는데 이는 (26ㄴ)의 '-다고' 절과 다른 점이다. 소절은 '명제 내용을 가지고 있지만 비정형절(non-finitive

---

40) (25ㄴ)이 가능하다면 (25ㄱ)과 같이 '철수'가 '생각하다'의 주어가 아니라 '생각하다'의 주어가 '영희'인 경우이다.

clause)이나 부정사절에 존재하는 INFL 요소나 계사가 결여된 주어와 술부의 한 쌍'이라고 할 수 있는데(유현경 2004 : 138~139),[41] 국어에서 소절 구성의 술부 부분에는 시제 어미나 '-(으)시-'가 결합될 수 없는 '로' 명사구, 부사구, '-게', '-도록' 등의 부사절이 올 수 있다.

(27) ㄱ. 나는 어머니를 <u>자랑스럽게</u> 여긴다.
ㄴ. 약밥은 대보름에 가장 <u>귀하게</u> 치는 음식이다.
ㄷ. 나는 이번 일을 <u>다행스럽게</u> 생각한다.

(28) ㄱ. 사회가 <u>빠르게</u> 변하고 있다.
ㄴ. 철수는 <u>멋있게</u> 생겼다.
ㄷ. 영희는 <u>평소에</u> 인색하게 군다.

형용사 '-게' 부사절은 (27)의 예처럼 타동구문에서도 나올 수 있고 (28) 처럼 자동구문의 소절 구성에서 의미적 서술어로 기능하는 것이 가능하다. '-게' 부사절을 필수적으로 요구하는 동사들은 '바꾸다, 만들다' 등의 변성동사와 '생각하다, 여기다, 알다, 보다, 치다' 등의 인지동사, '생기다, 나오다, 나타나다' 등의 생성동사, '굴다, 처신하다, 지내다' 등의 태도동사 등을 들 수 있다.[42] 이때의 '-게' 부사절은 다음의 (29), (30)에서 보듯이 'NP+로'나 'NP+처럼' 등의 부사구나 부사로 대치가 가능한 특징을 가지고 있다.

---

41) 소절은 절에 비하여 어휘 사항의 차원과 형태론적 차원에서 빈약한 절을 말한다. 소절이라는 용어를 처음 도입한 것은 Williams(1975)이지만 소절의 형식적 정의를 제일 먼저 제시한 것은 Chomsky(1981)로, 그는 소절을 계사(copula)와 굴절소를 결여한 절 구조로 정의하였고 '명사구-술어'의 형식을 소절의 형식으로 보았다.
42) 변성동사, 인지동사, 생성동사, 태도동사 등의 동사의 유형은 통사적인 특성에 따라 나눈 유형의 이름이 아니라 동사가 가지는 공통적인 의미에 따라 임의적으로 붙인 것이다.

(29) ㄱ. 나는 어머니를 <u>여왕처럼/여왕으로</u> 여긴다.

　　ㄴ. 약밥은 대보름에 가장 <u>귀히</u> 치는 음식이다.

　　ㄷ. 나는 이번 일을 <u>다행으로</u> 생각한다.

(30) ㄱ. 사회가 <u>빠른 속도로</u> 변하고 있다.

　　ㄴ. 철수는 <u>못/바보처럼</u> 생겼다.

　　ㄷ. 영희는 평소에 <u>구두쇠처럼</u> 군다.

'-게'가 이끄는 절이 포함된 문장은 선행절의 사태가 후행절의 사태로 인하여 예상되는 결과를 나타내는 결과의 의미를 가지고 있기 때문에 과거 시제소 '-었-'이나 추측의 양태를 나타내는 '-겠-' 등의 선어말어미가 결합될 수 없다(이은경 1996 : 132). 동사와 결합하는 '-게' 부사절에는 주체 높임 선어말어미 '-(으)시-'의 결합이 가능하지만 형용사와 결합한 '-게' 부사절은 어미 '-(으)시-'가 나타날 수 없는 제약을 가지고 있다.

(31) ㄱ. 할머니께서는 요즘 [<u>건강하게/*건강하시게</u>] 지내신다.

　　ㄴ. 할머니 좀 [<u>*자게/주무시게</u>] 밖에 나가 놀아라.

(31ㄱ)과 (31ㄴ)에서는 주어 자리에 '할머니'라는 [+honorific]의 자질을 가진 명사구가 나온다. 그러나 '-게'가 형용사와 결합한 (31ㄱ)의 경우는 '-(으)시-'가 나오는 것이 불가능하고, '-게'가 동사와 결합한 (31ㄴ)에서는 부사절에 '-(으)시-'가 결합되어야 자연스러운 문장이 된다. 동사에 결합된 '-게' 절은 정형절(finite clause)인 반면 형용사에 결합된 '-게' 절은 비정형절(non-finite clause)이다. 정형절은 시제와 같은 INFL 요소가 결합될 수 있는 절이고 비정형절은 영어의 부정사 구문(infinitival construction)처럼 시제 등의 INFL 요소가 결여된 절이다.

(32) ㄱ. 동생이 {<u>예쁘게/잘/인형처럼/배우같이</u>} 생겼네요.

ㄴ. 이제 너는 {집에 못 가게/*잘/*인형처럼/*배우처럼} 생겼다.

(32ㄱ)은 형용사 '-게' 절이 필수 성분으로 나온 예이고, (32ㄴ)은 동사 '-게' 절이 필수적인 예다. 같은 '생기다' 구문이면서 둘 다 'NP-가 절 V'의 격틀을 가지고 있다. 그러나 이 둘은 '생기다'의 의미도 다르고 '-게' 절의 특성도 다른 측면을 가지고 있다. (32ㄱ)의 의미는 '됨됨이가 어떠하게 되어 있다'로 '보이다'의 뜻이고, (32ㄴ)은 '일이 어떤 지경에 이르다'의 의미로 '되다'와 바꾸어 쓸 수 있다. (32ㄱ)의 경우 밑줄 친 '-게' 절을 대신해서 '잘, 인형처럼, 배우같이' 등등의 부사나 부사구를 쓸 수 있는 반면, (32ㄴ)은 부사나 부사구로 대치할 수 없다.

(33) ㄱ. 할아버지가 {멋있게/*멋있으시게} 생겼다.
ㄴ. 할아버지께서 {*댁에 못 가게/댁에 못 가시게} 생겼다.

(33)에서 보듯이 다른 형용사 '-게' 절과 마찬가지로 (33ㄱ)은 선어말어미와의 결합을 허용하지 않는 반면 동사 '-게' 절인 (33ㄴ)은 선어말어미 '-(으)시-'와의 결합이 가능하다. 여기서 형용사 '-게' 절이 과연 절인가 하는 문제가 제기될 수 있다. 표면적인 주어도 없고 시제나 존대를 나타내는 선어말어미와 결합하지도 못하고 부사와 대치되기 때문에 형용사에 결합되는 구성은 절로서의 지위를 의심받기에 충분하다.

동사 '-게' 절은 (32ㄴ, 33ㄴ)에서처럼 '집에'와 같은 주어 이외의 논항을 취할 수 있기 때문에 절로서의 지위를 인정할 수 있다. 형용사는 대부분 한 자리 서술어로 기능하기 때문에 주어 이외의 논항이 나오는 경우가 많지 않아서 부사형이 아닌 관형사형의 경우에도 절인지 아닌지 구분하기 어려운 경우가 있다. 다음의 예에서,

(34) ㄱ. 빨간 사과

ㄴ. 그 사과
ㄷ. 색이 빨간 사과

(34ㄱ)은 (34ㄴ)과 같이 관형사로 대치될 수 있고 외현적인 주어도 없기 때문에 구로 볼 수도 있다. 그러나 (34ㄷ)에서 보듯이 속성 주어가 나올 수 있고 표제명사 '사과'가 생략된 것으로 보아 절로 보는 것이 타당하다.

(35) ㄱ. 그의 머리카락은 까맣게 생겼다.
ㄴ. 그의 머리카락은 색이 까맣게 생겼다.

(35)에서 보듯이 이때의 형용사 '-게' 절에는 속성 주어가 나올 수 있으므로 절로 보는 것이 옳다. 이는 (36)에서 보듯이 속성 주어가 나올 수 없는 파생부사적 '-게'와 다른 점이기도 하다.

(36) ㄱ. 때로는 까맣게 잊었던 옛날이 펼쳐지기도 한다.
ㄴ. *때로는 색이 까맣게 잊었던 옛날이 펼쳐지기도 한다.

그러므로 관형사절과 마찬가지로 부사절의 경우도 외현적 주어가 없거나 부사로 대치될 수 있다고 해서 절이 아니라고 볼 수는 없다.

형용사 '-게' 절은 소절 구성에서 필수적으로 나타날 뿐 아니라 다음의 (37)에서와 같이 보통의 문장에서 수의적인 요소로 나오기도 한다.[43]

(37) ㄱ. 꽃이 예쁘게 피었다.

---

43) 박소영(2001)에서는 (37ㄱ)에서의 '-게'는 결과 부사형으로, (37ㄴ)은 양태 부사형으로 보았다. (37ㄱ)은 '꽃이 핀' 결과가 '예쁜' 것이고 (37ㄴ)의 '빠르게'는 '시간이 가는' 동작을 수식한다고 본 것이다. 박소영(2001)에서는 (37ㄱ)과 같은 결과 부사형 '-게'를 소절을 구성하는 보문자로 보기는 어렵고, 결과 부사형 '-게'는 VP 안의 동사의 논항으로 보는 편이 낫다고 하면서, 이때의 '-게'에 목표역을 할당하였다. 그러나 (37ㄱ)의 '-게' 는 수의적인 요소이기 때문에 동사가 의미역을 주는 것으로 보기는 어렵다.

ㄴ. 시간이 <u>빠르게</u> 간다.

(37)의 '-게' 구성의 경우도 소절 구성에 나오는 형용사 '-게' 부사절과 마찬가지로 (38)에서 보듯 속성 주어를 가질 수 있기 때문에 절로 볼 수 있다.

(38) ㄱ. 꽃이 <u>색이 아주 예쁘게</u> 피었다.
    ㄴ. 시간이 <u>속도가 아주 빠르게</u> 간다.

수의적인 요소로 쓰인 형용사 '-게' 부사절도 선어말어미와의 결합을 허용하지 않는다.

(39) ㄱ. 어머니는 머리를 {<u>예쁘게</u>/*예쁘시게} 빗으셨다.
    ㄴ. 저기에 선생님께서 {<u>빠르게</u>/*빠르시게} 걸어가신다.

형용사 '-게' 부사절은 일반적인 문장에서 결과적 의미, 혹은 양태적 의미로 쓰이는 '-게' 부사절도 소절 구성에서의 형용사 '-게' 부사절과 마찬가지로 주어를 가질 수 있으므로 절로 볼 수 있지만 선어말어미의 결합이 허용되지 않아 비정형절이라고 할 수 있다. 즉, 소절 구성의 형용사 '-게' 부사절이나 보통의 문장에서의 '-게' 절이 모두 비슷한 특성을 가지고 있음을 알 수 있다.

어미 '-게'에 형용사가 결합하는 경우는 크게 두 가지로 나누어 볼 수 있다. 하나는 형용사가 의미 전이를 가질 때 파생접사적 성격을 가지고 문장에서 하나의 어휘처럼 쓰이는 경우이고, 또 다른 하나는 일반적인 형용사의 활용형처럼 부사절로 쓰이는 경우이다. 부사절로 쓰이는 형용사 '-게' 절은 소절 구성에서 필수적으로 나타나는 부류와 일반적인 문장에서 수의적으로 나오는 경우의 둘로 나눌 수 있다. 형용사 '-게' 부사절의 경우 필수적으로 쓰이는 경우와 수의적인 경우가 크게 다르지 않고 다만 주절의 동사에 따라 형용사 '-게' 부사절의 의미 기능이 달라지는 것으로 보았다. 동사에 결합되는 '-게' 부사절은 선어말어미가 나올 수 있어 정형절이라고 볼 수 있는 반면, 형용사 결합 '-게' 절은 선어말어미가 결합될 수 없는 비정형절이다.

　파생접사적 성격을 갖는 '-게' 구성은 완전히 파생된 부사로 볼 수 없으며 형용사의 의미 전이에 의한 활용형의 변이라고 할 수 있다. 이러한 파생부사적 '-게' 구성이 파생부사로 어휘화될 가능성을 배제할 수는 없지만 공시적인 여러 현상으로 비추어 볼 때는 아직 파생까지는 이르지 못한 것으로 판단하였다.

　형용사에 결합된 '-게' 구성이 동사에 결합된 '-게' 구성과 대비하여 가지는 여러 가지 특이 현상은 결국 어미 '-게'의 문제라기보다 형용사의 의미적 속성이 '-게'의 결과적 의미와 만났기 때문이라고 보았다. 결국 어미 '-게'는 동사와 결합한 경우나 형용사에 결합된 경우에 동형어적인 요소가 아니라 다의적인 측면에서 바라보아야 할 것이다.

4. 어미 '-(으)ㄹ'[44]

4.1. 관형사형 어미와 시제

다음의 (1)에서 관형사형 어미는 시제 대립을 보인다.

　　(1) ㄱ. 내가 읽은 책을 형이 가지고 갔다.
　　　　ㄴ. 내가 읽는 책을 형이 가지고 갔다.

---

44) 이 절은 유현경(2009)을 기반으로 기술되었다.

ㄷ. 내가 읽을 책을 형이 가지고 갔다.

(1ㄱ)에서 '-은'이 이끄는 관형절의 시제는 주절 시제보다 앞선 시제인 과거로 해석되며 (1ㄴ)의 '-는' 관형절은 주절과 동일한 시제를 나타낸다. (1ㄷ)에서 '-을'이 이끄는 관형절은 주절의 시제보다 앞선 시제, 즉 미래 를 나타낸다고 할 수 있다.[45)]

(2) ㄱ. 아침밥을 먹을 때 철수가 찾아왔다.
ㄴ. 그는 그저 웃을 뿐 아무 말도 없었다.

관형사형 어미 '-(으)ㄹ'은 (1)에서와 같이 미래 시제를 나타내기도 하 지만 (2)에서의 '-(으)ㄹ'은 미래 시제 의미는 없고 단지 뒷말을 꾸미는 기 능만을 한다.

(1)' ㄱ. *내가 읽었은 책을 형이 가지고 갔다.
ㄴ. *내가 읽었는 책을 형이 가지고 갔다.
ㄷ. *내가 읽었을 책을 형이 가지고 갔다.[46)]

(2)' ㄱ. 아침밥을 먹었을 때 철수가 찾아왔다.
ㄴ. 그는 그저 웃었을 뿐 아무 말도 없었다.

(2)의 '-(으)ㄹ'이 시제의 의미를 가지지 않는 것은 (2)'에서 과거 시제 선어말어미 '-었-'과의 결합 여부를 통해서 확인할 수 있다.[47)] (1)'에서 보

---

45) 관형사형 어미가 시제 의미를 가지는지에 대하여서는 논자에 따라 이견이 있을 수 있다. 관형사형 어미가 시제 범주가 아니라 서법 등을 나타낸다고 보면 이 논의의 출발이 문 제가 될 수 있겠으나 남기심·고영근(1985/1993 : 310), 권재일(1992 : 149), 임홍빈·장 소원(1995 : 416) 고영근·구본관(2008 : 406) 등 관형사형 어미에 시제 의미가 있다고 보는 견해를 전제로 하여 문제 제기를 하였다.
46) (1'ㄷ)의 문장이 가능하다면 이때의 '-(으)ㄹ'은 미래시제의 의미가 아니라 추측의 뜻을 지니는 것으로 보아 비문 표시를 하였다.

듯이 (1)의 '-(으)ㄹ'은 '-었-'과의 결합이 불가능하지만 (2)의 '-(으)ㄹ'은 '-었-'과 결합하는 것이 가능하다. 이때의 '-(으)ㄹ'은 시제 의미가 없이 앞 절을 뒤에 오는 체언을 수식하는 관형절로 만드는 기능을 주로 하게 되는데 '-(으)ㄹ'이 어떠한 조건하에서 이러한 기능을 하게 되는지, 시제 대립이 있는 '-(으)ㄹ'과 시제 대립이 없는 '-(으)ㄹ'은 어떠한 관계가 있는지, 두 경우 관형절의 통사적 차이는 무엇인지 등에 대하여 논의하게 될 것이다. 이하의 논의에서는 시제 대립이 있는 '-(으)ㄹ'을 시제 관형사형 어미 '-(으)ㄹ'이라 하고 시제 대립이 없는 경우의 '-(으)ㄹ'은 단순 관형사형 어미 '-(으)ㄹ'이라 하겠다. 그리고 이는 관형사형 어미 '-(으)ㄹ'의 범주와 기본적인 의미가 무엇인가에 대한 논의로 이어지게 될 것이다.

4.2. 단순 관형사형 어미 '-(으)ㄹ'

시제 의미가 없는 단순 관형사형 어미 '-(으)ㄹ'은 주로 '때, 적, 제, 무렵, 즈음' 등의 시간을 나타내는 명사를 수식한다.

> (3) ㄱ. 아침밥을 <u>먹을</u> 때 철수가 찾아왔다.
>   ㄴ. 아침밥을 <u>먹을</u> 적에 철수가 찾아왔다.
>   ㄷ. 아침밥을 <u>먹을</u> 무렵 철수가 찾아왔다.
>   ㄹ. 아침밥을 <u>먹을</u> 즈음 철수가 찾아왔다.

---

47) '-었-'이 '영희는 제 어미를 빼닮았다'에서처럼 과거가 아니라 완료의 의미를 가지거나 '철수가 영화를 보러 가지고 졸라대니 너는 이제 책을 다 읽었다'에서 보듯이 과거가 아닌 미래의 사태를 드러내는 경우가 있다고 하면서 선어말어미 '-었-'의 결합 여부를 근거로 '-(으)ㄹ'의 시제 의미 여부를 결정하는 것이 무리라고 볼 수도 있다. 우리말에 순수한 시제 표현 형태소가 존재하는지에 대한 논란이 아직 남아 있다. 그러나 '-었-'이 완료의 의미를 가지는 것은 어휘상(Aktionsart)과 같은 용언의 유형적 의미 때문이며 미래를 나타내는 '-었-'은 화자가 명제를 과거와 같은 확정적인 사건으로 파악할 때 생기는 특수한 용법으로 생각된다. 여기서는 '-었-'이 과거 시제를 나타내는 형태소라는 일반적인 견해를 받아들여 논의를 전개해 나가도록 하겠다.

예문 (3)에서 관형절을 이끄는 '-(으)ㄹ'이 미래 시제를 나타낸다면 '아침밥을 먹-'이라는 명제는 '철수가 찾아온' 이후에 일어날 사태이어야 하지만 관형절이 나타내는 사태는 후행절과 상관없이 시작되고 지속된다.

    (3)' ㄱ. *아침밥을 <u>먹는 때</u> 철수가 찾아왔다.
        ㄴ. *아침밥을 <u>먹는 적</u>에 철수가 찾아왔다.
        ㄷ. *아침밥을 <u>먹는 무렵</u> 철수가 찾아왔다.
        ㄹ. *아침밥을 <u>먹는 즈음</u> 철수가 찾아왔다.

(3)에서 앞뒤 문장의 시간적 관계만을 따지면 '-(으)ㄹ'보다 현재를 나타내는 관형사형 어미 '-는'이 더 적합할 것으로 예상되나 '-(으)ㄹ'을 '-는'으로 교체하면 (3)'와 같이 비문이 된다. 이는 (3)의 '-(으)ㄹ+시간명사'의 구성이 가지는 의미나 기능이 '-(으)ㄹ'만의 문제가 아니라 '-(으)ㄹ'과 결합되는 시간명사와도 밀접한 관계를 맺고 있다는 것을 보여준다.
    시간을 나타내는 명사라 하더라도 '순간, 찰나, 동안, 사이' 등은 위의 (3)과 다른 양상을 보인다.

    (4) ㄱ. 아침밥을 <u>먹는 순간</u> 철수가 찾아왔다.
        ㄴ. 아침밥을 <u>먹는 찰나</u> 철수가 찾아왔다.
        ㄷ. 아침밥을 <u>먹는 동안</u> 철수가 찾아왔다.
        ㄹ. 아침밥을 <u>먹는 사이</u> 철수가 찾아왔다.

    (4)' ㄱ. *아침밥을 <u>먹을 순간</u> 철수가 찾아왔다.
        ㄴ. ?아침밥을 <u>먹을 찰나</u> 철수가 찾아왔다.
        ㄷ. ?아침밥을 <u>먹을 동안</u> 철수가 찾아왔다.
        ㄹ. *아침밥을 <u>먹을 사이</u> 철수가 찾아왔다.

(4)에서 '순간, 찰나, 동안, 사이'와 같은 명사를 수식하는 관형사형 어

미로 '-는'이 쓰였는데 '-는'을 '-(으)ㄹ'로 교체한 (4)'는 어색한 문장이
되거나 (4)의 의미와 다르게 해석된다. (4'ㄹ)의 '사이'는 '-(으)ㄹ'과의 결
합이 불가능한 반면 나머지 '순간, 찰나, 동안'은 '-(으)ㄹ'이 결합되면 '아
침밥을 먹-'이란 사태가 시작되지 않았음을 의미하게 된다. (3), (4)를 통
해서 '-(으)ㄹ'이 항상 미래의 의미로 해석되는 것이 아니며 결합되는 명
사에 따라 그 해석이 달라질 수 있음을 알 수 있다.

> (5) ㄱ. *아침밥을 <u>먹은</u> 때 철수가 찾아왔다.
> ㄴ. *아침밥을 <u>먹은</u> 적에 철수가 찾아왔다.
> ㄷ. ?아침밥을 <u>먹은</u> 무렵 철수가 찾아왔다.
> ㄹ. *아침밥을 <u>먹은</u> 즈음 철수가 찾아왔다.

> (6) ㄱ. 아침밥을 <u>먹은</u> 순간 철수가 찾아왔다.
> ㄴ. 아침밥을 <u>먹은</u> 찰나 철수가 찾아왔다.
> ㄷ. *아침밥을 <u>먹은</u> 동안 철수가 찾아왔다.
> ㄹ. *아침밥을 <u>먹은</u> 사이 철수가 찾아왔다.

선행절의 사태가 후행절의 행위보다 먼저 완료되었음을 나타내려고 할
때 동사에는 관형사형 어미 '-(으)ㄴ'이 결합되는 것이 일반적이다. 그러
나 (5)에서 보듯이 '때, 적, 무렵, 즈음'의 경우는 '-(으)ㄴ'이 결합되면 비
문이 된다. (6)에서는 '-(으)ㄴ' 결합이 시간명사에 따라 비문 판정 여부가
달라진다.[48] (5)의 경우 관형절이 의미하는 사태가 완료되었음을 나타내
려면 다음의 (7)과 같이 관형사형 어미 자리에 '-었을'이 와야 한다.

> (7) ㄱ. 아침밥을 <u>먹었을</u> 때 철수가 찾아왔다.

---

[48] (6)에서 관형사형 어미 '-(으)ㄴ'과 결합 여부가 달라지는 것은 결합되는 시간명사의 의
미와 관련이 있는 듯하다. '순간', '찰나'와 같이 시간의 폭이 좁은 경우는 결합이 가능
하나 '동안'이나 '사이'와 같이 어느 정도 시간의 폭이 있는 경우는 결합이 불가능한 것
으로 보인다.

    ㄴ. 아침밥을 <u>먹었을 적</u>에 철수가 찾아왔다.
    ㄷ. 아침밥을 <u>먹었을 무렵</u> 철수가 찾아왔다.
    ㄹ. 아침밥을 <u>먹었을 즈음</u> 철수가 찾아왔다.

(8) ㄱ. *아침밥을 <u>먹었을 순간</u> 철수가 찾아왔다.
    ㄴ. ?아침밥을 <u>먹었을 찰나</u> 철수가 찾아왔다.
    ㄷ. *아침밥을 <u>먹었을 동안</u> 철수가 찾아왔다.
    ㄹ. ?아침밥을 <u>먹었을 사이</u> 철수가 찾아왔다.

(7)에서 '-었-'은 사태가 완료되었음을 나타내고 어미 '-(으)ㄹ'은 단지 뒤에 오는 체언을 수식하는 역할만을 한다. 반면 (8)에서는 '-었-'의 결합이 불가능하다. 이는 부사 '다'를 삽입한 (9), (10)에서 다시 한 번 확인할 수 있다.

(9) ㄱ. 아침밥을 다 <u>먹었을 때</u> 철수가 찾아왔다.
    ㄴ. 아침밥을 다 <u>먹었을 적</u>에 철수가 찾아왔다.
    ㄷ. 아침밥을 다 <u>먹었을 무렵</u> 철수가 찾아왔다.
    ㄹ. 아침밥을 다 <u>먹었을 즈음</u> 철수가 찾아왔다.

(10) ㄱ. *아침밥을 다 <u>먹었을 순간</u> 철수가 찾아왔다.
    ㄴ. *아침밥을 다 <u>먹었을 찰나</u> 철수가 찾아왔다.
    ㄷ. *아침밥을 다 <u>먹었을 동안</u> 철수가 찾아왔다.
    ㄹ. *아침밥을 다 <u>먹었을 사이</u> 철수가 찾아왔다.

시간을 나타내는 명사 '때, 적, 무렵, 즈음'은 주로 관형사형 어미 '-(으)ㄹ'의 수식을 받지만 간혹 다른 관형사형 어미 '-(으)ㄴ, -는, -던' 등 뒤에도 올 수 있다.

(11) ㄱ. 나는 광주에서 <u>살던 때</u>가 생각났다.

　　ㄴ. 마침 해뜨는 시각과 달뜨는 시각의 중간인 <u>캄캄한 때</u>였다.
　　ㄷ. 찰옥수수가 <u>나오는 때</u>가 있다.

　(11)에서 '때'가 '-(으)ㄹ' 이외의 관형사형 어미인 '-던, -(으)ㄴ, -는'과 결합할 수 있음을 알 수 있다. (11)의 '-던, -(으)ㄴ, -는'은 '-(으)ㄹ'로 교체가 가능하다. '[-던/-(으)ㄴ/-는]+때'는 시간상의 어떤 한 시점을 의미하는 데 비해 '-(으)ㄹ 때'의 '때'는 좀 더 넓은 시간의 폭을 가지고 있는 것으로 보인다.

　(12)　ㄱ. ?광주에서 <u>살 때</u>가 5월이었다.
　　　　ㄱ'. 광주에서 <u>살던 때</u>가 5월이었다.
　　　　ㄴ. 아무 때나 <u>캄캄할 때</u> 오너라.
　　　　ㄴ'. *아무 때나 <u>캄캄한 때</u> 오너라.

　(13)　ㄱ. 오랜만에 가족과 <u>즐거운 한때</u>를 가졌다.
　　　　ㄴ. *오랜만에 가족과 <u>즐거울 한때</u>를 가졌다.

　(12)에서 보듯이 특정한 시점을 지정할 때는 '-던 때'가 더 자연스럽고 특정한 시점이 아니라 시간의 폭을 넓게 지시할 때는 '-(으)ㄹ 때'가 쓰인다.[49) 이는 (13)을 통해서도 알 수 있다.
　'-(으)ㄹ+[때/적/무렵/즈음]' 구성에서 '-(으)ㄹ'은 시제의 의미가 없이 단지 '-(으)ㄹ'이 이끄는 관형절과 뒤에 오는 체언을 수식하는 역할만을 하며 시제는 '-었-'과 같은 시제 선어말어미로 표현된다.
　'-(으)ㄹ+[때/적/무렵/즈음]' 구성은 일반적인 [관형절+체언] 구성이 가

---

49) 신현숙(1982 : 113)에서는 '-(으)ㄹ'의 기본의미를 [-실현]으로 본 바 있는데 '-었을 때'와 같은 경우 [-실현]에서 연상되는 [불확실]이나 [정확하지 않은 의미로 설명하고 있다. 더불어 이러한 '-(으)ㄹ'은 '때'와 같이 영역이 넓은 어휘가 오는 것이 대부분이라는 것을 지적하고 있다.

지는 기능50) 이외에 선행절과 후행절을 연결하는 기능도 하는 것으로 보인다. 선행절과 후행절의 사태가 동시에 발생하는 경우 그러한 사태를 연결하는 데 쓰일 수 있는 연결어미는 '-고'와 '-(으)며'뿐이다. 그리하여 국어에는 연결어미 이외에 선행절의 사태와 후행절의 사태 사이의 다양한 시간 관계를 나타내기 위한 표현들이 많이 발달하였다(이은경 1996 : 181~182). '-(으)ㄹ+[때/적/무렵/즈음]' 구성도 이러한 시간 표현을 나타내는 유사 연결어미(혹은 준 연결어미)로 볼 수 있다.51) 이은경(1996)에서 시간 표현을 나타내는 표현으로 들고 있는 '-은 후에, -은 다음에, -은 뒤에, -는 동안'52) 등의 구성에서 관형사형 어미 '-(으)ㄴ, -는'은 뒤에 오는 명사의 의미에 따라 주절 시제를 기준시로 한 상대시제로 해석되는 반면, '-(으)ㄹ 때'의 '-(으)ㄹ'은 상대시제로 해석되지 않는다. 고영근(2004 : 222)에서는 이러한 '-(으)ㄹ'의 시제가 주절시와 무관하다는 점에서 [-지시성]의 구문자질과 관련하여 해석하였다.

관형사형 어미 '-(으)ㄹ'은 '때, 적, 무렵, 즈음' 등의 시간을 나타내는 명사 이외에 '따름, 나름, 바, 수, 리, 줄, 뿐' 등의 의존명사와도 함께 쓰인다.

(14) ㄱ. 나는 그냥 밥만 먹을 <u>따름</u>이었다.
ㄴ. 모든 것은 <u>생각할 나름</u>이다.

---

50) '-(으)ㄹ 때'와 같은 구성은 '학교 다닐 때가 좋았지', '학교 다닐 때를 생각해 봐' 등에서와 같이 문장의 주어나 목적어로 쓰이기도 하는 등 일반적인 '관형절+체언'이 가지는 용법도 가지고 있다.

51) 이러한 유사 연결어미 혹은 준 연결어미로는 시간적 관계를 나타내는 표현 이외에 '-는 반면'과 같은 대조의 의미를 나타내는 구성이 있을 수 있고 '-기 때문에, -기 위하여, -(으)ㅁ에도 불구하고' 등의 다양한 의미 관계를 나타내는 표현을 들 수 있다(이은경 1996 : 181 각주 75 참조).

52) 이은경(1996 : 182)에서는 '-ㄴ 동안'이라고 하였는데 예문을 보면 '-는 동안'이 맞는 것으로 보인다. '철수가 숙제를 하는 동안 영희는 책을 읽었다'는 가능하나 '철수가 숙제를 한 동안 영희는 책을 읽었다'는 불가능하다.

　　ㄷ. 나는 <u>어찌할 바</u>를 몰랐다.
　　ㄹ. 이곳에서는 마을을 한눈에 <u>내려다볼 수</u> 있다.
　　ㅁ. 이런 상태이니 단속이 제대로 <u>될 리</u>가 없다.
　　ㅂ. 나는 자전거를 <u>탈 줄</u>을 모른다.
　　ㅅ. 다들 보고만 <u>있을 뿐</u>이었다.

　(14)의 '-(으)ㄹ＋체언' 구성의 특성은 '이다, 있다, 없다, 모르다, 알다' 등의 특정한 용언들과 어울린다는 것이다. 그러나 이때의 '-(으)ㄹ'이 모두 시제 의미가 없는 것일까?

　　(14)' ㄱ. 나는 그냥 밥만 <u>먹었을 따름</u>이었다.
　　　　ㄴ. *모든 것은 <u>생각했을 나름</u>이다.
　　　　ㄷ. *나는 <u>어찌했을 바</u>를 몰랐다.
　　　　ㄹ. ?이곳에서는 마을을 한눈에 <u>내려다보았을 수</u> 있다.
　　　　ㅁ. 이런 상태이니 단속이 제대로 <u>되었을 리</u>가 없다.
　　　　ㅂ. *나는 자전거를 <u>탔을 줄</u>을 모른다.
　　　　ㅅ. 다들 보고만 <u>있었을 뿐</u>이었다.

　선어말어미 '-었-'과의 결합을 살펴본 결과, 결합이 가능한 부류와 그렇지 않은 부류가 있다. (14'ㄴ), (14'ㄷ), (14'ㅂ)의 '-(으)ㄹ'은 '-었-'과 결합할 수 없는데 이때의 '-(으)ㄹ'이 시제 의미를 가지고 있기 때문인 것으로 생각할 수 있다.
　시제 의미가 없는 '-(으)ㄹ'은 시간을 나타내는 명사나 의존명사 이외의 일반명사와도 어울릴 수 있다.

　　(15) ㄱ. 나는 <u>할 말</u>을 잊고 멍하니 서 있었다.
　　　　ㄴ. 그게 친구한테 <u>할 소리</u>니?
　　　　ㄷ. 계절이 바뀌니 <u>입을 옷</u>이 없다.
　　　　ㄹ. 요즘 같아서는 농사를 <u>지을 사람</u>이 없겠다.

(15)' ㄱ. *나는 <u>했을</u> 말을 잊고 멍하니 서 있었다.
　　　ㄴ. *그게 친구한테 <u>했을</u> 소리니?
　　　ㄷ. *계절이 바뀌니 <u>입었을 옷</u>이 없다.
　　　ㄹ. *요즘 같아서는 농사를 <u>지었을 사람</u>이 없겠다.

　(15)의 밑줄 친 부분의 '-(으)ㄹ'은 (15)'에서 보듯이 '-었-'과 결합이 불가능하다. 하지만 이때의 '-(으)ㄹ'도 시제 의미가 없는 것으로 보인다.

　이상에서 '-(으)ㄹ+체언' 구성의 '-(으)ㄹ'이 시제 의미를 가지지 않는 경우는 '때, 무렵' 등의 시간을 나타내는 명사와 어울릴 때, '수, 리, 줄, 바' 등 의존명사와 어울릴 때, 그리고 일반명사와 어울리는 경우의 세 가지 유형이 있음을 알 수 있다.[53] 다음에서는 이 세 유형의 특성을 살펴보려 한다.

4.3. 유형별 특성

4.3.1. '-(으)ㄹ+시간명사' 구성

　앞에서 살펴보았듯이 '-(으)ㄹ+시간명사' 구성의 '-(으)ㄹ'은 선어말어미 '-었-'과 결합이 가능하나 '-(으)ㄹ'을 '-(으)ㄴ, -는' 등의 관형사형어미로 교체하는 것이 불가능하다.

(16) ㄱ. 문제를 어떻게 풀어야 할지 <u>모르겠을 때</u> 정말 난감해진다.
　　　ㄴ. 맛은 없는데 칭찬은 <u>해야겠을 때</u> 이런 말을 쓰면 된다.
　　　ㄷ. 너무 좋아 미쳐 <u>버리겠을 때</u>...
　　　ㄹ. 너무 피곤해서 도저히 크린싱을 <u>못하겠을 때</u> 크린싱 티슈를 사

---

53) 논의의 편의를 위하여 '-(으)ㄹ+시간명사' 구성, '-(으)ㄹ+의존명사' 구성, '-(으)ㄹ+일반명사' 구성이라고 부르겠다.

용해요.

  ㅁ. 다양한 메뉴들이 있어 <u>모르겠을 때</u> 주방장님께 물어보면 친절하
    게 답해 주신답니다.

(16)은 '-었-' 이외에 '-겠-'과도 결합이 가능함을 보여준다.[54]

  (17) ㄱ. 철수가 공부를 <u>할 때</u> 영희는 항상 텔레비전을 본다.
      ㄴ. 철수가 공부를 <u>할 때</u> 영희는 항상 텔레비전을 보았다.

(17ㄱ)의 선행절 시제는 현재이며 (17ㄴ)의 선행절은 과거 시제로 해석
된다. 이러한 선행절의 시제 해석은 '-(으)ㄹ'에 의한 것이 아니다. 관형사
형 어미 '-(으)ㄹ'은 주절 시제를 기준으로 하여 미래로 해석되는 것이 일
반적이다.

  (18) ㄱ. 철수가 <u>읽을 책</u>을 형이 가지고 간다.
      ㄴ. 철수가 <u>읽을 책</u>을 형이 가지고 갔다.

(17)과 (18)을 비교해 보면 (17ㄱ)에서는 영희가 텔레비전을 보는 사태
와 동시에 철수가 공부를 하는 사태가 진행되는 것이지만 (18ㄱ)에서 선
행절은 후행절의 사건이 일어난 다음에 예정된 사태로 볼 수 있다. (17ㄴ)
의 선행절의 시제는 후행절의 시제와 동일하게 과거로 해석되지만 (18ㄴ)
에서는 과거보다 뒤의 사건으로 해석된다. 즉 (18)의 선행절은 미실현 사
태를 나타낸다. 이러한 차이로 인하여 (17)은 '철수가 공부를 한다'와 '철
수가 공부를 하였다'는 함의를 가지지만 (18)의 경우는 '철수가 책을 읽는
다' 혹은 '철수가 책을 읽었다'는 함의를 가질 수 없다.

---

54) 그러나 '-겠을'의 결합은 극히 드물게 나타난다. (16ㄱ)은 세종말뭉치에서 나온 용례이
고 (16)의 나머지 용례는 인터넷에서 찾은 것이다. 그러나 인터넷에서도 '-겠을 [적/무
렵/즈음]'의 용례는 찾을 수 없었다.

(19) ㄱ. 철수가 공부를 <u>할</u> 때 영희는 항상 텔레비전을 본다.

　　↛ 철수는 공부를 하지 않았다.[55]

　　ㄴ. 철수가 공부를 <u>할</u> 때 영희는 항상 텔레비전을 보았다.

　　↛ 철수는 공부를 하지 않았다.

(20) ㄱ. 철수가 <u>읽을</u> 책을 형이 가지고 간다.

　　→ 철수는 책을 읽지 않았다.

　　ㄴ. 철수가 <u>읽을</u> 책을 형이 가지고 갔다.

　　→ 철수는 책을 읽지 않았다.

(19)에서는 선행절의 사태를 부정하는 것이 불가능한 반면 (20)에서는 선행절의 사태를 부정하는 것이 가능하게 된다.

유사 연결어미로 기능할 때 '-(으)ㄹ+시간명사' 구성의 시제 해석은 비슷한 의미를 가진 연결어미인 '-고'와 흡사한 현상을 보인다.

(21) ㄱ. 철수가 공부를 하고 영희는 텔레비전을 본다.

　　ㄴ. 철수가 공부를 하고 영희는 텔레비전을 보았다.

(21)과 같이 복문에서 종속절의 시제 해석은 후행절의 상황시를 기준시로 하는 상대시제와 발화시를 기준으로 하는 절대시제의 두 가지 경우가 있다. (21ㄱ)에서 선행절은 절대시제로나 상대시제로나 현재이다. (21ㄴ)의 선행절 시제는 후행절의 상황시를 기준으로 할 때는 현재이나 발화시 기준으로 보면 과거이다.[56] 연결어미 '-고' 구성과 '-(으)ㄹ+시간명사'

---

55) '영희가 텔레비전을 보-'는 사태가 현재를 나타낼 경우에는 선행절을 부정할 수 없다. 선행절을 부정한 문장이 가능한 것처럼 보이는 것은 '영희가 텔레비전을 본다'를 가까운 미래나 반복적인 사태 등으로 해석할 때이다.

56) 연결어미는 상대시제의 해석을 받는 경우와 절대시제의 해석을 받는 경우, 그리고 상대시제로도 절대시제로도 해석할 수 있는 경우의 세 가지로 나눌 수 있는데 '-고'는 절대시제와 상대시제 둘 다 해석이 가능한 세 번째 경우이다. 이에 대한 자세한 논의는 한동완(1996 : 110~113)을 참조할 것.

구성은 선어말어미 '-었-'과의 결합 양상도 비슷하다.

(22) ㄱ. ?철수가 공부를 <u>했을 때</u> 영희는 텔레비전을 본다.
　　 ㄴ. 철수가 공부를 <u>했을 때</u> 영희는 텔레비전을 보았다.

(23) ㄱ. ?철수가 공부를 하<u>였고</u> 영희는 텔레비전을 본다.
　　 ㄴ. 철수가 공부를 하<u>였고</u> 영희는 텔레비전을 보았다.

(22)와 (23)에서 선행절과 후행절에서 시제를 나타내는 선어말어미 '-었-'이 각각 나타날 수 있다는 것을 알 수 있다. (22ㄱ)과 (23ㄱ)에서 선행절과 후행절의 사태가 동시에 일어나는 사건으로 해석될 때는 선행절의 시제가 후행절의 시제보다 앞설 수 없다.

'-(으)ㄹ＋시간명사' 구성이 항상 유사 연결어미로 기능하는 것은 아니다.

(24) ㄱ. 넌 <u>웃을 때가</u> 가장 매력적이다.
　　 ㄴ. 그런 생각에 <u>잠길 때도</u> 있었다.
　　 ㄷ. 국민들이 <u>안심할 때까지</u> 범죄와의 전쟁을 전개해 나갈 것이다.
　　 ㄹ. 논술시험을 <u>볼 때를</u> 대비해 지금부터 기초 닦기를 하려는 것이다.
　　 ㅁ. 내가 한국을 <u>떠났을 때가</u> 자꾸 생각이 나요.
　　 ㅂ. 너 <u>낳았을 때가</u> 엊그제 같은데...
　　 ㅅ. 이 대답을 듣고 <u>포기했을 때가</u> 가장 안타까웠다.

(24)' ㄱ. *넌 <u>웃는 때가</u> 가장 매력적이다.
　　 ㄴ. 그런 생각에 <u>잠기는 때도</u> 있었다.
　　 ㄷ. 국민들이 <u>안심하는 때까지</u> 범죄와의 전쟁을 전개해 나갈 것이다.
　　 ㄹ. 논술시험을 <u>보는 때를</u> 대비해 지금부터 기초 닦기를 하려는 것이다.
　　 ㅁ. 내가 한국을 <u>떠난 때가</u> 자꾸 생각이 나요.

ㅂ. 너 낳은 때가 엊그제 같은데…

ㅅ. 이 대답을 듣고 포기한 때가 가장 안타까웠다.

(24)는 '-(으)ㄹ 때'가 주어, 목적어, 부사어 등으로 쓰인 예이다. 그러나 (24)'에서 보듯이 유사 연결어미로 쓰인 '-(으)ㄹ 때'와 달리 '-(으)ㄴ, -는' 등의 관형사형 어미로 바꾸어 쓸 가능성이 있는 등 차이를 보인다. (24)'에서 '-(으)ㄹ'을 다른 관형사형 어미로 바꾸어 쓸 수 있을 때는 '때'의 의미가 한정적일 때이다. (24ㄱ)에서 '웃을 때'는 '웃는 때'로 바꿀 수 없는데 이는 '웃는 특정한 어느 때'를 의미하는 것이 아니라 웃는 모든 경우로 해석되기 때문이다. 반면 (24ㅁ)의 '한국을 떠났을 때'는 '한국을 떠난 때'로 바꿀 수 있는데 이 경우의 '때'는 특정한 어느 한 시간대를 의미하는 것으로 볼 수 있다.

(25) ㄱ. 그런 생각에 잠길 때 영희가 찾아왔다.

ㄴ. 국민이 안심할 때 범죄와의 전쟁은 끝난다.

ㄷ. 논술시험을 볼 때 나한테 다시 연락해라.

(25)' ㄱ. *그런 생각에 잠기는 때 영희가 찾아왔다.

ㄴ. *국민이 안심하는 때 범죄와의 전쟁은 끝난다.

ㄷ. *논술시험을 보는 때 나한테 다시 연락해라.

(25)는 (24ㄴ), (24ㄷ), (24ㄹ)의 선행절을 유사 연결어미 형식으로 바꾸어 본 것이다. (24)'에서 '-(으)ㄹ'을 다른 관형사형 어미로 교체가 가능했던 것이 (25)'에서는 이러한 교체가 불가능한 것을 알 수 있다. 유사 연결어미로 쓰인 '-(으)ㄹ+시간명사' 구성은 '-(으)ㄹ'이 시제적 의미를 갖지 않으며 문법 패턴처럼 굳어진 구성이라고 볼 수 있다.

4.3.2. '-(으)ㄹ+의존명사' 구성

관형사형 어미 '-(으)ㄹ'이 '따름, 나름, 바, 수, 리, 줄, 뿐' 등의 의존명사와 함께 쓰일 때에도 '-(으)ㄹ'은 시제 대립을 나타내지 않는다.[57]

> (26=14) ㄱ. 나는 그냥 밥만 먹을 <u>따름</u>이었다.
> ㄴ. 모든 것은 <u>생각할 나름</u>이다.
> ㄷ. 나는 <u>어찌할 바</u>를 몰랐다.
> ㄹ. 이곳에서는 마을을 한눈에 <u>내려다볼 수</u> 있다.
> ㅁ. 이런 상태이니 단속이 제대로 <u>될 리</u>가 없다.
> ㅂ. 나는 자전거를 <u>탈 줄</u>을 모른다.
> ㅅ. 다들 보고만 <u>있을 뿐</u>이었다.

> (27) ㄱ. *나는 그냥 밥만 <u>먹[는/은] 따름</u>이었다.
> ㄴ. 모든 것은 <u>생각[할/하기] 나름</u>이다.
> ㄷ. <u>맡은 바 책임</u>/<u>듣던 바대로</u>/<u>기대하는 바와 같이</u>
> ㄹ. 그러다 <u>야단맞는 수가 있다</u>/<u>좋은 수가 있다</u>.
> ㅁ. *이런 상태이니 단속이 제대로 <u>[되는/된] 리</u>가 없다.
> ㅂ. *나는 자전거를 <u>[타는/탄] 줄</u>을 모른다.
> ㅅ. *다들 보고만 <u>있는 뿐</u>이었다.

(26)에서 '따름, 리, 뿐'은 '-(으)ㄹ 따름이다', '-(으)ㄹ 리 [있다/없다]', '-(으)ㄹ 뿐이다'와 같이 관형사형 어미 '-(으)ㄹ'과만 어울릴 뿐 아니라 뒤에 오는 요소도 매우 한정적이다. '나름, 바, 수, 줄' 등은 앞에 '-(으)ㄹ' 이외의 다른 요소가 올 수 있다. (27ㄴ)에서와 같이 '나름'의 경우는 '-(으)ㄹ' 이외에 다른 관형사형이 앞에 오지 못하지만 '-기'가 올 수 있으며 주로 '-(으)ㄹ/-기 나름이다'의 형태로 쓰인다. '바'는 (27ㄷ)에서처럼 '-(으)

---

57) (26)의 '-(으)ㄹ'이 시제 대립을 나타내지 않는다는 것이 예문 (26)의 관형절의 시제 해석이 존재하지 않는다는 것은 아니다. (26)에서의 관형절의 시제 해석은 선어말어미 '-었-'의 유무로 해석될 수 있다.

ㄴ, -는, -던' 등의 관형사형 어미가 앞에 올 수 있지만 이는 앞에 말한
내용을 나타낼 때이고 (26ㄷ)의 '바'처럼 방법이나 수단을 의미할 때는
'-(으)ㄹ 바를 모르다'의 꼴로 쓰인다. 의존명사 '수'는 (27ㄹ)에서처럼 관
형사형 어미 '-는'이나 '-(으)ㄴ'과 어울릴 수 있지만 주로 '-(으)ㄹ 수 있
다/없다'의 꼴로 쓰인다. '줄'의 경우도 '방법'을 의미할 때는 다른 관형사
형 어미와 교체되지 않고 주로 '알다, 모르다'와 어울려 쓰이는데 다음의
(28)에서처럼 '것, 사실, 사태'의 의미로 쓰일 때는 '-(으)ㄹ' 이외에 '-(으)
ㄴ'이 '줄' 앞에 올 수 있다.

> (28) ㄱ. 그 사람이 <u>철수인</u> 줄은 몰랐어요.
>   ㄴ. 네가 벌써 집에 <u>간</u> 줄 알았다.

위의 분석을 종합해 보면 '-(으)ㄹ+의존명사' 구성은 '방법, 수단, 가능
성' 등의 제한적 의미로 쓰일 때 '-(으)ㄹ 따름이다, -(으)ㄹ 나름이다, -(으)
ㄹ 바를 모르다, -(으)ㄹ 수 있다/없다, -(으)ㄹ 리가 없다, -(으)ㄹ 줄 모
르다, -(으)ㄹ 뿐이다' 등의 문법 패턴을 이루는 것이라고 할 수 있다. 이
러한 구성에서 '-(으)ㄹ'은 후행절의 사태를 기준으로 한 상대시제를 나타
내지 않고 단지 선행절을 뒤에 오는 체언에 연결하는 기능만을 한다.

> (29) ㄱ. 그는 생전 화를 <u>낼</u> 줄 모른다.
>   ㄴ. 나는 밥을 <u>먹을</u> 수 없었다.

(29ㄱ)의 '-(으)ㄹ 줄 모르다'는 어떤 방법을 모르는 것이 아니라 '-(으)
ㄹ' 앞에 오는 동사가 나타내는 행동을 하지 않는다는 의미로 쓰였으며
(29ㄴ)의 '-(으)ㄹ 수 없다'는 능력이 없다는 뜻으로 쓰여 '-(으)ㄹ 줄 모
르다'나 '-(으)ㄹ 수 없다'가 명제에 대한 양상(modality)을 나타내는 표현으
로 기능한다.

4.3.3. '-(으)ㄹ+일반명사' 구성

'-(으)ㄹ'이 이끄는 관형절이 일반명사를 수식할 경우 대부분 '-(으)ㄴ, -는, -던' 과 같은 관형사형 어미와의 교체가 가능하다.

> (30) ㄱ. 밥을 먹[은/는/을/던] 사람이 없다.
>   ㄴ. 이 집에 [산/사는/살/살던] 사람이 누구요?

그러나 다음과 같이 다른 관형사형 어미와 교체가 불가능한 구성이 있다.

> (31=15) ㄱ. 나는 할 말을 잊고 멍하니 서 있었다.
>   ㄴ. 우리 사이에 못할 소리가 어디 있어.
>   ㄷ. 계절이 바뀌니 입을 옷이 없다.
>   ㄹ. 요즘 같아서는 농사를 지을 사람이 없겠다.

(31)의 밑줄 친 부분의 '-(으)ㄹ'은 다른 관형사형 어미와 바꾸어 쓸 수 없을 뿐 아니라 시제 의미 없이 단지 앞의 용언을 뒤에 오는 체언과 연결시켜 주는 기능만을 할 뿐이다. 이러한 '-(으)ㄹ+일반명사' 구성에서의 명사는 특칭적인 의미가 없이 총칭적인 의미를 가진다.

> (32) ㄱ. 밥을 먹던 그 사람이 없다.
>   ㄴ. 이 집에 사는 그 사람이 누구요?

> (33) ㄱ. *나는 할 그 말을 잊고 멍하니 서 있었다.
>   ㄴ. *우리 사이에 못할 그 소리가 어디 있어.
>   ㄷ. *계절이 바뀌니 입을 그 옷이 없다.
>   ㄹ. *요즘 같아서는 농사를 지을 그 사람이 없겠다.

(32), (33)에서 시제 의미가 없는 '-(으)ㄹ'의 수식을 받는 경우 지시관형

사 '그'의 수식을 받을 수 없음을 볼 수 있다.

(34) ㄱ. <u>이름 모를</u> 꽃들이 많이 피었다.
     ㄴ. <u>죽을힘</u>을 다해서 살았다.
     ㄷ. 動(움직일 동), 媛(예쁠 원), 賢(어질 현)

(34)에서 '-(으)ㄹ'은 시제 의미가 없이 단지 뒷말의 수식할 수 있게 한다. '죽을힘, 먹을거리, 참을성'과 같은 합성어를 이루기도 한다.58) (34ㄷ)에서처럼 '-(으)ㄹ'은 한자의 훈과 음을 이어주는 데에도 쓰인다. 이남순(1998 : 99)에서는 (34ㄷ)과 같이 '-(으)ㄹ'이 절대적 시간을 나타내는 것은 총칭적인 해석만이 가능하기 때문으로 보았다. '철수가 입을 옷'은 총칭적일 수도 있고 특정적일 수도 있다. 고영근(2004 : 182)에서는 '흰 白, 큰 大, 큰 德' 등의 한자어 훈 달기 방식을 제시하고 이는 일종의 동격 관형사형 어미로서 시제는 부정적(不定的)이고 단순한 관형사형 어미 표지에 지나지 않는다고 하였다. 이런 점과 관련하여 '-(으)ㄴ'에 과거 내지 완료의 기능을 준 것이 옳지 않다는 점을 지적하였다. 고영근(2004 : 223)에서 지적한 바와 같이 한자의 훈 달기는 대부분 어미 '-(으)ㄹ'이 나타난다. 이 구성도 역시 동격 구성이며 시제가 정해져 있지 않은 부정적(不定的) 용법이다.
'-(으)ㄹ+시간명사' 구성이나 '-(으)ㄹ+의존명사' 구성과 비교할 때 '-(으)ㄹ+일반명사' 구성은 '-(으)ㄹ' 앞에 선어말어미 '-었-'이 출현할 수 없다.

---

58) '용언+-(으)ㄹ+명사'의 구성을 가진 합성어로 '꽂을대, 닿을자리, 돋을걸상, 돋을무늬. 돋을볕, 돋을새김, 돋을양지, 들을이, 먹을알, 묻을무, 받을어음, 솟을각, 솟을금, 솟을나무, 솟을대공, 솟을대문, 솟을동자, 솟을무늬, 숨을내기, 앉을깨, 앉을대, 앉을자리, 잡을손, 잡을쇠, 젖을개, 죽을고, 죽을병, 죽을상, 짚을대, 참을성, 찾을모' 등이 있다. 물론 '-(으)ㄹ' 이외에 '-는, -(으)ㄴ'과 같은 관형사형 어미도 합성어 형성에 관여할 수 있다. 배진영(2005 : 121)에서는 '관형사형 어미+명사' 구성의 합성어 목록을 제시하고 있는데 '-던+명사' 구성은 없는 것으로 되어 있다.

(35) ㄱ. *나는 <u>했을</u> 말을 잊고 멍하니 서 있었다.

ㄴ. *우리 사이에 <u>못했을</u> 소리가 어디 있어.

ㄷ. *계절이 바뀌니 <u>입었을</u> 옷이 없다.

ㄹ. *요즘 같아서는 농사를 <u>지었을 사람</u>이 없겠다.

'-(으)ㄹ＋시간명사' 구성과 '-(으)ㄹ＋의존명사' 구성이 문장 안에서 연결어미나 종결어미와 같은 문법형태소에 준하는 통사적 기능을 하는 데 비해 '용언＋-(으)ㄹ＋일반명사' 구성은 형태론적 단위로 쓰이는 것으로 보인다. 이러한 이유로 앞의 두 구성이 문법화의 방향을 보이는 반면 '-(으)ㄹ＋일반명사' 구성은 어휘화의 과정을 겪을 가능성을 가진다고 볼 수 있다.59)

4.4. 관형사형 어미 '-(으)ㄹ'의 범주와 의미

앞에서 관형사형 어미 '-(으)ㄹ'이 시제 의미가 없이 쓰인 세 가지 유형의 특징에 대하여 살펴보았다. 기존의 문법서에서 기술한 바와 같이 관형사형 어미 '-(으)ㄹ'을 '미래 시제를 나타내는 시제 형태소'라고 했을 때 앞서 논의한 용법들을 어떻게 설명할 것인가? 왜 '-(으)ㄹ'은 시제 의미 없이 쓰이는 것인가? 관형사형 어미 '-(으)ㄴ, -는,60) -던' 등은 어미 '-(으)ㄹ'과 같은 범주로 볼 수 있는가?

---

59) 우리의 입장은 이 세 구성이 정확하게 문법화나 어휘화 과정에 있다고 보지 않는 것이다. 이러한 구성이 새로운 문법 형태나 어휘가 될 수 있는 가능성을 가지고 있다고 본 것이다.

60) 관형사형 어미 '-는'도 다음의 예문에서처럼 시제 의미 없이 쓰이는 경우가 있다.

가. 우리는 쌀을 주식으로 하는 민족이다.

나. 웃는 얼굴에 침 못 뱉는다.

다. 먹는 음식 가지고 장난 하면 안 된다.

'-는 김에, -는 격이다, -는 바람에, -는 법이다' 등의 구성에서도 시제 의미가 없는 것으로 파악된다.

관형사형 어미의 범주와 의미에 대한 논의는 매우 활발하게 연구되어
왔다. 배진영(2001 : 151)에서는 '-(으)ㄹ'을 관형절 사건이 미래에 일어날
것임을 나타낸다기보다 관형절 사건에 대한 추측을 나타내는 양태적 표
지로 보면서 관형사형 어미의 시제 의미는 부차적인 것이라고 주장하였
다. 신현숙(1982)에서도 관형사형 어미의 의미를 [+실현]과 [-실현]으로
나누어 '-(으)ㄹ'은 [-실현]으로 나머지 '-(으)ㄴ, -는, -던'은 [+실현]으
로 분류한 다음 [+완성](-(으)ㄴ), [-완성](-던, -는), '-던'을 [+거리],
'-는'을 [-거리]로 분류한 바 있다. 심재기(1981 : 340~350)에서는 '-(으)ㄴ'
은 판단의 [+결정성]을, '-(으)ㄹ'은 판단의 [-결정성]을 나타낸다고 설명
하였다. 판단의 [-결정성]이란 실질적 상태가 아직 현상으로 드러나지 않
은 것으로 받아들였다는 것을 의미한다. 권재일(1980)은 '-(으)ㄹ'이 미정
법과 관련이 있음을 주장하였고 이러한 주장은 이숭녕(1961/1981 : 277)에까
지 거슬러 올라간다. '-(으)ㄹ'이 어떤 사태를 실재하는 것이 아니라 가능
성이 있는 것으로 판단하는 요소라는 것은 이필영(1998)에서도 주장한 바
있다. 확실성 여부로 '-(으)ㄹ'을 '-(으)ㄴ'과 구별하려는 논의는 서태룡
(1980), 안명철(1983) 등이 있다.

한국어는 교착어이고 교착어의 주된 특성 중 하나가 문법형태소가 발
달되어 있고 문법형태소는 각각 그 고유한 기능을 가지고 있다는 것이다.
다른 문법형태소에 비해 관형사형 어미는 용언을 관형어로 만들어 주는
전성어미로서의 기능과 함께 시제를 나타내는 요소로 취급되었다. 한국어
에서 조사나 어미와 같은 문법형태소가 두 개 이상의 기능을 가지는 것은
흔한 일이나[61] 용법에 따라 기능이 달라지는 것이 대부분이고 하나의 용
법이 두 가지 기능을 가지는 경우는 극히 드물다. 그러나 관형사형 어미
는 전성과 시제라고 하는 매우 이질적인 범주에 동시에 속하게 된다. 이

---

61) 연결어미가 종결어미로 쓰이는 것을 예로 들 수 있다.

는 관형사형 어미가 이 두 범주 중 하나에는 속하지 않을 수 있음을 시사한다. 앞의 논의를 통하여 관형사형 어미의 기본적인 기능은 단지 앞말과 뒷말을 이어 앞말로 하여금 뒷말을 수식하게 하는 것이라는 가설을 세워 볼 수 있다. 관형사형 어미 '-(으)ㄹ'이 시제 의미를 가지는 것을 특수한 용법이라고 보는 것이다.

관형사형 어미의 범주를 시제가 아닌 양태나 서법 등으로 보는 관점도 있을 수 있다. 이러한 관점에서 어미 '-(으)ㄹ'은 미래 시제로 보기보다 '미실현 사태에 대한 화자의 판단'이 드러난 것으로 볼 수 있겠다. '-(으)ㄹ' 앞에 오는 사태를 실현되지 않은 것으로 보는 화자의 판단은 용법에 따라 '미래, 추측, 가능성, 예정, 의지' 등으로 구체적인 해석을 가지기도 하고 미실현 사태라는 모호함으로 인하여 이러한 화자의 판단조차도 드러나지 않는 경우가 있다고 보는 것이다. 이는 '-(으)ㄹ'이 수식하는 명사의 특성과 밀접한 관련이 있다. '-(으)ㄹ'의 수식을 받는 명사가 구체적이고 특칭적일 경우 '-(으)ㄹ'은 구체적인 의미를 가지고 되고 명사가 총칭적이고 추상적이 되면 '-(으)ㄹ'도 단순한 수식의 기능만을 하게 되는 것으로 보인다.

제3장 조사의 형태와 기능

그동안 선행 연구를 통하여 한국어 조사[62]의 기능과 용법의 많은 부분이 밝혀진 바 있다. 기존의 연구는 격조사나 보조사 등의 조사의 체계를 전제로 하여 조사의 특성을 연구해 왔다. 오랜 시간 조사 '를'이 격조사인가, 보조사인가에 대한 논쟁을 해 왔으며 최근의 연구에서는 한국어 문법에는 격조사가 없다는 주장이 나오기도 하였다. 조사의 형태를 중심으로 그 용법을 상세히 살펴보면 하나의 조사가 여러 기능을 하고 있음을 알 수 있다. 한국어 조사는 화용적 기능도 함께 가지고 있는데 이러한 화용적 기능 때문에 조사의 문법 기능이 부정되기도 한다. 예를 들어 조사 '가'는 주격 조사, 보격 조사 등 격조사로서의 용법과 보조사의 용법을 함께 가지고 있는데 조사 '가'를 기능별로 동형어적인 관점에서 처리할 수도 있고 다의적인 관점에서 볼 수도 있다. 3장에서는 조사 형태에 초점을 맞추어 하나의 조사가 두 개 이상의 기능을 하고 있을 때 이를 다의적 관

---

62) 본 논의에서 조사 '이/가'는 '가'를 대표형으로 '은/는'은 '는'을, '을/를'은 '를'을, '와/과'는 '와'를, '으로/로'는 '로'를 대표형으로 하기로 한다.

점에서 기술하려 한다. 한국어의 조사나 어미 등 문법 형태는 다면적인 의미기능을 가지고 있는데 문맥에 따라 그 기능 중 하나가 실현되는 것으로 보는 것이다. 그러므로 조사의 특성을 밝히기 위해서는 의미와 통사뿐 아니라 화용적인 측면에서의 고려가 필요하다.

1. 조사 '가'[63)

1.1. 조사 '가'와 '는'

한국어에서 조사 '가'는 주격 조사이고 '는'은 보조사이다. 그러나 다른 보조사에 비하여 조사 '는'은 '가'와 특정한 관련성을 지니고 있는 것으로 보인다.

> (1) ㄱ. 철수<u>가</u> 학교에 간다.
>   ㄴ. 철수<u>는</u> 학교에 간다.

> (2) ㄱ. 옛날 옛적에, 어느 산골 마을에 마음씨 착한 나무꾼<u>이</u> 살았습니다. 어느 날, 나무꾼<u>은</u> 화살에 맞아 죽어가는 사슴을 발견하고 치료해 주었습니다.
>   ㄴ. *옛날 옛적에, 어느 산골 마을에 마음씨 착한 나무꾼<u>은</u> 살았습니다. ?어느 날, 나무꾼<u>이</u> 화살에 맞아 죽어가는 사슴을 발견하고 치료해 주었습니다.

> (3) ㄱ. 처음 뵙겠습니다. 저<u>는</u> 김철수입니다.
>   ㄴ. 누가 김철수니? - 제<u>가</u> 김철수입니다.

---

63) 이 절은 유현경 외(2007), 유현경(2010ㄷ)을 기반으로 기술되었다.

(1)에서 보듯이 조사 '가'는 주격 조사이고 '는'은 보조사인데도 불구하고 같은 자리 즉, 주어 자리에 자주 나타난다. 그러나 (2), (3)에서 보듯이 주어 자리에서 조사 '가'와 '는'은 교체될 수 없는 경우가 있다. 조사 '가'와 '는' 각각에 대해서는 많은 논의가 이루어졌지만, 언제 '가'가 선택되고 언제 '는'이 선택되는가에 대해서는 아직 명확한 설명이 제시되어 있지 않다. 이 절에서는 인구어의 정관사, 부정관사와 '가', '는'의 대조 분석을 통해, '가'와 '는'에 대해 객관적인 접근을 시도하여 그 선택 원리를 밝히고자 한다. 조사 '가'와 '는'의 선택 원리는 두 조사 간의 의미와 기능의 차이를 밝히는 데 도움을 줄 수 있을 것이다.

먼저 조사 '가'와 '는'에 대한 선행 연구를 살피고 기존의 연구에서 조사 '가'와 '는'에 대한 의미를 추출한다. 이러한 조사의 의미[64] 중 어떠한 것이 한영 병렬 말뭉치 분석에 유용한가를 실제 말뭉치 분석을 통하여 검증하고 '가'와 '는'의 선택 원리를 밝힌다. 이때 한국어를 기본 텍스트로 하여 구축된 영어 대역 말뭉치에서 조사 '가'와 '는'이 어떠한 양상으로 번역되는가에 중점을 두고 살펴보게 될 것이다. 구체적으로 한국어의 조사와 영어의 관사 대응 양상을 의미, 화용, 통사의 세 층위로 나누어 분석해 볼 것이다.

---

[64] 한국어에서 조사 '가'는 일반적으로 주격 조사이고 조사 '는'은 보조사 혹은 주제 표지로 알려져 있다. 본 연구에서도 이러한 전제를 부정하지는 않지만 어떠한 명사구에 조사 '가'가 결합되지 않는다고 해서 그 명사구가 문장의 주어가 될 수 없는 것은 아니기 때문에 한국어에서 조사 '가'의 출현 여부가 문장의 주어를 결정하지는 않는다고 볼 수 있다. 또한 '는'이 선택될 경우 주격을 나타내는 '가'는 출현하지 않게 되므로 본 연구의 목적인 '가'와 '는'의 선택 원리와 주격 조사로서의 기능은 별다른 관련이 없다. 그러므로 본 연구에서는 조사의 기능보다는 의미 쪽에 초점을 맞추어 논의를 진행하게 될 것이다.

1.2. 조사 '가'와 '는'의 의미와 기능

1.2.1. 조사 '가'의 의미와 기능

조사 '가'와 '는'에 대한 선행 연구에서는 '가'는 주격의 표지로 보거나 '선택지정', '배타적 대립' 등의 의미를 갖는 것으로 보고 있으며 '는'의 경우는 주제를 나타내거나 '대조'의 의미를 갖는 것으로 본다. 다음에서는 선행 연구에서 조사 '가'와 '는'의 의미와 기능을 어떻게 설정했는가를 정리하여 한영 병렬 말뭉치에 나타난 조사 '가'와 '는'의 양상을 살피기 위한 가설 자료로 삼으려 한다.

먼저 '가'에 대한 논의들을 살펴보면 신창순(1975), 이필영(1982), 고석주(2002)에서는 공통적으로 '가'가 결합되는 명사구 자리에 올 수 있는 여러 명사구들 가운데 하나를 선택하여 지정하는 '선택지정'의 의미를 갖는다고 보았다. 이필영(1982 : 421)에 의하면 '(무엇이 푸른가?) 하늘이 푸르다'에서 '가'는 다른 명사구들이 아닌 '하늘'이 '선택지정' 되었음을 나타낸다고 한다. 신창순(1975), 이필영(1982), 고석주(2002)는 조사 '가'를 '선택지정'의 의미로 본다는 공통점을 가지고 있지만 다음과 같은 차이를 가지고 있다. 신창순(1975)에서는 '가'의 주격 표지 기능을 인정하고 있으며 신창순(1975)과 이필영(1982)에서는 '선택지정'과 함께 그보다 약한 '지정'의 의미도 있는 것으로 보는 반면, 고석주(2002)에서는 '가'의 격 표지 기능을 인정하지 않고 '선택지정'의 의미만 가지고 있는 것으로 본다.

한편 최수영(1984)에서는 '가'를 의미와 기능의 측면에서 나누어 살펴보았는데 '가'의 주된 기능은 '주격'을 나타내는 것이며 경우에 따라 '주제'를 표시하기도 하고 언제나 '배타적 대립'의 의미를 갖는다고 하였다. 여기서의 '배타적 대립'은 선택된 명사구 이외의 다른 명사구들을 배제한다는 의미이므로 앞에서 언급한 '선택지정'과 흡사한 것으로 볼 수 있다. 최영환(1987)에서는 '가'가 '상대초점'을 나타낸다고 보아 여러 대상 중에서 어느 하나를 선택하고 다른 것들을 배제시킨다고 하였으며 장유진(1999)에서는 '가'가 내포문의 주어를 강조하는 '지정서술, 선택지정, 신정보, 초점'의 의미기능을 갖는다고 보았다. 반면 이춘숙(1999)에서는 기존의 논의에서 언급된 '배타적 대립'은 조사 '가'의 의미가 아니라 '강세'에 의해 명시되는 '선택 개념'이라고 보았으며 '가'는 '임자자리' 개념을 명시하는 기능을 갖는 것으로 보았다. '가'의 의미와 기능에 대한 앞선 연구를 표로 정리하면 다음과 같다.

[표 1] 조사 '가'의 의미와 기능

연구논문	조사 '가'의 의미/기능
신창순(1975)	선택지정, 지정/주격 조사
이필영(1982)	선택지정, 지정
최수영(1984)	배타적 대립/주격 조사, 주제표시
최영환(1987)	상대초점
장유진(1999)	지정서술, 선택지정, 신정보, 초점
이춘숙(1999)	선택 개념/임자 자리
고석주(2002)	선택지정/주격 조사 아님

1.2.2. 조사 '는'의 의미와 기능

신창순(1975)에서는 '는'이 여러 동류(同類) 가운데서 하나를 나타내는 '대조'의 의미를 갖는다고 보았으며 채완(1977)에서는 '는'은 기본적으로 'topic'을 나타내며 'topic'을 나타내지 않을 때에는 '대조'의 의미를 갖는다고 보았다. 'topic'은 화자와 청자가 공유하고 있는 한정된 지식으로 일반적으로 문두에 나타나며 대개 'NP-는'이 문장의 중간에 위치할 때 '대조'의 의미를 갖는다고 하였다. 최수영(1984)에서는 '는'의 기능은 '주제' 표시로 보았고 의미는 '대조' 혹은 '대조적 대립'이라고 하였다. 한편 국어에 '대조'라는 독립적인 범주가 있다고 주장하는 전영철(2006)에서는

'는'이 화제뿐 아니라 초점에도 작용할 수 있으며, 화제에 작용할 경우 '대조 화제'의 표지, 초점에 작용할 경우 '대조 초점'의 표지로 쓰인다고 보았다.

대부분의 논의에서 '는'의 의미와 기능을 '대조'와 '주제'로 본 반면 최영환(1987)이나 이춘숙(1999)에서는 이와 다른 논지를 전개하고 있다. 최영환(1987)에서는 '가'가 여러 가지 대상들 중에서 서술어와 관계할 수 있는 것을 지시하고 다른 것은 배제시키는 '상대초점'을 나타내는 반면 '는'은 선택되지 않는 것들이 서술어와 관계할 수 있는지의 여부에 대해서는 무관심한 '절대초점'을 나타낸다고 하였다. 최영환(1987)에 의하면 '나는 간다'의 의미는 '다른 사람이 가는지는 알 수 없지만 나는 간다'는 의미로, 선택되지 않은 개체들에 대해서는 객관적인 태도를 나타낸다는 것이다. 이춘숙(1999)에서는 '는'은 그것이 결합되는 명사구가 풀이말에 실제로 이끌리는 임자씨항(즉, 영역)으로서 첫 이끌림임을 규정하는 기능을 갖는다고 보았다. 또한 기존의 논의에서 '는'의 의미로 지적되었던 '주제'는 '는' 자체의 의미가 아니라 '월머리'라는 위치와 그 뒤에 오는 '휴지'로 인한 것이며 '대조'의 의미 역시 '강세'에 의해 주어지는 의미일 뿐 '는' 자체의 의미는 아니라고 하였다. 선행 연구에서 논의된 '는'의 의미와 기능을 정리하면 다음의 [표 2]와 같다.

[표 2] 조사 '는'의 의미와 기능

연구논문	조사 '는'의 의미/기능
신창순(1975)	대조
채 완(1977)	topic, 대조
최수영(1984)	대조 혹은 대조적 대립/주제 표시
최영환(1987)	절대 초점
이춘숙(1999)	영역 [설정] 개념 표시
전영철(2006)	대조 화제, 대조 초점

1.3. 한국어 조사와 영어 관사의 대응

앞의 논의들은 대부분 한국어의 문법 체계 안에서 '가'와 '는'의 의미와 기능에 대하여 살펴본 연구들인데 비해, 목정수(2003)는 한국어의 조사를 대조언어학적 관점에서 논의하고 있다. 목정수(2003)는 '가', '를', '도', '는'이 모두 '한정사(관사)'라는 하나의 범주를 이룬다고 보았으며 '가'는 인구어의 부정관사, '는'은 인구어의 정관사에 대응된다고 하였다. 이와 비슷한 논의로 신창순(1975 : 164)에서도 국어의 조사 '가'가 영어의 정관사처럼 '지정'의 의미를 나타낸다고 하였다.

> (4) ㄱ. Je cherchais mon chien dans le parc; en vain, semblait-il ⋯ Tout à
> coup j'aperçois un petit bout de nez qui sortait d'un taillis.
>
> ㄴ. 공원에서 내 개를 찾고 있었는데 허사였지 싶었어. 근데 ⋯ 갑자
> 기 자그마한 개 코끝이 덤불속에서 빠져나오고 있는게 보이데.
>
> ―(목정수 2003 : 163 재인용)

(4)는 불어의 부정관사 'un'과 한국어의 조사 '가'의 대응 양상을 보여주고 있다. 이들 논의에서 지적된 것처럼 한국어의 조사와 인구어의 관사는 분명 대응되는 쓰임을 보인다. 예컨대 (5ㄱ)과 (5ㄴ)의 차이는 조사 '는'과 '가'의 출현 여부로, 이는 영어의 정관사, 부정관사의 출현 여부에 따른 차이와 일치한다.

> (5) ㄱ. 다람쥐는 도토리를 먹는다.
> ㄱ'. The squirrel eats acorns.
> ㄴ. 다람쥐가 도토리를 먹는다.
> ㄴ'. A squirrel eats acorns.

한국어의 경우 조사의 교체로 인하여 (5ㄱ)과 (5ㄴ)의 문장은 의미가 분

화되는데 (5ㄱ)의 경우는 '일반적으로 다람쥐라는 동물은 도토리를 먹는다'는 의미로 해석되는 데 비해 (5ㄴ)은 '한 개체로서의 다람쥐가 도토리를 먹고 있다'는 사실을 나타낸다. 즉, 눈앞에서 다람쥐가 도토리를 먹고 있는 현장을 기술할 때는 (5ㄱ)이 아니라 (5ㄴ)으로 표현한다는 것이다. 이러한 조사 '가'와 '는'의 차이는 영어, 불어와 같은 인구어의 정관사와 부정관사의 용법과 흡사하다. 이밖에도 한국어에서 신정보에는 '가', 구정보에는 '는'이 결합되듯이 인구어에서도 신정보에 부정관사, 구정보에 정관사가 쓰이는 등 한국어 조사 '가', '는'의 쓰임과 인구어의 정관사, 부정관사의 쓰임에는 분명 유사한 측면이 있다. 그러나 아직까지는 '가', '는'과 관사의 대응 쌍에 대해 대규모 자료를 토대로 한 면밀한 분석이 이루어지지 않았으므로, '가'는 부정관사에, '는'은 정관사에 대응된다고 단정 지을 수 없다.[65]

다음에서는 앞에서 살펴본 조사 '가'와 '는'의 여러 의미와 기능 중에서 어떠한 설명이 가장 타당성이 있는지 검증하기 위하여 한영 병렬 말뭉치에서 조사 '가'와 '는'이 영어의 관사들과 어떤 대응 양상을 보이는지를 살펴보려 한다.

1.4. 한영 병렬 말뭉치에 나타난 조사 '가'와 '는'

다음에서는 한영 병렬 말뭉치를 통해 다음의 가설을 검증해보고자 한다.

　(6) 가설 : 한국어의 '가'는 영어의 부정관사에, '는'은 정관사에 대응된다.

이러한 가설의 사실 여부를 실제 쓰인 자료를 통해 가늠해 보는 것은

---

65) 실제로 말뭉치 자료를 살펴보면 '가'와 '정관사'가 대응되는 경우도 다수 발견된다. 이에 대해서는 1.4.에서 자세히 살펴보겠다.

영어의 관사 선택 원리와의 대비를 통해 보다 객관적으로 '가', '는'의 선택 원리를 밝혀낼 수 있다는 점에서 검증의 의의가 있다. 가설에 합치되는 경우는 '가', '는'과 관사 선택의 공통점을 보여줄 것이며, 합치되지 않는 경우는 인구어와는 다른 한국어만의 독자적인 '가', '는' 선택 원리를 보여주게 될 것이다.

1.4.1. 조사-관사 대응 쌍의 유형

본 연구에서 살펴본 말뭉치 자료는 '조세희'의 소설66) 「난장이가 쏘아 올린 작은 공」과67) 그 영어 대역 말뭉치인 「The Dwarf」로, 「The Dwarf」는 'Bruce and Ju-Chan Fulton'에 의해 번역되었고 하와이 대학 출판부에서 출판되었다. 30만 어절 규모의68) 한영 병렬(KK-KE69)) 말뭉치인 <난쏘

---

66) 현재 21세기 세종계획 한영 병렬 말뭉치에는 소설, 영어 교과서, 연설문, 성경, 잡지, 매뉴얼 등이 포함되어 있다. 본 연구에서는 조사 '가'와 '는'의 본래의 성격이 잘 드러나려면 새로운 사건의 도입이 많으면서도 기존 사건에 대한 언급 역시 많이 이루어지는 장르가 적합하다고 보아 텍스트 장르를 소설로 선택하였다.

67) 현재 한영 병렬 말뭉치의 소설 장르 중에는 '난장이가 쏘아 올린 작은 공(1976)' 외에도 'The Door in the wall(1911), The Desert Islander(1930), 암사지도(1956), 오발탄(1959), Animal Farm(1975), 뫼비우스의 띠(1975), 칼날(1976)' 등이 포함되어 있다. 이처럼 1900년대 초반~1970년대 출판물로 자료가 한정된 것은 저작권 해결의 어려움이라는 현실적인 한계 때문이다. 이 중 '난장이가 쏘아올린 작은 공'은 가장 후대의 소설에 속한다. '난장이가 쏘아올린 작은 공 한영 병렬 말뭉치'는 이하 <난쏘공 말뭉치>로 줄여 부른다.

68) <난쏘공 말뭉치>는 약 30만 어절로, 그 규모에 대한 문제가 제기될 수도 있다. 현재 한영 병렬 말뭉치를 다루기 위한 마땅한 검색 도구가 개발되어 있지 않은 실정이므로 한영 병렬 말뭉치를 활용할 때에는 수작업이 필요하다. 적절한 검색 도구가 개발된다면 분석 대상 말뭉치의 규모를 좀 더 확장시킬 수 있을 것이다. 말뭉치의 규모 문제는 특수 말뭉치를 이용한 연구가 일반적으로 가지고 있는 한계점이다. 이미 다양한 검색 기능을 갖춘 검색 도구들이 여럿 개발되어 있는 일반 말뭉치의 경우에는 1,000만 어절 규모 이상을 다루는 것도 어렵지 않지만, 구어 말뭉치나 한영 병렬 말뭉치 같은 특수 목적 말뭉치의 경우에는 검색 도구의 미비로 대규모의 자료를 다루는 데에 아직 한계가 있다. 본 논문과 같이 특수 말뭉치를 이용한 연구들이 활발해져서 도구 개발이 이루어진다면 이러한 한계들은 극복될 수 있을 것이다.

69) KK는 한국어 원본 말뭉치를, KE는 한국어 원본을 토대로 한 영어 대역 말뭉치를 나타낸다. 한국어와 영어의 병렬 말뭉치는 흔히 한영 병렬 말뭉치라 불리지만 엄밀히 말하면 한국어 원본과 영어 대역본으로 된 한영 병렬(KK-KE) 말뭉치와 영어 원본과 한국어

공 말뭉치>는 21세기 세종 계획 특수자료 구축 소분과인 한영 병렬 말뭉치 팀에서 2000년에 구축되었다.

본 연구에서는 이들 말뭉치로부터 다음의 조건을 만족시키는 KK 문장과 KE 문장의 대응 쌍을 추출하여 분석의 대상으로 삼았다.

(7) 문장 대응 쌍 선정의 기준70)

① KK 문장은 반드시 주어 자리에 실현된 '가'나 '는'을 포함한다.

예) 가. <u>그가</u> 사나이를 맞아 악수하고 함께 차 안으로 들어갔다.

예) 나. <u>나는</u> 낙원구에서 내렸다.

② KE 문장에 관사가 나타나지 않아도 대응되는 KK 문장에 '가'나 '는'이 있으면 분석 대상에 포함시킨다.

예) 가. <u>귀여운 영희의 얼굴은</u> 눈물로 젖었다.

예) 가'. <u>Yŏng-hŭi's cute face</u> was soaked with tears.

③ 번역 과정에서 문장의 구조가 바뀐 경우는 분석 대상에서 제외하되, KK 문장의 주어가 그대로 KE 문장의 주어 혹은 다른 성분으로 쓰인 경우는 분석 대상으로 삼았다.

예) 가. 작은 목소리라 <u>나는</u> 알아들을 수 없었다.

예) 가'. They spoke softly and <u>I</u> couldn't understand them.

④ 이어진 문장과 안긴 문장에서 주어가 실현되어 있을 경우, 이어진 문장과 안긴 문장도 각각 분석의 대상으로 삼았다.

예) 가. <u>그는</u> 자라면서 더욱 강해졌지만 <u>우리는</u> 자라면서 반대로 약해졌다.

예) 가'. <u>He</u> had become stronger as he grew, but <u>we</u> were the opposite-we weakened.

예) 나. <u>영호는</u> <u>내가</u> 방금 물러선 게시판 앞으로 갔다.

예) 나'. <u>Yŏng-ho</u> was approaching the bulletin board <u>I</u>'d just left.

대역본으로 된 영한 병렬(EE-EK) 말뭉치가 있는 것이다.

70) 이러한 기준에 의해 주어가 아닌 자리에 '가'나 '는'이 쓰인 KK 문장들이 배제되어, 보어 자리에 쓰인 '가'나 목적어에 결합된 '는' 등이 분석 대상에서 제외될 수 있었다. 또한 KE 문장에는 관사가 나타나지만 KK 문장의 주어 자리에는 조사가 나타나지 않은 문장 대응 쌍도 배제되었는데, 이는 본 연구의 연구 목적이 영어 관사에 대한 분석보다는 국어 조사 '가', '는'에 초점을 두고 있기 때문이다.

(7)의 기준들 중에서 ①~③은 <난쏘공 말뭉치>의 KK 문장들 중 주어 자리에 '가'와 '는'이 실현된 모든 문장을 살펴본다는 것으로, 본 연구가 한국어 조사와 영어 관사의 대응을 살피고 있지만 그 목적이 한국어 조사의 양상 파악에 있음을 보여준다. 그리고 ④의 예문들과 같이 말뭉치 상에서 한 문장으로 나타나더라도 '가'나 '는'을 포함한 주어가 둘 이상 나타날 경우, 둘 이상의 주어 각각이 연구 대상이 되므로, 둘 이상의 문장을 각각 독립된 문장처럼 나누어 분석하였다.

(7)과 같은 기준에 따라 <난쏘공 말뭉치>로부터 뽑아낸 문장의 대응 쌍은 총 973쌍으로, 각 대응 쌍의 가설 일치 여부를 살펴본 결과를 간략히 보이면 [표 3]과 같다.

[표 3] 조사와 관사의 대응 양상

가설 일치 여부		수치	
일치	가 - a	17쌍 (1.75%)	8.33%
	는 - the	64쌍 (6.58%)	
불일치	가 - the	88쌍 (9.04%)	91.67%
	는 - a	1쌍 (0.10%)	
	가/는 - 무관사	803쌍 (82.53%)	

[표 3]에 나타난 바와 같이, '가'와 부정관사, '는'과 정관사가 대응되어 가설에 일치되는 경우는 10%에도 못 미쳤으며, 가설 불일치의 경우가 90% 이상으로 나타났다. 그러나 이러한 수치는 본 연구의 대상 말뭉치에 나타난 조사와 관사의 대응의 대략적인 면모만을 보여줄 뿐 수치 자체가 절대적인 의미를 갖는 것은 아니다. 이제 각 대응 쌍의 유형을 예문을 통해 간단히 살펴보겠다.

(8) 가설 일치 문장 쌍
　ㄱ. 큰 공장이 문을 닫으면 수많은 공원들은 갈 곳이 없었다.

ㄱ'. If a large plant closed its doors numerous workers would have no place to go.

ㄴ. 영희가 치는 기타 소리는 영희에게 아주 잘 어울렸다.

ㄴ'. The sound she produced on the guitar was a perfect complement to her.

(8ㄱ)과 (8ㄱ')는 '가'와 'a'의 대응을, (8ㄴ)과 (8ㄴ')은 '는'과 'the'의 대응을 보여준다. 한편, (9)의 예문들은 조사와 관사가 역으로 대응되는 경우에 해당되는데, (9ㄱ)과 (9ㄱ')는 '가'와 'the'의 대응을, (9ㄴ)과 (9ㄴ')는 '는'과 'a'의 대응을 보여준다.

(9) 가설 불일치 중 역대응 문장 쌍

ㄱ. 동네 사람들이 골목으로 나와 뭐라고 소리치고 있었다.

ㄱ'. The neighbors had come out into the alley and were shouting about something.

ㄴ. 이런 사람들만 사는 땅은 죽은 땅입니다.

ㄴ'. A land with such people and no others is a dead land.

(8)의 예문에 나타난 것과 같은 가설 일치 문장 쌍의 경우, '는'과 'the'의 대응은 64쌍, '가'와 'a'의 대응은 17쌍으로 '는'과 정관사의 대응이 '가'와 부정관사의 대응보다 더 많이 나타났으며, 가설 불일치 중 (9)와 같이 조사와 관사의 대응이 역으로 나타난 경우, '는'과 'a'의 대응은 (9ㄴ)-(9ㄴ')의 단 1쌍인 반면, '가'와 'the'의 대응은 88쌍으로 나타났다. 이를 통해 '가'는 부정관사뿐만 아니라 정관사에 대응되는 경우도 많지만, '는'은 거의 정관사에만 대응됨을 알 수 있었다. 이는 '는'과 'the'의 관계가 '가'와 'a'의 관계보다 더 긴밀하다는 암시를 주는데 이에 대해서는 1.4.2에서 상세히 살펴볼 것이다.

(10) 가설 불일치 중 무관사 대응 문장 쌍<1> : 고유명사, 대명사

　ㄱ. <u>나는</u> 명희와의 약속을 지킬 수 없었다.

　ㄱ'. <u>I</u> couldn't keep the promise I'd made to Myŏng-hŭi.

　ㄴ. <u>영호는</u> 내가 방금 물러선 게시판 앞으로 갔다.

　ㄴ'. <u>Yŏng-ho</u> was approaching the bulletin board I'd just left.

　ㄷ. <u>아버지와 어머니는</u> 내가 공부를 계속하기를 바랐다.

　ㄷ'. <u>Mother and Father</u> hoped I'd continue my studies.

한국어 주어 자리에 나타나는 'NP-가/는'과 영어의 무관사 명사구의 대응은 특정 명사구 앞에는 관사가 올 수 없다는 영어의 제약으로 인한 것으로, 본 연구 결과에서는 무관사 대응의 대부분이 대명사와 고유명사의 경우였다. (10ㄱ)-(10ㄱ')는 대명사의 경우이고, (10ㄴ)-(10ㄴ'), (10ㄷ)-(10ㄷ')는 고유명사의 경우에 해당된다. 여기서 (10ㄷ)-(10ㄷ')의 경우는, 'Father', 'Mother', 'Elder Brother'가 문장에서의 위치에 관계없이 그 첫 글자가 대문자로 나타나기 때문에 고유명사로 분석한 경우로, 이는 <난쏘공 말뭉치>를 구성하는 텍스트의 특수성으로 볼 수 있다.

(11) 가설 불일치 중 무관사 대응 문장 쌍<2> : 기타

　ㄱ. <u>작은 공장들이</u> 채용할 인원은 한정이 되어 있다.

　ㄱ'. The number of employees that <u>small plants</u> could take on was limited.

　ㄴ. <u>그의 승용차는</u> 게시판 앞에 세워져 있었다.

　ㄴ'. <u>His car</u> was parked in front of the bulletin board.

　ㄷ. <u>악당은</u> 돈이나 많지.

　ㄷ'. <u>Bad guys</u> have lots of money and stuff.

　ㄹ. <u>Sleep</u> overcame me.

　ㄹ'. <u>잠이</u> 나를 눌러 왔다.

대명사나 고유명사 외에도 무관사 대응의 유형에는 (11ㄱ)-(11ㄱ')과 같이 비한정적 복수형 명사 앞에 관사가 오지 않는 경우, (11ㄴ)-(11ㄴ'), (11

ㄷ)-(11ㄷ')과 같이 명사 앞에 소유격이나 형용사가 와서 관사가 나타나지 않는 경우, (11ㄹ)-(11ㄹ')과 같이 추상명사 앞에 관사가 쓰이지 않는 경우가 있었다.

이상으로 한영 병렬 말뭉치에 나타난 조사 '가', '는'과 정관사, 부정관사의 대응에 대해 살펴보았다. [표 3]에 나타난 바와 같이 무관사 대응의 경우가 분석 문장 쌍 중 가장 높은 비중을 차지하지만, 이는 영어의 특성으로 인해 관사가 나타나지 않는 것으로, 한국어-영어의 대응 쌍을 통해 조사 '가', '는'의 특성을 살펴보려고 하는 본 연구의 연구 대상으로는 적절하지 않다. 따라서 1.4.2에서는 무관사 대응의 유형을 제외한 나머지 유형들에 대해 자세히 살펴보고자 한다.

1.4.2. 조사-관사 대응 관계 분석

[표 3]에 나타난 대응 쌍의 각 유형들을 의미적, 화용적, 통사적 측면에서 분석해 보았다. 의미적 측면에서는 이미 살펴본 바와 같이 신창순(1975), 이필영(1982), 고석주(2002) 등에서 '가'의 의미로 제시한 '선택지정', 신창순(1975), 채완(1977), 최수영(1984) 등에서 '는'의 의미로 제시한 '대조'의 두 가지 측면을 살펴보았다. 또한 화용적 측면에서는 유동석(1984)의 '통보기능량'의 관점에서의 논의, 류구상(1986)의 신정보와 구정보에 대한 논의를 참고하여 정보량에 따른 조사와 관사의 선택에 대해 살펴보았으며, 이와 더불어 주제[71] 전환의 표지로서의 조사 선택에 대해서도 살펴보

---

71) '주제'는 '화제'라는 용어로도 쓰이고 있지만, 본 연구에서는 '주제'와 '화제'를 구별하여 설명한 이인영(1996)의 논의를 따라 '화제'가 아닌 '주제'를 선택하였다. 이인영(1996)은 '주제'와 '화제'는 모두 이야기의 중심이 되는 대상이지만 '주제'가 청자와 화자에게 친숙한 것인 반면 '화제'는 새로운 대상이라고 하였다. 따라서 기존의 이야기에서 새로운 대상에 대한 이야기로 넘어가는 것은 '화제의 전환'이라고 해야 하는 반면, 한참 전에 언급되었던 대상이 다시 이야기의 중심으로 떠오를 때에는 '주제의 전환'이 이루어졌다고 봐야 한다(이인영 1996 : 84). 본 연구의 분석 자료에 나타난 '전환'은 한참 전에 언급되었던 대상, 즉 구정보인 대상에 대한 이야기로 다시 돌아가는 것이었으므로 이를

았다. 이인영(1996 : 84)에 언급된 바와 같이 주제가 바뀔 경우에는 주제의
전환으로 인한 청자의 부담을 줄이고자 화자가 특정한 방법을 통해 주제
가 바뀌었음을 나타내게 되는데, 본 연구에서는 조사의 선택에도 이와 관
련되는 면이 있다고 보았다. 통사적 측면에서는 채완(1977 : 106), 최수영
(1984 : 243) 등의 논의에서 언급된 내포문 주어 제약을 살펴보았다. 내포문
주어 제약이란 내포문의 주어는 그것이 대조의 대상이 아닌 경우에는 언
제나 '가'로 나타난다는 것이다.

(12) 의미 층위[72]
ㄱ. '가'의 의미 : 선택지정
ㄴ. '는'의 의미 : 대조

(13) 화용 층위
ㄱ. 정보량 : 신정보, 구정보
ㄴ. 주제의 전환

(14) 통사 층위
ㄱ. 내포문 주어 제약

(12)~(14)의 분석틀은 한국어의 조사 '가', '는'에 대한 앞선 연구들을

'주제의 전환'으로 부른 것이다.
72) 본문에서 언급한 의미 층위의 '선택지정'과 '대조'는 문장 차원의 현상이 아니라 화용
층위에 속하는 개념으로 볼 수도 있다. 그러나 '딸기는 좋은데 포도는 싫다'의 '는'이
갖는 대조의 의미를 화용적 의미로 본다면 '좋다', '싫다'의 의미 역시 화용적 의미로
보아야 한다. 즉, 딸기와 포도의 무엇이 좋고 싫은 것인지(색깔, 맛, 모양...)는 앞뒤의 문
맥이나 발화의 상황에 대한 정보가 없이는 알 수 없다. 이는 '이, 그, 저'와 같은 관형사
나 '이것, 저것, 그것'과 같은 대명사의 경우도 마찬가지이다. 이들 관형사나 대명사의
의미는 문맥이나 상황적 맥락에 따라 달라질 수밖에 없다. 의미를 어휘의미에 한정하는
어휘의미론에서 본다면 이러한 의미는 의미 층위에 속한다고 볼 수 없겠지만, 의미를
보다 넓은 개념으로 보는 형식의미론의 관점에서는 '선택지정', '대조'와 같은 조사의
의미 역시도 의미라고 볼 수 있다. 그러므로 본 연구에서는 의미 층위는 화용적 의미까
지를 포함하는 것으로 본다.

토대로 한 것이므로 실제 분석을 진행하기에 앞서 영어의 관사 선택에 대한 앞선 연구들을 통해 정관사와 부정관사의 선택 원리를 밝히기 위한 분석틀 역시 마련해 두어야 할 것이다. 영어의 관사에 대한 앞선 연구들을 살펴보면, 한학성(1995)에서는 관사 다음의 명사가 가리키는 지시 내용이 문맥 또는 기타 이유로 결정되어 있을 때는 정관사를 쓰고 그렇지 않을 때는 부정관사를 쓴다고 하였으며,73) 'the'가 사용되는 경우로 '문맥상 지시 내용이 결정되는 경우(앞서 언급된 대상, 혹은 그와 밀접한 관련을 갖는 대상)', '상황에 의해 지시 내용이 결정되는 경우(눈에 보이는 사물, 주어진 상황에서 당연히 기대할 수 있는 대상)', '유일한 사물을 지시하는 경우', '수식에 의해 지시 내용이 결정되는 경우(유일성 나타내는 형용사 수식, 최상급 형용사 수식, of 에 의한 수식)'로 나누어 설명하였다. 이는 모두 '지시 내용이 이미 결정되어 있는 경우'라는 점에서 공통적이고, 본 연구의 '정보량이 높은 경우 구정보의 경우'와 상통한다. 또한 박혜숙(2001 : 392)에서는 관사의 화용 영역에 대해 설명하면서 관사는 화자와 저자의 독립적인 결정으로 만들어지는 것이 아니라 실제 진행되는 의사소통에서 대화자 간의 공유지식의 반영이라고 하였다. 이렇게 볼 때 영어의 관사 선택은 화용 층위에서 이루어지기 때문에 (12)~(14)의 분석틀 외의 다른 기준을 추가하지 않는다.

　분석의 결과를 먼저 간단히 요약하면, 영어에서 정관사와 부정관사의 선택에 있어서는 '정보량'이 절대적인 기준으로 작용한 반면, 한국어에서는 '정보량' 외에도 여러 가지 요인에 따라 조사의 선택이 결정됨을 알 수 있었다. [표 3]에서 가설 일치를 보이는 '가―a' 대응의 17쌍과 '는―the' 대응의 64쌍은 거의 대부분이 (12)~(14)의 항목들 중 '정보량'에만 해당되었으며 몇몇 예에서 일반적인 사실을 나타낼 때 KK 문장에서 '는'이, KE

---

73) 한학성(1995)에서는 관사와 관련한 핵심 사항으로 첫 번째, 수의 문제와 관련한 명사의 가산성, 두 번째, 지시 내용의 결정 여부 문제를 들었는데, 이 중 첫 번째 문제는 부정관사와 무관사에 해당되는 경우이며 두 번째가 정관사와 부정관사에 해당되는 것이다.

문장에서 'the'가 쓰인 경우가 있었다.[74] 한편 가설에 어긋나며 역대응으로 나타나는 '가-the' 대응의 88쌍은 구정보이지만 주제 전환, 선택지정, 내포문 주어 제약으로 인해 '는'이 아닌 '가'가 선택된 경우이다. 또한 '는'과 'a' 대응의 1쌍은 신정보이지만 대조의 대상이므로 '가'가 아닌 '는'이 선택된 경우이다. 가설 일치의 경우는 모두 정보량으로 설명이 되므로 더 이상 논의하지 않고, 1.4.2.1~1.4.2.4에서는 조사와 관사가 가설과 달리 역대응된 경우를 중점적으로 살펴보겠다.

1.4.2.1. 가-the : 주제 전환

(15) KK-KE 문장 대응 쌍[75]

KK	\<p id=1.1.p393>\<s id=1.1.p393.s1>「팔지 말고 기다려요.」\</s>\</p> \<p id=1.1.p394>\<s id=1.1.p394.s1>승용차 안에서 ㉠한 사나이가 말했다.\</s>\</p> ...... \<p id=1.1.p449>\<s id=1.1.p449.s2>그날 밤 ㉡승용차 안의 사나이가 우리 동네의 나머지 입주권을 모두 사 버렸다.\</s>\<s id=1.1.p449.s3>그는 다른 투기업자들이 이십 이만 원에 사는 것을 이십 오만 원씩 주고 모두 사 버렸다.\</s>\<s id=1.1.p449.s4>그날 밤에도 영희는 팬지꽃 앞에 앉아 기타를 쳤다.\</s>\<s id=1.1.p449.s5>영희는 팬지꽃 두 송이를 따 하나는 기타에 꽂고 하나는 머리에 꽂았다.\</s>\<s id=1.1.p449.s6>그리고, 꼼짝도 하지 않고 기타만 쳤다.\</s>\<s id=1.1.p449.s7>㉢사나이가 아버지에게 담배를 권했다.\</s>\</p>

---

74) 가. <u>싸움은</u> 언제나 옳은 것과 옳지 않은 것이 부딪쳐 일어나는 거야.

　　가'. <u>The fight</u> is always a conflict between what's right and what's wrong.

　　나. <u>세상은</u> 공부를 한 자와 못 한 자로 너무나 엄격하게 나뉘어져 있었다.

　　나'. <u>The world</u> was divided too arbitrarily between those who had studied and those who hadn't.

75) \<p id=1.1.p449>\<s id=1.1.p449.s2>는 각각 문단 id와 문장 id를 나타낸다. 즉, 문단 id \<p id=1.1.p449>는 이 텍스트 내에서 449번째 문단임을 나타내며, 문장 id \<s id=1.1.p449.s2>는 449번째 문단의 2번째 문장임을 나타낸다.

KE	<p id=1.1.p285><s id=1.1.p285.s1>"Wait before you sell," said ⓐa man in a car.</s> …… <p id=1.1.p317><s id=1.1.p317.s1>That night ⓑthe man in the car bought up the occupancy rights of all the neighbors who still had them.</s><s id=1.1.p317.s2>He bought them all up at two hundred fifty thousand apiece;</s><s id=1.1.p317.s3>other brokers had paid two hundred twenty thousand.</s><s id=1.1.p317.s4>Again that night Yŏng-hŭi sat in front of the pansies playing her guitar.</s><sid=1.1.p317.s5> She picked two of the pansies and stuck one in the guitar and the other in her hair.</s><s id=1.1.p317.s6>She didn't budge, merely played the guitar.</s><s id=1.1.p317.s7>ⓒThe man offered Father a cigarette.</s></p>

(15)에서 'ⓛ승용차 안의 사나이'는 ㉠의 사나이와 동일 인물로 정보량의 관점에서 보면 구정보에 해당된다. 이때 KE 문장에서는 'the'가 쓰였으나 KK 문장에서는 구정보를 나타내는 '는' 대신 '가'가 쓰였다는 점이 주의를 끈다. 이 점은 ㉢과 ⓒ에서도 마찬가지이다. KE 문장에서는 구정보이므로 'the'가 쓰였으나 KK 문장에서는 구정보임에도 불구하고 '가'가 쓰인 것은, 한참 전에 언급되었던 대상이 다시 주제로 떠오르는 과정에서 주제의 전환의 표지로서 '가'가 사용된 것이다. <p id=1.1.p449><s id=1.1.p449.s2> 이후를 살펴보면, 처음엔 사나이에 대한 이야기를 하다가 <s id=1.1.p449.s4>~<s id=1.1.p449.s6>에서 '영희'로 주제가 전환되었으므로 <s id=1.1.p449.s7>에서 다시 주제를 바꿔 '사나이'에 대한 이야기로 다시 돌아오기 위해서는 독자들의 주위를 환기시킬 필요가 있고, 이러한 이유로 '가'가 쓰인 것이다.[76]

---

76) (15)와 (16)에서 영어의 경우를 보면 한번 등장한 뒤 다시 언급되는 명사들이 앞의 명사와 몇 문장 혹은 몇 단락의 거리를 두고 나타날 때 구정보를 표시하기 위해 'the'가 쓰였음을 알 수 있다. 한학성(1995 : 135)에서는 앞에서 언급된 명사를 반복할 때 나타나는 the는 반복이 바로 연이어 나타나는 경우보다 상당한 거리를 두고 반복되는 경우에 주로 사용되며, 바로 연이은 반복의 경우에는 this가 쓰이거나 대명사로 나타나는 것이 보다 일반적이라고 하였다.

(16) KK-KE 문장 대응 쌍

KK	<s id=1.1.p452.s4>㉠용달차가 좁은 골목을 뚫고 들어와 명희네 짐을 실었다.</s><s id=1.1.p452.s5>명희 어머니가 치마를 올려 눈물을 닦았다.</s></p> <p id=1.1.p453><s id=1.1.p453.s1>「에유, 정이란 게 뭔지!」</s></p> <p id=1.1.p454><s id=1.1.p454.s1>명희 어머니가 말했다.</s></p> <p id=1.1.p455><s id=1.1.p455.s1>「정이란 게 이렇게 더러운 게라우.」</s></p> <p id=1.1.p456><s id=1.1.p456.s1>그 말이 우리의 눈에 고춧가루를 뿌렸다.</s><s id=1.1.p456.s2>㉡용달차가 집 앞을 지나갔다.</s><s id=1.1.p456.s3>
KE	<s id=1.1.p320.s4>ⓐA moving truck threaded its way into the narrow alley and loaded Myŏng-hŭi's family's belongings.</s><s id=1.1.p320.s5>Myŏng-hŭi's mother wiped away her tears with the hem of her skirt.</s></p> <p id=1.1.p321><s id=1.1.p321.s1>"Isn't it funny!" she said with a great sigh.</s><s id=1.1.p321.s2>"The thing that makes us close makes a time like this so difficult."</s></p> <p id=1.1.p322><s id=1.1.p322.s1>These words were pepper in our eyes.</s><s id=1.1.p322.s2>ⓑThe moving truck went past our house.</s>

(16)의 예문들에서 '용달차'와 'moving truck'은 ㉠과 ⓐ에서 처음 나타난다. ㉡과 ⓑ는 이미 언급되었던 구정보로, KE 문장에서는 'the'가 쓰인 반면, KK 문장에서는 구정보임에도 불구하고 '가'가 쓰였다. 이 경우에도 <s id=1.1.p452.s4>에서 용달차 이야기가 나온 이후에 <p id=1.1.p453> <s id=1.1.p453.s1>에서 <p id=1.1.p456><s id=1.1.p456.s1>까지 다른 이야기가 진행된다. 그리고 다시 <s id=1.1.p456.s2>에서 용달차에 대한 이야기로 돌아온다. 이때의 '가'는 (15)의 ㉡, ㉢과 마찬가지로 주제 전환에 따라 독자의 주위를 환기하는 기능을 한다.

이상의 논의를 통해 영어에서는 정보량에 따라 관사가 선택되는 경향이 짙은 반면, 한국어에서는 조사의 선택에 정보량 외에도 주제 전환이라는 다른 요인이 개입함을 알 수 있었다.

1.4.2.2. 가-the : 선택지정

(17) KK-KE 문장 대응 쌍

KK	<s id=1.1.p270.s5>내가 방송통신고교의 강의를 받기 위해 라디오를 사러 갈 때 영희가 따라왔었다.</s><s id=1.1.p270.s6>㉠쓸 만한 라디오가 있었다.</s><s id=1.1.p270.s7> 그런데, 영희가 먼지 속에 놓인 기타를 들어 퉁겨 보는 것이었다.</s><s id=1.1.p270.s8>영희는 고개를 약간 숙이고 기타를 쳤다.</s><s id=1.1.p270.s9>긴 머리에 반쯤 가려진 옆얼굴이 아주 예뻤다.</s><s id=1.1.p270.s10>영희가 치는 기타 소리는 영희에게 아주 잘 어울렸다.</s><s id=1.1.p270.s11>나는 ㉡먼저 골랐던 라디오를 살 수 없었다.</s><s id=1.1.p270.s12>좀 더 싼 것으로 바꾸면서 영희가 든 기타를 가리켰다.</s><s id=1.1.p270.s13>㉢그 라디오가 고장이 나고 기타는 줄이 하나 끊어졌다.</s>
KE	<s id=1.1.p194.s5>That's where I had gone to buy a radio for my high school correspondence course lessons, and Yŏng-hŭi had tagged along.</s><s id=1.1.p194.s6>I had found ⓐa radio in usable condition.</s><s id=1.1.p194.s7>But Yŏng-hŏi had picked up a dust-covered guitar lying in the dust and tried it out.</s><s id=1.1.p194.s8>She bent over the instrument and strummed it.</s><s id=1.1.p194.s9>Her profile, half covered by her long hair, was so pretty.</s><s id=1.1.p194.s10>The sound she produced on the guitar was a perfect complement to her.</s><s id=1.1.p194.s11>I wouldn't be able to afford ⓑthe radio now.</s><s id=1.1.p194.s12>So I found a cheaper one and gestured toward the guitar Yŏng-hŭi held.</s><s id=1.1.p194.s13>ⓒThe radio had broken down and one of the guitar strings had snapped.</s>

(17)의 ㉢과 ⓒ의 '라디오(radio)'는 ㉠~㉡과 ⓐ~ⓑ에서 이미 언급되었으므로 구정보이다. 또한 ㉢과 ⓒ의 바로 앞 문장인 KK 문장 <s id=1.1.p270.s12>와 KE 문장 <s id=1.1.p194.s12>도 '라디오(radio)'에 대한 이야기이므로 주제가 전환된 것도 아니다. 그럼에도 불구하고 ㉢에서 '는'이 아닌 '가'가 쓰인 이유는, ㉢에서 '라디오'가 다른 사물이 아니라 바로 그 라디오로 선택지정되었기 때문이다.

(18) KK-KE 문장 대응 쌍

KK	\<s id=1.1.p586.s6\>안쪽에서 ㉠사무장이 일어서며 나를 손짓해 불렀다.\</s\>\<s id=1.1.p586.s7\>㉡그는 \<행복 제1동장\> 위에 직인을 찍었다.\</s\>\<s id=1.1.p586.s8\>그 것을 내주기 전에 나를 창가로 데리고 갔다.\</s\>\<s id=1.1.p586.s9\>㉢사무장은 큰길 건 너 포도밭 아랫동네를 가리켰다.\</s\>\</p\> \<p id=1.1.p587\>\<s id=1.1.p587.s1\>「위에서 세번째 집야.」\</s\>\</p\> \<p id=1.1.p588\>\<s id=1.1.p588.s1\>㉣그가 말했다.\</s\>\</p\>
KE	\<s id=1.1.p419.s7\>ⓐThe section chief rose and beckoned me.\</s\>\<s id=1.1.p419.s8\>ⓑHe stamped his official seal above the words "Chief, Felicity Precinct 1."\</s\>\<s id=1.1. p419.s9\>Before handing it to me, he took me to the window.\</s\>\<s id=1.1.p419.s10\>ⓒHe indicated a neighborhood below a grape patch, across the main street.\</s\>\</p\> \<p id=1.1.p420\>\<s id=1.1.p420.s1\>"Third house from the upper end," ⓓhe said.\</s\>

선택지정으로 인해 구정보임에도 '가'가 결합되는 현상은 (18)의 ㉣에
도 해당된다. 대사가 나오고 그 대사를 말한 사람이 누구인지를 밝히는
문장 '그가 말했다'에서 조사 '가'는 다른 등장인물이 아닌 대사를 말한
바로 그 사람을 특별히 지정하는 것이다. ㉣의 '그'는 ㉠~㉢에 이미 언급
된 '사무장'에 해당되지만, '위에서 세 번째 집야'라고 말한 사람이 누구
인지를 선택적으로 지정하는 문장에서는 선택지정의 의미를 갖는 '가'가
쓰이는 것이다. 그러나 KE 문장에서는 이런 경우에 'the' 대신 'a'가 쓰인
경우가 없었다.

1.4.2.2의 논의를 통해 영어와 달리 한국어에서는 구정보일지라도 주어
가 선택지정의 의미를 가지면 '는'이 아닌 '가'가 쓰임을 알 수 있었다.

1.4.2.3. 가-the : 내포문 주어 제약

(19) KK-KE 문장 대응 쌍

KK	<s id=1.1.p451.s2>㉠사나이를 따라온 나이 든 사람이 검은 가방을 열어 돈을 보여 주었다.</s> …… <s id=1.1.p505.s6>처음 일이 떠올랐다.</s><s id=1.1.p505.s7>그는 [㉡나이 든 사람이 매매 계약서를 쓰는] 동안 내 옆에 서 있었다.</s>
KE	<s id=1.1.p319.s1>ⓐAn older man who had accompanied the man in the <u>car</u> opened a black briefcase and displayed the money.</s> …… <s id=1.1.p358.s6>I thought back to the beginning.</s><s id=1.1.p358.s7>He had stood next to me while [ⓑ<u>the older man</u> wrote out the sales contract].</s>

(20) KK-KE 문장 대응 쌍

KK	<s id=1.1.p4.s1>「그게 뭐냐?」</s> <s id=1.1.p5.s1>「㉠철거 계고장예요.」</s> <s id=1.1.p6.s1>「기어코 왔구나!」</s> …… <s id=1.1.p505.s9>[㉡철거 계고장이 나온] 날 내가 동사무소 앞으로 달려갔을 때부터 그는 나를 보았다.</s>
KE	<s id=1.1.p4.s1>"What is it?" she asked.</s> <s id=1.1.p5.s1>"ⓐ<u>A condemnation notice</u>."</s> <s id=1.1.p6.s1>"So, finally," Mother said.</s> …… <s id=1.1.p358.s9>He had noticed me running up to the precinct office the day ⓑ[<u>the condemnation notice</u> arrived].</s>

(19)와 (20)에서 각각의 ㉡은 구정보인 명사에 '가'가 결합된 경우로, (19)와 (20)의 ㉡은 [ ]로 묶인 내포문의 주어이다. 채완(1977 : 106)에서 언급된 대로, 내포문의 주어는 그것이 특별히 대조의 의미를 갖지 않는 한 언제나 '가'와 결합한다. 따라서 해당 명사가 구정보임에도 '가'가 결합되

는 요인의 한 유형으로 내포문 주어 제약을 들 수 있을 것이다.

1.4.2.4. 는-a : 대조

(21) KK-KE 문장 대응 쌍

KK	`<p id=1.1.p274><s id=1.1.p274.s1>` 「사람들은 사랑이 없는 욕망만 갖고 있습니다.`</s><s id=1.1.p274.s2>`그래서 단 한 사람도 남을 위해 눈물을 흘릴 줄 모릅니다.`</s><s id=1.1.p274.s3>`㉠이런 사람들만 사는 땅은 죽은 땅입니다.」`</s></p>`
	
	...
	
	`<s id=1.1.p282.s4>`이제 이 죽은 땅을 떠나야 됩니다.」`</s></p>`
	`<p id=1.1.p283><s id=1.1.p283.s1>` 「떠나다니?`</s><s id=1.1.p283.s2>` 어디로?」`</s></p>`
	`<p id=1.1.p284><s id=1.1.p284.s1>` 「달나라로!」`</s></p>`

KE	`<p id=1.1.p196><s id=1.1.p196.s1>`"Because the only thing people have are loveless desires." said Chi-sŏp.`</s><s id=1.1.p196.s2>`"There is not a soul who knows what it is to shed tears for others.`</s><s id=1.1.p196.s3>`ⓐA land with such people and no others is a dead land."`</s></p>`
	
	...
	
	`<s id=1.1.p204.s4>`Now you must leave this dead land."`</s></p>`
	`<p id=1.1.p205><s id=1.1.p205.s1>`"Leave?`</s><s id=1.1.p205.s2>`Where to?"`</s></p>`
	`<p id=1.1.p206><s id=1.1.p206.s1>`"To the moon.'`</s></p>`

(21)의 ㉠은 1.4.2.1~1.4.2.3에서 살펴본 것과 반대로, 신정보인데도 '는'이 사용된 예에 해당된다. (21)에 나타난 예문들은 난장이 가족의 이웃집 가정교사인 '지섭'이 난장이에게 하는 말로, 사회주의 사상을 가진 지섭은 현재의 세상을 비판하고 혁명을 통해 더 나은 세상을 만들어야 한다고 주장한다. 여기서 '이런 사람들만 사는 땅'은 '더 나은 땅'을 의미하는 '달나라'와 대조되는 대상이다. 이렇게 신정보일지라도 대조의 의미를 담고자 할 때에는 '가' 대신 '는'이 선택된다. (21)㉠은 '는'과 'a'의 대응을 보여주는 유일한 예로, <난쏘공 말뭉치>에서 대조의 의미를 나타내는 '는'은 거의 구정보를 나타내는 경우와 겹쳐 쓰였다.

1.4.3. 한영 병렬 말뭉치를 통해 본 '가'와 '는'의 선택 원리

이상의 논의를 종합해 보면, 조사 '가'와 '는'의 선택에 있어서 의미, 통사, 화용의 세 층위가 일정한 위계를 가지고 작용함을 알 수 있었다. 1.4.2의 분석 결과를 요약해 보면, 의미 층위나 통사 층위에서의 해당 사항이 없는 경우에는 화용 층위의 정보량이나 주제 전환 여부에 따라 '가'나 '는'이 선택된다. 그러나 화용 층위와 더불어 의미 층위나 통사 층위에도 해당 사항이 있는 경우, 조사 선택은 의미나 통사 층위에 따라 이루어진다. 이렇게 볼 때 '가'와 '는'의 선택에 있어서 화용 층위는 의미 층위나 통사 층위보다 하위의 층위임을 알 수 있다. 또한 통사 층위와 의미 층위의 관계에서는 통사 층위가 의미 층위보다 낮은 층위라고 할 수 있다. 내포문 주어일 경우라도 대조의 의미가 있을 때에는 통사 층위의 내포문 주어 제약과 관계없이 대조의 의미를 나타내기 위해 '는'이 선택되기 때문이다. 이렇게 볼 때, '가'와 '는'의 선택에 있어서 의미 층위가 가장 상위의 층위에 해당되고, 그 다음이 통사 층위, 가장 낮은 층위가 화용 층위라는 결론을 내릴 수 있다. 이를 그림으로 나타내면 [그림 1]과 같다.

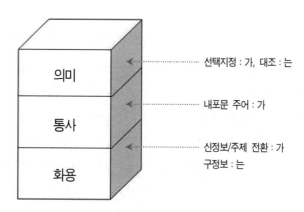

[그림 1] '가'와 '는'의 선택 층위

'가'와 '는'의 선택은 [그림 1]에 나타난 각 층위 간의 위계에 따라 가장 상위인 의미 층위로부터 가장 하위인 화용 층위로 내려가며 각 층위별 해당 사항이 있는가의 여부에 따라 이루어진다. 둘 이상의 층위에 해당 사항이 있을 경우에는 보다 상위 층위의 정보에 따라 조사가 선택되는 것이다.

[그림 1]에 정리된 각각의 층위별 조사 '가'와 '는'에 대해서는 이미 앞선 연구들에서 수차례 논의된 바 있다. 그러나 기존의 논의들에서 지적된 '가'와 '는'에 대한 기술들은 각각의 층위 중 일부 층위만을 인정하거나 혹은 층위를 뒤섞어 살펴보았기 때문에 일부의 '가'와 '는'에 대해서는 옳지만 조사 '가'와 '는'의 모든 용법을 설명할 수 없다는 점이 문제가 되어 왔다. 본 연구에서는 조사 '가'와 '는'의 선택에는 화용 층위, 의미 층위, 통사 층위가 모두 작용하되 그 층위 간의 위계가 있다는 결론을 내렸다.

한국어의 틀 내에서 설명력 있는 해결책을 찾기 어려운 경우, 다른 언어와의 대조 연구를 통해 한국어의 특성을 파악해보는 것은 문제 해결의 실마리를 찾게 해 줄 수 있다. 이러한 연구를 위해 유용한 자료가 본 연구에서 활용한 한영 병렬 말뭉치와 같은 이중 언어 혹은 다중 언어 말뭉치이다. 본 연구에서 한영 병렬 말뭉치를 통해 조사와 관사의 대응 관계를 살펴본 결과, 영어의 관사 선택에는 화용 층위 중 '정보량'이 강력한 기준으로 작용한 반면, 한국어의 조사 선택에는 '정보량' 외에도 여러 가지 화용, 의미, 통사 층위가 영향을 미친다는 점을 알 수 있었다. 관사의 선택과 조사의 선택을 통해 볼 때, 영어는 그것이 처음 언급되는 대상이냐 다시 언급되는 대상이냐 하는 '사실 여부'가 결정적인 반면, 한국어에서는 '청자의 주의를 환기시키고자 하는가', '해당 명사구를 선택적으로 지정하려고 하는가', '다른 대상과 특별히 대조하여 말하고자 하는가' 하는 '화자의 의도'가 강하게 작용한다는 점을 알 수 있었다.

1.4.4. 영한 병렬(EE-EK) 말뭉치를 통한 검증

병렬 말뭉치를 토대로 연구를 진행할 때에는 번역의 방향이 고려되어야 한다. 한국어 텍스트를 원본으로 하는 한영 병렬(KK-KE) 말뭉치인지, 영어 텍스트를 원본으로 하는 영한 병렬(EE-EK) 말뭉치인지가 변수가 되어 연구 결과가 달라질 수도 있기 때문이다. 본 연구는 한국어 원본 텍스트와 그 영어 대역 텍스트로 이루어진 한영 병렬(KK-KE) 말뭉치를 토대로 이루어졌다. 따라서 1.4.4에서는 영어로 작성된 '조지 오웰(G. Orwell)'의 「Animal Farm」과 그에 대한 한국어 대역본인 「동물농장」으로 이루어진 영한 병렬(EE-EK) <Animal Farm 말뭉치>를 토대로 본 연구결과의 신뢰성을 검증해보고자 한다.[77]

이를 위해 <Animal Farm 말뭉치>에서 100쌍의 EE-EK 문장들을 뽑았다. 분석 대상 문장 쌍의 추출 기준은 (7)과 같다.

<난쏘공 말뭉치>와 <Animal Farm 말뭉치>에서 추출한 대응 쌍들의 가설 일치 여부 및 대응 유형에 따른 수치를 비교하여 제시하면 [표 4]와 같다.

[표 4] KK-KE 말뭉치와 EE-EK 말뭉치의 분석 결과 비교

가설 일치 여부			KK-KE(난쏘공)	EE-EK(동물농장)
일치	1	가 - a	1.75%	5%
	2	는 - the	6.58%	14%
불일치	3	가 - the	9.04%	8%
	4	는 - a	0.10%	1%
	5	가/는 - 무관사	82.53%	72%

한영 병렬(KK-KE)과 영한 병렬(EE-EK) 말뭉치 모두에서 가장 큰 비중을

---

77) <Animal Farm 말뭉치>는 21세기 세종 계획 특수자료 구축 소분과인 한영 병렬 말뭉치 팀에서 1999년에 구축된 말뭉치이다.

차지한 것은 무관사 대응의 경우이며, '는-a' 대응이 가장 작은 비중을 차지했다는 점은 공통적이다. 그러나 <난쏘공 말뭉치>의 경우 그 비중이 5>3>2>1>4인 반면, <Animal Farm 말뭉치>의 경우 5>2>3>1>4로 나타나, 2와 3의 순서가 뒤바뀐 차이를 보인다. '는-the' 대응의 비율이 한영 병렬(KK-KE)의 경우가 6.58%, 영한 병렬(EE-EK)의 경우 14%로 2배가 넘는 수치의 차이를 보이는 것은 <Animal Farm 말뭉치>에서 구정보에 해당되는 주어의 출현이 잦았기 때문이며 이는 조사 선택 원리의 문제라기보다는 개별 텍스트의 성격과 관련된다.[78] 이렇게 개별 텍스트의 특성으로 인한 차이 외에 번역의 방향에 따른 차이는 발견되지 않았다.

지금까지 한영 병렬 말뭉치에 나타난 한국어 조사 '가', '는'과 영어 관사의 대응 양상을 살펴봄으로써 기존의 연구에서 제시한 조사 '가'와 '는'의 의미를 귀납적으로 검토해 보았다. 한국어에서 조사는 그 의미가 부각되지 않을 때는 정보의 양이나 주제의 전환과 같은 화용 층위에서 선택이 활성화되고 조사의 의미가 부각되거나 통사적인 동기가 있을 때는 화용 층위보다 의미, 통사 층위가 활성화됨을 알 수 있었다. 내포문의 주어와 같은 통사 층위에서의 조사 선택은 조사 '가'에만 해당되고 조사 '는'은 무관하다는 사실은 조사 '가'는 통사적인 기능을 가지고 있으나 조사 '는'은 화용적, 의미적인 기능만을 지닌다는 것을 보여 준다. 조사의 의미나 화용 혹은 통사적 기능의 어느 한쪽만을 부각시킨 기존의 논의들은 한영 병렬 말뭉치와 같은 자료를 설명할 수 없으며 한국어에서의 조사 선택은 의미, 화용, 통사의 세 가지 층위가 화자의 의도와 맞물려 상호 작용하고

---

78) <난쏘공 말뭉치>나 <Animal Farm 말뭉치>의 경우 하나의 작품만으로 구성된 말뭉치이므로 해당 텍스트의 특수성이라는 제약에서 자유로울 수 없었다. 이러한 문제점을 해결하기 위해서는 적정 크기의 다양한 표본들로 구성된 대규모 한영 병렬 말뭉치를 토대로 연구를 진행해야 할 것이다.

있음을 알 수 있었다. 이러한 조사의 입체적인 의미와 기능에 대한 분석 결과는 한국어의 이론적 연구에도 기여할 수 있지만 한국어교육과 같은 응용 분야에 더욱 효과적으로 적용할 수 있다.

1.5. 보격 조사 '가'

조사 '가'는 주격 조사나 보조사의 기능을 하고 있지만 보격 조사로도 쓰인다. 조사 '가'의 보격 조사로서의 용법을 동형어로 분리할 수도 있지만 주격 조사나 보조사의 용법과 그 의미가 유사하기 때문에 동형어로 분리하는 것이 문제가 있을 수 있다. 우리의 입장은 보격 조사로서의 '가'를 다의적인 관점에서 기술하는 것이다. 다음에서는 이러한 다의어적 입장을 전제로, 보어를 가지는 구문에서 보격 조사 '가'의 범위를 한정하는 것에 초점을 두고 '가'의 보격 조사로서의 특성을 살펴보려 한다.

1.5.1. 사전 분석

조사 '가'는 대부분의 국어사전에서 하나의 표제어 안에서 처리하고 있다. 다음에서 살펴볼 사전은 『표준국어대사전』(1999)과 『연세한국어사전』(1998), 『조선말대사전』(1992)이다.

> (22) 『표준국어대사전』
> 가11 「조」 [1] (받침 없는 체언 뒤에 붙어) 「1」어떤 상태나 상황에 놓인 대상, 또는 상태나 상황을 겪거나 일정한 동작을 하는 주체를 나타내는 격 조사. 문법적으로는 앞말이 서술어와 호응하는 주어임을 나타낸다. 「2」(되다, 아니다 앞에 쓰여) 바뀌게 되는 대상이나 부정(否定)하는 대상임을 나타내는 격 조사. 문법적으로는 앞말이 보어임을 나타낸다. 바뀌게 되는 대상을 나타낼 때는 대체로 조사 '로'로 바뀔 수 있다. [2] (받침 없는 체언이나 부사어 뒤, 또는 연결어

미 '-지'나 '-고 싶다' 구성에서 본동사의 목적어나 받침 없는 부사
어 뒤에 붙어) 앞말을 지정하여 강조하는 뜻을 나타내는 보조사. 흔
히 뒤에는 부정적인 표현이 온다.

—(이하 생략)

(23) 『연세한국어사전』

[Ⅰ] 주격 조사.

1. 행위의 주체를 나타냄.

2. 심리 작용의 주체를 나타냄.

3. 대상을 나타냄.

　ㄱ. 어떤 상태나 조건에 놓여 있는 실체를 나타냄.

　ㄴ. 어떤 행위가 수행되는 데 있어서 그 목적이 되는 대상임을 나
　　타냄.

　ㄷ. 심리 작용이 미치는 실체를 나타냄.

　ㄹ. 상태나 조건의 변화를 겪는 실체를 나타냄.

[Ⅱ] ['되다'나 '아니다'의 바로 앞에 오는 필수 성분에 붙어서] 대상을
　나타냄.

1. '그렇게 되는 대상임'을 나타냄.

2. '부정이 되는 대상임'을 나타냄.

[Ⅲ] 화용의 양상에서 살펴본 용법.

—(이하 생략)

(24) 『조선말대사전』

-가 「토」 주격을 나타내는 대상토의 하나. 자음뒤에서 쓰이는 주격토
　"이"와 짝을 이루면서 모음뒤에서 쓰인다. ① 설명의 대상으로 내세
　워지는 인물이나 사물임을 나타낸다. ② 동사 "되다"의 전성의 보어
　임을 나타낸다. ③ "아니다"와 결합하여 그 부정의 대상임을 나타낸
　다. ④ 강조되는 대상임을 나타낸다.

『표준국어대사전』에서는 조사 '가'를 격조사와 보조사로 나누고 격조
사로서의 '가'는 다시 주격 조사와 보격 조사의 두 가지가 있는 것으로 보
았다. 『표준국어대사전』은 학교문법에 따라 '되다'와 '아니다' 구문의 NP$_2$

이외의 보어를 인정하지 않고 있으며 심리형용사 구문의 NP₂에 결합되는 조사 '가'는 주격 조사로 보았다. 『표준국어대사전』에서 '되다'와 '아니다' 이외의 구문의 NP₂를 주어로 간주한 것은 이를 주격중출구문으로 보고 서술절로 해석한 것이다. 그러므로 '되다', '아니다' 구문 이외에 '가'가 두 번 이상 나오는 문장은 복문이 된다. 『연세한국어사전』에서도 이와 비슷하게 주격 조사의 용법와 보격 조사의 용법, 그리고 화용적인 용법의 세 가지로 나누었고 『표준국어대사전』과 다른 점이 있다면 주격 조사로서의 '가'를 의미역할에 따라 세분화한 것이다. 『조선말대사전』에서의 조사 '가'의 기술도 남한의 두 사전과 크게 다르지 않다.

1.5.2. '가' 보어의 설정

학교문법에서 '되다'와 '아니다'의 NP₂만을 보어로 인정한 것은 조사 '로', '와', '에게', '에' 등이 구문에 따라 필수적인 요소가 되기도 하고 수의적인 요소가 되기도 하는데 이중 필수적인 요소만을 보어로 보면 이러한 조사들을 동시에 보격과 부사격의 두 가지로 범주화하는 결과를 가져오게 되기 때문이다. 이는 특정한 부사어가 필수적인 요소가 되는 것을 '로', '와', '에게', '에' 등 조사의 문제가 아니라 서술어가 되는 특정 용언의 개별적 특질에 의한 것으로 보는 관점이다(남기심·고영근 1985/1993 : 262~264, 278~279). 용언이 필수적으로 요구하는 부사어를 보어로 보는 것이 문장 성분의 체계 설명에서는 더 간결한 측면이 있다. 그러나 문장 성분의 문제는 격조사 체계와 직접적으로 연관되므로 국어 문법의 체계 전체를 고려했을 때 필수적 부사어로 규정하는 것이 나을 수 있다. 앞서 언급했듯이 필수적 부사어를 보어로 보면 이러한 경우에 결합하는 '로', '와', '에게', '에' 등의 조사를 보격 조사로 보아야 하는데 같은 형태의 조사가 수의적인 성분인 부사어에 결합될 때는 부사격 조사로 볼 수밖에 없다. 동일한 의미와 형태의 조사를 구문에 따라 보격 조사와 부사격 조사로 분리하여야 하는 문제가 생기는 것이다.

보격 조사 '가'와 결합되는 필수 성분들은 '로', '와', '에게', '에' 등과 결합되는 필수 성분들과는 다른 면을 가지고 있다. '가' 보어는 '되다'와 '아니다' 구문의 NP_2를 비롯하여 심리형용사 구문과 일부의 자동사 구문에 필수적으로 출현하는데 이때 결합하는 조사가 '가' 하나로 일정하다. 이는 몇 가지 점에서 조사 '로', '와', '에게', '에' 등이 결합된 필수 성분의 경우와 비교되는데 첫째, 여러 형태의 조사가 나타난다는 점, 둘째, 용언의 특성에 따라 필수적인 요소로 쓰이거나 수의적인 요소로 쓰일 때 해당 조사의 의미가 동일하다는 점 등이다. 조사 '가'와 결합되는 성분은 기존 사전에서 기술한 바와 같이 보조사로서 양태적 용법을 가지는 경우도 있지만 이때는 부사격 조사와 달리 조사 '가'의 의미가 달라진다.

송창선(2008)에서는 '되다' 구문의 NP_2는 부사어라 하고 '아니다' 구문의 NP_2를 '이다' 구문의 NP_2와 함께 보어임을 주장하였다.

(25) ㄱ. 얼음이 물이 되었다.
　　 ㄴ. 얼음이 물로 되었다.
　　 ㄷ. 얼음이 물 되었다.

송창선(2008)은 (25ㄱ)의 '물이'가 (25ㄴ)과 같이 '물로'로 바뀔 수 있음을 지적하고 조사가 생략된 NP_2가 출현한 (25ㄷ)이 (25ㄱ)에서 온 것인지 (25ㄴ)에서 온 것인지가 불분명하여 이때의 NP_2가 보어인지 부사어인지 알 수 없다는 문제가 발생함을 들어 '되다' 구문의 NP_2를 조사의 형태와 상관없이 모두 부사어로 보아야 한다고 하였다. 그러나 다음의 (26)에서 보듯이

(26) ㄱ. 철수가 [의사가/*의사로] 되었다.
　　 ㄴ. 계절이 [봄이/*봄으로] 되었다.

ㄷ. 찬성하는 사람이 [다섯 명이/*다섯 명으로] 되었다.
ㄹ. 내릴 곳은 [서울역이/*서울역으로] 되겠습니다.79)

'되다' 구문의 NP₂에 '로'가 결합될 수 있는 경우는 많지 않다. (25)의 경우처럼 '되다'가 '다른 것으로 바뀌거나 변하다'의 의미를 가질 때에만 NP₂에 '로'가 결합할 수 있다. 이는 '되다' 구문의 NP₂에 조사 '로'가 결합되는 것은 '되다'가 가지는 '변성'의 의미 때문이라는 것을 보여 준다.

(27) ㄱ. 저 사람은 전혀 [다른 사람이/*?다른 사람으로/다른 사람] 되었다.
ㄴ. 저러다가 저거 [싸움이/*싸움으로/싸움] 되겠다.
ㄷ. 왕자는 마법에 걸려 [야수가/*야수로/야수] 되었다.

(28) ㄱ. 우리 국토의 대부분은 [*산이/산으로/*산] 되어 있다.
ㄴ. 첨성대의 몸체는 [*27단이/27단으로/*27단] 되어 있다.
ㄷ. 전 시민의 [*이름이/이름으로/*이름] 된 청원서

(27)은 '되다'가 변성의 의미를 가지는 경우인데도 NP₂에 '로'가 결합되기가 어려운 예이고 (28)은 NP₂에 '가'는 결합될 수 없고 '로'만 결합되는 예이다. (27), (28)을 통하여 볼 때 '되다' 구문의 'NP₂-가'와 'NP₂-로'는 동일한 성분으로 다루기 어렵다. 또한 (27)의 NP₂에 결합되는 조사 '가'는 생략이 가능하나 (28)의 조사 '로'의 생략이 불가능함을 알 수 있다. 이러한 사실을 통하여 '되다' 구문의 NP₂에 결합되는 조사가 생략되는 경우, '로'가 아니라 '가'가 생략된 것일 가능성이 높다는 것을 알 수 있다.

우리의 입장은 '되다', '아니다' 구문의 NP₂는 보어로 보고, 부사격 조사가 결합된 성분이 서술어의 의미 특성에 따라 필수적인 요소가 될 때

─────────

79) 본문의 (26), (27), (28)에서 제시한 예문은 객관성을 확보하기 위하여 『표준국어대사전』의 해당 의미항목에서 제시한 용례를 사용하였다.

이를 보어가 아닌 필수적 부사어로 보는 것이다. '되다', '아니다' 구문의 NP$_2$ 이외에 심리형용사 구문의 NP$_2$ 중 필수적 성분이 되는 경우는 '되다', '아니다' 구문의 NP$_2$와 마찬가지로 보어로 보아야 할 것이다. 다음에서는 '되다', '아니다'의 NP$_2$와 심리형용사 구문의 NP$_2$ 등과 같이 조사 '가'와 결합되어 필수적으로 출현하는 문장 성분을 '가' 보어라 하고, 이러한 구문의 NP$_2$가 필수적 부사어와 변별되는 특성을 공유하고 있음을 밝혀 보려 한다. 필수적 부사어와 '되다', '아니다'의 보어, 심리형용사 구문의 NP$_2$의 비교를 통하여 이들의 특성이 어떠한가를 살펴보기로 하겠다.

1.5.3. 보격 조사 '가'의 특성

어떠한 언어 단위나 형태를 같은 문법 범주로 묶기 위해서는 공통의 의미, 통사적 특성을 공유하고 있음이 밝혀져야 한다. 기존의 논의에서 필수적 부사어를 보어의 일종으로 보아야 한다는 주장이 반복되었으나 이들의 특성에 대한 세밀한 논의에 기반하기보다 이 두 가지 성분이 필수적이라는 공통점만을 근거로 한 것으로 보인다.

(29) ㄱ. 나는 영희를 <u>바보로</u> 여겼다.
　　 ㄴ. 나는 <u>영희와</u> 싸웠다.
　　 ㄷ. 부모님은 <u>집에</u> 계신다.
　　 ㄹ. 철수는 책을 <u>영희에게</u> 보냈다.

(29)' ㄱ. *나는 영희를 Ø 여겼다.
　　 ㄴ. *나는 Ø 싸웠다.
　　 ㄷ. *부모님은 Ø 계신다.
　　 ㄹ. *철수는 책을 Ø 보냈다.

(29)의 밑줄 친 부분은 문장 성립에 있어서 주어와 목적어 이외에 필수적인 성분으로, 기존의 논의에서 보어 혹은 필수적 부사어로 분류한 성분들이다.[80] (29)'에서 보듯이 밑줄 친 부분이 생략되면 비문이 된다.

    (30) ㄱ. *나는 영희를 <u>바보</u> 여겼다.
       ㄴ. *나는 <u>영희</u> 싸웠다.
       ㄷ. *부모님은 <u>집</u> 계신다.
       ㄹ. *철수는 책을 <u>영희</u> 보냈다.

(30)에서 보듯이 필수적 부사어에 결합되는 '로', '에', '에서', '와' 등 의미가 비교적 선명한 부사격 조사의 경우는 생략이 불가능하다.

    (31) ㄱ. 나는 영희를 <u>며느리로</u> 삼았다.
       ㄴ. 나는 <u>영희와</u> 만났다.
       ㄷ. 철수는 <u>무역회사에</u> 다닌다.
       ㄹ. 철수는 책을 <u>영희에게</u> 주었다.

    (31)' ㄱ. 나는 영희를 <u>며느리</u> 삼았다.
       ㄴ. 나는 <u>영희</u> 만났다.
       ㄷ. 철수는 <u>무역회사</u> 다닌다.
       ㄹ. 철수는 책을 <u>영희</u> 주었다.

(31)과 (31)'에서와 같이 '로', '에'나 '와' 등이 생략된 것처럼 보이는 문장이 있기는 하지만 이는 다음의 (32), (33)에서 보듯이 조사 '를'의 결합 여부와 관련이 있다.

---

80) 임홍빈 · 장소원(1995 : 223~232)에서는 보어의 개념을 '주어나 목적어 외에 서술어가 통사적으로나 의미론적으로 반드시 요구하는 성분'으로 보고 본문의 (29)의 밑줄 친 부분을 보어로 규정하였다. 이와 같은 입장에는 김민수(1971), 허웅(1983), 유형선(1999) 등이 있다. 필수적 부사어를 도입한 논의로는 남기심 · 고영근(1985/1993), 서정수(1996) 등이 있다.

(32) ㄱ. *나는 영희를 <u>바보를</u> 여겼다.

　　ㄴ. *나는 <u>영희를</u> 싸웠다.

　　ㄷ. *부모님은 <u>집을</u> 계신다.

　　ㄹ. *철수는 책을 <u>영희를</u> 보냈다.

(33) ㄱ. 나는 영희를 <u>며느리를</u> 삼았다.

　　ㄴ. 나는 <u>영희를</u> 만났다.

　　ㄷ. 철수는 <u>무역회사를</u> 다닌다.

　　ㄹ. 철수는 책을 <u>영희를</u> 주었다.

　(29), (30), (32)와 (31), (31)', (33)을 비교해 보면 조사 생략이 '를' 결합 여부에 달려 있다는 것을 알 수 있다. 즉 (31)'에서 생략된 조사는 '에', '로', '와' 등의 조사가 아니라 목적격 조사 '를'이라는 것이다. 이러한 특성은 필수적인 성분에 결합되는 부사격 조사뿐 아니라 수의적 성분에 결합되는 부사격 조사에도 동일하게 적용된다.

(34) ㄱ. 철수는 <u>나무로</u> 집을 지었다.

　　ㄴ. 나는 <u>영희와</u> 부산에 갔다.

　　ㄷ. 나는 <u>시끄러운</u> 소리에 일어났다.

　　ㄹ. 사랑은 <u>우리에게</u> 가장 귀하다.

(34)' ㄱ. 철수는 Ø 집을 지었다.

　　ㄴ. 나는 Ø 부산에 갔다.

　　ㄷ. 나는 Ø 일어났다.

　　ㄹ. 사랑은 Ø 가장 귀하다.

　(34)의 밑줄 친 부분이 수의적인 요소라는 것은 (34)'를 통하여 알 수 있다. 그러나 필수적 부사어가 포함된 (29)와 수의적 부사어를 동반한 (34)는 필수성의 정도에 있어서만 차이를 보일 뿐 대부분 같은 특성을 공유한다.

(35) ㄱ. *철수는 <u>나무</u> 집을 지었다.

ㄴ. *나는 <u>영희</u> 부산에 갔다.

ㄷ. *나는 <u>시끄러운</u> 소리 잠을 깼다.

ㄹ. *참으로 우리 귀한 것은 무엇일까?

(35)에서 보듯이 'NP-로/와/에/에게'의 조사는 생략이 불가능하다.

(36) ㄱ. 나는 [말이 많은 사람이/말이 많은 사람] 싫다.

ㄴ. 추우니까 밖에 [나가기가/나가기] 싫다.

(36)에서 '싫다'류 심리형용사 구문의 NP2에 결합되는 조사 '가'는 생략이 가능함을 볼 수 있다. (36)에서 '싫다' 구문의 NP2는 '되다', '아니다' 구문의 NP2와 여러 가지 측면에서 특성을 공유한다. 두 유형의 구문에서 NP2는 모두 필수적 성분이다. '싫다' 구문의 NP2에 결합되는 조사 '가'는 대상을 나타낸다는 점에서 '되다', '아니다' 구문의 NP2와 의미적으로 유사하며 생략이 가능하다는 점에서도 비슷한 양상을 보인다.

필수적 부사어의 경우 관계관형절 표제명사가 될 수 있는지를 살펴보기로 하겠다.

(37) ㄱ. 나는 영희를 <u>바보로</u> 여겼다.

ㄴ. 영희를 바보로 여긴 나

ㄷ. 내가 바보로 여긴 영희

ㄹ. *내가 영희를 여긴 바보

(38) ㄱ. 나는 <u>영희와</u> 싸웠다.

ㄴ. 영희와 싸운 나

ㄷ. 내가 싸운 영희

(39) ㄱ. 부모님은 <u>집에</u> 계신다.

ㄴ. 집에 계신 부모님

ㄷ. 부모님이 계신 집

(40) ㄱ. 철수는 책을 <u>영희에게</u> 보냈다.

ㄴ. 책을 영희에게 보낸 철수

ㄷ. 철수가 영희에게 보낸 책

ㄹ. 철수가 책을 보낸 영희

(37)~(40)에서 필수적 부사어들의 관계관형화를 보면 'NP₂-로'를 제외한 대부분의 필수 성분들이 관계관형화의 표제명사가 될 수 있음을 알 수 있다.[81)

(41) ㄱ. 철수는 <u>나무로</u> 집을 지었다.

ㄴ. 나무로 집을 지은 철수

ㄷ. 철수가 나무로 지은 집

ㄹ. 철수가 집을 지은 나무

(42) ㄱ. 나는 영희와 <u>부산에</u> 갔다.

ㄴ. 영희와 부산에 간 나

ㄷ. 내가 영희와 간 부산

ㄹ. *내가 부산에 간 영희

(43) ㄱ. 나는 시끄러운 <u>소리에</u> 일어났다.

ㄴ. 시끄러운 소리에 일어난 나

ㄷ. *내가 일어난 시끄러운 소리

(44) ㄱ. 사랑은 <u>우리에게</u> 가장 귀하다.

---

81) 'NP-로'의 관계관형화의 표제명사 되기는 다른 필수적 부사어와는 다른데 이는 조사 '로'의 문제이다. 조사 '로'가 결합된 필수적인 요소는 항상 표제명사가 되지 않는 특성을 가지고 있다. 이에 대하여서는 조사 '로'의 특성과 관련하여 좀 더 깊이 있는 논의가 필요하리라고 본다.

　　ㄴ. 우리에게 가장 귀한 사랑
　　ㄷ. 사랑이 가장 귀한 우리

　(41)~(44)에서 수의적인 부사어의 관계관형절의 표제명사 되기는 일정하지 않다. 문장에 따라 가능하기도 하고 그렇지 않기도 하는데 이는 여러 가지 요인이 있는 듯하다. 유현경(1994), 김영희(2004) 등에서는 논항과 부가어의 구분 기준으로 관계관형절의 표제명사 되기를 들었는데 필수적 부사어와 수의적 부사어의 관계관형절의 표제명사 되기의 결과를 두고 볼 때 필수성의 문제와 직접적인 관련이 있다고 하기 어렵다.[82] 관계관형절의 표제명사 되기의 결과에서 중요한 것은 필수적이거나 수의적인 부사어의 경우에 그 결과가 일정하지 않아 이를 공통의 특성으로 삼기 어렵지만 '가' 보어의 경우는 관계관형절의 표제명사 되기가 불가능한 공통점을 가지고 있다는 점이다. 이는 보어가 서술어의 의미를 보충하는 성분이므로 서술어와 긴밀한 관계를 유지하게 되어 생기는 현상으로 보인다.

　지금까지 논의된 바를 바탕으로 '되다', '아니다' 구문과 심리형용사 구문의 '가' 보어의 특성을 정리해 보면 다음과 같다.[83]

　　(45) '가' 보어의 특성
　　ㄱ. 필수적이다.
　　ㄴ. 의미역할(theta-role)은 대상(Theme)이다.

---

82) 유현경(1994)에서는 논항의 조건으로 [+필수성]과 [+독립성]의 두 가지를 들었다. 유현경(1994)에 의하면 필수성은 그 명사구가 탈락되었을 때 나머지 문장의 문법성 여부를 보는 탈락가능성을 가지고 판단하는데 이를 판단하는 보조적 기제로 관계관형절의 표제명사 되기를 들었다. 논항의 독립성은 어순 제약과 분열문 형성으로 검증했는데 어순의 제약이 없고 분열문 형성의 초점의 자리에 올 수 있으면 독립성이 있는 것으로 보았다.
83) '되다, 아니다' 구문과 심리형용사 구문의 NP₂를 보어로 본다 하더라도 이러한 주장이 두 구문이 동질적인가 하는 문제로 이어지지는 않는다. 주어나 목적어를 공유하는 경우에도 구문 간의 동질성은 문장 성분을 규정하는 것과 별개이기 때문이다.

ㄷ. 관계관형절의 표제명사가 될 수 없다.

ㄹ. 결합되는 조사 '가'는 생략이 가능하다.

(45ㄱ)의 특성은 논항으로서의 조건 중 가장 기본적인 것이며 (45ㄴ)은 '가' 보어가 공통적으로 가지는 의미역할이 대상으로 규정됨으로써 필수적 부사어의 의미역할인 '처소(Location), 도달점(Goal), 수혜주(Benefactive)' 등과 구별된다. (45ㄷ)은 '가' 보어와 서술어의 관계가 의미·통사적으로 매우 긴밀함을 드러내 준다. 목정수(2004)에서는 심리형용사 구문의 NP$_2$를 '가형 목적어'라 한 바 있으나 '를형 목적어'의 경우 대부분 관계관형절의 표제명사가 가능한 반면 '가' 보어는 표제명사가 될 수 없다. (45ㄹ)은 '가' 보어에 결합되는 조사 '가'가 주격 조사나 목적격 조사와 같이 구조격 조사의 일종임을 보여준다. 이 특성은 필수적 부사어에 결합되는 부사격 조사들이 뚜렷한 의미를 가지고 있어 생략이 불가한 것과 비교해 볼 수 있겠다.

임홍빈·장소원(1995 : 228~229)에서는 보어의 특성을 다음과 같이 기술한 바 있다.

(46) ㄱ. 일단 주어나 목적어는 보어에서 제외한다.

ㄴ. 주어나 목적어 이외에, 서술어가 통사적 구성을 이룰 때 반드시 있어야 하는 필수적 성분은 보어가 된다.

ㄷ. 실제의 쓰임에서 어떤 성분이 생략될 수 있다고 하더라도, 문맥이나 일상적인 전제가 주어지지 않은 상황에서, 해당 성분의 생략이 온전한 구성을 이룰 수 없으면 문제의 성분은 보어가 된다.

ㄹ. 용언의 형식은 동일하다고 하더라도, 의미의 차이가 있는 다른 구성에서 필요한 성분은 보어가 된다.

ㅁ. 보어의 설정에는 용언의 의미론도 중요한 역할을 한다. 비교적 한정된 부류의 용언이 의미론적으로 요구하는 성분도 보어가 될 수 있다.

(46ㄱ)은 보어의 논의에서 기본적인 전제이며 (46ㄴ)은 (45ㄱ)과 동일하다. (46ㄷ)은 수의적인 요소도 보어로 볼 수 있는 여지를 열어 놓음으로써 (46ㄴ)과 상충하는 특성이다. (46ㄹ)과 (46ㅁ)은 문장 성분으로서의 보어를 성립하는 데 오히려 문제가 되는 특성으로 볼 수 있다. 이는 의미론적인 요소가 통사론적인 범주인 문장 성분에 상당 부분 관여한다는 의미로 해석될 수 있기 때문이다. 즉, 보어가 주어나 목적어와 같은 부류의 문장 성분으로 규정되려면 용언의 의미적 특성이 아니라 통사적 특성에 의하여 구조적으로 설명될 수 있어야 한다. 우리가 '가' 보어 이외에 부사격 조사가 결합되는 요소들을 필수적 부사어로 보는 이유도 이러한 부사어들이 구조적인 문제가 아니라 의미적인 문제로 필수성을 가진다고 보았기 때문이다. 필수적 부사어를 부정하는 논의에서 부사어는 원래 수의적인 성분인데 '필수적'이라는 수식을 허용하는 것이 모순이라는 지적이 있으나 이는 다음과 같은 예문을 보면 부사어와 필수성이 양립할 수 없는 것도 아니라고 할 수 있다.

> (47) ㄱ. 영희는 <u>예쁘게</u> 생겼다.
>   ㄴ. 철수는 <u>영희와</u> 잘 지낸다.

(47)의 예문은 용언의 의미적 특성 때문에 밑줄 친 부분의 부사어를 필수적으로 요구한다. 밑줄 친 부분 특히 (47ㄴ)은 부사어 이외에 다른 성분으로 볼 수 없기 때문에[84] 이러한 필수성은 부사어의 문제가 아니라 용언의 문제로 해석하는 것이 합리적일 것이다.

'가' 보어의 특성을 기술한 (45)는 필수적 부사어와 '가' 보어를 하나의 범주로 묶을 수 없는 근거를 제시한다. 필수적 부사어는 (45ㄱ)의 특성만

---

84) 이러한 필수적 부사를 보어로 처리할 수도 있겠으나 그렇다 해도 부사가 필수적인 요소가 된다는 점에서 여전히 문제는 남는다.

을 '가' 보어와 공유할 뿐 나머지 특성은 다르므로 이 둘 모두를 보어라 하기 어렵다. (45)를 적용하면 '가' 보어를 요구하는 문장의 유형을 규정할 수 있다. 예를 들어 앞서 논의했던 심리형용사 구문 중에서도 '섭섭하다' 류 구문의 NP_2는 (45ㄱ)의 특성을 가지지 못하여 '가' 보어로 볼 수 없다.

2. 조사 '를'[85)]

우리말의 특징 중의 하나는 조사가 발달되어 있다는 것이다. 조사는 형태적으로는 명사구에 붙어 있어 의존적이지만 그 기능으로 볼 때 명사구를 지배하여 동사와의 관계를 드러내 준다. 지금까지 조사는 명사구의 격을 나타내는 것으로 보아 조사 '가'는 주격 조사로, '를'은 목적격 조사로, 그 밖의 조사들도 처격이니, 공동격이니 하는 이름으로 불러 왔다.

그러나 (1)~(4)와 같이 한 문장 안에서 의미의 변화가 거의 없이 조사가 교체되는 현상을 볼 때 조사가 격만을 표시한다고 보기는 어렵다. 왜냐하면 조사가 교체되면서 동사의 격틀이 달라진다고 보아야 하기 때문이다.

(1) 영희는 <u>철수(와/를)</u> 만났다.

(2) 영희가 철수에게 <u>손목(이/을)</u> 잡혔다.

(3) 그는 <u>학교(에/를)</u> 갔다.

(4) 철수는 <u>집(으로/을)</u> 향했다.

이러한 격조사 교체 현상은 '를'의 의미와 관련하여 여러 학자들에 의

---

85) 이 절은 유현경 외(1996)를 기반으로 기술되었다.

해 다양한 논의가 있어 왔다. 임홍빈(1979), 이광호(1988)에서는 이를 '를' 주제화로 보았고 김귀화(1994)는 같은 현상을 초점화로 설명하였으며 홍기선(1994)에서는 조사 '를'이 쓰이는 환경을 [±결정자] 자질로 설명하였다. 우형식(1995)에서는 이러한 조사 교체를 연결이론의 입장에서 보았다.

조사 '를'을 보통 목적격 조사라고 하고 'NP를'을 논항으로 하위 범주화하는 동사들은 타동사로, 'NP를'을 논항으로 가질 수 없는 동사들은 자동사로 분류한다. 하지만 동사를 자동사와 타동사로 분류하는 것이 어떤 의미가 있는지에 대하여서는 거의 논의되지 않았다.

목적격 조사 '를'은 소위 주격 조사라고 하는 '가'와 함께 구조격이라고 하여 다른 조사들과는 다른 층위로 인식되어 왔고, 실제로 다른 조사들과 변별적인 측면을 가진 것도 사실이다. 그러나 '를'은 목적어에만 붙는 것도 아니고 목적어라고 할 수 있는 'NP를'조차도 형태적, 통사적인 특징이 뚜렷하게 드러나지 않는다. 인구어의 경우 타동사는 피동화가 가능하며 전치사가 붙지 않는 명사구를 필수적으로 선택하는 등 자동사류와 분명하게 구분된다. 그러나 우리말의 경우 타동사라고 해서 모두 피동화 할 수 있는 것도 아니며 형태적으로도 명사구에 조사가 붙는 형식으로, 다른 보어나 기타의 부사구(혹은 후치사구)와 구분되지 않는다. 그럼에도 불구하고 자/타동사는 국어에서의 통사적인 의의가 검증되지 않은 채 기존 사전과 많은 논의에서 의미있는 범주로 인식되어 왔다. 타동성을 우형식(1990)에서는 근본적으로 의미적인 문제로 보고 있는데 이는 'NP를'을 구조적인 틀에서만 해석하려는 기존의 논의에 시사하는 바가 매우 크다.

우리는 조사 '를'이 다른 조사와 교체되는 양상을 의미역과 연관지어 생각해 보려 한다. 즉 조사 '를'은 특정한 의미역과 밀접한 관련을 맺고 있으며 그 의미역과의 관계 때문에 목적어에 해당하는 명사구에 자주 붙게 되는 것임을 보이려는 것이다.

의미역 관계는 학자에 따라 그 수도 일정하지 않고, 보는 관점에 따라

하나의 논항이 두 개 이상의 의미역을 갖는 것으로 해석하게 되어 객관성
이 결여된다는 것이 그 단점으로 지적되어 왔다. 이러한 의미역 관계의
단점을 어느 정도 극복한 논문으로 Dowty(1991)를 들 수 있다. Dowty(1991)
에서는 모형-의미론적인 입장에서, 통사론적인 논항 선택(Argument Selection)
과 관계된 전형 의미역(Proto Role)의 역할을 규명했다. 다음에서는 이를 바
탕으로 하여 격조사 교체 현상이 논항간의 의미역 관계 때문에 일어나는
것임을 밝혀내고자 한다.

또한 이를 사전적인 처리와 관련시켜 볼 때, 격조사가 교체되는 경우,
두 개의 문형을 같은 동사 내에서 하나의 격틀로 묶어 주어야 할지 아니
면 다른 격틀로 나누어 처리를 해야 하는지에 관해서도 논하려고 한다.

조사가 교체되는 경우가 (1)~(4) 이외의 다양한 모습이 있을 수 있겠으
나 여기에서는 논항의 격조사 교체에 국한하여 다룰 것이며, 특히 조사
'에/에서', '로', '와', '가'와 조사 '를'이 교체되는 문장에 집중하여 논의
할 것이다. 다음에서는 먼저 Dowty(1991)의 의미역 이론을 간략하게 소개
한 후에, 이 네 가지 교체 현상을 유형별로 의미역과의 관계를 중심으로
분석해 나가면서 논의를 진행하겠다.

2.1. 의미역에 따른 격조사 교체 현상

동사의 논항구조는 어휘개념구조(LCS : Lexical Conceptual Structure)와 연결되
어 있다. 이러한 논항구조를 바탕으로 하여 동사의 각 논항에 격이 통사
적으로 실현된다. 국어에서 격의 실현은 격조사를 통해 드러나는데 이때
격조사는 자신을 지배하는 서술어와 관계를 맺고서 특정한 문법적 기능
을 수행한다. 이때 동사가 논항에 부여하는 의미역은 격조사 실현에 있어
중요한 역할을 담당한다. 예를 들어 동사 '놓다'는 세 개의 논항을 필수적
으로 요구하며 두 개의 내재논항86)에 각각 처소역(Location)과 대상역(Theme)

의 의미역을 할당한다. 이 의미역은 동사 '놓다'의 의미역틀 내에서, 조사 '에'와 '를'을 통해 분명히 드러나게 된다. 국어의 경우 동사에 의한 의미역 할당은 항상 격조사를 통해 실현된다.[87] 동사가 할당하는 의미역은 각각의 격조사가 가지는 의미를 통해 구체적으로 드러나는 것이다.

의미역과 관련된 논의는 학자들에 따라 매우 다양하게 제시되었지만 현재까지 정확한 의미역의 수와 명칭은 확정되지 못하고 있다. Fillmore, Blake 등의 학자들은 의미역의 개념을 이론화시키고 그 종류를 분류 제시하였으나 통사적인 논항의 실현과 관련된 논의라기보다는 의미론적 차원의 논의에 머물고 있다.[88] 이와 대조적으로 GB이론을 비롯한 생성문법에서는 통사적 차원에서 의미역 할당을 다루었다. 그러나 여기서는 의미역을 당연한 것으로 취급하고 있으며, 그 정의나 종류에 대한 언급은 거의 찾아볼 수 없다. Jackendoff는 의미역을 어휘개념구조 속에서 논항이 차지하는 위치를 통해 결정되는 것으로 보았다. 그에 따르면 행동주역(Agent)은 CAUSE 함수의 첫 번째 자리에 오는 논항의 의미역이다. 이러한 접근은 통사상에 의미적인 유형을 기술하기 위한 것으로, 의미론과 통사론의 연계 차원에서 의미역을 다루고 있다는 점에서 앞선 논의들보다 발전적이다. 그러나 Jackendoff의 논의 역시 통사적인 논항의 실현과 의미역 사이의 관련성을 포괄하지 못함으로써 의미론적 입장에서의 논의에 그치고 있다.

한편 Dowty는 논항의 통사적 실현을 바탕으로 하여, 사건의존적

---

86) Williams(1981)에서는 의미역 할당과 관련하여 논항을 외재논항과 내재논항으로 구분한 바 있다. 외재논항은 동사로부터 간접적으로 의미역을 받는 논항으로 VP 밖의 NP를 말한다. 내재논항은 이와 상대적인 것으로 동사로부터 직접적으로 의미역을 받는 논항을 가리킨다.

87) 영어의 경우도 전치사를 통해 동사가 하위 범주화하는 요소에 의미역이 할당된다. 그러나 격이 논항의 위치를 통해 정해지는 영어와 달리 한국어에서는 항상 격조사라는 형태론적 표지를 통해 실현되며, 격조사 교체 현상이 있다는 점에서 영어와 한국어는 분명히 구분된다.

88) Fillmore(1968)에서는 주어 선택 규칙(Subject Selection Rules)이 제시된 바 있다.

(event-dependent)인 입장[89]에서 의미역 이론을 체계화시켰다. 그에 따르면 의미역 설정에 관한 기준은 통사적인 논항 선택(Argument Selection)에 관여하는 의미적 특성(semantic distinction)에 국한된다. 논항 선택에 관여하는 의미역 특성은 크게 전형 행동주역(Proto-Agent Role)과 전형 대상역(Proto-Patient Role)[90]의 전형 의미역으로 구분된다.

기존 연구에서는 직관에 따라 '철수가 공을 찼다'에서 '철수가'는 행동의 주체인 행동주역(Agent)으로, '공을'은 대상역(Theme)으로 분류된다. Dowty의 논의에서 행위주역, 대상역, 처소역 등의 각각의 의미역은 고정적이고 개별적인 것으로 다루어지지 않고, 여러 개의 의미적 특성들로 구성된 하나의 덩어리로 다루어진다. 즉 의미역은 서술어가 나타내는 사건 속에서 논항이 가지는 여러 함의들로 구성된 하나의 전형(prototype)에 해당한다. 그는 논항의 통사적 실현에 관여하는 전형 의미역을 전형 행동주역(Proto-Agent Role)과 전형 대상역(Proto-Patient Role)으로 구분하여 제시함으로써 이제까지 의미론적 논의에만 머문 의미역 문제를 통사론의 층위와 연

---

89) 어떤 사건에 관여하는 특정 의미역들은 사건을 바라보는 시점에 따라 변하지 않는다. 예를 들어 '철수가 가구를 마루로 옮겼다'에서 화자가 어떤 시점을 취하든 '철수는' 행동주역에, '가구를'은 대상역에 '마루로'는 도달점역(Goal)에 해당한다.
Dowty는 논항 선택에 관여하는 의미역을 다루면서 동시에 이를 이러한 사건의존적 (event-dependent) 측면에 국한시키고 있다. 시점의존적(perspective dependent)인 측면의 의미역으로는 전경(Figure)과 배경(Ground)을 들 수 있다. 화자가 어떤 시점을 취하느냐에 따라 전경(Figure)이었던 개체가 배경(Ground)으로 해석된다. 이러한 예로는 '천장이 (Figure) 손에(Ground) 닿는다'와 '손이(Figure) 천장에(Ground) 닿는다'를 들 수 있다. 시점의존적 입장의 의미역은 언어 사용상에서 매우 중요한 기능을 하며 화용론적 논의를 필요로 한다. Dowty는 시점의존적인 의미역 이론의 중요성을 인정하지만 우선적으로 의미론의 범위 내에서 객관화·체계화할 수 있는 의미역 이론이 필요함을 역설하고 있다. 이 연구에서는 Dowty의 논항 선택(Argument Selection)과 관련된 전형 의미역 이론을 중심으로 하여 국어의 격조사 교체 현상을 다룰 것이다. 이는 기본적으로 통사적인 논항의 실현이 의미론과 직접적인 관련을 맺고 있다는 가설에 바탕을 두고 있다.
90) 피위주역(Patient)이란 대상역에 비해 좁은 의미로 사용되며 이에 해당하는 전형 의미역 특성에 비추어 볼 때 전형 피위주역보다는 전형 대상역이 더 적합한 용어라 생각된다. 따라서 여기에서는 Proto-Patient Role을 전형 피위주역이 아니라 전형 대상역으로 번역하기로 한다.

결시켰다. 이 점에서 Dowty의 의미역 이론은 앞선 연구들보다 훨씬 진보
적이고 체계적이다. 따라서 여기에서는 의미론을 바탕으로 한 통사론의
입장에서 Dowty의 전형 의미역 이론을 수용함으로써, 국어의 다양한 '를'
격조사 교체 구문을 다루고자 한다.

전형 의미역 논의에 따르면 '철수가'나 '공을'과 같은 논항의 통사적 실
현은 각각 서술어로부터 행동주의 의미역을 받느냐 아니면 대상의 의미
역을 받느냐에 달린 것이 아니다. 이는 서술어의 논항들 중 어느 것이 상
대적으로 많은 전형 행동주역의 특성을 가지느냐 아니면 전형 대상역의
특성을 가지느냐에 달려 있다. 앞서 말했듯이 의미역은 서술어가 나타내
는 사건들에 참여하는 논항이 가지는 함의들의 집합이다. 통사적으로 주
어, 목적어 등의 논항 선택(Argument Selection)과 관련되는 의미역은 전형 행
동주역과 전형 대상역로 구분된다. 통사적으로 서술어의 논항이 전형 행
동주역의 특성을 많이 갖는 경우는 주어로, 전형 대상역의 특성을 많이
갖는 경우는 목적어로 실현된다. 이러한 전형 의미역(Proto-Role)을 구성하
는 함의들을 제시하면 다음과 같다.

▌전형 행위주역(Proto-Agent Role)의 특성
  a. 사건이나 상태에 의도적으로 참여(volitional involvement in the event or
     state)
  b. 지각/인지(sentience/perception)
  c. 다른 참여자에 대한 상태 변화나 사건을 유발(causing an event or change
     of state in another participant)
  d. 다른 참여자의 위치와 상대적인 이동(movement relative to the position of
     another participant)
  e. 독립된 존재(exists independently of the event named by the verb)

'사건이나 특정한 상태에 의도적으로 참여'는 전형 행동주역의 대표적
특성이다. '철수가 공을 찼다'에서 '철수'는 사건에 의도적으로 참여하고

있는 개체이다. 또한 다른 참여자(여기서는 '공')에 대한 상태 변화나 사건을 유발한다. 일반적으로 행위동사의 주어들은 a, c의 특성을 보인다. b의 지각/인지 등의 특성을 보이는 요소로는 심리용언의 주어를 들 수 있다. '철수는 영희가 좋다'에서 '철수'는 감정을 느끼는 개체이다. 한편 의도나 다른 참여자에 대한 상태 변화 없이 상대적인 위치를 이동하는 것도 행동주역적인 특성에 들어갈 수 있다. '버스가 학교 앞으로 지나갔다'에서 주어 '버스'는 '학교 앞'에 대해 상대적인 위치 이동을 한 개체이다. 이동동사(특히 무정물을 주체로 하는)의 주어에 해당하는 논항들은 이 특성을 공유한다. 한편 e는 서술어가 나타내는 사건에 영향을 받지 않은 채 특정한 사건 전후로 갑자기 존재하게 된 개체를 뜻한다. '나에게 새 차가 생겼다'에서 '새 차'가 이러한 특성을 갖는다고 볼 수 있다.

전형 대상역(Proto-Patient Role) 특성은 다음과 같다.

▌전형 대상역(Proto-Patient Role)의 특성
a. 상태 변화(change of state)
b. 대상변화역(Incremental Theme, IT)
c. 인과적으로 영향 받음(causally affected)
d. 다른 참여자와 상대적으로 정태적임(stationary relative to another participant)
e. 비독립적 존재(existence not independent of event)

대상역의 대표적 특성은 상태의 변화이다. '철수가 공을 찼다'에서 '공'은 상태의 변화를 겪는다. 또한 주체의 의도적인 발로 차는 행위에 의해 영향을 받고 있다. 대상변화역(Incremental Theme)은 Dowty에 따르면 완전한 상태 변화를 경험하는 요소들이다. '목수가 집을 고쳤다'에서 '집'은 전적으로 영향을 받는 개체로 대상변화역에 해당한다.[91] c의 인과적으로 영향

---

91) 대상변화역(IT)과 관련된 논의는 2.2에서 자세히 다루기로 한다.

받음은 a의 상태 변화나 b의 전적으로 영향 받는 대상변화역과 관련을 맺고 있으나 이들과 분명히 구분된다. '유모차를 밀었다'에서 유모차는 이동하는 개체이지만 상태의 변화를 겪거나 대상변화역처럼 전적으로 영향받는 개체는 아니다. '버스가 학교 앞을 지나갔다'에서 '학교 앞'은 이동하는 버스에 상대적으로 정태적이다. 이는 d의 특성에 해당한다. e의 비독립적 존재는 행동주역 특성의 독립적 존재와 대조적이다. 이는 사건에 따라 생겨나거나 없어지는 개체로 '군인들이 다리를 만들었다'에서 '다리'가 가지는 특성이 여기에 해당한다.

이러한 전형적 유형의 의미역 특성은 주어나 목적어에 고정되어 있지 않다. 목적어에 해당하는 논항의 경우도 전형 행동주역을 가질 수 있으며 주어 역시 전형 대상역을 가질 수 있다. 여러 함의들로 구성된 전형 행동주역과 전형 대상역은 다음의 논항 선택 원칙에 의해 통사적인 논항의 실현에 기여한다.

▌논항 선택 원칙(Argument Selection Principle)
문법적인 주어와 목적어를 가지는 서술어에 있어, 많은 수의 전형 행동주역(Proto-Agent)의 특성을 함의하는 논항은 문법적으로 서술어의 주어로 실현되며, 많은 수의 전형 대상역(Proto-Patient)의 특성을 함의하는 논항은 서술어의 목적어로 실현된다.
• 추론(Corollary) I : 두 개의 논항이 동일한 수의 전형 행동주역 특성과 전형 대상역 특성을 가지는 경우 이 중 어느 하나나 양자가 모두 주어 자리에 나타날 수 있다.
• 추론(Corollary) II : 세 자리 서술어의 경우 더 많은 수의 전형 대상역의 특성을 가진 논항이 목적어 자리에 나타나며 적은 수의 전형 대상역의 특성을 가진 논항이 사격을 취하는 논항 자리에 나타난다.

이러한 논항 선택 원칙은 국어의 목적격 조사 '를'을 취하는 동사 구문에서도 지켜진다.

(5) 철수가 영희를 좋아한다.

위에서 주어 자리에 나타난 '철수'는 '의도', '다른 참여자에 대한 사건 유발', '독립적 존재' 등의 전형 행동주역 특성을 가지고 있다. 또한 '영희'는 '영향 받음', '다른 참여자와 상대적으로 정태적임'이라는 전형 대상역 특성을 가지고 있다. 그렇기 때문에 '철수가'는 주어로, '영희를'은 목적어로 실현된다.

이러한 전형 의미역 논의에 따르면 기존의 개별 의미역은 몇 개의 특성들의 집합으로 분류 가능하다. 먼저 행위주역은 의지(volition) + 행위유발(causation) + 인지(sentience) + 이동(movement)으로 분석된다. 의지와 행위유발, 또는 의지만으로도 행동주의 의미역은 성립한다. 경험주역은 의지나 행위유발 없이 인지만으로도 성립한다. 대상역은 변화(change) + 대상변화역(IT) + 비독립적 존재(dependent existence) + 인과적으로 영향 받음(casually affected)으로 분류된다. 이때 인과적으로 영향 받음(causally affected)의 특성이 빠져도 그 논항의 의미역은 대상역에 해당하며, 이를 모두 갖춘 논항의 의미역은 엄밀한 의미에서 피위주역(Patient)이다.[92]

통사적인 논항 실현이 의미역을 바탕으로 한다는 논의에 비추어 볼 때 국어의 격조사 교체 현상 또한 특정한 의미역의 할당과 관련을 맺고 있음을 쉽게 예측할 수 있다. 특정 동사의 격틀에서 동사의 어휘개념구조에는 아무런 변화가 없이 내재논항에 실현되는 격조사만이 달라짐은 그 논항이 부여받은 의미역의 특성이 달라짐을 뜻한다. 국어에서 형태적인 격 표지의 차이는 의미역의 차이를 드러내는 것이다. 다음에서는 구체적으로

---

92) 피위주역은 넓은 의미에서 대상역에 해당하나 좁은 의미에서는 대상역과 구분된다. 국어의 비분리 소유 관계를 전제로 하는 피동문이나 일반동사 구문에서 명사의 어휘의미에 바탕을 둔 피위주역을 가진 논항은 대상역에 해당하는 논항과 달리 항상 주어로 실현된다. 이는 2.4에서 자세히 다룰 것이다. 개별 의미역의 의미적 특성과 관련된 자세한 논의는 Dowty(1991) 참조

여러 동사 구문에서의 격조사 교체 현상과 의미역의 상관관계를 고찰해 보기로 한다.

2.2. 조사 '에/에서'와 '를'의 교체

조사 '에/에서'가 '를'로 교체되는 동사의 대부분은 이동동사93)이다.

  (6) 미영이는 <u>부산</u>(에/을) 내려갔다.

  (7) 학생들은 <u>운동장</u>(에서/을) 뛰었다.

  (8) 기훈이는 <u>고향</u>(에서/을) 떠났다.

  (9) 승현이는 <u>학교</u>(에/를) 갔다.

  이런 이동동사들의 격교체 현상에 대하여 홍재성(1987)에서는 '를'의 담화론적인 기능을 인정하고 '강조'나 '주제'의 의미를 가졌다고 보았다. 이에 비해 목적보어 성분은 다른 격조사와의 교체를 허용하지 않는 '를'이며 의문사 '무엇', '어디', '누구'에 대응되는 속성으로 판별해야 한다고 하면서 이 두 가지 특징으로 특징 지워지는 통사성분을 용인하는 문장이 타동사 구문이라고 하였다. 그러나 이때의 '를'을 담화론적인 것으로 설명한다면 같은 'NP에'이면서 동사가 하위 범주화하는 논항이 아닐 때에는 왜 '를'과 교체되지 않는지를 설명할 수 없다.

---

93) 여기에서 말하는 이동동사는 홍재성(1987)과 같이 통사적 정의에 입각한 것이 아니라 어휘의미적인 것이다. 이 연구에서는 LCS(Lexical Conceptual Structure : 어휘개념구조)상에서 Path가 있는 동사, 즉 주어가 Source에서 Goal로 움직이는 동사를 이동동사로 보았다. 의미적인 정의에 입각한 이동동사의 조사 '에/에서/로'가 '를'과 잘 교체되는데 이것은 주어의 움직임이 있고 없음과 관계있는 것으로 보인다.

(10) 할아버지는 <u>병원</u>(에서/*을) 돌아가셨다.

(11) 장미꽃이 <u>꽃밭</u>(에/*을) 피었다.

(12) 영신이는 지금 <u>도서관</u>(에서/*을) 공부한다.

(6)~(9)와 (10)~(12)에 나오는 'NP에/에서'는 모두 처소를 나타낸다. 그러나 (6)~(9)의 'NP에'는 조사 '를'과 교체가 되는 반면 (10)~(12)의 경우에는 '를'로 교체되지 않는다. 이는 '를'이 단순히 담화론적인 기능만을 하는 것이 아니라는 증거이다. 이동동사의 경우 처소를 나타내는 'NP에/에서'가 동사에 의해 일정한 의미역을 할당받는다. (6)~(9)에서처럼 '를'과 교체되는 구문을 타동사 구문으로 보아야 하는가는 우리의 관심의 초점이 아니다. 이때의 '를'도 소위 목적격이라고 하는 '를'과 별 차이가 없다.

(13) 어린아이가 <u>잔디 위</u>(에서/를) 구른다.

(14) 공이 <u>잔디 위</u>(에서/*를) 구른다.

(13), (14)는 '구르다'를 서술어로 하는 문장이다. 그런데 (13)은 조사 '에서'와 '를'이 교체되는 반면, (14)에서는 '에서'는 자연스러운데 '를'로 교체되면 비문이 된다. 물론 두 문장에 쓰인 동사 '구르다'는 어휘적 의미나 논항구조에는 아무런 차이가 없다. 이처럼 동일한 어휘개념구조와 논항구조를 가진 동사를 조사가 달라진다고 해서 다른 격틀을 가진 것으로 볼 수는 없다. 만약 기존의 논의대로 조사가 격을 표시하고 조사에 따라 격이 달라진다고 하면 격틀이 조사 교체에 따라 달라져야만 한다. 이러한 처리는 어휘적, 통사적으로 등가인 동사들을 수많은 동형어로 나누어야 하는 비합리적인 결과를 낳는다. 그러면 이런 격조사 교체의 현상은 구조

적으로 볼 것이 아니라 다른 측면에서 설명해야 할 것이다.

(13), (14)의 격조사 교체의 차이는 Dowty(1991)의 전형 의미역 특성으로 설명할 수 있다.

(13)의 주어인 '어린아이'는 의도적인 참여가 가능하기는 하나 비의도적인 경우도 상정해 볼 수 있다. 즉 아이가 돌부리 같은 것에 걸렸거나 발을 헛디뎌 굴렀을 경우이다.[94] 의도적 참여의 경우 전형 행동주역 특성 중 '사건이나 상태의 의도적 참여'는 물론이고 '다른 참여자에 대한 사건이나 상태 변화의 유발'이나 '다른 참여자의 위치와 상대적인 이동', '독립적 존재' 등의 특성을 함의하게 되는 반면 전형 대상역 특성은 '상태의 변화' 하나만을 가지게 되기 때문에 '어린아이'는 행동주역으로 해석될 가능성이 높게 된다.

비의도적인 참여의 경우에는 전형 행동주역의 특성보다 전형 대상역의 특성을 더 많이 함의하게 되어 주어인 '어린아이'가 대상의 의미역을 받는다.

반면 (14)의 '공'은 언제나 의도적 참여는 불가능하므로 의미역 해석이 한 가지로 고정된다. 즉 단순한 움직임으로밖에 볼 수 없기 때문에 대상역이 할당된다.

이 두 문장의 전형 의미역 특성의 분석 결과를 보면, 주어의 행동주역 여부가 조사의 교체에 영향을 주고 있음을 볼 수 있다. (13)의 경우 전형 행동주역 특성이 고정되어 있지 않아서 동사가 나타내는 사건을 어떻게 보느냐에 따라 주어인 '어린아이'가 두 가지의 의미역으로 해석될 가능성

---

94) 아래의 예문 (가), (나)에서와 같이 부사 '일부러'와의 공기관계로 의도성이 있고 없음을 알 수 있다. 이에 비해 (다)는 '일부러'와 공기할 수 없는데 이는 언제나 비의도적 참여만이 가능하기 때문이다.
　　가. 어린아이가 잔디 위에서 구르는 것이 재미있었던지 자꾸만 일부러 굴렀다.
　　나. *어린아이가 발을 헛디뎌 잔디 위에서 일부러 굴렀다.
　　다. *공이 잔디 위에서 일부러 굴렀다.

이 있다. 전형 행동주역 특성을 많이 함의할 때 즉, 의도적인 참여의 경우에 '어린아이'는 행동주의 의미역이 할당되고 논항 선택 원칙에 따라 주어의 격을 받는다. '어린아이'가 행동주의 의미역을 받게 되면 또 다른 논항인 '잔디 위'는 대상의 의미역을 받게 되고 이는 형태적으로는 목적격 조사 '를'로 실현이 된다.

비의도적인 사건인 경우에는 '어린아이'의 전형 행동주역 특성이 적어지고 전형 대상역의 특성이 많아지기 때문에 '어린아이'가 대상의 의미역을 받게 되고 '잔디 위'는 처소의 의미역을 할당받는데, 이때 '어린아이'는 주격으로, '잔디 위'는 처격으로 실현된다.

반면 (14)의 '공'은 전형 행동주역의 요소보다 전형 대상역의 특성이 더 강하다고 볼 수 있고, 항상 대상역을 받기 때문에 '잔디 위에서'의 '에서'가 '를'로 교체되지 않는다.

조사 교체를 의미역 관계로 설명하는 것은 조사 '에/에서'와 '를' 교체의 대부분이 이동동사라는 사실과도 맞아떨어진다. 이동동사는 주어 자체가 움직임이 있기 때문에 주어의 의도성에 초점을 맞추어 보면 주어를 행동주로 볼 수 있고 이때 두 번째 명사구는 주어의 행동이 미치는 대상이 되어 'NP를'의 형태로 나타난다. 그러나 이동동사 구문의 주어를 단순히 움직임이 있는 대상으로만 볼 경우에는 주어 자체가 대상의 의미역을 받게 되고 당연히 두 번째 명사구는 '를'이 아닌 '에/에서'를 취할 수밖에 없다.

기존의 논의에서 조사 '를'을 목적격 조사로 보게 된 것은 이러한 '를'의 의미역과 밀접한 연관이 있다. 조사 '를'은 대상역을 표시하는 형태이기 때문에 자연히 행동주인 주어와 밀접한 관계를 맺게 되고 따라서 타동사 구문의 두 번째 명사구에 주로 붙는다. 항상 주어가 행동주역이 되는 일반적인 타동사 구문은 별 문제가 없으나, 이동동사처럼 자동사로 인식되지만 실제로는 'NP를'을 하위 범주화하여 마치 타동사처럼 쓰이는 경우는 학자들마다 서로 다른 주장을 내세우고 있는 실정이다.

홍재성(1987)은 자동사에서 파생된 타동구조를 가진 동사류를 타동사로 보지 않고 그 중 극히 일부만을 타동사로서 분류하고 있는 반면, 우형식(1990)은 타동성을 타동구조를 이루는 각 성분의 성분의미와 이들 사이의 관계 의미로 실현되는 의미요소의 복합체로 보았다. 또한 그는 타동구조를 크게 본유적인 것과 변환된 것의 두 가지로 나누어 조사 교체로 실현되는 타동구조를 넓은 의미의 타동구조 안에 포함시키고, 자동구조가 타동구조로 변환되는 것은 이들 서술동사가 본래 타동성의 의미와 타동구조 형성의 자질을 갖게 때문인 것으로 설명하고 있다.

격조사 '를'은 특정한 의미역 즉, 대상역과 관계가 깊지만 대상역을 받는다고 해서 그 NP가 항상 조사 '를'을 취하는 것은 아니다. 형용사 구문에서 대상역을 할당받는 NP에 조사 '를'이 결합되는 경우는 거의 없다. 자동사 구문에서도 이동동사처럼 주어가 의지를 가진 행동주역으로 해석될 수 있는 때에 주로 'NP에'의 '에'가 '를'로 교체된다. 일부의 자동사 구문은 두 자리 동사, 즉 명사구를 두 개 요구하는 경우에도 두 번째 명사구의 조사가 '를'로 교체되지 않는다.

(15) 소금이 물에 녹았다.

(16) 여드름이 이마에 생겼다.

(15), (16)과 같이 '녹다', '생기다'와 같은 자동사는 주어와 'NP에'를 요구하는 두 자리 동사이다. 하지만 이때 두 번째 명사구의 '에'는 '를'로 교체할 수 없다. 이런 동사류는 비대격(unaccusative) 서술어95)의 일종이다. 비대격 서술어란 논항구조 표상에서 외재논항을 갖지 못하는 서술어로, 형

---

95) 비대격 서술어에 대하여서는 Perlmutter(1978), 김영주(1990), 고광주(1994)를 볼 것.

용사와 자동사의 일부를 들 수가 있다. 이런 동사류의 표면 주어는 심층의 직접 목적어로 다음과 같은 논항구조를 갖는다.

▌비대격 동사의 논항구조 : 0 (a)

이는 비대격 동사가 주어가 되는 명사구에 행동주의 의미역을 할당할 수 없다는 것을 의미한다. 행동주의 의미역을 받는 명사구는 문장 내에서 외재논항으로서, 주로 주어의 자리에 나타난다. 비대격 서술어는 외재논항을 가지지 못하기 때문에 비록 표면의 주어라 할지라도 행동주 의미역을 받을 수 없다. 때문에 (15), (16)와 같이 두 자리로 쓰일 때에도 두 번째 명사구가 대상의 의미역을 받을 수 없다.

이렇게 볼 때 조사 '를'은 대상의 의미역을 나타내지만 주어가 행동주로 해석되는 문장의 두 번째 명사구에 주로 붙는다. 이는 조사 '를'이 가지는 [+피영향성]의 의미와 관계지어 볼 수 있다.[96) [+피영향성]은 전형 대상역의 세 번째 특성에 해당되는데 이는 영향을 미칠 수 있는 행동주역이 존재해야만 조사 '에'와 '를' 교체가 일어나는 것과 연관시켜 볼 수 있다.

논항 'NP에/에서'가 'NP를'로 교체되는 동사의 목록을 보이면 다음과 같다.

▌가다, 나가다, 나다니다, 나오다, 내려오다, 내리다, 다녀오다, 다니다, 달려가다, 돌아가다, 돌아다니다, 들르다, 들어가다, 벗어나다, 돌다, 오르다, 헤매다 ……

이러한 격조사 교체 동사를 사전[97)에 올릴 때 어떻게 격틀 정보를 주어

---

96) 우형식(1996 : 52~54)를 참고할 것

야 하는가? 지금까지 기존의 사전에서 동사의 통사 정보는 '자동사, 타동사, 형용사'의 세 가지에 국한되어 있었다 해도 과언이 아니다. 동사 '가다'는 모든 사전에 자동사로 올라 있지만 장소 보어의 '에/에서', '로' 등의 조사가 쉽게 '를'로 교체되어 타동사처럼 쓰이는데, 이는 목적격을 취하지 못하는 비대격 동사들과 분명하게 구분되는 자질이므로 사전에서 정보를 주어야 할 것으로 생각된다.

비교적 격조사 교체가 복잡한 '나오다'를 예로 들어 조사 교체 동사의 격틀을 살펴보자. 조사 '에/에서'와 '를'이 교체되는 부분에 초점을 맞춰 보면 조사가 교체될 때 이를 각각의 다른 격틀로 분류하는 방법인 (18)과 교체되는 경우를 하나의 격틀로 묶어 처리하는 (19)의 두 가지 방법이 있다.[98]

> (17) ㄱ. 아이들은 아침 일찍 <u>학교(에/를)</u> 나와서 수업 준비를 하고 있었
> 다.
> ㄴ. 나는 <u>이모집(에서/을)</u> 나오면서 다시는 친척들한테 기대지 않겠
> 다고 결심했다.
> ㄷ. 그는 서울 <u>미동국민학교(를/*에/*에서)</u> 나와 선린 상업 학교에 들
> 어갔다.

> (18) 나오다 : Ⅰ. NP$_1$이 NP$_2$에 V

---

97) 여기에서 언급하는 이상적인 사전은 기존의 사전처럼 표제어의 어휘의미에만 치중한 사전이 아니라 통사 정보를 충분히 제공하는 새로운 형태의 한국어 사전이다. 이를 위해서는 실제 쓰이는 용례의 분석을 통해 정확하고 구체적인 격틀 제시가 필수적이다.
98) '나오다'에는 위의 격틀 말고도 'NP$_1$이 V', 'NP$_1$이 NP$_2$로 V' 등이 더 있을 수 있으나 이를 같이 제시하면 번거롭고 혼동의 우려가 있으므로 이 연구에서 논의의 대상으로 삼은 조사 '에, 에서, 를'이 나오는 격틀만을 보이기로 한다.
사전적인 처리는 2.2의 '에/에서'만 자세히 보이고 '로/와/가'의 '를'교체는 간단한 설명으로 대신하려 한다. 이 연구에서는 격조사 교체의 의미역적 해석과 사전에서 격조사 교체의 정보를 주어야 한다는 것이 주된 논의의 초점이기 때문에 사전에서의 실제적인 처리는 길게 다루지 않겠다.

Ⅱ. NP₁이 NP₂에서 V

Ⅲ. NP₁이 NP₂를 V

(19) 나오다 : Ⅰ. NP₁이 NP₂(에/를) V

Ⅱ. NP₁이 NP₂(에서/를) V

Ⅲ. NP₁이 NP₂를 V

격틀 (18)에서 Ⅲ은 '집을 나오다'와 같이 '에, 에서'와 교체되는 경우까지를 포함한 것이다. 이는 형태적인 면을 중시하여 표면적으로 조사 '를'을 취했으면 같은 격틀로 보는 방법이다. 반면 격틀 (19)의 Ⅲ은 '나오다'가 'NP를'을 논항으로 취하고 다른 조사와의 교체를 허용하지 않을 경우를 하나의 격틀로 세운 것이다.

(18)은 (17ㄱ), (17ㄴ)처럼 조사 '에서/에'가 '를'로 교체되어 쓰인 경우, 형태적으로는 비슷하나 전혀 의미가 다른 격틀 Ⅲ에 묶게 되고 의미항목의 서술도 반복해 주어야하기 때문에 타당성이 부족하다. 반면 (19)는 조사의 교체를 격틀에서 보여주기 때문에 (17ㄱ), (17ㄴ)의 의미적, 통사적인 연관성을 보여줄 수 있고 의미항목 서술의 반복도 피할 수 있어 효과적이다.

조사의 교체는 하나의 격틀을 다른 격틀로 바꾸는 통사적인 절차라기보다 동사가 나타내는 사건의 해석에 달려 있기 때문에 논항의 상대적인 의미역 관계에 의존하는 바가 크다. 즉, 같은 어휘의 다의적인 측면으로 보아야 한다는 것이다. 하지만 실제 언어사용에서 매우 빈번하게 일어나기 때문에 사전에서 이러한 정보를 반드시 주어야 할 것이라고 생각된다.

2.3. 조사 '로'와 '를'의 교체

조사 '로'는 다른 조사들과 비교해 볼 때 조사 '에/에서'와 매우 비슷한 점이 많다. 조사 '가'나 '를'처럼 소위 구조격도 아니면서, 동사가 요구하는 명사구와 결합하여 영어의 필수적인 전치사구처럼 동사의 필수적 논항을 표시한다. 그러나 조사 '로'는 '를' 교체에 있어서 '에/에서'보다 매우 제약적이다.

    (20) 철수가 <u>집(으로/*을)</u> 걸어갔다.

    (21) 철수가 <u>오솔길(로/을)</u> 걸어갔다.

  (20)의 '집으로'의 '로'는 방향을 나타내고 (21)의 '오솔길로'의 '로'는 경로(Path)를 나타낸다. 방향을 나타내는 '로'는 '를'로 잘 교체되지 않는데,[99] 이는 '로'의 특성과도 무관하지 않다. '방향'은 이동동사의 주어가 실제로 이동한 장소가 아니라 막연히 어떤 장소를 상정하고 그쪽으로 나아간다는 뜻이므로 가상적인 공간이다. 이러한 경로(Path)의 가상성은 주어가 갖는 전형 행동주역의 특성을 감소시킨다. (20)의 주어는 전형 행동주역의 특성 중 다른 참여자에 대한 사건이나 상태 변화의 유발, 다른 참여자의 위치에 상대적인 이동이라는 두 가지 특성을 함의할 수 없게 된다.
  그러나 경로의 '로'가 항상 '를'과 교체되는 것은 아니다.

    (22) 철수가 <u>오솔길(로/*을)</u> 왔다.

---

99) '우리는 학교로 간다'에서 '학교로'가 '학교를'로 교체될 수 있으므로 방향의 '로'도 주장할 수도 있지만 이는 '로'가 아니라 '에'가 '를'로 교체된 구문이다.
  가. 우리는 학교에 갔다가 왔다.
  나. 우리는 학교를 갔다가 왔다.
  다. *우리는 학교로 갔다가 왔다.
  (다)는 '학교로'가 실제로 간 곳(Goal)이 아니라 단순히 '방향'을 지정한 것이기 때문에 비문이 된 것이다. (나)가 비문이 아닌 것으로 보아, (나)의 '를'이 '로'가 아니고 '에'와 교체된 것임을 알 수 있다. (가)와 (다)의 차이에서, (가)의 '학교에'가 실제로 동사의 행위의 영향이 미칠 수 있는 공간이지만 (다)의 '학교로'는 동사의 행위가 직접적으로 영향을 줄 수 없는 가상의 공간임을 알 수 있다.

예문 (22)는 같은 경로의 '로'를 가진 (21)이 '로/를' 교체가 되는 것과 대조적이다. (21)과 (22)의 차이는 동사이다. 하지만 (20), (21)을 보면 동사가 격조사 교체를 결정하는 유일한 요소가 아님을 알 수 있다. 이러한 '로'와 '를'의 교체도 논항간의 의미역 관계로 설명해 보겠다. '로/를'의 교체를 설명하기 위해서는 새로운 의미역인 대상변화역(Incremental Theme)의 도입이 필요하다.

대상역 중에는 대상변화역(IT)[100]이 있는데 이는 '잔디를 깎다'의 '깎다'와 같은 완성동사(telic predicate)에 나타나는 '잔디를'과 같은 논항을 말한다. 대상변화역는 다음과 같은 영향 받은 대상(effected objects), 파괴된 대상(destroyed objects) 그리고 상태의 한정적 변화의 수행을 함의하는 대상(objects entailed to undergo a definite change of state)이 해당된다.

(23) 집을 짓다, 편지를 쓰다, 소나타를 작곡하다, 샌드위치를 먹다, 집을 칠하다, 구두를 닦다 ……

위의 동사구의 밑줄 친 부분들은 서술어의 행위가 시작되면서 완성될 때까지 증감이 있거나 상태의 변화를 겪는 특징을 가지고 있다. 즉 '집을 짓다'의 '집'은 서술어 '짓다'의 행위가 시작되기 전에는 없었던 것이 행위가 진행되면서 차차 증가의 상태로 가다가 행위가 완성되면 '집'도 상태의 변화를 멈춘다. '샌드위치를 먹다'에서의 '샌드위치'는 서술어 '먹다'의 행위 이전에 존재하지만 서술어의 행위가 진행되면서 감소의 상태 변화를 보이게 된다. 이러한 명사구들은 동사의 행위에 영향을 받는다는 점에서 대상역의 일종이면서 대상역과는 구별되는[101] 대상변화역의 의미역

---

100) Dowty(1991 : 567~571)를 볼 것.
101) 이런 점에서 피위주역(Patient)과 대상역(Theme)의 관계와 비슷하다. 피위주역(Patient)은 일종의 대상역(Theme)이면서 특정한 경우에 대상역(Theme)과 구별되며 한 문장 안에 함께 나타나기도 하는 별개의 의미역으로서 기능한다.

을 받는다.

    (24) ㄱ. 재형이는 <u>맥주 한 병을</u> 마셨다.
        ㄴ. 재형이는 <u>맥주를</u> 마셨다.

  (24ㄱ)의 '맥주 한 병'은 서술어 '마시다'의 행위의 진행에 따라 상태의
변화를 겪는 대상변화역이지만 (24ㄴ)의 '맥주'는 '마시다'의 행위의 대상
일 뿐, 증가하거나 감소하는 등의 변화를 겪지 않기 때문에 대상역이지
대상변화역은 아니다. 대상변화역은 이렇게 한정적(definite)인 특성을 가지
고 있다.

    (25) ㄱ. 민수는 <u>길(*로/을)</u> 가다가 강도를 만났다.
        ㄴ. 민수는 <u>산길(로/을)</u> 가다가 강도를 만났다.

    (26) ㄱ. 민수는 <u>다리(*로/를)</u> 건너 마을로 들어왔다.
        ㄴ. 민수는 새로 놓은 <u>다리(로/를)</u> 건너 마을로 들어왔다.

  (25), (26)에서 보듯 명사구가 한정적인 경우에 '로/를' 교체가 잘 일어난
다. 이는 '를'의 의미나 서술어의 차이로는 설명할 수 없다. 이는 대상변
화역의 한정적 특성 때문인 것으로 생각된다.
  대상변화역은 '철수는 목욕탕 물 속으로 들어갔다'에서와 같이 주어로
도 나타나며 '철수는 사막을 건넜다'와 같이 이동동사의 논항으로도 나타
난다. 주어로 나타나는 대상변화역의 경우는 '를'로 교체될 수 없다. 이동
동사에 나타나는 경로 중에 한정적이고 동사의 행위의 진행에 따라 변화
를 겪게 되면102) 대상변화역이 되고 이때 경로의 '로'는 '를'로 교체가 가

---

102) '그들은 한남대교(로/를) 건넜다'는 문장에서 '건너다'라는 서술어의 행위의 시작과 완
    성에 따라 '한남대교' 위에서의 위치의 변화 같은 것도 상태의 변화로 볼 수 있다.
    Dowty(1991)에서는 'She walked across the desert in a week'와 같은 문장에서 'the

능하다. 즉 다시 말해서 경로의 '로' 중에 완성동사의 논항으로 쓰인 대상변화역은 '를'로 교체될 수 있다.

또한 주어의 사건이나 상태의 의도적 참여라는 측면에서도 (20), (21)은 차이를 보인다.

> (27) ㄱ. [?]철수가 일부러 <u>집으로</u> 걸어갔다.
> ㄴ. 철수가 일부러 <u>오솔길(로/을)</u> 걸어갔다.

부사 '일부러'와의 공기관계를 살펴보면 (21)의 주어가 (20)의 주어보다 '의도성(volition)'이 높음을 알 수 있다. (20)의 주어인 '철수가'는 행위의 주체라기보다 단순히 '이동'의 대상으로 해석되기 쉬운 반면 (21)의 주어인 '철수가'는 동사가 나타내는 사건을 어떻게 보느냐에 따라 행동주역으로도 대상역으로도 해석될 가능성이 있는 것이다. 이는 다른 완성동사의 목적어가 격조사 교체 현상을 보이지 않는 반면 이동동사의 대상변화역만이 '로/를' 교체가 가능한 것을 설명할 수 있다.

'로/를' 교체는 이동동사 외에도 소위 처소교차 구문[103]에서도 나타난다.

> (28) ㄱ. 철수는 <u>벽에 페인트를</u> 칠한다.
> ㄴ. 철수는 <u>벽을 페인트로</u> 칠한다.
> ㄷ. 철수는 <u>벽을 페인트를</u> 칠한다.

위와 같은 처소교차 동사는 우리말뿐 아니라 다른 언어들에서도 보이는 공통적인 특성이다. 홍재성(1987), 양정석(1995) 등 많은 논문에서 이 구

---

desert'를 IT로 보고 있다. 반면 '그들은 한남대교(로/[*]를) 달아났다.'의 '한남대교'는 '달아나다'의 행위에 전혀 영향을 받지 못하기 때문에 '로/를' 교체가 되지 않는 것이다.
103) 이 용어는 양정석(1995)에서 가져온 것이다.

문의 특성에 대해서 지적했는데, 양정석(1995 : 79)에서는 이를 처소교차 구문이라 하고 타동사 구조의 '에' 구조와 '로' 구조, 'NP에' 성분과 'NP로' 성분이 생략된 구조, 이중목적어 구조, 그리고 자동사 구조의 '에' 구조와 '로' 구조, '에' 성분이 생략된 구조로 모두 9개 정도의 구문을 통칭한 것이라고 했다. 지금까지의 조사 교체가 단순히 하나의 명사구 안에서의 조사의 일대일 교체인 데에 비해, 처소교차 동사는 두 개의 명사구에서 동시에 조사 교체가 일어날 뿐 아니라 (28ㄷ)처럼 중목적어 구문도 나타난다는 특징을 가지고 있다.

이러한 처소교차 동사로 '칠하다, 붙이다, 끼었다, 가꾸다, 싣다, 채우다……' 등을 들 수가 있다.

> (29) ㄱ. 인부들이 <u>트럭에</u> 쌀을 실었다.
>   ㄴ. 인부들이 <u>트럭을</u> 쌀로 실었다.
>   ㄷ. 인부들이 <u>트럭을</u> 쌀을 실었다.

이런 처소교차 구문의 격교체는 조사 '를'의 의미와 관련시키기도 하지만[104] 이는 주어를 제외한 두 개의 논항 중 어느 것에 대상변화역이 할당되느냐에 달려 있는 것으로 보인다. (29ㄱ)은 '트럭에'가 처소역을 받고 '쌀을'에 대상역이 할당된다. 반면 (29ㄴ)은 '트럭을'에 대상변화역이 할당되고 '쌀로'는 트럭을 채우는 도구로 해석되어 도구(Instrument)의 의미역을 받는다.

처소교차 동사는 격조사 교체뿐 아니라 (28ㄷ), (29ㄷ)과 같은 중목적어 구문도 문제가 된다. 앞서 논의한 대로 조사 '를'이 대상역을 나타낸다면 이런 중목적어 구문은 한 문장 안에 같은 의미역인 대상역이 두 번 할당

---

104) 정희정(1988)에서는 '를'의 '전체성'으로, 홍재성(1987)에서는 '부분적 관여/전체적 관여'로, 양정석(1995)에서는 이를 '전칭적(universal) 의미'로 해석하고 있다.

되어 의미역 준거(Theta-Criterion)[105]에 어긋나기 때문이다. '트럭을'에 대상
역의 일종이면서 대상역과 구별되는 대상변화역이 할당되고 '쌀을'에 대
상역이 할당될 때 (28ㄷ), (29ㄷ)과 같은 중목적어 구문이 가능한 것으로
생각된다. 이렇게 대상역과 대상변화역을 구분시켜 보면 중목적어 구문의
설명과 함께 의미역 준거의 위반을 피할 수 있다.

> (30) ㄱ. 인부들이 <u>트럭에 쌀 한 가마를</u> 실었다.
>   ㄴ. *인부들이 <u>트럭을 쌀 한 가마로</u> 실었다.
>   ㄷ. *인부들이 <u>트럭을 쌀 한 가마를</u> 실었다.

(30ㄱ)은 비문이 되는 (30ㄴ)과 대조적이다. (30ㄱ)의 '트럭에'는 단순한
처소이기 때문에 '쌀'이 한 가마이든지 열 가마이든지 상관이 없지만, (30
ㄴ)은 '트럭을'이 동사의 행위가 진행되어 완성되는 과정에서 변화되는
대상(대상변화역)이기 때문에 '쌀 한 가마'라는 일회적인 적재물을 싣는 행
위와 모순이 되어 비문이 된 것이다.

    처소교차 동사의 격조사 교체를 정희정(1988), 홍재성(1987) 등에서처럼
'를'의 의미만으로 해석한다면 중목적어 구문인 (29ㄷ)과 (30ㄷ)의 차이를
설명하기가 어렵다. (30ㄷ)이 비문인 것은 (29ㄷ)이 (29ㄱ)이 아니라 (29ㄴ)
에서 나온 것이라는 증거이다. (29ㄷ)과 같은 중목적어 구문은 '트럭'을
상태의 변화가 있는 대상, 즉 대상변화역으로 보고 '쌀'은 단순한 이동의
대상인 대상역으로 해석할 수 있다.

    처소교차 동사는 보통 '로/를' 교체가 자유로운 것처럼 여겨져 왔다. 그
러나 '싣다'의 경우는 조사 교체가 매우 제약된다.

> (31) ㄱ. 동우는 학교에 가려고 <u>자전거에 가방을</u> 실었다.

---

105) 의미역 준거(Theta Criterion)
    각 논항은 하나의 의미역만을 가지며 하나의 의미역은 하나의 논항에만 할당된다.

　　ㄴ. *동우는 학교에 가려고 <u>자전거를 가방으로</u> 실었다.

　위의 예문이 '로/를' 교체가 안 되는 이유를 '를'의 의미로 설명하기는 어렵다. '자전거'는 '트럭'과 달리 대상변화역이 될 만큼 공간이 넓지 못하기 때문에 (31ㄴ)이 비문이 되는 것으로 보인다. 이렇게 '칠하다, 가꾸다, 끼얹다' 등 다른 처소교차 동사들에 비해 '싣다'의 '로/를' 교체가 비교적 제약적인데 이는 '싣다'의 의미가 반복적인 행위에 의한 완성을 나타내는 것과 관련이 있다. 다시 말하면, 다른 동사들의 경우 한 번의 행위만으로도 대상물의 상태에 점진적인 변화를 가져올 수 있지만 '싣다'는 여러 번의 반복적인 행위를 통해서만이 대상물의 상태의 점진적 변화에 영향을 미칠 수 있다. 그렇기 때문에 다른 처소교차 동사에 비해 '싣다'의 '로/를' 교체가 제약적인 것이다.

　이런 '로/를' 교체를 보이는 동사류를 사전에 올릴 때의 격틀은 '에/에서'와 '를'의 교체와 같은 방법으로 제시하기는 힘들다. 양정석(1995)에서는 이를 모두 다른 어휘개념구조와 어휘통사구조를 부여하여 설명했으나, 하나의 동사를 9개의 격틀로 나누어주는 것은 복잡하기도 할 뿐만 아니라 의미의 변화나 별다른 통사적인 차이 없이 조사의 교체나 생략에 따라 다른 어휘개념구조와 논항구조를 가진 것으로 보아야 하는 모순도 생긴다. 그리고 위에서 보였듯이 이동동사의 '로/를' 교체는 동사뿐 아니라 명사의 한정성 등 명사구의 특성에도 영향을 받기 때문에 매우 제약적이다. 그러므로 '로/를' 교체는 전체 격틀에 표시할 수 없다.

　처소교차 동사의 격틀은 동사의 특성에 따라 달리 해주어야 할 것이다. 그리고 처소교차 동사 구문의 경우, 실제로 쓰일 때에는 세 개의 명사구가 한꺼번에 나타나는 경우는 거의 없고 그 중 주어, 목적어의 두 개의 명사구만이 통사적 논항으로 실현되는 경우가 대부분이다. 그러므로 'NP$_1$가 NP$_2$에 NP$_3$를 V'와 'NP$_1$가 NP$_2$를 NP$_3$로 V'를 하나의 격틀로 묶어 제시하는 것이 바람직하다.

조사 '로'의 '를' 교체 중에는 아래와 같은 것도 있다.

(32) 나는 영희를 <u>아내(로/를)</u> 삼았다.

(32)와 같은 동사로 '삼다'와 '만들다'를 들 수 있다. '만들다'는 'NP로'
를 필수적으로 요구하는 경우만이 논의의 대상이 된다.

(33) ㄱ. 목수가 <u>나무를 의자로</u> 만들었다.
　　 ㄴ. 목수가 <u>나무로 의자를</u> 만들었다.

위의 두 문장은 의미적으로는 별 차이가 없다. 하지만 이 두 문장은 통
사적으로 다른 격틀을 가지고 있어서 남기심(1992)에서는 (33ㄱ)과 (33ㄴ)
의 '만들다'를 두 개의 동형어로 나누어야 함을 주장한 바 있다. (33ㄱ)은
'의자로'를 생략하면 비문이 되는 반면 (33ㄴ)은 '나무로'를 생략하여도
문장이 성립한다. 이 밖에도 '만들다1'과 '만들다2'의 'NP로'는 필수성 이
외에도 관계화 제약, 서술어의 결합 정도 등에서 차이를 보인다.106) 본
논의에서는 부가어인 '만들다1'의 'NP로'는 근본적으로 '를'과 교체되지
않는 것으로 보고107) '만들다2'의 필수적인 'NP로'의 '를' 교체만을 다루
겠다.

---

106) 자세한 논의는 남기심(1992)를 참조할 것.
107) 본문의 예문 (33ㄱ), (33ㄴ)은 어순에서 차이를 보인다. (33ㄱ)은 어순이 자유롭지 못하
고 (33ㄴ)은 어순이 자유롭다.
(33)' ㄱ. *목수가 의자로 나무를 만들었다.
　　 ㄴ. 목수가 의자를 나무로 만들었다.
이 문장의 'NP로'의 '로'를 '를'로 교체하면 다음과 같은 문장이 된다.
(33)" 목수가 나무를 의자를 만들었다.
(33)''' *목수가 의자를 나무를 만들었다.
그러나 이 문장은 (33)'''에서 보다시피 (33ㄱ)처럼 어순이 자유롭지 못한 특성을 가지고
있다. 그러므로 (33)"는 (33ㄱ)의 '로'가 '를'로 교체된 것이다.

(34) ㄱ. 젊은 아이들이 밀집해 있는 풍경은 나를 <u>이방인(으로/을)</u> 만들기
　　　에 충분했다.
　　ㄴ. 당신은 이 돌덩이를 <u>빵(으로/을)</u> 만들 수 있소?

(34)처럼 '만들다2'의 '로'는 '를'로 교체가 가능한데, 앞에서 논의한 것
처럼 '를'을 대상역의 표지로 본다면 이는 한 문장에 하나의 의미역만이
할당된다는 의미역 준거에 어긋난다. 그렇다고 처소교차 구문처럼 대상변
화역으로 설명할 수도 없다.

'삼다'와 '만들다'의 '로/를' 교체는 이동동사나 처소교차 동사와는 좀
다른 설명이 필요하다. 이들 동사에서 '로'가 '를'로 교체된 세 번째 명사
구는 의미역 할당을 받는 것이 아니라 서술어와 긴밀히 연결되어 의미역
할당에 참여하는 일종의 서술논항이다.108) 'NP로'가 차지하는 자리가 논
항의 자리가 아니라는 증거는 다음과 같다.

첫째, 'NP로'의 자리에 명사구가 아닌 부사구들이 대신 올 수 있다.

(35) ㄱ. 사람을 또 <u>실없이</u> 만들려는군.
　　ㄴ. 그는 너무 솔직해서 사람을 <u>당혹스럽게</u> 만들곤 한다.
　　ㄷ. 그런 것들이 한장석 씨를 <u>가라앉도록</u> 만든 것일까?

(34)의 세 번째 명사구를 의미역을 받는 명사구로 본다면 같은 자리에
오는 (35)의 밑줄 친 부분의 부사구도 논항의 자리에 오고 의미역을 받는
다고 설명해야 한다.

둘째, 이러한 'NP로'의 '로'는 언제나 '를'로 교체될 수 있는데 이때 조
사 생략이 가능하다. 조사 생략이 가능하다는 것은 그만큼 서술어와의 관
계가 밀접하여 언제나 하나의 구처럼 한 덩어리로 기능할 수 있음을 의미
한다.109)

---

108) 서술 논항에 대해서는 유현경(1994)를 참조할 것.

셋째, '를'로 교체될 수 있는 'NP로'는 두 번째 명사구인 'NP를'보다
서술어에 밀착하여 부사구나 기타의 다른 요소의 삽입을 허용하지 않을
뿐 아니라 어순도 고정되어 있는 특성을 가지고 있다.

이러한 특성은 동사 '삼다'에도 적용되는데, 대상변화 동사는 '만들
다'와 '삼다'밖에 없고 두 동사의 조사 교체는 동사가 가지는 독특한
(idiosyncratic) 성질인 것으로 생각된다. 실제로 사전에 격틀을 표시할 때는
수의적인 교체의 정보를 주어야 할 것으로 생각된다.

2.4. 조사 '와'와 '를' 교체

다음의 대칭동사들은 'NP와' 논항을 필수적으로 요구한다.

(36) ㄱ. 영희는 <u>철수와</u> 만났다.
ㄴ. 철수는 <u>아버지와</u> 닮았다.
ㄷ. 영수는 <u>영희와</u> 좋아한다.
ㄹ. 그는 우연히 <u>영희와</u> 마주쳤다.
ㅁ. 철수가 <u>영희와</u> 결혼했다.
ㅂ. 영수가 <u>철수와</u> 싸웠다.

일반적으로 'NP와' 구문에서 '와'를 취하는 명사와 주어 자리의 명사는
어휘적으로 등가성을 가져야 한다. 즉 주어 자리에 쓰이는 명사가 인성명
사인 경우 'NP와' 자리에 나타나는 명사 역시 어휘적으로 이와 동등한 인
성명사이다. 이러한 어휘적 등가성[110]이 유지되지 못하는 경우 'NP와' 대

---

109) 아래의 예문 (가), (나)와 같이 이동동사나 처소교차 동사 구문의 경우 '삼다, 만들다'처
럼 조사의 생략이 자유롭지 못하다. 이는 두 부류의 차이점을 드러내 준다. 즉 겉으로
드러나는 모습이 같다고 해서 동일한 측면에서 다룰 수는 없는 것이다.
가. *철수는 오솔길 걸어갔다.
나. *인부들이 트럭을 쌀 실었다.
110) 어휘적 등가성은 명사가 가지는 어휘적 자질의 등가성이 아니라 화자의 판단에 따른

칭동사 구문은 성립하지 못한다.

(37) ㄱ. 영희가 <u>폭풍우와</u> 만났다.
　　ㄴ. 영희가 <u>사과와</u> 닮았다.

　이러한 대칭동사 구문의 'NP와'는 전통문법에서 '비교격' 내지 '동반격'으로 다루어졌던 것으로 남기심(1990)에서는 이들이 형태가 일정하고 통사적으로 동일한 성분임에 입각하여 '대칭격'으로 다루어진 바 있다.[111]
　이러한 대칭동사 중 일부는 다른 대칭동사들과 달리 'NP와' 대신 'NP를'을 논항으로 취하기도 한다.

(38) ㄱ. 영희는 <u>철수를</u> 만났다.
　　ㄴ. 철수는 <u>아버지를</u> 닮았다.
　　ㄷ. 영수는 <u>영희를</u> 좋아한다.
　　ㄹ. 그는 우연히 <u>영희를</u> 마주쳤다.

　이와 같이 '와/를' 교체가 가능한 대칭동사 목록을 제시하면 다음과 같다.

　▌가까이하다, 닮다, 대면하다, 대하다, 마주치다, 만나다, 멀리하다, 벗하다, 사귀다, 사랑하다, 상대하다, 안다, 좋아하다, ……

등가성을 말한다. 즉 화자가 두 명사 자질이 동등하다고 판단할 경우에는 'NP와' 구문이 성립한다.
가. 나도 자연과/을 벗하며 살고 싶다.
위의 문장에서 'NP와'의 명사는 주어 자리의 명사와 달리 [+인성]의 자질을 가지지 못함에도 불구하고 '와'격을 취한다. 이는 화자가 '자연'을 [+인성]과 동등한 자격을 가진 것으로 판단하고 있기 때문으로 해석된다.
111) 남기심(1990)에서는 [NP₁와 NP₂가 ……V]와 [NP₁이 NP₂와 ……V] 문형을 별개의 것으로 설정하고, [NP₁이 NP₂와 ……V]에서 [NP와]를 필수적으로 요구하는 대칭용언의 경우는 여기에 대칭격을 부여하는 것으로 보았다.

(38ㄱ-ㄹ)에서 보듯이 'NP를'은 'NP와'와 교체되어 쓰이면서 'NP와'가 나타내는 대칭성을 유지하지 못한다. 이는 'NP를' 구문이 '서로'와 공기할 수 없음을 통해 알 수 있다.

(39) ㄱ. 영희는 <u>철수와</u> 서로 만났다.
ㄴ. *영희는 <u>철수를</u> 서로 만났다.

이러한 통사적 차이에도 불구하고 'NP와'와 'NP를' 구문에서 동사의 어휘개념구조는 차이가 없다. 이처럼 동일한 어휘의미구조를 가지는 '만나다' 구문을 그 내재논항이 취하는 격조사가 무엇이냐에 따라 통사적으로 다른 격틀을 취한다고 보면 격조사 교체가 가능한 모든 동사들의 격틀은 조사가 바뀜에 따라 별개의 것으로 설정해야 한다. 더 나아가 극단적인 입장에서는 어휘적으로 의미가 다르지 않으면서 동일한 논항구조를 가지는 동사임에도 불구하고 이들은 모두 동음이의어로 다루어진다. 그러나 인구어와 달리 국어에서는 주격이나 목적격의 이른바 구조격을 비롯한 모든 격조사가 형태적으로 분명히 실현되면서, 개별 동사에 따라 격조사의 교체 현상이 매우 활발히 일어난다. 이에 비추어 볼 때 이러한 처리는 합리적이지 못하며, 자료의 잉여적 제시에 그치게 되는 결과를 낳는다. 이는 결국 이론적 설명을 포기하는 것이다.

대칭동사 구문의 격조사 교체 현상은 앞서 살펴본 격조사 교체 구문과 같이 Dowty의 전형 의미역 특성을 통해서 설명이 가능하다.

동사 '만나다'는 자신의 내재논항에 특정 의미역을 할당한다. 영어의 경우에는 '만나다'에 해당하는 동사 'meet'은 대상의 의미역을 내재논항에 할당하는데 한국어 동사 '만나다'의 의미역 할당은 영어처럼 간단하지가 않다. 'NP를'의 경우 이 논항에 할당되는 의미역은 대상역으로 해석된다. 그러나 'NP와'를 논항으로 취하는 경우, 이 명사항에 할당되는 의미역은

대상역으로 보기 어렵다. 'NP와'로 실현되는 논항은 일반적으로 자신의
의지(volition)를 가진다. 또한 주어 자리에 나타나는 요소에 비해 상대적으
로 동사가 나타내는 행위에 의해 영향 받는 대상이라 보기 힘들다. 이런
점에서 'NP와'는 'NP를'에 비해 전형 대상역의 특성을 결여하고 있다.

　Dowty의 논의에 따르면 대칭구문의 'NP와'는 주어 자리의 명사와 어휘
적으로 등가성을 가지는 요소로서, '사건이나 상태에의 의도적 참여', '독
립된 존재'라는 점에서 두 가지 전형 행동주역의 특성을 보이며 전형 대
상역의 특성은 보이지 않는다. 이에 반해 'NP를'은 '독립된 존재'라는 전
형 행동주역의 특성만을 가지며, '상태 변화', '영향 받음', '다른 참여자와
상대적으로 정태적임' 등의 전형 대상역의 특성을 가진다.

　의미역은 동사가 나타내는 사건 속에서 논항이 차지하는 역할, 즉 사
건의존적(event-dependent)인 관점에서 논의되어야 한다. 대칭동사 구문에서
도 내재논항에 부여되는 의미역은 동사가 나타내는 사건에서 이 논항이
행하는 의미적 역할을 뜻한다. 'NP와'는 기존의 의미역 이론에 따르면
대칭역(Reciprocal)에 해당하는 것으로 주어 자리의 명사구와 매우 유사하
다. 따라서 'NP$_1$이 NP$_2$와 V'는 'NP$_2$가 NP$_1$과 V'로 교체가 가능하며 이
들이 합해져서 복수형의 명사가 주어 자리에 올 수 있다.[112] 단 이때 두
명사항의 교체는 명사항의 의미나 동사와의 결합 관계를 바탕으로 하여
제약된다.

　일반적으로 대칭동사는 두 개체간의 상호성을 전제로 한다. 이때 동사
가 나타내는 사건이 두 개체간의 상호성을 배제한 것으로 해석 가능한 일
부 대칭동사에 한해서 'NP와'는 'NP를'로 교체가 가능하다.

　'만나다'라는 행위가 현실세계에서 참여하는 두 개체의 합의나 의도 그

---

112) 가. 철수가 영희와 결혼했다.
　　　나. 영희가 철수와 결혼했다.
　　　다. 그들이 결혼했다.

리고 행위의 상호성을 전제로 할 경우, 한 개체는 주어 자리에, 나머지 한 개체는 'NP와'의 자리에 나타난다. 이들은 어휘적 등가성을 지닌다.

한편 '만나다'라는 행위는 의미적으로 일방성을 전제로 한 사건으로도 해석된다. 이때는 'NP를'이 내재논항의 자리를 차지한다. 사건이 두 개체 간의 합의 없이 또는 한 개체만의 의도를 전제로 하여 발생할 경우,[113] 의도를 가지거나 행위에서 능동적인 요소로 해석되는 개체는 주어 자리에, 나머지 만나는 행위를 당하는 대상인 개체는 'NP를'의 자리에 나타난다.

이는 주어의 의지를 나타내는 부사 '일부러'와의 공기 현상을 통해 증명할 수 있다.

(40) ㄱ. ?*철수는 일부러 <u>영희와</u> 만났다.
ㄴ. 철수는 일부러 <u>영희를</u> 만났다.

(41) ㄱ. *철수는 일부러 <u>영희와</u> 좋아했다.
ㄴ. 철수는 일부러 <u>영희를</u> 좋아했다.

위에서 '일부러'와의 공기 현상이 'NP를'의 '만나다' 구문에만 가능하다는 사실은 'NP를' 구문이 주어의 일방적 행위와 'NP를'의 대상성을 바탕으로 한 것임을 암시한다. 서로 다른 격조사가 동일한 문장에서 교체되어 나타날 때, 그 격조사가 무엇인가에 따라 논항이 가지는 의미역의 해석은 달라진다. 국어에서 이러한 격조사의 차이는 결국 동사의 의미역의 차이를 뜻한다. 따라서 격조사의 실현 없이, 특정 동사의 논항구조만으로는 그 동사가 부여하는 의미역이 무엇인지를 정확히 예측할 수 없다. 다시 말해서 국어에서 격조사는 의미역의 표시자로 기능한다.

---

113) 의도(volition)는 Agent논항의 특성으로, 의도를 가지는 요소가 하나일 경우는 그 요소가 주어 자리에 나타난다. 주어를 제외하고 목적어 자리의 논항만이 의도를 가지는 경우는 없음은 언어 보편적인 현상이다.

대칭동사 구문에 나타난 격조사 '를'은 앞서 살펴본 교체 구문에서와 마찬가지로 특정 의미역-대상역-을 표시한다. 따라서 '를'은 단순히 구조적인 입장에서 목적어에 해당하는 논항에 붙는 기능적 요소 즉, 타동사의 단순한 목적격 표지에 불과하다고 볼 수 없다. 격조사 '를'은 한 동사가 나타내는 사건 속에서 그 동사의 특정 논항의 의미 역할을 표시하는 형태적 표지이다. 국어에서 '를'은 주어 자리에 특정 논항이 실현된 구문에서 대상역의 의미역을 가지는 요소에 붙는다. 물론 이때도 '를'의 실현은 동사의 통사적 논항구조와 관련을 맺고 있다.

앞서 언급한 바 있듯이 모든 대칭동사 구문의 'NP와'가 'NP를'로 교체되는 것은 아니다.

(42) 철수가 <u>영희와</u>/*를 결혼했다.

(43) 영수가 <u>철수와</u>/*를 싸웠다.

위의 문장에서 보듯이 'NP와'를 취하는 대칭동사 구문일지라도 동사가 상호성만을 전제로 할 뿐 일방성을 전제하지 않는 사건(또는 상태)일 경우에는 'NP를' 교체 구문이 성립하지 않는다. '결혼하다, 싸우다, 헤어지다' 등의 동사는 참여하는 개체 쌍방의 의도성을 전제로 하므로 어느 한 개체가 대상으로 해석되는 'NP를' 구문을 취할 수 없다.[114]

---

114) 다음 문장을 살펴보자.
　　가. 그들은 파도와 싸웠다.
　　학자에 따라 '파도와'는 주어 자리의 '그들'과 어휘적으로 등가성을 가지는 것으로 보기 힘들다는 주장이 있을 수도 있다. 이는 '싸우다'의 의미가 전이되어 쓰인 예로 화자가 일종의 비유를 통해 '파도'가 '그들'과 싸움을 벌이는 동등한 자질을 가지는 개체로 받아들임으로써 성립한다. 이때 '만나다'의 내재논항과 달리 '파도'는 '싸우다' 동사가 나타내는 행위에 의해 영향을 받는 대상으로 해석되지 않는다. 따라서 'NP를'로 교체가 불가능하다.

요약하자면 국어에서 동사가 나타내는 행위의 차이는 문장에서 각 논항에 쓰이는 격 표지의 차이를 통해 구체적으로 드러난다. 격조사는 제각기 구분되는 의미를 지니고 있으며 동사가 하위 범주화하는 요소의 의미역을 분명히 드러내 주고 있다. 한편 구조격에 해당하는 목적격 조사 '를'은 단순히 목적격 표지로 기능하기보다는 행동주가 주어로 실현된 동사 구문에서 그 논항이 주어 자리의 논항에 비해 전형 대상역의 특성을 상대적으로 많이 가진 요소, 개별 의미역의 개념으로는 대상역에 해당함을 보인다.

사전적 처리에 있어서 이러한 격조사 교체 현상은 어휘부에 반영되어야 한다. '와/를' 격조사 교체 구문을 이루는 동사의 어휘의미는 동일하다. 따라서 이들을 별개의 격틀로 설정하는 것은 동일한 의미를 가지는 요소를 중복적으로 처리하게 된다는 점에서 이론적으로 바람직하지 못하며 어휘부의 간결성 또한 해치게 된다. 그렇다고 이 정보를 사전에 등록시키지 않는다면 이 또한 문법적 현실을 무시하는 결과를 낳는다. 그러므로 이들을 하나의 격틀에 포함시키면서 조사 교체의 모습을 보여주는 것이 좋겠다. 즉 '만나다'의 경우 격틀은 'NP$_1$이 NP$_2$와/를 V'로 설정할 수 있다. 이렇게 하나의 격틀에서 조사 교체 정보를 제공함으로써 우리는 이론적으로도 타당하고 간결한 어휘부를 유지할 수 있다.

이처럼 사건-의존적인 측면에서 의미역을 다루는 데 대한 반론으로 상호성과 일방성을 대칭동사의 어휘의미구조에 반영함으로써 동사의 어휘개념구조 속에서 의미역을 파악할 수 있다는 주장이 대두될 수도 있다. 동사의 어휘개념구조는 의미론적 차원에서 동사가 나타내는 행위에 참여하는 개체들과 이들의 관계만을 표시하며 동사의 통사적인 논항구조와 연결된다. 이때 어휘개념구조를 통해서 통사적인 측면에서 동사가 필수적으로 요구하는 논항이 무엇인지를 알아내는 것은 불가능하다. 즉, 동사의 의미에 입각한 어휘개념구조는 통사적인 논항구조와 연결되어 있지만 이들은 일대일로 대응하고 있지 않다. 따라서 앞서 살펴본 상호성과 일방성과 같은 동사가 나타내는 행위의 의미 차이는 동사의 어휘개념구조에 모두 반영될 수는 없다. 이러한 시도는 결국 개별 동사(또는 동사군)에 따라 다른 어휘함수들을 도입하게 될 것이며 객관화되고 구조화된 어휘개념구조의 성립을 불가능하게 할 것이다. 이는 동사가 나타내는 행위의 해석은 의미론적으로 사건의존적인 입장(event semantics)에서 이루어져야 한다는 우리의 입장을 뒷받침한다.

2.5. 조사 '가'와 '를' 교체

다음의 동사 구문에서는 'NP가' 논항이 'NP를'로 교체가 가능하다.

(44) ㄱ. 영희가 <u>철수에게 손목이</u> 잡혔다.
ㄴ. 영희가 <u>철수에게 손목을</u> 잡혔다.

(45) ㄱ. 기영이가 <u>순이에게 발이</u> 밟혔다.
ㄴ. 기영이가 <u>순이에게 발을</u> 밟혔다.

(46) ㄱ. 영수가 <u>머리가 크게</u> 다쳤다.
ㄴ. 영수가 <u>머리를 크게</u> 다쳤다.

(47) ㄱ. 윤호가 <u>발목이</u> 삐었다.
ㄴ. 윤호가 <u>발목을</u> 삐었다.

파생을 통해 형성되는 피동사의 논항구조에서는 능동문에서 목적어 자리를 차지하는 요소가 주어 자리에 실현되며 목적격 표지 '를'을 가진 요소가 나타나지 않는 것이 보편적 현상이다. 생성문법의 틀에서 이러한 현상은 피동사가 목적격 할당 자질을 결여함으로 인해 목적어 자리의 요소가 격을 받기 위해 주어 위치로 이동하는 것으로 설명하고 있다. 그런데 (44)~(45)에서 보듯이 한국어의 피동사 '잡히다, 밟히다' 구문에서는 이른바 격조사 '를'을 가진 요소가 논항으로 기능하고 있다.[115]

논항 'NP가'가 'NP를'로 교체되는 현상은 (46)~(47)에서와 같은 일반동사 구문에서도 나타난다. 이런 격조사 교체가 가능한 동사들의 목록을 크게 파생을 통해 형성된 피동사류[116]와 일반동사[117]류로 구분하여 제시하면 다음과 같다.

> ▌ㄱ. 걸리다, 그을리다, 꺾이다, 꼬집히다, 묶이다, 밟히다, 쏘이다, 잘리
>   다, 잡히다, 찔리다, 차이다, 치이다, ·······.
> ㄴ. 다치다, 데다, 삐다, 상하다, 설레다, 두근거리다, ·······.

이러한 '가/를' 교체 구문은 다음의 세 가지 특성을 보인다.

첫째 문장 맨 앞의 주어 자리를 차지하는 'NP가'와 'NP가/를' 사이에는 '전체-부분'의 비분리적 소유 관계(비양도성 제약)가 성립한다. (44)~(47)에서 보듯이 '영희'와 '손목', '기영'과 '발', '영수'와 '머리', '윤호'와 '발목'은 소유주-소유물의 비분리적 소유 관계가 성립한다. 이러한 비분리적 소유 관계는 국어의 중주어·중목적어 구문에서 흔히 나타난다. (44)~(45)의 피동문에 대응하는 능동문에서 비분리적 소유 관계를 보이는 명사구

---

115) 이러한 동사 구문을 이상억(1970)에서는 간접피동문이라 하고 능동구문의 목적어가 피동구문에 잔류하는 것으로 본 바 있다. 한편 임홍빈(1978)에서는 '를'에 의한 "성분주제화"의 하나로 이를 다루었다.

116) '가/를' 교체가 가능한 피동사는 주로 파생접사 "-이-, -히-, -리-, -기-"에 의한 파생 동사에 한정되며 '-어지다'구성에 의한 피동사는 이러한 격교체가 불가능하다.

117) 김영주(1990)는 이를 비대격 동사(unaccusative)로 분류한 바 있다. 비대격 동사란 기저 구조에서 외재논항이 없는 논항구조를 갖는 동사군을 지칭한다. 김은 [-Agentive]의 자질을 갖는 동사를 비대격 동사로 보았다. 이에 따르면 '데다, 다치다, 삐다' 등도 비대격 동사에 속한다. 그러나 이 동사 구문에서 주어 자리에 나타나는 논항은 [+Agent]적 특성을 지니고 있다. 이는 부사 '일부러'와의 공기를 통해 드러난다.

들은 목적격 표지 '를'을 공유한다.

> (48) ㄱ. 철수가 <u>영희를</u> 손목을 잡았다.
> ㄴ. 순이가 <u>기영이를</u> 발을 밟았다.

둘째 문장 맨 앞의 주어 자리를 차지하는 명사는 [+유정성]을 갖는 요소에 국한된다. 단 (49)에서 보듯이 주어 자리의 명사가 화자에 의해 [+유정성]을 가진 것으로 받아들여지는 경우에도 이러한 격조사 교체가 가능하다.

> (49) 뒤뜰의 나무가 사람들에게 <u>가지(가/를)</u> 잘렸다.

셋째 '가/를' 교체 구문을 이루는 동사들은 의미적으로 재귀성을 띤다. 이들 동사가 나타내는 행위는 항상 주어 자리를 차지하는 요소에게 돌아온다. (44)에서 '잡히다'라는 행위의 구체적 대상은 '손목'이지만 결국 피해를 입는 것은 '영희'이다. 명사항 사이의 비분리적 소유 관계를 통해서 행동의 결과는 항상 소유주에게 돌아온다.

'가/를' 교체 현상은 앞장에서 살펴본 격조사 교체 구문과 마찬가지로 의미역 할당과 관련을 맺고 있다. 먼저 이 구문에서 의미역의 부여가 어떻게 되는지를 살펴보자. 일반적으로 생성문법의 틀 안에서 동일한 격을 가지면서 '소유주-소유물'의 관계를 갖는 명사구들은 하나의 의미역을 공유하는 것으로 받아들여지고 있다. 따라서 중주어 구문이나 중목적어 구문에서 격을 공유하는 명사구들은 하나의 논항 연속체를 형성하여 동사로부터 하나의 의미역을 할당받는다. 소유주와 소유물의 명사구가 모두 'NP가'로 나타나는 피동사 구문에서의 의미역 할당은 이 명사구들이 하나의 의미역을 공유한다고 봄으로써 쉽게 설명된다. 구체적으로 다음의 예들을 살펴보자.

(50) 철수가 영희를 <u>손목을</u> 잡았다.

(51) ㄱ. 영희가 철수에게 <u>손목이</u> 잡혔다.
ㄴ. 영희가 철수에게 <u>손목을</u> 잡혔다.

피동사 '잡히다'의 논항구조는 능동사 '잡다'의 중목적어 구문과 규칙적으로 대응한다.[118] '잡다' 구문에서 비분리 소유 관계를 지닌 '영희'와 '손목'은 대상의 의미역을 공유한다. (51ㄱ)의 'NP가'를 취하는 '잡히다' 구문에서 '잡다'의 목적어 자리에 나타나는 요소들은 모두 주어 자리에 실현되며 이들 역시 대상의 의미역을 지니는 것으로 해석된다.

그러나 (51ㄴ)의 'NP를'을 취하는 '잡히다' 구문의 경우 의미역 해석이 그리 간단하지 않다. 소유주와 소유물에 해당하는 요소의 의미역이 동일하다면 이들이 왜 다른 격조사를 취하는가를 설명하기 힘들다. 이중주어나 이중목적어 구문에서 동일한 격조사를 가진 비분리 소유 관계의 명사구들은 하나의 논항 연속체를 형성하므로 동일한 의미역을 공유하는 것으로 취급되었다. 그러나 (51ㄴ)에서 이들이 하나의 논항 연속체에 해당하는 것들이라면 왜 하나는 주격 조사와, 다른 하나는 목적격 조사와 함께 쓰이는가를 설명할 수 없다.

또한 'NP를'이 나타나는 피동문은 'NP가' 피동문과 달리 주어 자리에 나타나는 요소가 의도성을 가지는 것으로 볼 수 있다.

(52) ㄱ. *영희가 철수에게 <u>손목이</u> 일부러 잡혔다.
ㄴ. 영희가 철수에게 <u>손목을</u> 일부러 잡혔다.

(53) ㄱ. *기영이가 순이에게 <u>발이</u> 일부러 밟혔다.

---

118) 이때 비분리 소유 관계의 명사구들을 가진 '잡히다'에 대응하는 '잡다' 구문에서 이 명사구들이 이중목적어로 실현된다. 이와 관련한 논의는 송복승(1995) 참조.

ㄴ. 기영이가 순이에게 발을 일부러 밟혔다.

이처럼 'NP-를' 구문에서 동사가 나타내는 행위는 피동주의 의도성을 내포한다. (52ㄴ)과 (53ㄴ)에서 '영희'나 '기영'은 피동주임에도 불구하고 의도성을 가지고 동사가 나타내는 사건에 참여할 수 있다. 그러나 (52ㄱ) 과 (53ㄱ)에서는 주어 자리에 오는 개체의 의도성이 전제되지 않는다.

의도성을 가지는 요소는 소유주 논항에 국한되며 이는 항상 주어 자리에 나타난다. 그리고 의도성을 가지지 못하는 요소, 즉 소유물을 나타내는 명사구는 항상 'NP를'로 실현된다.

(54) ㄱ. 영희가 철수에게 손목을 오른쪽을 잡혔다.
ㄴ. 영희가 철수에게 손목이 오른쪽이 잡혔다.
ㄷ. ?*영희가 철수에게 손목이 오른쪽을 잡혔다.

(54)에서 보듯이 소유물에 해당하는 명사구들은 항상 같은 격조사를 공유해야 한다. 그 중 일부만 '가'를 취하면서 나머지는 '를'을 취하면 비문이 된다.

결국 비분리 소유 관계의 중목적어 구문을 바탕으로 형성된 피동문에서 주어 자리로 이동하는 요소들은 단일한 논항 연속체를 이루는 전체 명사구들이거나 소유주 논항에 국한된다.

피동사 구문에 격조사 '를'이 나타나는 현상은 주어 자리의 명사구가 가지는 전형 행동주역의 특성을 바탕으로 한다. 격 할당과 관련하여 피동사인 '잡히다'가 격조사 '를'을 소유물 명사구에 할당한다는 것은 일반적인 피동사의 특성에서 벗어나는 것으로, 피동문에서 목적어가 격을 받지 못함으로 이동하여야 한다는 주장의 성립을 어렵게 한다. 피동문의 성립은 송복승(1995)과 같이 능동과 피동의 발화의 초점이 다르다는 데에 기인하는 형태론적 파생을 통해 형성된 것으로 보아야 할 것이다.[119]

앞서 살펴본 동사 구문과 마찬가지로 '가/를' 교체의 피동사 구문도 논항이 가지는 전형 의미역의 특성에 입각해 설명이 가능하다. (54)에서 주어 자리의 명사와 목적어 자리의 명사는 어휘의미적인 면에서 차이를 보인다. 소유주-소유물 관계의 명사구에서 소유주 명사는 항상 [+유정성]의 자질을 지닌다. 또한 다른 피동문에서와 달리 소유주 논항은 의도를 가지고 동사가 나타내는 사건에 참여할 수 있다. 이러한 특성은 각 명사에 할당되는 의미역을 해석하는데 영향을 미친다. 소유주에 해당하는 명사 '영희'의 의미역은 소유물에 해당하는 명사와 달리 지각/인지를 느끼는 개체라는 측면에서 전형 행동주역의 특성을 지닌다.120) 이 점에서 경험주역에 가깝지만 능동적으로 행동하지 못하며 동사의 행위의 결과가 최종적으로 돌아가는 개체라는 점에서 보면 이는 피위주역에 해당한다. 동시에 피위주역 논항은 의도성을 가질 수 있다. 이는 전형 행동주역의 특성에 속한다.

일반적으로 대상역(Theme)과 피위주역(Patient)을 구분하기란 힘들며 많은 학자들이 이들을 하나로 보고 있다. Dowty(1991)에 따르면 피위주역와 대상역은 '인과적으로 영향 받음(causally-affectedness)'의 특성이 있고 없음의 차이만을 보이는 의미역이다. 피위주역는 넓은 의미에서 대상역에 속하는 의미역이지만 반드시 어떤 행위에 의해 영향을 받는 개체임을 전제로 한다. 또한 피위주역는 동사가 나타내는 행위를 수용하는 주체이기도 하다. 이와 같이 피위주역는 대상역의 영역에 포함되는 의미역일지라도 최종적으로 영향을 받는 행동의 수용자란 면과 의도성을 내포할 수 있다는 면에서 대상역과 구분된다.

---

119) 송복승(1995)에서는 피동문의 형성을 Jespersen(1924)과 같이 '피동과 능동은 동일한 사실에 대한 화자의 관점의 차이에 의해 선택된다'고 보고 형태적 파생을 통한 피동사의 논항구조의 재구조화를 통해 설명하고 있다.
120) 피위주역(Patient)의 이러한 특성은 우형식(1990)에서 다루어진 바 있다.

피위주역와 대상역은 넓은 의미에서는 같은 의미역에 속하지만 좁은 의미에서는 따로 구분될 수 있다. 피위주역와 대상역의 분리 가능성은 비분리 소유 관계를 가진 명사구를 가진 피동문에서 분명히 나타난다. 이는 대상역에 해당하는 요소들의 격조사 교체를 일으키는 요인이 된다. 넓은 의미에서 소유주와 그 소유물에 해당하는 명사구들은 대상역의 의미역을 공유한다. 이 경우 소유주 명사구와 소유물 명사구는 단일한 논항 연속체를 형성하며, 통사적으로 이들은 모두 주어 자리에 나타나 격조사 '가'를 공유하게 된다. 그러나 좁은 의미에서 소유주 논항의 의미역은 피위주역이며 소유물 논항은 대상역으로 구분된다. 이들이 가진 의미역의 차이가 인식된 경우 통사적으로 피위주역에 해당하는 소유주 명사구만이 주어 자리에 나타나며, 소유물 명사구들은 그 상대적인 전형 대상역 특성에 의해 격조사 '를'을 가지게 된다.121)

이러한 특성은 일반동사 구문의 명사구들 사이에서도 나타난다. 'NP를'을 취하는 일반동사 구문에서도 비분리적 소유 관계를 이루는 요소들은 목적어 자리에서 주어 자리로의 이동을 경험한다. 피동문과 마찬가지로 이들 역시 전체 명사구가 이동하여 주어 자리에 나타나거나 그 중 소유주에 해당하는 즉 피위주역의 의미역을 가지는 요소만이 주어 자리에 나타난다.

(55) ㄱ. 영수가 <u>머리가 왼쪽이</u> 다쳤다.

---

121) 이때 피동사가 피위주역과 대상역을 가진 두 개의 논항을 하위 범주화하는 것으로 볼 수는 없다. 피동사의 논항구조는 하나의 논항을 하위 범주화하는데 비분리 소유 관계의 명사구가 나타날 경우 이는 동일한 의미역인 대상역을 공유하여 모두 주격으로 실현된다.
한편 소유주 논항은 그 어휘의미적 특성으로 인해 엄밀한 의미에서 피위주이며 이것이 소유물 논항과 별개의 것으로 인식되는 경우에는 피위주 논항만이 주격으로 실현되고 나머지 대상역에 해당하는 소유물 명사구는 격조사 '를'을 취한다. 피동문에서 이러한 격조사 '를'의 실현은 주어의 행동주역 속성과도 관련을 맺고 있다. 이는 일종의 내재격으로 해석되며, 따라서 구조적인 격 할당의 문제를 일으키지 않는다.

ㄴ. 영수가 <u>머리를</u> 왼쪽을 다쳤다.
ㄷ. [?]*영수가 <u>머리가</u> 왼쪽을 다쳤다.

이러한 동사 구문에서도 동사가 나타내는 행위의 의도성에 기인한 '가/를' 교체 구문의 차이가 나타난다. 이는 부사 '일부러'와의 공기를 통해 알 수 있다.

(56) ㄱ. *영수가 <u>머리가</u> 일부러 다쳤다.
ㄴ. 영수가 <u>머리를</u> 일부러 다쳤다.

이는 주어 자리에 오는 명사의 전형 행동주역의 특성을 나타낸다. 피동 구문과 마찬가지로 (56ㄴ)에서처럼 주어 자리에 오는 명사구가 전형 행동 주역의 특성을 가질 때, 소유물에 해당하는 논항에서의 격조사 교체가 가능하다. 격조사 '를'이 실현된 논항은 주어 자리 논항에 상대적으로 많은 수의 전형 대상역의 특성을 가지고 있다. 여기서도 소유주-소유물 명사구가 주격 표지를 가지는 경우 이들은 하나의 논항 연속체로 대상의 의미역을 공유하는 것으로 해석된다.

요약하자면 '가/를' 교체 동사 구문의 격틀은 비분리적 소유 관계를 형성하는 명사구들의 특성과 동사의 의미에 기인한다. 피위주역의 의미역을 가진 소유주에 해당하는 논항은 피동문이나 일반동사 구문에서 항상 주어 자리에 나타나지만 순수한 대상역에 해당하는 나머지 요소들은 하나의 논항 연속체로서 소유주 논항과 함께 전체가 주어 자리로 이동하거나, 이동하지 않을 경우 그 자리에 남아 동사로부터 격을 받는다. 격조사 '를'의 출현이 이처럼 특정 동사의 함의들을 바탕으로 한 전형 의미역과 관련을 맺고 있다는 사실 역시 앞서 살펴본 격조사 교체구문과 마찬가지로 '를'이 단순한 목적격 표지로서 동사의 목적어 논항에 할당되는 기능적 요소라는 견해에 대한 이의를 제기한다.

사전적 처리에 있어서 이러한 격조사 교체 현상은 어휘부에 반영되기가 힘들다. 왜냐하면 비분리 소유 관계의 형성은 동사의 논항구조와 직접적으로 관련된다기보다는 명사들 사이의 의미적 관련성을 바탕으로 하고 있기 때문이다.

비분리 소유 관계의 명사구를 가지는 동사 구문은 한국어의 문형의 특성으로서, 격틀의 논의가 동사만을 중심으로 한 기존 연구방향에서 벗어나 명사들 사이의 의미 관계를 함께 고려해야 함을 시사한다. 예를 들어 '영희가 얼굴이 예쁘다'에서 '예쁘다'의 논항은 '얼굴'이나, '얼굴'은 그 의미적 불완전성으로 인해 소유주 논항을 요구한다고 볼 수 있다. '얼굴'이 특정 소유주가 문장에 나타날 것을 요구한다는 것은 동사가 논항을 하위 범주화하는 것과 유사하다.

한편 다음의 동사 구문들은 학자에 따라 '가/를' 교체 구문으로 다루어진 바 있다(우형식 1990).

<blockquote>

(57) ㄱ. <u>자동차가</u> 잘 움직인다.
ㄴ. 철수가 <u>자동차를</u> 움직인다.

(58) ㄱ. <u>쌀값이</u> 내렸다.
ㄴ. 정부가 <u>쌀값을</u> 내렸다.

(59) ㄱ. <u>불빛이</u> 반짝인다.
ㄴ. 철수가 <u>불빛을</u> 반짝인다.

</blockquote>

이 구문의 동사들은 중립동사(middle verb, 연재훈 1989)에 해당하는 것으로 하나의 동사가 자·타동의 두 가지 용법을 겸한다. 이 때 타동문의 목적어에 해당하는 요소가 자동문에서는 주어 자리에 나타난다. 그러나 이들을 앞서 살펴본 '가/를' 격조사 교체 구문에 포함시키기는 어렵다. 앞에서

다루었던 격조사 교체 구문은 동일한 문장 구조에서 단지 동일한 명사구가 '가'를 격조사로 취하느냐, '를'을 취하느냐 하는 점에 있어서만 차이를 보인다. 그러나 위의 '움직이다', '내리다', '반짝이다' 등은 동일한 논항구조를 가지고 있지 않다. 또한 자동구문의 경우와 달리 타동구문의 경우, 동사가 사동의 의미를 지니고 있다. 이처럼 논항구조가 다르면서 의미가 다른 동사들을 격조사 교체 동사들로 보아 하나의 동사로 취급하는 것은 타당하지 않다. 사전적 처리에 있어서도 이들은 별개의 격틀을 가지는 동사로 구분해서 다루어야 한다.

국어의 격조사 교체 현상은 격조사를 구조적인 것으로만 해석하게 되면 설명하기가 무척 어렵다. 이 연구에서는 이러한 격조사 교체 현상을 서술어가 자신의 논항에 할당하는 의미역 관계에서 그 원인을 찾아보았다. 특히 조사 '를'과 교체되는 네 가지 조사를 유형별로 살펴본 결과 각 유형들이 저마다 조금씩 다른 특성을 보이면서도 결국은 의미역과의 관계로 설명할 수 있음을 알 수 있었다.

격조사의 교체는 초점화나 주제화와 같은 화용론적인 관점에서 보거나, 조사의 의미만으로는 설명할 수 없는 부분이 많다. 조사 '를'을 구조적인 격조사로 보는 것은 조사가 교체될 때마다 통사적인 격틀까지 달라져야 한다고 보아야하기 때문에 수많은 동형어를 과생성하게 되어 어휘부에 너무 많은 부담을 주게 된다.

이제까지 살펴본 바에 의하면 격조사 교체 구문에 나타나는 '를'은 동사의 의미역과 깊은 관련을 맺고 있다. 다시 말해 동사가 자신의 논항들에 부여하는 의미역은 통사적인 격조사 실현에 깊이 관여하는 것으로 해석된다. 이 연구에서는 조사 실현의 통사적 현상이 의미론에 바탕을 두고 있다는 전제하에, Dowty의 논항 선택(Argument Selection)과 관련된 전형 의미역 이론을 바탕으로 '를'의 교체 현상을 설명하였다.

국어의 격조사 '를'은 전형 대상역의 특성을 많이 가진 요소들과 결합

하는데, 이때 주어 자리에 나타나는 논항은 이에 비해 상대적으로 많은
전형 행동주역의 특성을 갖는다. 이처럼 '를'의 실현은 동사의 논항으로서
자신이 받는 의미역에 바탕을 두며 동시에 주어가 가지는 의미역과도 관
련을 맺고 있다.[122] 개별 의미역으로 보자면, 주로 '를'이 붙는 논항은 대
상역의 의미역을 가진다. 많은 논문들에서 조사 '를'이 단순한 목적격 표
지로 다루어져 온 것은 일반적으로 타동문에서 목적어에 해당하는 논항
이 가지는 의미역이 대상역이기 때문이다.

　'를'을 구조격 표지로 보고 이와 결합하는 논항을 자동적으로 목적어에
해당하는 것으로 규정하는 것은 많은 오류를 불러일으킨다. 이러한 처리
에 따르면 격교체 구문의 '를'과 결합하는 논항들과 더불어 부가어에 해
당하는 요소까지도 목적어에 해당한다고 볼 수 있다. 예를 들어 '그는 <u>한
시간 동안을</u> 서 있었다.'에서 밑줄 친 요소는 분명히 부가어로서, 이를 격
조사 '를'과 결합했다고 해서 서술어 '서다'의 목적어로 보는 것은 타당하
지 않다. 동사의 타동성과 관련한 목적어 규정의 문제는 앞으로 더 연구
되어야 한다.

　한편 이 연구에서는 대상역 안에 기존의 대상역과 대상변화역, 피위주
역을 분리하고 서술어가 자신의 논항에 이 의미역들을 할당할 수 있다고
보았다. 이는 곧 중목적어 구문과 중주어 구문의 생성과도 관계가 있다.
대상변화역과 피위주역은 대상역의 일종이지만 서술어가 나타내는 사건
의 해석에 따라 분리될 수 있다. 또한 주어가 전형 행동주역의 특성이 강
한 경우 대상역에 해당하는 논항의 조사가 '를'로 교체되는 동인이 된다.

　이러한 격조사 교체의 의미역적 해석은 용언을 자동사, 타동사, 형용사

---

122) 본문에서 살펴보았듯이 일반적으로 주어가 행동주역 특성이 강한 경우에 내재논항이
　　 격조사 '를'을 취할 수 있다. 그러나 주어의 의미역을 행동주로 단언하긴 힘들다. 비분
　　 리 소유 관계의 '가/를' 교체 구문에서는 피위주에 해당하는 논항이 주어 자리를 차지
　　 한다. 피위주는 강한 전형 대상역을 가짐과 동시에 어느 정도의 전형 행위주역 특성을
　　 보유한다.

의 셋으로 구분한 기존의 틀을 근본적으로 재고해야 할 필요성을 제기한
다. '를'의 있고 없음에 따라 자동사와 타동사로 구분하는 것은 서구문법
의 영향으로, 우리 문법 안에서의 통사적인 의의에 대해서는 그 동안 너
무나 소홀히 다루어온 경향이 있다. 자동사 중에도 '를'이 나타나는 것이
적지 않고 이를 무조건 타동사의 틀 안에서 설명하기도, 무시해 버리기도
힘든 면이 있다.

그렇다고 '를'의 구조격적인 특성-잘 생략된다든지, 다른 조사들과 같
이 나타나지 않는다든지 하는 점 등-을 전혀 무시하고 '를'의 통사적인
지위를 전면 부정하려는 것은 아니다. 하지만 '를'이 구조격이라는 것에
매달려 한쪽 면에서만 바라보려 하는 것이 '를'의 연구에 오히려 부정적
인 요소로 작용하게 된다는 것을 환기시키려고 했다. 격조사 교체는 의
미·통사적인 현상으로, 어휘 개별적인 의미역적 특성을 함께 고려하여
사전의 격틀 정보에 반영되어야 한다.

3. 조사 '에게'[123]

3.1. 조사 '에게'와 유정성

지금까지 대부분의 논의에서 조사 '에게'는 조사 '에'의 이형태로 간주
되어 왔다. 조사 앞에 오는 명사가 [유정성]의 의미 자질을 가질 때 조사
'에'가 '에게'로 교체되는 것으로 보고 조사 '에게'의 의미나 통사적 지위
등은 조사 '에'에 준하여 유추 해석한다. 이런 이유로 조사 '에'에 대한 수
많은 논의들이 있었음에도 불구하고 조사 '에게'만을 집중적으로 세밀히
연구한 논의들이 거의 없었다.[124] 그러나 조사 '에게'와 '에'는 조사 '이',

---

123) 이 절은 유현경(2007ㄱ)을 기반으로 기술되었다.

'가'나 '을', '를'처럼 음운론적인 조건에 의한 이형태 관계가 아니기 때문에 이 두 조사를 하나의 형태소의 이형태 관계로 볼 것인지의 문제는 의문의 여지가 있다. '말하다', '주다' 등 동사에 따라 조사 '에게'가 '에'보다 더 기본적인 격형태로 취급되기도 하는데 이는 조사 '에게'를 '에'와 분리하여 살펴볼 필요성을 제기하게 한다.

박양규(1975 : 99)에서는 여격이란 단지 무정체언에 '에'가 연결되는 환경에서 유정체언에는 '에게'가 연결된다고 하는 사실 그 자체를 말하는 것에 지나지 않으며 '에'와 '에게'는 상보적 분포일 뿐 아니라 순수히 통사론적 견지에서 보더라도 이들이 표시하는 관계의미에 별다른 차이가 있는 것 같지는 않다고 하고 있다. 이러한 논지는 안명철(1982), 이익섭・임홍빈(1983 : 151~156), 김원경(1997), 최호철 외(1998), 이남순(1998), 성광수(1999) 등의 대부분의 논의에서 그대로 받아들여지고 있다. 이에 비해 김승곤(1989)에서는 '에게'를 상대자리 토씨로 분류하여 '에'와 별개의 형태소로 보았다. 유현경(2003ㄱ)에서는 '주다' 구문에 나타나는 조사 '에게'와 '에'에 대하여 살펴보았는데 '에게'와 '에'는 상보적 분포를 이루지도 않고 다른 조사와의 결합 양상에서도 다른 측면을 가지고 있으며 그 의미도 차이가 있기 때문에 별개의 형태소로 보아야 한다고 하였다. 고영근(2005 : 23)에서는 유정물에 붙는 '에게'와 무정물에 붙는 '에'를 문법론적으로 조건지어진 이형태라 보는 일이 있으나 이는 옳지 않다고 지적하였다.

다음에서는 먼저 조사 '에게'와 '에'의 형태론적 관계에 대하여 살펴보려 한다. 조사 '에'와 '에게'가 교체되는 조건은 결합하는 명사가 [유정성]

---

124) 송복승(1994), 김원경(1997) 등이 '에게'에 초점을 맞추어 연구한 논의인데, 송복승(1994)은 피동구문과 사동구문에 나타나는 '에게' 구성의 차이를 밝히는 데 논의를 집중하였고 김원경(1997)에서는 '에'와 '에게'를 '소재'라는 추상적 의미를 공유하는 이형태 관계로 보고 '에게'와 '에'의 격 범주 설정과 필수성, 수의성 등의 문제를 다루었다. 기존의 논의는 '에게'가 '에'의 이형태라는 전제 하에 피상적으로 접근하거나, 별다른 논증 없이 '에게'를 여격 조사로 보고 '에'와 별개의 형태소로 취급한 것이 대부분이다.

을 가지고 있느냐인데 이와 연관하여 이형태의 분포를 논할 때 음운론적이거나 형태론적인 조건 이외에 다른 조건을 추가할 수 있는가 하는 문제도 함께 논하게 될 것이다. 본론에서는 조사 '에게'의 결합에 영향을 미치는 의미 자질인 [유정성]의 개념과 이와 관련된 여러 문법 현상에 대하여 살펴보기로 한다. [유정성]이라는 의미 자질은 개별 언어의 문법 현상에 영향을 미치며 언어에 따라 다른 방식으로 부호화(coding)된다는 사실은 이미 잘 알려져 있다(Comrie 1989, Croft 2003, 연재훈 1995, Yamamoto 1999, 김은일 2000 등). 이 연구에서는 주로 영어의 경우와 대조하여 한국어에서의 [유정성]의 문제를 고찰하게 될 것이다.

이 절에서 사용되는 언어 자료는 대부분 말뭉치에서 가져온 것들이다. 주로 사용한 말뭉치는 21세기 세종계획에서 구축한 현대국어 균형말뭉치이며 세종 균형말뭉치가 불충분하다고 판단될 때에는 구글(http://www.google.co.kr/)에서 검색한 용례도 참조하였다. 이 연구는 조사 '에게'의 결합 양상을 살핌으로써 한국어에서의 [유정성] 자질이 어떻게 드러나는가에 초점이 있기 때문에 '에게'가 어떤 용례에서 나타나는지가 매우 중요하다. 말뭉치에 나타난 용례 분석을 통하여 한국어에서 [유정성] 자질의 언어적 부호화(coding) 양상을 살펴볼 수 있을 것이다.

3.2. '에게'와 '에'의 형태론적 관계

조사 '에'와 '에게'는 다음과 같은 예로 쓰인다.

(1) ㄱ. 철수는 <u>화분에</u> 물을 주었다.
    ㄴ. 나는 <u>철수에게</u> 물을 주었다.

앞서 기술한 바와 같이 (1)의 '에'와 '에게'는 환경에 따라 상보적 분포를 가지게 된 것으로 해석하고 '에게'를 처격 조사의 일종으로 보는 것이 일반적이다. 그러나 '에'와 '에게'를 이형태 관계로 규정하기 위해서는 '에'와 '에게'의 의미가 동일해야 하고 상보적 분포를 이루어야 하는데 '에'와 '에게'의 경우 이 두 가지 조건이 충족되었다고 보기 어렵다.

조사의 의미는 기본의미를 중심으로 볼 수도 있고 개별 문장에서 쓰인 용법을 중심으로 세분화해서 볼 수도 있다. 개별 용법에서 드러난 조사의 의미는 결합되는 명사의 의미 자질과 문장의 핵이 되는 서술어의 의미구조에 기대는 관계적 의미이다. 기본의미를 기준으로 해서 본다면 '에게'뿐 아니라 '에서'나 '로'까지 '에'와 함께 '장소'의 의미를 가진 것으로 묶을 수 있을 것이다. 그러므로 조사나 어미와 같은 문법 형태의 이형태 관계는 의미보다 분포를 근거로 판단하는 것이 옳을 것이다(유현경 2003ㄱ).

(2) ㄱ. 인질극을 벌인 10대 강도가 오늘 <u>경찰에</u> 붙잡혔습니다.
ㄴ. 지하철에 타고 있던 <u>경찰에게</u> 그 사람이 붙잡혀 위기를 모면했다.

(3) ㄱ. 구호물자 수송 작전이 4일부터 재개돼 <u>난민들에</u> 전달되기 시작됐다.
ㄴ. 유엔의 수송 차량들이 도착, 원조 물자를 현지 <u>난민들에게</u> 전달했다.

(2), (3)은 조사가 결합된 명사와 서술어가 동일한 경우인데도 '에'와 '에게'가 함께 나타난 문장이다. 이는 '에'와 '에게'가 상보적 분포가 아니라는 결정적인 증거가 되거니와 '에'와 '에게'의 의미가 같지 않다는 것을 보여준다.

이익섭·임홍빈(1983 : 151~153)에서는 '에게'와 '에'가 같은 의미를 가지고 있으며 그 환경에 따라 상보적 분포를 가진다고 하면서, 몇 가지 예외

를 인정하고 있다. 즉, 모든 유정물 다음에 반드시 '에게'가 쓰이는 것은
아닌데, 그 예를 들면 다음과 같다.

> (4) ㄱ. <u>키 큰 사람에</u> 싱겁지 않은 사람이 없다.
> ㄴ. <u>그 아버지에</u> 그 아들이다.
> ㄷ. 요즈음 사람에는 <u>별 사람들이</u> 다 있다.

> (5) ㄱ. <u>형에</u> 비하여 형수가 더 너그럽다.
> ㄴ. <u>그분에</u> 대해서 우리는 아무것도 모른다.
> ㄷ. <u>선생에</u> 따라서 이야기가 조금씩 틀리더라.
> ㄹ. 이 일이 결국 <u>김군에</u> 의해 이루어졌다.
> ─(이익섭·임홍빈 1983 : 152의 예 재인용)

이익섭·임홍빈(1983)에서 (4)의 예들은 주로 속담과 같은 특수 표현에
쓰인 것이며 또 사람을 개체로보다는 한 부류로 다룰 때 쓰이는 것이고,
(5)는 '비하여, 대하여, 의하여, 따라서' 등 몇몇 특수한 표현에 한정된다
는 특징을 가진다고 하면서 이를 예외적인 용법으로 보아야 할지 어떤 조
건에 따라 결정된 것으로 보아야 할지는 확언키 어렵다고 하고 있다.
　그러나 기존의 연구에서 언급한 것처럼 조사 '에게'가 언제나 유정성
자질이 있는 명사와만 결합하는 것은 아니다. 다음의 예를 보자.

> (6) ㄱ. 은행이 그 돈을 맡아서 <u>기업에게</u> 빌려주는 거죠.
> ㄴ. 그는 <u>팀에게</u> 기념비적인 우승을 안겨줬습니다.
> ㄷ. 시작은 저희 <u>여성시대에게</u> 맡겨 주시기 바랍니다.

(6)에서 '기업', '팀', '여성시대' 등은 [유정성]의 자질을 가진 유정물이
아닌데도 불구하고 '에게'와 결합하였다.[125] 이러한 예들은 '에'와 '에게'

─────────────
125) 이를 의인화한 것으로 보면 [유정성] 자질을 줄 수도 것이라는 사실은 사적으로 고영

가 상보적 분포를 이루는 이형태 관계가 아니며 지금까지의 논의와는 달리 [유정성]만으로 '에게'의 분포를 설명할 수 없다는 것을 말해 준다.

'에'와 '에게'를 명사의 유정성 여부에 따른 이형태 관계로 보는 관점은 그 전제에 있어 심각한 오류를 포함하고 있다. 고영근(2005)에서는 형태소의 교체에 대하여 논하면서 '에'와 '에게'를 문법론적으로 조건지어진 이형태라고 보는 관점에 대하여 비판하고 있다. 이에 의하면 유정성은 문법 범주가 아니라 명사에 내재해 있는 의미 자질의 하나일 뿐이라고 하였다. 이렇게 본다면 높임의 주격 조사 '께서'와 이른바 객체높임의 여격 조사 '께'도 보편적인 주격 조사 '이/가'와 부사격 조사 '에게'의 문법론적으로 조건지어진 이형태로 보아야 할 것이라고 덧붙이고 있다.126) 즉 한국어 문법에서 이형태 교체의 조건은 음운론적 교체와 형태론적 교체의 두 가지만을 인정하고 소위 통사론적 이형태의 설정을 부정하고 있는 것이다.

남기심(1986/1996)에서는 하나의 형태소를 구성하는 이형태의 분포를 따질 때 언어 단위를 낱말 또는 형태론적 구성까지 잡느냐, 그 이상인 통사적 구성까지도 인정하느냐의 문제를 제기하면서 이형태 관계의 조건인 상보적 분포는 통사적 구성까지 확대될 수 없음을 논증하였다. 상보적 분포의 적용 범위에서 통사적 구성을 배제하는 것과 마찬가지로 의미 자질도 이형태 관계의 전제가 될 수 없다. 앞의 예에서 보였듯이 의미란 주관적인 측면이 다분하여 경우에 따라 다른 결과를 가져올 수 있기 때문에 이형태 규정에 있어서 음운론적 조건이나 형태론적 조건과 더불어 객관

근 선생님께서 지적하신 바 있다. 그러나 이때 조사 '에게'뿐 아니라 '에'의 결합도 가능하다는 점은 어떤 명사의 [유정성] 자질이 명사 자체의 고유의 내재 자질이 아니라 화자의 판단과 관련이 있음을 보여준다.

126) '에'와 '에게'의 교체 관계를 어떤 조건에 의한 이형태 관계로 보아야 하는지도 사실상 불분명하다. 이 논의에서는 고영근(2005)에서 사용한 문법론적인 이형태라는 용어를 사용하였지만 이 교체가 의미 자질에 의한 것이기 때문에 의미론적인 교체라고 해야 할지, 아니면 결합되는 어휘에 의한 교체로 보아 어휘론적 교체라 해야 할지 모호하다. 이러한 측면 역시 '에'와 '에게'가 이형태 관계가 아님을 시사하는 것으로 볼 수 있다.

적인 기준으로 삼을 수 없다.

또 한 가지는 '에게'와 '에'가 교체되는 조건인 '에게'가 결합하는 명사의 [유정성]의 고정성 문제이다. '에게' 결합 명사의 [유정성]은 명사 자체에 존재하는 고정 불변의 의미 자질이라기보다 화자의 판단에 의한 [유정성]이라는 것이다. 이에 대해서는 3.4에서 자세히 논의하기로 하겠다.

'에'와 '에게'가 이형태 관계가 아니라는 증거는 분포에서도 찾을 수 있다. 유하라(2005)는 현대국어 조사의 배열 양상에 대하여 논의한 연구인데 조사 '에'와 '에게'의 앞뒤에 결합되는 조사의 분포가 서로 다른 것을 알수 있다.127) 유하라(2005 : 108)에서 '에게'는 '에'나 '에서'와는 달리 생략되면 비문이 되는 경우가 많다는 점을 지적하고 이는 '에게'에 통합되는 명

---

127) 이러한 사실은 유현경(2003ㄱ)에서 지적한 바 있다.
　　(i) 가. 영희가 철수에게 갔다.
　　　　 나. 영희가 철수에게로 갔다.
　　　　 다. *영희가 철수에게를 갔다.
　　(ii) 가. 영희가 학교에 갔다.
　　　　 나. *영희가 학교에로 갔다.
　　　　 다. 영희가 학교에를 갔다.
　　유현경(2003ㄱ)에서 (i)의 예는 '에게'가 조사 '로'와 결합하여 쓰일 수 있으나 조사 '를'과는 결합할 수 없음을 보여준다. 반면에, (ii)에서는 조사 '에'가 '로'와는 결합하지 못하고 '를'과 결합하여 쓰이는 것을 볼 수 있다. 이러한 차이는 '에게'가 '에'의 이형태로서 같은 의미를 가지고 있다고 가정했을 때 설명할 수가 없다고 하였다. 그러므로 (i), (ii)의 예로 보아 '에게'와 '에'는 이형태 관계가 아니라 별개의 형태소라는 것을 알 수 있다. 성광수(1999 : 189)에서는 조사 '에'를 대상성으로, '로'는 과정성으로 보고 '에게'의 '게'는 유정적인 자질로 규정짓고 있다. 다음과 같은 예에서,
　　(iii) 가. 아내는 다시 남편에게로 돌아갔다.
　　　　　 나. *아내는 강릉에로 돌아갔다.
　　　　　 다. 아내는 다시 강릉{에, 로} 돌아갔다.
　　(iii가)의 '남편에게로'는 대상성과 과정성이 공존되어 있는 데 반해, (iii나)에서 대상성과 과정성의 공존이 용납되지 않는 현상을 지적하면서 그 이유를 현재로서는 구명할 수 없다고 하고 이는 언어운용상의 우연한 틈(accident gap)으로 보는 입장을 취하고 있다. 김원경(1997 : 466)도 '에게'와 '에'를 이형태 관계로 보는 논의인데, 유정명사에 '에'가 결합되는 예를 들면서 특정 개인과 결부되지 않은 채 직위나 계급 등만을 언급하는 경우에는 이를 유정성 자질과 무관한 용법으로 파악할 수 있다고 하였다. 이러한 현상은 '에게'와 '에'를 별개의 형태소로 본다면 설명될 수 있다.

사가 유정성을 띠고 있어서 생략될 경우 주어로 이해될 가능성이 높기 때문이라고 하였다. 또한 문장의 주어가 나오지 않은 경우에도 '에게'가 생략되면 문장의 의미가 달라지는 경우가 있다는 사실을 지적하였다. 이는 '에'와 '에게'가 별개의 조사라는 것을 방증하는 것이다.

그러면 조사 '에게'는 어떻게 선택되는 것일까? '에'와 '에게'는 이형태 관계는 아닐지라도 하나의 구문에서 교체되어 쓰이기도 하고 그 의미적 유사성 때문에 혼동 가능성이 많은 문법 형태 중 하나이다. 다음에서는 이러한 문제를 구체적으로 논의하기 전에 [유정성]의 개념과 이와 관련된 여러 문법 현상에 대하여 살펴보겠다.

3.3. 유정성(animacy)의 개념과 범위

3.3.1. 유정성의 개념

유정성(animacy)이란 생명을 가진 생물과 생명이 없는 무생물을 통칭하는 용어로 사용된다(김은일 2000 : 72). 여러 논의에서 유정성이란 자질이 유형론(typology)적인 관점에서 체계적으로 부호화된다는 사실이 지적되어 왔다(Comrie 1989, Croft 2003, 연재훈 1995, Yamamoto 1999, 김은일 2000 등). 유정성 위계(animacy hierarchy)는 인칭 위계(person hierarchy), 명사구 유형 위계(NP-type hierarchy)와 함께 범언어적으로 나타나는 현상이다.

(7) ㄱ. 유정성 위계 : 인간 > 비인간 생물 > 무생물
ㄴ. 인칭 위계 : 1인칭, 2인칭 > 3인칭
ㄷ. 명사구 유형 위계 : 대명사 > 고유명사 > 보통명사

Comrie(1989), Croft(2003), Yamamoto(1999) 등에서는 [유정성]의 개념과 이에 관련된 언어 현상에 대하여 살펴보았다. 예컨대 흔히 유정성에 따라

수(數)의 구분이 이루어지는 언어에서는 유정성 위계가 높은 명사구는 수
의 구분이 이루어지는 반면 위계가 낮은 명사구에서는 수의 구분이 없다.
김은일(2000)에서는 영어와 한국어의 비교를 통하여 유정성이 개별언어의
문법 전반에 걸쳐 그리고 언어유형론적으로 체계적인 부호화를 가져온다
는 것을 밝히려고 하였다.[128] 김은일(2000)에서 영어의 동사는 한국어와
달리 [유정성]과 상관없이 사용된다는 점을 지적하고 무생물 주어 구문도
[유정성]의 문제로 해석하였다. 이에 따르면 영어는 타동성이 높은 동사
도 무생물 주어를 허용하는 반면 한국어는 타동성이 높은 동사의 경우는
무생물이 주어가 될 수 없다. 예를 들어 'drink'는 주어의 [유정성] 여부와
상관없이 쓰일 수 있는 데 반해 '마시다'라는 동사는 주어가 반드시 유정
물이어야 한다. 한국어에서는 목적어의 유정물 여부도 동사의 선택에 관
여하는데 목적어가 사람이면 '데리다'나 '모시다'가 사용되고 목적어가 무
정물인 경우는 '가지다'라는 동사가 사용된다. 한편 영어에서는 사람이나
사물을 가리지 않고 'bring'을 사용한다.

　연재훈(1995 : 213~217)에서도 기능-유형 문법의 관점에서 유정성의 정
도 차이라는 의미 자질이 유형론적으로 여러 언어에서 중요한 형태-통사
상의 차이를 유발하는 경우가 발견된다고 하면서 한국어에서 유정성의
정도 차이가 피동문의 주어화 절차의 제약 조건으로 사용되기도 하고 어
떤 명사구 논항이 주어 위치에 올 수 있느냐를 결정하는 데 중요한 요인
으로 작용한다는 점을 지적하였다.

　한국어의 '에게'는 결국 유정성이 문법적으로 부호화한 것으로 해석할
수 있는데 [유정성]의 내연과 외연은 언어에 따라 달라질 수 있다.
Yamamoto(1999 : 1)에서는 [유정성]이란 단순히 [±alive]이라는 의미 자질의
문제만은 아니며 유정성의 언어학적 표명(manifestation)은 다소 복잡하다고

---

128) 김은일(2000)에서는 animacy를 '유생성'으로 번역하였으나 여기서는 '유정성'이란 용어
　　를 사용하기로 한다.

하였다. 영어에서 아메바나 물벼룩 같은 부류는 살아있지만 [유정성]을 가졌다고 보기 어려운 반면에 신, 부처, 천사, 영혼, 유령 등은 마치 살아 있는 개체처럼 간주된다. 심지어 [유정성]을 가진 부류에 기계(컴퓨터, 자동차 등), 대학, 지리적 개체, 지역 사회(도시이름, 산, 강, 거리명 등) 등을 포함하기도 한다.129) [유정성] 자질은 격 표시(case marking), 어순(word order), 주어 선택(subject selection), 주제화(topicality) 등의 문법 현상에 관여한다.

3.3.2. 유정물의 범위

[유정성]에 대한 개념과 언어적 부호화는 언어나 문화에 따라 달라질 수 있는데 한국어의 '에게'는 대표적인 [유정성] 표지로 인식되어 왔다. 그러나 [유정성]의 의미 자질을 가진 명사에는 조사 '에게'가 결합된다는 단순화된 공식만이 존재할 뿐 한국어에서의 [유정성]의 의미에 대한 심도 있는 논의가 이루어지지 않았다. 명사가 [유정성] 자질을 가진다고 해서 무조건 '에게'가 결합될 수 있는 것은 아니기 때문에 조사 '에게'의 결합 양상에 대한 세밀한 고찰이 필요하다. 이를 통하여 한국어에서 혹은 한국 문화에서 어떤 부류들을 [유정성]이 있는 개체로 인식하는지도 알 수 있을 것이다.

한국어에서 화자와 청자, 3인칭 인물 등은 다른 언어와 마찬가지로 유정물의 전형적 부류이다. 동물 중에서 '개, 소, 돼지, 닭, 토끼, 말' 등의 가축은 유정물로 인식되기도 한다. 가축의 경우 문장에 따라 조사 '에'와 '에게' 출현이 수의적이다.

---

129) Yamamoto(1999 : 38)에는 유정성과 관련한 표가 제시되어 있다. 가장 전형적으로 [유정성]을 가진 개체로서 화자 자신, 청자를 들 수 있고 제3자(3인칭), 국외자(局外者, bystander) 등도 이에 포함된다. 지역 사회, 기관 등도 유정성과 관련이 있으며 추상적 개체, 초자연적 존재, 인간과 유사한 기계, 의인화된 동물 등도 유정성을 가진 부류에 포함되어 있다.

(8) ㄱ. 나는 풀을 뽑고 사육하는 <u>토끼에게</u> 먹이를 주는 일까지 해야
했다.

ㄴ. 농가에서는 고사리, 콩나물, 싸라기 등을 삶아 <u>소에게</u> 주기도
한다.

ㄷ. 오리와 <u>닭에게</u> 먹이주고 관찰하는 일이 재미있다.

ㄹ. 파블로프는 <u>개에게</u> 먹이를 주면서 종소리를 되풀이해서 들려주
었다.

(9) ㄱ. <u>토끼에</u> 물렸을 경우 야토병의 감염이 우려된다.

ㄴ. 얼마나 <u>소에</u> 많이 뜯기었던지 산꼭대기가 붉은 황토를 드러냈다.

ㄷ. 이 기생충은 칠면조나 <u>닭에</u> 먹혀서 발생한다.

ㄹ. 가로등 보수를 하던 인부가 <u>개에</u> 물려 중상을 입었다.

(10) ㄱ. 몸은 북망의 여우와 <u>토끼에게</u> 맡길 것이어늘 오히려 황금에 팔
려 눈이 어둡구나.

ㄴ. <u>소에게</u> 풀을 뜯어 먹이러 들로 갔다.

ㄷ. <u>닭에게</u> 어떤 방법으로 쑥을 먹일 수가 있을까요?

ㄹ. 루트 선택을 <u>개에게</u> 맡기는 것이 안전하다.

(8)은 가축을 나타내는 명사에 조사 '에게'가 결합된 예이고 (9)에서는
동일한 명사에 조사 '에'가 결합되었다. (8)에서 보듯이 동사 '주다'는 가
축과 같은 동물이 나오면 '에'보다 '에게'가 선호되는 경향이 있다. (9)는
주로 피동사가 서술어가 되는 경우로, 이때 조사 '에'는 '에게'로 교체가
가능하다. (10)은 사동구문에 '에게'가 쓰인 예인데 '에'보다 '에게' 선택이
자연스럽다. 한국어에서는 가축 이외에도 '호랑이, 여우, 늑대' 등의 포유
류에도 조사 '에게'의 결합이 가능하다.

Yamamoto(1999)에 따르면 영어의 경우 '아메바', '물벼룩' 등의 미세한
동물들은 [+alive]의 자질을 가지지만 유정물의 범위에 포함되지 않는다
고 하였다. 한국어에서는 어떠할까?

(11) ㄱ. 그렇다면 <u>아메바에게</u> 죽음이란 어떤 것일까?

ㄴ. 허족의 뻗침이 <u>아메바에게</u> 있어서 행위이듯이 동시에 그 행위는...

ㄷ. 만약 <u>물벼룩에게</u> 무슨 일이 발생한다면 물고기의 개체수에 영향이 미칠 것이다.

ㄹ. 해파리는 아닌 것 같은데 <u>물벼룩에게</u> 쏘이면 이런 증상이 있는지요.

(11)에서 '아메바'와 '물벼룩'의 '에게'와의 결합 여부로 볼 때 한국어는 영어에 비해 유정물에 포함되는 동물의 범위가 훨씬 더 넓은 것으로 판단된다.

(12) ㄱ. <u>벌레에</u> 먹히고 썩어서 없어지는 농산물의 손실을 방지할 수 있다.

ㄴ. 뜰에서 주워온 나뭇잎이 <u>벌레에</u> 파먹혀 있었다.

ㄷ. 나뭇잎에 과일즙을 발라 <u>벌레에게</u> 파먹게 하고...

ㄹ. 끝내는 그들 자신이 <u>벌레에게</u> 먹히고 말았다.

예문 (12)를 보면 벌레와 같은 곤충류도 한국어에서는 유정성이 있는 개체로 간주하는 것을 알 수 있다. 유정성의 정도에 있어서는 포유류보다 낮지만[130] '모기, 파리, 벌' 등의 곤충류도 조사 '에게' 결합이 가능하다.

한국어에서는 '나무', '꽃', '풀' 등의 식물은 [+alive]의 자질을 가졌으나 유정물로 보기는 힘들다.

(13) ㄱ. 제법 많은 날들을 <u>꽃에게</u> 말을 걸면서...

ㄴ. 열매 맺는 <u>꽃에게</u> 길을 묻는다.

---

130) 말뭉치 예문을 보면 '에'와 '에게'의 결합 빈도를 알 수 있는데 포유류의 경우는 '에'와 '에게' 결합이 모두 가능하지만 곤충류에 비해서 '에'보다 '에게'가 결합되는 비율이 높다.

ㄷ. 그는 <u>나무에게</u> 이야기를 건넬 수 있다.

ㄹ. 그녀는 매일 저녁 한 <u>나무에게</u> 가서 그날 겪은 기쁨을 이야기
했다.

말뭉치에서 '꽃에게', '나무에게'를 사용한 용례가 발견되기는 하나 (13)
의 예에서 보듯이 대부분 '꽃'과 '나무'를 의인화한 것들이다. 지금까지는
[+alive] 자질을 가진 동물과 식물들과 '에게' 결합 여부를 알아보았는데
한국어에서 [−alive] 자질을 가진 명사들에 대한 인식은 어떠한가?

'하나님, 부처, 천사, 악마, 귀신, 신' 등의 초자연적인 존재에 대한 인식
은 한국어도 다른 언어와 비슷한 양상을 보인다.

(14) ㄱ. 그 대상은 기자암이라고 불리는 바위였고 <u>부처에게</u> 빌 때는 기
자불이라 했다.

ㄴ. 네 이웃을 섬기고, <u>하나님에게</u> 찬양드리는 모습이 중요하다.

ㄷ. 세상의 질서는 <u>천사에게</u> 가혹한 요구를 한다.

ㄹ. 윤애의 말은 <u>악마에게</u> 빌붙는 천사의 그것이었다.

(14)는 한국어에서도 다른 언어에서와 마찬가지로 초자연적 존재를 사
람과 동등한 유정물로 간주함을 보여준다.

영어에서는 컴퓨터나 자동차와 같은 인간과 유사한 측면을 가진 기계
류와 대학 등의 집합적 명사, 도시이름, 산, 강, 거리명 등에 대해서 유정
물의 범주에 넣고 있는데 Yamamoto(1999 : 18~22)의 예를 보이면 다음과
같다.

(15) ㄱ. Havard rejected me, but Columbia was generous enough to accept my
research proposal.

ㄴ. Honda seems to be pretty annoyed with Rover's recent treaty with
BMW.

ㄷ. Furious Moscow condemns 'ridiculous' Western action and demands
Security Council meeting.

ㄹ. Greece was plunged into immediate mourning after hearing her.

ㅁ. Wall Street is in a panic.

한국어에서도 컴퓨터나 자동차와 같은 기계에 조사 '에' 대신 '에게'를 붙이는 일이 있다.131)

(16) ㄱ. 이전의 프로그래밍이란 일방적으로 <u>컴퓨터에게</u> 편지를 보내는 것이었다고 한다.

ㄴ. 여자 목소리를 내는 <u>컴퓨터에게</u> 오늘의 일정을 물어 본다.

ㄷ. 경리 장부를 계산하는 일을 <u>컴퓨터에게</u> 시킨다고 합시다.

(17) ㄱ. 이를 활용해 반대방향에서 달려오는 <u>차에게</u> 이쪽 차의 존재를 알려줄 수 있다.

ㄴ. 운전석은 무난한 편이며 국산 중형 <u>세단에게</u> '무난함'은 절체절 명의 지상과제다.

ㄷ. 여전히 형제차인 <u>'쏘나타'에게</u> 밀리는 2인자일지어도, 오늘 만나 볼 차는 '로체'다.

한국어에서도 컴퓨터나 자동차 등은 [-alive] 자질을 가진 부류이지만 (16), (17)을 볼 때 유정물로 인정하는 것으로 보인다. 물론 컴퓨터, 자동차 등에는 조사 '에게'뿐 아니라 '에'도 결합이 가능하지만 의미에 있어 차이

---

131) 세종말뭉치에서는 '컴퓨터에게'가 쓰인 문장이 5개가 추출되었고 '자동차에게, 차에게' 등이 쓰인 용례는 발견되지 않았다. (16ㄱ), (16ㄴ)은 세종말뭉치에서 가져온 것이고 (16ㄷ)과 (17)은 구글에서 검색한 용례이다. 구글에서는 이밖에도 '비행기에게', '기차 에게' 등이 쓰인 용례도 검색되었으나 세종말뭉치에는 이러한 용례가 발견되지 않았 다. 인터넷의 용례가 글말 중심의 세종말뭉치에 비해 보다 다양한 종류를 보여 주었다. 그러나 (13)에서 제시한 식물류나 (20)의 지리적 개체의 경우 인터넷에서도 유정물로 확인할 수 있는 예는 거의 없었다는 사실을 두고 볼 때 인터넷 용례도 어느 정도의 방 향성을 가지고 있음을 보여주는 것으로 생각된다.

를 가진다.

    (18) ㄱ. 홧김에 액셀을 밟는 바람에 남의 <u>차에</u> 부딪혔다.
         ㄴ. 주차장에서 주차 중에 남의 <u>차에게</u> 부딪힌 사고의 경우입니다.

  (18ㄱ)과 (18ㄴ)은 비슷한 문장에서 조사 '에'와 '에게'가 교체된 경우이
다. (18ㄱ)의 '차에'는 물리적 개체로서의 의미가 강하고 처소의 의미를
부여할 수 있으나 (18ㄴ)의 '차에게'는 행위성이 더 부각되는 것으로 보인
다. 즉 (18ㄱ)은 주어가 움직임이 있고 '차에'의 '차'는 정지된 경우로 해
석되는 반면 (18ㄴ)은 '차에게'의 '차'가 움직여 주어가 행위를 당한 것으
로 해석된다.
  대학 등 기관의 경우 '에게' 결합 양상은 어떠한가를 살펴보자.

    (19) ㄱ. 짧은 시간에 여러 <u>기업들에게</u> 정보를 전달해 주는 것이 중요합
           니다.
         ㄴ. 내가 능력이 있으면 마케팅 컨설팅 프로젝트를 우리 <u>회사에게</u>
           줄 것이라고 생각했었다.
         ㄷ. 통합하는 <u>대학에게</u> 일 년에 200억씩 600억 원을 지원하겠다고
           약속하였다.
         ㄹ. 수천 명의 지원자가 몰리는 <u>학교에게</u> 이것은 주요한 일이다.
         ㅁ. 공급부족이 초래하는 고통에 대한 책임도 분명히 <u>정부에게</u> 있다.

  (19)에서 보듯이 '기업, 회사, 대학, 학교, 정부' 등은 [-alive] 자질을 가
지고 있지만 조사 '에게'와 결합이 가능하다. 이러한 명사들은 주어로 쓰
일 때 조사 '에서'를 취하는 특징을 가지고 있다.
  한국어에서는 도시이름, 산, 강, 거리명 등의 지리적인 개체는 유정물의
범위 안에 들지 못하는 것으로 보인다.

(20) ㄱ. 이러한 찬스를 날린 <u>서울에게</u> 곧 바로 실점의 순간이 찾아왔다.
ㄴ. 시민의 발길을 붙잡는 재주 많은 <u>한강에게</u> '최고의 피서지'라는
이름이 딱 어울린다.
ㄷ. 3백68개의 기생화산을 거느린 <u>한라산에게</u> 이제야 그 고백을 하
게 되네요.

예문 (20)에서 보듯이 도시이름이나 산, 강의 이름에 조사 '에게'가 붙
을 수 있지만 대부분 의인화하거나 특정한 스포츠 팀을 대신하는 경우이
며 이를 제외하고는 대부분 조사 '에'가 결합된다.

위에서 논의한 바와 같이 한국어에도 [유정성] 자질은 언어보편적인 특
성을 공유하면서 한국어만의 고유한 특성을 드러내기도 한다. 한국어는
영어와 비교할 때 [+alive] 자질을 더 폭넓게 받아들여 영어에서는 유정물
에 포함하지 않는 작은 동물류도 한국어에서는 유정물의 범주 안에 들어
간다. 신과 같은 초자연적인 존재나 컴퓨터, 자동차와 같은 기계류에 유정
성을 부여하는 것, 대학, 정부 등의 명사류를 유정물로 보는 것은 영어와
한국어가 동일한데 한국어에서는 지리적 개체는 유정물에서 제외시킨다.

다음에서는 조사 '에게'가 어떠한 조건에 의하여 선택되어 쓰이는지 조
사 '에'와의 비교를 통하여 논의하려 한다.

3.4. 조사 '에게'의 결합 조건

3.4.1. 통사적 조건

한국어에서 조사 '에게'는 주로 [유정성] 자질을 가지는 명사와 결합하
고 '에'는 주로 무정물에 결합하지만 명사의 [유정성] 자질과 상관없이 조
사 '에'만 출현하는 경우가 있다. 아래의 (21), (22)와 같이 특정한 구문에

쓰이는 경우이다.

(21) ㄱ. 재판 관련 서류가 한 독립 유공자 <u>후손에 의해서</u> 발견되었습
니다.
ㄴ. 그룹 <u>관계자에 대해</u> 오늘 출국 금지조치를 내렸습니다.
ㄷ. 저희 <u>어머님에 관한</u> 얘기를 해드리고 싶었습니다.
ㄹ. 이웃 <u>주민들에 따르면</u> 갑자기 이 씨 집에서 불길이 치솟아 신고
했다고 한다.
ㅁ. 자신이 <u>남들에 비해</u> 왜소하다는 생각도 하게 됩니다.

(22) ㄱ. 사실 저는 회담 대표도 아니고 <u>실무자에 불과했습니다.</u>
ㄴ. 우리가 굉장히 온순한 순종적인 <u>국민에 속하는</u> 거죠.
ㄷ. 우리는 가난한 <u>문학 지망생에</u> 지나지 않았다.
ㄹ. <u>자식에 관계된</u> 이미지 중에 부모들이 좋아하는 것은 독서하는
자녀의 모습일 것이다.
ㅁ. 10월부터 카드를 사용할 수 있게 했지만 그나마 <u>외국인에 한해
서만</u> 허용했다.

(21)과 (22)의 밑줄 친 명사는 [유정성] 자질을 가진 것으로 판단되지만
조사 '에게'가 아닌 '에'와만 결합이 가능하다. 이는 명사의 문제라기보다
뒤에 오는 서술어 때문인 것으로 보인다. 예문 (21)의 서술어로 쓰인 '의
하다, 관하다, 대하다, 따르다, 비하다' 등은 '의한/의하여/의해서/의하면,
관한/관하여/관해서, 대한/대하여/대해서, 비하여/비해서/비하면' 등과 같이
서술형이 아닌 특정한 몇몇 활용형으로만 쓰이는 동사들이다. (21)은 이익
섭·임홍빈(1983 : 152)에서 특수 표현이라고 지적한 예문 (4), (5)와 같은
부류이다. (22)의 경우는 활용형의 제약은 없으나 [유정성] 자질을 가진
명사가 '에게'가 아닌 '에'와 결합하는 예이다. 이러한 예들은 명사의 [유
정성] 자질이 서술어에 의해 제한되어 무정물과 동일한 대상으로 간주되
기 때문에 '에'가 결합되는 것으로 보인다. (21), (22)를 통하여 한국어에서

명사에 [유정성] 자질이 있으면 무조건 조사 '에게'가 선택되는 것이 아니라 서술어의 종류나 화자의 판단에 따라 조사 선택이 이루어짐을 알 수 있다. 이밖에도 서술어의 종류에 따라 명사의 [유정성] 자질이 드러나기도 하고 그렇지 않기도 한 경우가 있다.

(23) ㄱ. <u>반장에</u> 영희가 뽑혔다.
　　 ㄴ. 차에서 내린 청년이 <u>반장에게</u> 다가서며 말했다.

(23ㄱ)은 명사 '반장'의 [유정성] 자질이 문장의 서술어에 따라 통제된 예문이고 (23ㄴ)은 '에게'가 결합되면서 '반장'의 [유정성] 자질이 외현된 경우이다. 이 두 예는 수식 요소에서도 차이를 보인다.

(24) ㄱ. <u>*두 명의 반장에</u> 영희가 뽑혔다.
　　 ㄴ. <u>*반장들에</u> 영희가 뽑혔다.
　　 ㄷ. <u>*서 있는 반장에</u> 영희가 뽑혔다.
　　 ㄹ. <u>키큰 반장에</u> 영희가 뽑혔다.

(25) ㄱ. 차에서 내린 청년이 <u>두 명의 반장에게</u> 다가서며 말했다.
　　 ㄴ. 차에서 내린 청년이 <u>반장들에게</u> 다가서며 말했다.
　　 ㄷ. 차에서 내린 청년이 <u>서 있는 반장에게</u> 다가서며 말했다.
　　 ㄹ. 차에서 내린 청년이 <u>키큰 반장에게</u> 다가서며 말했다.

(23ㄱ)은 서술어로 쓰인 동사 '뽑히다' 때문에 명사 '반장'에 조사 '에'가 결합된 예인데 (24ㄱ), (24ㄴ)에서 보듯이 수량사구의 수식을 받거나 복수의 접미사 '-들'이 결합되면 비문이 된다. (24ㄷ), (24ㄹ)은 관형절 구성의 수식을 받은 예인데 '서 있는, 아픈, 울고 있는' 등의 일시적 상태를 의미하는 관형절이 오면 비문이 되지만 같은 관형절 구성이라도 지속적 상태를 나타내는 '키가 큰, 예쁜, 훌륭한' 등은 수식이 가능한 것을 볼 수

있다. (25)는 '에게'가 결합된 '반장'이 나타나는 예문으로 수량 표현 구성
의 수식, 복수 접미사 '-들' 결합, 관형절 수식 등이 자유로운 것을 보여
준다. 이는 조사 '에게'의 결합에 의하여 명사의 [유정성] 자질이 외현되
었기 때문으로 해석할 수 있다.

   한국어에서 '말하다, 이야기하다' 등의 발화동사나 사동사, 피동사는 동
사의 의미구조로 인하여 '에게' 명사구가 빈번하게 출현한다. 그러나 이는
동사의 어휘자질에 의한 것이지 '에게'의 [유정성] 문제와는 직접적인 관
련이 없는 것으로 보인다. '말하다'류는 발화 상대가 대부분 유정물이기
때문에 '에게' 명사구를 기본 격틀에 포함하는 동사 부류이다. 그러나 다
음과 같은 예가 발견된다.

   (26) ㄱ. 치료를 받는 동안 <u>학교에</u> 말씀을 드리고 간호를 하고 있었습니다.
        ㄴ. 이를 <u>주최 측에</u> 말하러 갔다가 그들의 무성의한 태도에 실망했다.

   '말씀을 드리다, 말하다'는 대표적인 발화동사인데 이러한 발화동사 구
문에서는 대부분의 용례에서 여격에 유정물이 오기 때문에 '에게'가 나오
는 빈도가 높다. 그러나 유정물 대신에 무정물이 나오면 (26)에서 보듯이
조사 '에'가 결합되는 것을 볼 수 있다.

   (27) ㄱ. <u>수위에게</u> 잡힐 뻔하다가 아슬아슬하게 담을 넘어 달아났다.
        ㄴ. 범인은 도주하다가 추격하던 <u>형사대에 의해</u> 잡혔습니다.
        ㄷ. 임경업은 <u>청나라에</u> 잡혀 가서도 청나라 태종 황제를 호령하였다.

   (28) ㄱ. <u>학교에서</u> 그것을 죽으로 쑤어 아이들에게 먹였다.
        ㄴ. 집 밖에 솥을 걸고 멀겋게 죽을 쑤어 주린 <u>사람들을</u> 먹이기도 했다.
        ㄷ. 호진이의 <u>머리에</u> 알밤을 먹였다.

   (27)은 피동사 '잡히다'의 예인데 '에게' 명사구, '~에 의해', '에' 명사

구가 고루 나온다. 사동사는 기본적으로 대상의 행위가 전제되기 때문에 대부분 '에게' 명사구가 나오지만 (28ㄴ)에서처럼 목적격 조사가 결합되기도 하고 (28ㄷ)에서처럼 조사 '에'가 결합되기도 한다.

이상에서 살펴본 바와 같이 발화동사, 피동사, 사동사는 조사 '에게'와 밀접한 관계를 갖기는 하지만 이는 동사의 어휘자질에 의한 것일 뿐, 명사의 [유정성] 자질과 관계없이 무조건 '에게'가 결합되는 것은 아니라는 것을 알 수 있었다.

한국어의 [유정성]은 조사 '에게'의 선택에 관여하는데 이는 주로 화자의 심리적 판단과 관련이 있다. 다음에서는 조사 '에'와 '에게'의 선택에 관여하는 화자의 심리적 태도 즉 양태적 조건에 대하여 살펴보기로 하겠다.

3.4.2. 양태적 조건

앞에서는 조사가 결합되는 명사에 [유정성] 자질이 있을 때에도 조사 '에게'가 아니라 '에'와 결합하는 예를 살펴보았다. 조사 '에게'가 출현하는 조건 중 가장 기본적인 것은 결합 대상 명사에 [유정성] 자질이 있느냐이다. 명사에 [유정성] 자질이 있을 때에도 모든 경우에 '에게'가 결합되는 것이 아니라 [유정성] 자질에 대한 화자의 판단에 따라 조사 '에게'의 결합 여부가 결정된다. 다음의 예를 보자.

(29) ㄱ. 지나간 목판을 들고 진압하는 <u>경찰에게</u> 물어내라고 항의하였다.
　　 ㄴ. 독립군 아저씨가 일본 <u>경찰에게</u> 쫓겨 집 뒷방에 숨었습니다.
　　 ㄷ. <u>경찰에게</u> 잡히면 한 사람당 200만원 벌금을 내야 한단다.

(30) ㄱ. 그는 남편의 친구를 폭행한 혐의로 같은 해 8월 <u>경찰에</u> 구속됐었다.
　　 ㄴ. 수상히 여긴 시민들에게 붙잡혀 <u>경찰에</u> 넘겨졌다.

ㄷ. 창경원 앞에서 200여 명의 시위대가 <u>경찰에</u> 포위돼 동대문경찰
   서로 끌려갔다.

(29)에서 '경찰'에는 조사 '에게'가 결합된 반면 (30)에서는 '에'가 결합
되었다. 명사 '경찰'은 '국가 사회의 공공질서와 안녕을 보장하고 국민의
안전과 재산을 보호하는 일. 또는 그 일을 하는 조직'이라는 의미와 '경찰
관'이라는 의미를 가지고 있다. 이 두 가지 의미 중에서 (29)는 두 번째의
의미로 쓰인 것이고 (30)은 주로 첫 번째 의미로 쓰인 것이다. '경찰'의 다
의적 의미 중에서 [유정성]의 자질이 있을 때에는 '에게'가 선택된다는 것
을 알 수 있다.

(31) ㄱ. 렉터 박사가 변기에서 일어나서 두 <u>경찰에게</u> 다가와 인사한다.
     ㄴ. 교통 위반을 한 흑인이 백인 <u>경찰에게</u> 뭇매를 맞은 사건이 일어
        난 직후의 일이다.

명사가 [유정성]의 자질을 가지고 있는 경우 (31)과 같이 수관형사의 수식
을 받거나 구체적인 인간적 속성을 나타내는 관형어와 함께 쓰일 수 있다.

(32) ㄱ. 방송이 어떻게 이용되고 있는지를 <u>국민에게</u> 알리는 활동 등이
        필요하다.
     ㄴ. 물의를 빚어 <u>국민에게</u> 죄송스럽습니다.
(33) ㄱ. 의사 결정 구조가 너무 복잡해 <u>국민에</u> 호소하는 기회를 못 갖는
        것은 아닌지요.
     ㄴ. 권좌에서 축출하는 문제는 이라크 <u>국민에</u> 달려 있다.

(34) 파행 <u>국민에</u> 사과… 12월 2일까진 예산 처리 전념 누가 옳고 그르고
     를 따지기에 앞서 <u>국민들께</u> 죄송하다는 말씀을 먼저 드리고 싶습니다.

명사 '국민'은 '국가를 구성하는 사람. 또는 그 나라의 국적을 가진 사

람'이라는 의미만을 가진 단의어로, '경찰'과 달리 항상 [유정성]의 자질
을 가지고 있으나 (33)과 같이 화자의 판단에 따라 조사 '에'가 결합할 뿐
아니라 (34)와 같이 한 문단 안에 '국민에'와 '국민들께'의 두 가지 형태가
동시에 나타나기도 한다. (33), (34)의 '국민에'는 '국민에게'로 바꾸어도
문장이 성립하나 (32)에서는 조사 '에'와 '에게'가 교체되면 문장이 어색
해진다.

  이상에서 조사 '에게'가 출현하는 조건을 통사적 조건과 양태적 조건으
로 나누어 살펴보았다. 특정 구문에서는 조사 '에게'와 결합되는 명사에
[유정성] 자질이 있을 경우에도 화자의 판단과 무관하게 항상 조사 '에'가
결합되기 때문에 통사적 조건은 양태적 조건에 우선한다.[132] 그러나 조사
'에게'와 직접적인 관련이 있는 것은 양태적 조건인 [유정성] 자질에 대한
화자의 판단이다.

  지금까지 살펴본 바에 의하면 조사 '에게'는 조사 '에'의 이형태가 아니
라 고유한 의미와 기능을 가지고 있었다. 한국어에서 유정성은 여러 가지
문법 현상으로 나타나는데 이 중 대표적인 것이 조사 '에게'의 출현이다.
조사 '에게'는 결합되는 명사에 [유정성] 자질이 있다고 해서 무조건 출현
하는 것이 아니라 서술어가 되는 동사의 종류에 따라 그 결합이 제약되기
도 한다. 조사 '에게'는 명사의 [유정성] 의미 자질을 활성화시켜 주는 기
능을 가지고 있다. '에게'는 [유정성]의 자질을 가지고 있는 명사 부류와
주로 결합하지만 [유정성]에 대한 판단은 화자에게 달려 있다. 즉 화자가
[유정성]의 정도성에 대하여 어떠한 판단을 하느냐에 따라 조사 '에게'의

---

132) 통사적 조건이라 함은 조사 '에'와 '에게'가 어떠한 구문에 쓰였는가 하는 것을 말한다.
  즉 화자의 [유정성]에 대한 판단에 앞서 '~에 대하여, ~에 관한, ~에 따르면, ~에 비
  해, ~에 불과하다, ~에 속하다, ~에 지나지 않다, ~에 관계되다, ~에 한하다' 등의
  구문에서는 조사 '에게'가 나올 수 없다.

결합이 가능하기도 하고 불가능하기도 하다.

[유정성] 자질의 언어적 실현은 대부분의 언어에서 나타나는 범언어적 현상이다. 조사 '에게'의 결합 양상을 통해서 살펴본 한국어에서의 유정성은 다른 언어와 공통점을 가지고 있는 동시에 차이점을 드러낸다. 유정성 (animacy)은 [+alive]와 관련이 있지만 살아있는 모든 것이 유정물은 아니며 무정물 중에서도 유정성을 가지고 있는 부류로 표현되는 예가 드물지 않다. 영어에 비해서 한국어는 유정물로 인식하는 명사의 범위가 넓으며 [유정성] 자질에 따라 나타나는 문법적 현상도 다양하다.

조사 '에게'는 '결합하는 명사의 [유정성] 자질에 대한 화자의 판단을 나타내는 표지'로 볼 수 있다.133) 이는 지금까지 조사 '에게'는 [+animate] 자질을 가진 명사에 무조건적으로 결합한다고 본 기존의 논의와 차별된다. 말뭉치 예문에 나타난 조사 '에게'의 결합은 조사 '에게'의 문제가 명사의 의미가 아닌 화자의 판단에 의해 좌우됨을 보여준다.

이 연구에서는 조사 '에게'와 관련된 유정성만을 살펴보았는데 한국어 전반에 나타나는 [유정성] 문제에 대한 보다 심도 있는 논의가 필요하다. 목적어의 유정성 여부에 따라 동사의 종류가 달라지는 현상이나, Agent 등의 특정 의미역(theta-role)과 유정성의 관계, 무생물 주어와 유정성의 문제 등 한국어 전반에 걸쳐 폭넓게 나타나는 유정성과 관련된 여러 현상을 함께 살펴보아야 할 것이다.

---

133) 고영근(2005 : 23)에서 언급한 바와 같이 조사 '께서'와 '께'도 [존경]의 자질이 화자의 의도에 의하여 부여되는 자질로 볼 수 있을 것이다.

4. 조사 '하고'134)

4.1. 문제 제기

자연언어에서는 완전한 동의 관계를 가진 단어를 찾기란 쉽지가 않다. 어휘형태소보다 문법형태소 간의 동의 관계를 판단하는 것이 훨씬 더 힘들다. 이는 어휘형태소의 의미에 비해 문법형태소의 의미는 추상적이어서, 앞뒤에 함께 나타나는 요소들의 의미에 많은 영향을 받기 때문이다. 국어의 대표적인 문법형태소인 어미나 조사는 서로 완전동의 관계나 부분동의 관계에 있어서 많은 경우에 서로 교체되어 쓰일 수가 있는데, 이때 완전 혹은 부분동의 관계에 있는 어미나 조사들의 통사·의미를 비교하는 연구가 많이 이루어져 왔다.

동의 관계는 둘 이상의 서로 구분되는 시니피앙(이름, name)이 하나의 시니피에(의미, sense)와 대응 관계를 가질 때 형성된다. 주어진 문맥 안에서 인식적으로나 감정적인 의미를 조금도 변화시키지 않고 서로 교체가 가능한 단어들이 존재할 수 있는데, 이러한 경우가 완전동의이다. 완전동의는 두 가지의 기준을 충족시켜야 하는데, 첫째 기준은 인식적 및 감정적 의미의 동일성이고, 둘째 기준은 모든 문맥에서의 교체 가능성이다.

부분동의는 단어들의 의미 범위가 부분적으로 일치하는 경우이다. 즉, 위에서 언급된 완전동의의 두 기준을 완전히 충족시키지 못하는 경우이다. 부분동의에는 포함(inclusion)과 중첩(overlapping)이 있다. 포함은 동의어들 중의 하나가 다른 것에 포함되는 것이고, 중첩은 동의어들의 의미 범위의 일부분이 중첩되는 것이다.135)

조사 '하고'136)는 그 동안 학계의 주목을 받지 못하고, 그저 조사 '와'

---

134) 이 절은 유현경(2001ㄷ)을 기반으로 기술되었다.
135) 김종택·남성우(1994), 박종갑(1996) 등 참조.

의 논의를 하는 중에 조사 '와'하고의 비교 대상으로, 혹은 자유변이형으로 간주되어 왔다. 그러나 조사 '하고'가 모든 문맥에서 조사 '와'와 교체되어 쓰일 수 있는지에 대한 실증적인 검증이나, 조사 '하고'와 '와'가 완전동의 관계나 부분동의 관계에 있는지, 혹은 조사 '와'와 변별되는 조사 '하고'만의 의미나 기능이 있는지에 관한 본격적인 논의는 전혀 이루어지지 않은 상태이다.

이 연구는 조사 '하고'에 초점을 두고 이와 비슷한 의미와 기능을 가진 조사 '와'하고의 비교를 통하여 그 공통점과 차이점을 밝히고, 그 의미적인 특성과 기능을 분석해 보려 하는 것이 그 목적이다.

촘스키(1957) 이후의 언어학 연구는 언어 능력(competence)으로서의 내재적 언어를 대상으로 언어 구조를 설명하기 위한 이론의 정립을 주된 과제로 삼아 왔다. 그러나 실제로 발화된 외재적 언어는 언어 능력의 반영이며 이러한 외재적 언어를 토대로 하여 추상적인 실체인 내재적 언어의 실상을 파악할 수 있을 것이다. 따라서 언어 이론의 정립과 실제 언어 자료의 분석은 상호 의존적인 관계에 있다. 즉, 외재적인 언어 자료의 분석에서 얻은 경험적 사실에 의하여 내재적인 언어의 실상이 새롭게 파악될 수 있고 언어 이론이 수정될 수 있으며, 주어진 언어 요소의 쓰임은 실제 용례의 분석에서 밝혀질 수 있다.

최근 언어 자료의 집합체인 말뭉치(corpus)의 구축이 활발해지면서 말뭉치를 언어 자료로 삼는 자료 중심적(data-oriented) 연구 방법론이 등장했다. 이러한 방법론은 가설적 이론을 실제 언어의 실상과 용법을 바탕으로 해석할 수 있게 하며, 이는 다시 기존의 언어 이론에 대한 수정, 보완과 더불어 새로운 언어 이론의 정립에 기여할 수 있을 것이다. 이 연구는 자료

---

136) 조사 '하고'는 접속조사나 격조사로 쓰이는 경우와, 직접인용조사로 쓰이는 경우의 세 가지가 있다. 이 연구에서는 인용을 제외한 접속조사와 격조사로서의 쓰임만을 연구 대상으로 한다.

중심적 연구 방법론을 바탕으로 조사 '하고'의 용법을 살펴보려 한다.

조사 '하고'에 대하여 제대로 조명하려면 '하고'가 쓰이는 모든 문맥에서 조사 '와'와 비교를 해야 할 것이다. 이를 위해서 조사 '하고'가 실제로 쓰인 말뭉치 예문을 연구 자료로 삼았다.[137] 본론에서는 먼저 기존의 논의에서 조사 '하고'를 어떻게 보았는가에 대하여 살펴본 다음, 조사 '와'하고의 비교를 통하여 조사 '하고'의 의미와 기능에 대하여 본격적인 논의를 해 보려 한다.

4.2. 조사 '하고'에 대한 기존의 연구

앞에서도 언급했듯이 조사 '하고'는 조사 '와'를 논의하는 가운데 부분적으로 언급된 것이 대부분이다. 이는 크게 두 가지 견해로 나뉜다. 조사 '하고'와 조사 '와'의 차이를 부분적으로나마 인정하고 있는 경우와, 조사 '하고'와 조사 '와'의 차이는 언어외적이거나 문체적인 차이로 간주하고 두 형태를 동의 관계에 있는 것으로 보는 견해이다. 하지만 거의 대부분의 논의에서 조사 '하고'와 조사 '와'의 차이가 구체적으로 어떠한 것인지에 대해서는 본격적인 논의를 하지 않고 있으며, 근본적으로는 조사 '하고'와 '와'를 부분동의 관계 혹은 완전동의 관계에 있다고 보고 있다.

김완진(1970 : 주9)에서는 다음의 예문에서 '하고'가 쓰인 (2)가 훨씬 더 자연스럽고 '와'가 쓰인 (1)은 꽤 무리한 느낌을 준다며 두 조사의 차이를 인정하고 있기는 하지만, 그 이유를 말하기 힘들다고 언급하면서, 아마도 이러한 위치에서의 '와'의 소거가 거의 의무적인 데 대하여 '하고'의 소거가 자의적인 때문일 것이라고 하고 있다.

---

137) 여기서 연구 자료로 삼은 말뭉치는 연세대학교 언어정보개발연구원에서 구축한 '연세 말뭉치(4,500만 어절)'이다. 이는 주로 글말 자료를 구축한 말뭉치이기 때문에, 구어적 특성을 강하게 지닌 '하고'의 모습을 살펴보기에는 부족한 감이 없지 않다.

(1) <u>아들과 며느리와에게</u> 편지를 썼다.

(2) <u>아들하고 며느리하고에게</u> 편지를 썼다.

위의 예문은 조사 '와' 다음에는 격조사가 나오지 못하는 데 비해, 조사 '하고' 다음에는 격조사의 출현이 가능함을 보여준다. 조사 '하고'의 쓰임을 조사 '와'와 비교를 통해서 살펴보면, 많은 부분에서 그 의미와 기능이 겹치기는 하지만, 이 두 가지 형태가 의미와 기능, 분포의 측면에서 다른 점을 지니고 있음을 알 수 있다.

성광수(1999 : 77)에서는 공격(comitative) 표지로 흔히 '와', '하고'가 사용되는데, 이 중 '하고'는 접속조사로서 공격 표지에 전용되어 나타날 수 있으나 오직 순접적인 접속에 준하는 경우에만 나타난다고 하면서, 엄격한 의미의 공격 표지에서 '하고'를 제외하고 '와'만을 공격 표지로 인정한다. 다음의 예문은 성광수(1999)에서 그대로 가져온 것이다.

(3) ㄱ. 영수가 철수<u>와</u> 싸운다.
   ㄴ. 영수가 철수<u>하고</u> 싸운다.
   ㄷ. 영수가 순자<u>와</u> 영자<u>와</u> 싸운다.
   ㄹ. ?영수가 순자<u>와</u> 영자<u>와하고</u> 싸운다.
   ㅁ. 영수가 순자<u>하고</u> 영자<u>하고와</u> 싸운다.

(4) ㄱ. 순자가 영자<u>와</u> 헤어졌다.
   ㄴ. ?순자가 영자<u>하고</u> 헤어졌다.

'하고'를 공격 표지에서 제외하는 근거가 되는 위의 예문 중에서 (3ㄹ, ㅁ)은 비문으로 판단되는데, '하고와'나 '와하고'와 같은 복합 형태의 조사는 1121만 어절 규모의 연세 말뭉치(표준말뭉치1) 예문 검색 결과 단 한 번도 나오지 않았다. 다시 말해서, '하고와'나 '와하고'와 같은 복합 조사는 이론적으로는 존재할 수 있을지 모르나 실제로 존재하지 않는 형태이다. 반면 성광수(1999)에서 의심스러운 것으로 판정된 예문 (4ㄴ)은 자연스러운 문장으로 보인다. 다음에서 제시되는 예문은 연세 말뭉치에서 찾은 것이다.

(5) ㄱ. 나는 한 선생하고 헤어져 집으로 돌아가는 택시 속에서 줄창 이렇게 중얼거리고 있었다.[138]

ㄴ. 녀석들하고 어떻게 헤어졌는지조차 기억하지 못할 지경이었으니까.

ㄷ. 엄마하고 헤어지지 않겠다고 울고불고 또 울다가 토하기까지했지.

말뭉치에서는 위의 예문 (5)와 같이 '헤어지다' 구문에 나타나는 'NP하고'를 쉽게 찾을 수 있다. 그러므로 '하고'는 접속의 기능만을 가지고 있는 것이 아니며, 조사 '와'처럼 대칭 구문에서 격을 표시하는 조사로서 기능하고 있음을 알 수 있다.

김승곤(1992)에서는 다음과 같은 예문을 근거로 하여, 조사 '와'와 '하고'의 차이를 기술하고 있다.

(6) ㄱ. 너는 무엇과 밥을 먹지?

ㄴ. 너는 무엇하고 밥을 먹지?

(7) ㄱ. 나는 떡하고 술하고 먹었다.

ㄴ. 나는 떡과 술과 먹었다.

ㄷ. 너는 A하고만 놀아라.

ㄹ. *너는 A와만 놀아라.

---

138) 본문에서 제시한 예문 중, 말뭉치에서 가져온 예문은 인위적으로 만든 예문보다 구조가 복잡하거나 긴 경우가 많으므로, 논의의 초점이 되는 부분을 명확히 할 필요가 있을 때는 해당 부분에 밑줄을 그어 표시한다.

(6)과 같은 예문을 통해서 '와'는 이미 알려진 것의 공동을 나타내고, '하고'는 미지의 것과의 공동을 나타낸다고 하였는데, 만약 이 논의가 타당성을 지니려면, 미지의 것을 나타내는 '무엇, 누구' 등의 대명사와 조사 '와'가 결합할 수 없어야 한다. 그러나 '너는 누구와 밥을 먹었니?', '나는 이 사람을 무엇과도 바꿀 수 없다', '이 그림은 무엇과 같은가?' 등의 문장에서 보듯이 '와'도 미지의 것과의 공동을 나타낼 수 있다.

예문 (7ㄱ), (7ㄴ)에서 '와'는 한정의 구실이 없는 데 대해, '하고'는 한정이나 지정의 구실이 있고 계산적 의미의 연결을 나타낼 때 쓰인다고 하였다. 또한 (7ㄷ)은 가능하고, (7ㄹ)은 불가능하다고 하면서 '하고'에 동작성, 동일성의 구실이 있음을 지적하였다. 그러나 (7ㄹ)은 실제로 가능한 문장으로 보이며, (7ㄱ), (7ㄴ)의 문장에서 한정과 지정의 차이를 발견하기가 어렵다.

'와'와 '하고'를 부분적으로만 공통점이 있는 형태로 간주한 위의 논의들과 달리, '와'와 '하고'를 자유변이형으로 보는 견해에는 홍재성(1987 : 152)과 남기심(1990)이 있다.

홍재성(1987 : 152, 주13)에서 '하고'는 모든 환경에서 '와'와 교체가 가능한 자유변이형으로 볼 수 있으며, 두 요소의 차이는 화계(niveaux de langue)의 차이인데 '하고'는 '와'보다 더 일상적, 구어적임을 지적하였다. 그러나 '하고'와 '와'는 문체적 차이만 있는 것이 아니며, 조사 '와'와 조사 '하고'는 출현 가능한 모든 환경에서 서로 교체되지는 않는다.

남기심(1990)에서는 '하고'를 '와'의 자유변이형으로서 '와' 자리에 자유롭게 '와' 대신 쓰일 수 있는 것으로 보고 필요에 따라 '와' 대신에 '하고'를 쓴다고 하였다. 그러면서도 '하고'와 '와'가 교체되지 않는 예문을 여럿 들고 이에 대하여 언급하고 있는데, 교체가 불가능한 이유를 '알 수 없다'거나 '언어외적인 것'이라고 간주하고, '하고'를 '와'의 자유변이형으로 보는 입장을 고수한다.

위에서 살펴본 바와 같이 기존의 논의에서는 조사 '하고'와 '와'가 가지는 차이점보다는 공통점에 더 많은 초점을 맞추고 있다. 그러나 조사 '하고'는 조사 '와'와 공통점을 가지고 있는 동시에 다른 점도 함께 가지고 있기 때문에, 이 두 조사가 어떠한 경우에 차이를 드러내는지, 그 각각의 의미적인 기능은 무엇인지를 살펴볼 필요가 있다. 다음의 논의에서는 주로 조사 '와'하고의 비교를 통하여, 조사 '하고'의 의미와 기능을 분석해 보기로 하겠다.

4.3. 조사 '하고'의 의미와 기능

조사 '하고'의 의미는 다음의 예문 (8)에서 보듯이 몇 가지로 나누어 볼 수 있다.

(8) ㄱ. 아버지하고 어린 동생 두 식구는 어떻게 살아갈 수 있겠지.
ㄴ. 동생하고 싸우지 말고 놀아야 한다.
ㄷ. 나는 점심을 먹고 나서 언니하고 연을 날리러 갔습니다.
ㄹ. 너하고 같이 왔더라면 얼마나 좋았을까 하고 생각했어.

(8ㄱ)은 명사구와 명사구를 연결하는 의미를 지닌 '하고'가 쓰인 문장인데, 서술어와 직접적으로 관련을 맺지 않는 경우이다. 이에 비해 (8ㄴ), (8ㄷ)은 서술어와 관련이 있는 명사구에 조사 '하고'가 붙은 문장으로, (8ㄴ)은 소위 대칭 용언이 서술어로 쓰인 대칭 구문이고, (8ㄷ)은 소위 동반 구문이다.139) (8ㄹ)은 '함께, 같이' 등의 부사어가 앞의 명사구를 필수적으로 요구하여, '하고'가 결합된 명사구와 '함께, 같이, 나란히' 등의 부사어가 부사구를 이루는 문장이다.

---

139) 대칭 용언에 관해서는 홍재성(1987)과 김영희(1974), 양정석(1996), 유현경(1998) 등을, 동반 구문에 대해서는 홍재성(1987), 양정석(1996) 등을 참조할 것.

예문 (8)에서의 조사 '하고'는 모두 조사 '와'와 바꾸어 쓸 수 있다는 특징을 지니고 있다. 즉, 조사 '하고'는 (8ㄱ)의 '접속', (8ㄴ)의 '대칭', (8ㄷ), (8ㄹ)의 '동반'의 의미를 가지고 있는데, 이는 조사 '와'도 공통적으로 가지고 있는 의미이다. 이렇게 조사 '하고'는 조사 '와'와 의미의 분포가 거의 같기 때문에, '와'의 자유변이형으로 간주되기도 하는 것이다. 조사 '와'와의 공통된 의미 이외에 조사 '하고'만의 의미는 없는 것일까? 다음에서는 위에서 언급한 몇 가지 경우의 조사 '하고'의 쓰임을 면밀히 살펴보면서 조사 '하고'의 세부적 의미 및 기능을 기술해 보기로 한다.

4.3.1. 접속조사로 쓰인 '하고'의 의미와 기능

먼저, 명사구와 명사구를 접속하는 조사 '하고'의 경우를 살펴보기로 하겠다.

(9) ㄱ. 여기 용현이 형네 집인데요, 용현이 형하고 봉출이하고 다들 있어요.
　　 ㄴ. 나를 보호해 주는 큰 개하고 안고 다닐 수 있는 작은 개하고 양하고 소도 기르고 싶네요.
　　 ㄷ. 감질나게 나오는 수돗물하고, 열흘에 한 번 치워 줄까 말까 한 쓰레기통하고, 도무지 무엇 한 가지 수월한 것이 없었다.
　　 ㄹ. 논이라고는 이것 한 마지기하고 마을 앞 들에 있는 것 한 마지기하고 뿐이다.

(10) ㄱ. *?여기 용현이 형네 집인데요, 용현이 형과 봉출이와 다들 있어요
　　 ㄴ. *?나를 보호해 주는 큰 개와 안고 다닐 수 있는 작은 개와 양과 소도 기르고 싶네요
　　 ㄷ. *?감질나게 나오는 수돗물과, 열흘에 한 번 치워 줄까 말까 한 쓰레기통과, 도무지 무엇 한 가지 수월한 것이 없었다.
　　 ㄹ. ?논이라고는 이것 한 마지기와 마을 앞 들에 있는 것 한 마지기와 뿐이다.

(9ㄱ), (9ㄴ)은 조사 '하고'가 입말에서 자연스럽게 쓰이고 있음을 잘 보여 주는 문장이다. 조사 '하고'가 '와'에 비해서 구어체적인 특성을 지니고 있다는 사실은 이미 여러 논문들에서 지적된 바 있다.

이에 더하여 조사 '하고'의 특성으로 지적할 수 있는 것은, 예문 (10)에서 보듯이 '와'가 두 개 이상의 명사구 연결에서 반복되어 나타났을 때 어색한 반면, '하고'는 (9ㄱ-ㄹ)에서 보듯이 두 번 이상을 반복해서 나타나도 문장이 자연스럽다는 것이다. 특히 (9)나 (10)처럼 관형구나 절이 접속하는 명사구를 수식할 경우, 조사 '와'로 연결되는 것이 부자연스럽다. (9ㄷ)에서 조사 '하고'는 쉼표로 끊어 줄 수 있으나 (10ㄷ)에서 보듯 '와'의 경우는 특수한 경우가 아니면 뒤에 쉼표가 오는 것을 허용하지 않는다.

이는 '하고'에 의한 명사구 접속이 조사 '와'에 의한 명사구 접속보다 나열의 의미가 더 강하다는 것을 드러낸다. 조사 '와'에 의해서 접속된 명사구는 '하고'로 접속된 명사구에 비해 결속력이 강하기 때문에, 조사 '와' 다음에 쉼표 삽입이 불가능하다. 다음의 예문 (11), (12)는 대표적인 나열의 의미를 가진 접속조사 '이며'와 '하며'가 쓰인 문장인데, 이들 조사와 '하고', '와'와의 대치 가능성을 살펴봄으로써 조사 '하고'가 가지고 있는 '나열'의 의미를 확인해 볼 수 있다.

(11) ㄱ. 아직도 예스러움을 간직하고 있는 책가게며 약방이며 식당이며 언젠가 한 번 본 것 같은 느낌이다.

　　　ㄴ. 거실 내부 구석구석에 가구며 골동품이며 그림이며, 값비싼 물건들이 빼곡빼곡 차 있다.

(12) ㄱ. 가냘픈 몸매하며 갸름한 얼굴하며 그녀는 엄마를 닮은 편이었다.

　　　ㄴ. 꽃들도 여기저기 많고, 다람쥐하며 산토끼하며, 골짜기엔 졸졸졸 졸 맑은 물이 흐르고...

(11)' ㄱ. *아직도 예스러움을 간직하고 있는 책가게와 약방과 식당과 언

젠가 한 번 본 것 같은 느낌이다.

ㄴ. *거실 내부 구석구석에 가구<u>와</u> 골동품<u>과</u> 그림<u>과</u>, 값비싼 물건들
   이 빼곡빼곡 차 있다.

(12)' ㄱ. *가냘픈 몸매<u>와</u> 갸름한 얼굴<u>과</u> 그녀는 엄마를 닮은 편이었다.

ㄴ. *꽃들도 여기저기 많고, 다람쥐와 산토끼<u>와</u>, 골짜기엔 졸졸졸졸
   맑은 물이 <u>흐르고</u>...

(11)" ㄱ. 아직도 예스러움을 간직하고 있는 책가게<u>하고</u> 약방<u>하고</u> 식당하
   <u>고</u> 언젠가 한 번 본 것 같은 느낌이다.

ㄴ. 거실 내부 구석구석에 값진 가구<u>하고</u> 골동품<u>하고</u> 그림<u>하고</u> 값비
   싼 물건들이 빼곡빼곡 차 있다.

(12)" ㄱ. 가냘픈 몸매<u>하고</u> 갸름한 얼굴<u>하고</u> 그녀는 엄마를 닮은 편이
   었다.

ㄴ. 꽃들도 여기저기 많고, 다람쥐<u>하고</u> 산토끼<u>하고</u>, 골짜기엔 졸졸졸
   졸 맑은 물이 흐르고...

비슷한 여러 가지 사물들을 열거할 때 쓰이는 접속조사인 '이며'와 '하
며'를 조사 '하고'와 '와'로 대치했을 때, (11)', (12)', (11)", (12)"에서 보듯
이 조사 '와'보다 '하고'가 훨씬 더 자연스럽다. 이를 통해 조사 '와'는 '접
속'이 주된 의미 기능이고, 조사 '하고'에는 접속의 의미와 아울러 나열의
의미까지 함께 있음을 알 수 있다. 즉, 접속조사로 쓰이는 조사 '하고'의
의미는 [+접속, +나열]이며, 접속조사로서의 조사 '와'의 의미는 [+접속,
-나열]으로 본다.

조사 '와'의 경우는 나열의 의미가 강하지 않아서, 여러 개의 명사구가
접속되더라도 조사 '와'가 생략된 채 하나나 둘 정도만 출현하게 되지만,
'하고'는 접속되는 명사구마다 반복되어 나열의 의미를 강하게 드러낸다.

(13) ㄱ. 연락이 된 사람은 성희와 혜숙이, 그리고 나, 너 이렇게 넷이다.
  ㄴ. *연락이 된 사람은 성희와 혜숙이와 나와 너와 이렇게 넷이다.
  ㄷ. 연락이 된 사람은 영희하고 혜숙이하고 나하고 너하고 이렇게
      넷이다.

(13ㄷ)에서 보듯이 조사 '하고'는 접속되는 명사구마다 붙어서 명사구
들을 늘어놓은 나열의 의미가 강한 반면, 조사 '와'는 (13ㄴ)처럼 명사구
들마다 붙으면 비문이 되고, 나머지 명사구간의 접속은 쉼표나 접속부사
등을 사용하게 된다.

조사 '하고'는 나열[140]의 의미를 가지게 되므로, '하고'에 의해 접속되
는 명사구들은 대개 비슷한 종류에 속하는 것들이다.

(14) ㄱ. 요즈음에는 의학이 발달하였지만, 질병에 걸린 후 치료를 하는
      데는 고통과 경제적 손실이 크다.
  ㄴ. *?요즈음에는 의학이 발달하였지만, 질병에 걸린 후 치료를 하는
      데는 고통하고 경제적 손실이 크다.
  ㄷ. 요즈음에는 의학이 발달하였지만, 질병에 걸린 후 치료를 하는
      데는 고통하고 인내가 필요하다.

위의 예문 (14ㄱ)은 자연스럽게 느껴지는 문장인데, '와'를 '하고'로 바
꾸어 놓은 (14ㄴ)은 비문이 된다. 이는 '고통'과 '경제적 손실'이 비슷한
종류의 명사구가 아니기 때문에, 나열의 의미가 강한 '하고'로 연결했을
때 어색한 문장이 된다. 이는 '경제적 손실'을 '고통'과 비슷한 부류의 추
상 명사인 '인내'로 바꾸어 놓은 (14ㄷ)에서 '하고'로 인한 접속이 자연스
러운 것을 보아도 알 수 있다.

조사 '와'와 '하고'는 접속의 의미를 공통적으로 가지고 있지만, 두 조

---

140) '나열'은 '비슷한 것들을 차례로 죽 벌이어 늘어놓는 것'(『연세한국어사전』 1998)이라
  는 의미를 가지고 있다.

사의 접속의 정도가 다른 듯하다. 조사 '와'에 의한 명사구 접속이 조사 '하고'에 의한 접속보다, 접속되는 명사구간의 결합력이 더 강하다. 다시 말해서, 같은 접속조사라 할지라도 조사 '하고'의 경우는 명사구들을 죽 늘어놓는 의미가 강하고, 조사 '와'는 접속하는 명사구를 좀 더 강하게 묶어주는 역할을 한다.

> (15) ㄱ. 영희<u>와</u> 숙희는 나이가 같다.
>   ㄴ. 영희<u>하고</u> 숙희는 나이가 같다.

> (16) ㄱ. 영희<u>와</u> 숙희의 나이는 같다.
>   ㄴ. ?영희<u>하고</u> 숙희의 나이는 같다.

위의 예문 (15ㄱ), (15ㄴ)은 둘 다 자연스러운 문장이다. 그러나 (16ㄱ)에서와 같이 '와'에 의한 접속은 자연스러운 반면, (15ㄴ)처럼 '하고'로 접속되면 어색한 문장이 된다. 조사 '와'는 접속되는 두 명사구를 강하게 묶어주므로 (16ㄱ)의 '영희와 숙희'는 하나의 요소가 되어 조사 '의'의 지배 범위 안에 들 수 있기 때문에 적격한 문장이 된다. 반면 (16ㄴ)의 경우, '영희하고 숙희'가 하나의 명사구로 인식되기보다 '영희' 그리고 '숙희의 나이'가 병렬 관계에 있는 것으로 생각되기 때문에 어색한 문장이 되는 것으로 보인다. 이는 '하고'는 나열의 의미가 강하여 '와'보다 접속되는 명사구 사이를 묶어주는 힘이 떨어진다는 것을 의미한다.

조사 '하고'는 결합하는 명사구를 나열해 주는 기능을 가지고 있기 때문에, 말뭉치 예문을 살펴보면 조사 '하고'로 명사구를 늘어놓은 다음, 다시 묶어서 복수명사를 반복하는 경우가 많이 발견된다. 예컨대, 다음의 (17)과 같은 문장들이다.

> (17) ㄱ. 여기는 나<u>하고</u> 저기 저 검차원들<u>하고</u> **셋이서** 조용히 살고 있네.

ㄴ. 당신하고 나하고 **둘이서만** 그렇게 대해주는 사내란 드물 것이다.

ㄷ. 그거야 저놈하고 나하고 **두 사람의** 입만 꾸욱 다물고 있으면 무
사하게 넘어갈 수도 있지.

ㄹ. 눈이 먼 여자하고 노인네 **둘이서는** 워낙 힘이 들 일이었으니까요.

ㅁ. 점심은 나하고 경희하고 **둘이서** 우선 간단하게 마련하기로 했으
니 걱정하지 마세요.

조사 '하고'가 가지는 '나열'의 의미는 선택의문문에서의 쓰임을 통해
서도 확인할 수 있다.

(18) ㄱ. 엄마하고 아빠하고 누가 더 좋니?

ㄴ. *엄마와 아빠 누가 더 좋니?

(19) ㄱ. 영수하고 경민이하고 누가 이길까?

ㄴ. *영수와 경민이 누가 이길까?

선택의문문에서 조사 '하고'로 접속된 명사구가 선택의 조건으로 제시
된 (18ㄱ), (19ㄱ)은 적격문인 데 반해, '와' 접속의 명사구가 문두에 나온
(18ㄴ), (19ㄴ)은 비문이다. 이는 조사 '하고'가 가지고 있는 나열의 의미
가 선택의문문의 의문사의 선택을 유도하는 선택 조건을 제시하는 데에
적절하기 때문인 것으로 보인다. (19ㄴ)의 경우, '영수와 경민이 중에 누가
이길 것인가'라는 해석보다는 '영수와 경민이를 누가 이길 것인가?'라는
질문으로 받아들이기 쉽다. 즉, 조사 '와'로 접속된 명사구는 명사구 따로
따로 독립적인 요소로 해석되어 둘 중에 하나를 고르게 하기보다 두 명사
구가 함께 묶여 문장 안에서 하나의 성분으로 기능하는 것으로 인식된다
는 것이다.

남기심(1990)에서 주로 조사 '와'에 초점을 맞추어 논의하는 중에, 비대
칭 용언의 주어나 목적어 자리에 「NP와」 이탈형[141]이 쓰이면 부자연스러

운 예가 많이 나타나는데 이때 '와' 대신에 '하고'를 쓰면 대체로 문장이
자연스러워진다는 점을 지적하였다. 이러한 제약은 목적어의 경우에 더
심하고, 왜 '와'보다 '하고'가 더 자연스러운지 알 수 없다고 하였다. 다음
의 예는 남기심(1990)에서 그대로 가져온 것이다.

> (20) ㄱ. 울면서 떠나던 명희의 모습과 철모르고 재촉하던 그 딸의 재롱
> 이 망막에서 사라지지 않았다.
> ㄴ. ??철모르고 재촉하던 그 딸의 재롱이 울면서 떠나던 명희의 모습
> 과 망막에서 사라지지 않았다.
> ㄷ. ??철모르고 재촉하던 그 딸의 재롱이 울면서 떠나던 명희의 모습
> 하고 망막에서 사라지지 않았다.
>
> (21) ㄱ. 나무토막과 돌덩이가 굴러 내렸다.
> ㄴ. ?돌덩이가 나무토막과 굴러내렸다.
> ㄷ. 돌덩이가 나무토막하고 굴러내렸다.
>
> (22) ㄱ. 아내의 호소와 나의 설득이 그의 마음을 움직였다.
> ㄴ. ??나의 설득이 그 아내의 호소와 그의 마음을 움직였다.
> ㄷ. ??나의 설득이 그 아내의 호소하고 그의 마음을 움직였다.

위의 문장들은 접속조사로 쓰였을 때의 조사 '와'와 '하고'의 차이를 잘
드러내 준다. 조사 '와'의 주된 기능은 '접속'이기 때문에 이탈형으로 쓰
이게 되면 비문이 되거나 어색하다. 이는 「NP와」가 주어구나 목적어구에
서 전진 이탈되어 주어나 목적어 뒤로 가게 되면, 접속의 기능을 할 수가
없게 되기 때문이다.[142] '하고'의 경우, '나열'의 기능이 있기 때문에 이탈

---

141) '와'에 의해서 접속된 주어구 「NP₁와 NP₂가」나 목적어구 「NP₁와 NP₂를」에서 「NP₂
가」나 「NP₂를」이 각기 그 주어구나 목적어구를 전진 이탈하여 「NP₁가 NP₂와」나 「NP₂
를 NP₁와」로 쓰이거나, 후진 이탈하여 「NP₁와…NP₂가」나 목적어구 「NP₁와…NP₂를」
로 쓰일 수 있는데, 여기서 이탈형이라 함은, 전진 이탈형만을 뜻한다. 이에 대해서는
김완진(1970), 남기심(1990)을 참조할 것.

형으로 쓰일 때 좀 더 자연스러운 문장이 되는 것이다.

다음의 예문 (23ㄱ)과 (23ㄴ)의 의미적 차이도 조사 '하고'가 가지는 '나열'의 의미로 설명할 수 있다.

> (23) ㄱ. 서울과 부산은 멀다.
> 　　　ㄴ. 서울하고 부산은 멀다.

(23ㄱ)은 '서울과 부산 사이가 멀다'는 뜻으로 해석되는 반면, (23ㄴ)은 '서울도 멀고, 부산도 멀다'는 뜻으로 해석되기 쉽다. 이는 조사 '와'는 접속의 기능이 주가 되고, 조사 '하고'는 접속의 기능 이외에 나열의 의미가 더 있기 때문이다. 조사 '하고'에는 '나열'의 의미와 함께 '접속'의 의미도 있으므로 (23ㄴ)이 '서울과 부산 사이가 멀다'는 뜻으로도 해석이 가능한 것이다.

4.3.2. 격조사로서의 '하고'의 의미와 기능

접속의 기능을 가진 조사 '하고'는 서술어와 직접적으로 관계를 맺고 있지 않기 때문에, 격조사라고 할 수 없다.[143] 조사 '하고'는 조사 '와'처럼 접속의 기능 이외에 대칭 구문이나 동반 구문에서 서술어와 직접적으로 관계를 맺는 격조사로 쓰인다.

> (24) ㄱ. 나는 동생하고 싸웠다.
> 　　　ㄴ. 나를 매형하고 비교해서 생각하지 말아 줘.
> 　　　ㄷ. 걔하고 너하고 친한 건 확실하지?

---

142) 접속조사가 아닌 격조사로 쓰인 '와'는 조금 다른 양상을 보인다. 즉, 대칭 용언에 쓰인 「NP와」는 이탈형이 되어도 자연스러운데, 이는 접속조사로서의 '와'는 접속이 주된 기능인 데 반해, 대칭 용언이 필수적으로 요구하는 「NP와」는 서술어에 직접적으로 이끌리는 관계에 있기 때문인 것으로 보인다.

143) 본 논문에서 조사의 체계와 격의 개념은 허웅(1983)의 체계를 따른다.

　(24)는 대칭 구문에 '하고'가 쓰인 예문으로, (24ㄱ)은 동사가 서술어로 쓰인 주어 대칭이고, (24ㄴ)은 동사 서술어에, 목적어 대칭 구문이다. (24ㄷ)은 형용사가 서술어인 주어 대칭이다. 이 세 가지 구문에서 조사 '하고'는 모두 조사 '와'와 교체가 가능하지만, '하고'는 '와'와 달리, (24ㄷ)처럼 주격이나 목적격 조사가 생략되고 '하고'가 반복될 수 있는 특징을 가지고 있다. 다음의 (24)'에서 보듯, (24ㄱ)과 (24ㄴ)도 주격 조사 혹은 목적격 조사가 생략되고 그 자리에 조사 '하고'가 나타날 수 있다.

　　　(24)' ㄱ. 나하고 동생하고 싸웠다.
　　　　　ㄱ'. *나와 동생과 싸웠다.
　　　　　ㄴ. 나하고 매형하고 비교해서 생각하지 말아 줘.
　　　　　ㄴ' *나와 매형과 비교해서 생각하지 말아 줘.

　한 문장에서 조사 '하고'가 반복해서 나타날 수 있음은 접속조사로서의 쓰임에서 이미 언급한 바 있는데, '이나, 이며, 하며' 등의 다른 접속조사에서도 흔히 있는 일이기 때문에 별 문제가 없지만, 격조사로 쓰인 '하고'의 경우는 중출될 경우 문제가 된다. (24)'에서 보듯이 '와'는 격조사로 쓰일 때, 한 문장에 한 번 이상 나오게 되면 비문이 된다. 특히 목적어 대칭의 경우는 다음의 예문 (25)와 같이 조사 '하고' 다음에 목적격 조사 '를'이 나올 수도 있다.

　　　(25) ㄱ. 나하고 매형하고를 비교해서 생각하지 말아 줘.
　　　　　 ㄴ. 동철이는 순녀의 얼굴을 쳐다보더니 얼른 밥그릇하고 국그릇하고를 바꾸어 놓았다.

　(25)와 같은 예문은 조사 '하고'를 조사 '와'처럼 격조사로 볼 수 있느냐는 의문을 가지게 한다. 목적격 조사의 경우와 달리, '하고' 다음에 주격

조사가 붙을 수는 없지만, 주어 자리에서도 조사 '하고'는 중출이 가능하다. 적어도 중출되는 조사 '하고' 중 하나는 격조사가 아닌 것으로 봐야 할 것이다. 예문 (25)를 다음의 예문과 비교해 보자.

(26) ㄱ. 봄이 되니, 개나리며 진달래며 목련이며 흐드러지게 피었다.
ㄴ. 6월말인데도 밤이 되니 제법 차가운 공기가 옷이며 뺨이며를 스며들었다.
ㄷ. 마침 들른 집이 잔칫집이라, 떡이며 밥이며 고기며 먹었더니 배가 부르구나.

(26)은 접속조사인 '이며'가 나오는 예문이다. 이때의 '이며'를 모두 접속조사라고 보는 데에는 아무런 이의가 없다. (26ㄱ), (26ㄷ)의 경우 주어나 목적어가 구체적으로 나오지 않지만 비문이 아니며, 이때의 주어나 목적어는 생략된 것으로 볼 수 있다. (24)'과 (25)의 예문을 (26)과 비교해 볼 때 별다른 점을 발견할 수 없다. 그러므로 대칭 구문에서의 이와 같은 '하고'의 중출은 접속조사의 일반적인 쓰임으로 봐도 무리가 없다고 생각된다.

조사 '하고'가 격조사로서의 쓰임을 보일 때는, (24ㄱ), (24ㄴ)과 같이 'NP하고'의 생략이 불가능하고 서술어와 직접적인 관계를 맺는 경우이다. 격조사로서 조사 '하고'의 의미는 조사 '와'와 마찬가지로 '동반' 혹은 '비교'로 볼 수 있는데, '동반'과 '비교'를 함께 아우를 수 있는 좀 더 포괄적인 의미인 '대칭'이라는 의미가 적당하다.[144]

'대칭'은 조사 '하고'와 '와'가 공통적으로 가지고 있는 의미인데, 그러면, 조사 '하고'와 조사 '와'를 변별하게 해 주는 의미는 무엇일까? 다음의

---

144) 허웅(1983 : 200)에서는 '함께 함'이나 '비교'의 뜻을 가진 '와', '하고'를 견줌자리 토씨라 한다. 여기에서 대칭격 조사라 함은 허웅(1983)에서의 견줌자리 토씨처럼 '함께 함(동반)'과 '비교'의 의미를 아우르는 개념으로 쓴 것이다.

예문을 살펴보자.

(27) ㄱ. 내 키는 영희의 키<u>와</u>(<u>하고</u>) (서로) 같다.
　　 ㄴ. 내 키<u>와</u>(<u>하고</u>) 영희의 키는 (서로) 같다.
　　 ㄷ. 우리 둘의 키는 (서로) 같다.

(28) ㄱ. 세월은 흐르는 물<u>과</u>(*<u>하고</u>) (*서로) 같다.
　　 ㄴ. *흐르는 물<u>과</u>(<u>하고</u>) 세월은 (서로) 같다.
　　 ㄷ. *그것들은 서로 같다.

(27)과 (28)은 둘 다 형용사 '같다'를 서술어로 하는 문장이다. 그러나 (27)의 '와'는 '하고'로 바꾸어 쓸 수 있지만, (28)의 '와'는 '하고'로 교체되지 않는다. (27)의 경우, '서로'를 용인하고 복수 주어를 허용하는 등 대칭 구문으로서의 조건을 갖추고 있지만, (28)은 비유적인 의미를 가지고 있기 때문에 'NP$_1$가'와 'NP$_2$와'가 의미적 등가성을 가지지 않으며, 복수 주어를 허용하지 않는 등 대칭 구문으로서의 특성을 가지고 있지 않다.

예문 (27)과 (28)의 또 다른 차이는 조사 '와'와 '하고'의 교체 여부이다. 동일한 서술어 할지라도 명사구들의 의미적 관계에 따라 대칭 용언이 되기도 하고 그렇지 않기도 한다. 조사 '와'는 서술어가 대칭적 의미가 아닐 때에도, 서술어가 필수적으로 요구하는 명사구에 폭넓게 결합될 수 있으나, 조사 '하고'의 경우는 대칭의 의미를 지닐 때에만 결합이 가능하다. 예문 (28)의 조사 '와'는 '대칭'의 의미보다 '기준'의 의미를 강하게 지닌다. 즉, '세월'이 비교하는 대상이 되고, '흐르는 물'은 비교의 기준이 되는 것이다. 반면 (27)의 경우, '내 키'와 '영희의 키'를 동등하게 대칭적으로 비교한다.

(29) ㄱ. 추사체는, 날카롭기로는 칼날<u>과</u>(*[?]<u>하고</u>) 같고 부드럽기로는 풀솜<u>과</u>(*[?]<u>하고</u>) 같다는 말이 있을 정도로 독특한 서체이다.

ㄴ. 태양의 둘레를 공전하는 행성들의 반지름은 대략 다음과(*하고)
　　같다.

ㄷ. 그들은 거친 바다 위에서 한 조각 나뭇잎과(*하고) 같은 배를 타
　　고 고기를 잡아서 살아간다.

위의 (29)는 비유적인 의미를 지닌 '같다'의 예문인데, 세 예문 모두
'와'를 '하고'로 바꾸어 쓸 수 없다. 다음의 예문 (30)은 서술어가 대칭 용
언은 아니지만, 'NP와'를 필수적으로 요구하면서 기준의 의미가 아주 강
한 문장들이다. 이때도 역시 조사 '와'를 '하고'로 교체할 수 없다.

(30) ㄱ. 수임의 모습은 천사의 모습과(*하고) 다름없었다.

　　　ㄴ. 참혹한 전쟁터에서는 사람의 목숨이 파리 목숨과(*하고) 진배
　　　　　없다.

이러한 사실들을 두고 볼 때, 격조사로서의 조사 '하고'의 의미는 [+대
칭, −기준]이며, 이에 비하여 조사 '와'는 [+대칭, +기준]의 의미를 가진
다. 이러한 의미의 차이 때문에 기준의 의미가 강할 때는 조사 '하고'가
쓰일 수 없는 것이다.

(31) ㄱ. 그러지 말고 우리와(하고) 같이 가자.

　　　ㄴ. 경수의 손을 잡고 엄마와(하고) 같이 살자며 따뜻한 말이라도 한
　　　　　마디 해주기를 바랐다.

(32) ㄱ. 포도나 앵두, 딸기 등과(*하고) 같이 껍질을 벗겨 먹기 어려운 것
　　　　　은, 깨끗한 물로 여러 번 씻어야 한다.

　　　ㄴ. 우리가 아는 바와(*하고) 같이 지금 가장 중요한 문제는 경제 안
　　　　　정이야.

(31)의 '같이'는 '함께'라는 의미를 지닌 부사이고, (32)에서의 '같이'는

'함께'라는 의미는 없고, '처럼'의 의미를 가진다. 이 두 경우에서 조사 '와'와 '하고'의 교체를 살펴보면, 동반의 의미를 가진 (31)에서는 조사 '와'를 '하고'와 바꾸어 쓸 수 있는 반면, 비유의 의미를 지닌 (32)의 경우에는 조사 '와'를 '하고'와 바꾸어 쓸 수 없다. 이는 조사 '하고'에 '기준'의 뜻이 없어서, 비교의 기준을 나타낼 수 없기 때문이다.

예문 (31)에서의 '와'나 '하고'의 의미는 좀 더 구체적으로 말해서 '동반'이라고 할 수 있다. 이러한 '동반'의 의미는 다음의 (33)과 같은 소위 '동반 구문'에서 두드러지게 나타난다.

> (33) ㄱ. 나는 아버지<u>하고</u> 바다에 다녀왔습니다.
> ㄴ. 회사를 나와서 숙자<u>하고</u> 하루 종일 여기 저기 돌아다녔다.
> ㄷ. 오빠<u>하고</u> 나<u>하고</u> 숙제를 빨리 끝내지 않는다고 엄마한테 혼나고 있었던걸.
> ㄹ. 아빠<u>하고</u> 나<u>하고</u> 만든 꽃밭에 채송화도 봉숭화도 피었습니다.

위의 예문 (31)과 (33)의 '동반'의 의미는 조사 '와'와 '하고'에 공통적으로 나타나는 것이다. 이러한 경우, 조사 '하고'와 '와'에 다시 [+동반]의 의미를 추가해야 할까? 즉, '동반'의 의미가 조사 '하고'와 '와'의 기본적인 의미가 될 수 있느냐는 것이다.

'동반'의 의미를 나타내는 문장들의 특징은 다음의 두 가지로 요약될 수 있다. 하나는 명사구 사이의 문제인데, '동반'의 의미를 지닐 때, 'NP하고'나 'NP와'는 주어와 필연적으로 행동을 같이해야 하기 때문에, 주어와 의미적인 등가성을 지녀야 한다. 'NP하고'와 'NP와'가 주어와 의미적인 등가성을 가지지 않는 다음의 예문 (34)를 살펴보자.

> (34) ㄱ. *나는 자동차<u>하고</u> 바다에 다녀왔습니다.
> ㄴ. *회사를 나와서 핸드백<u>하고</u> 하루 종일 여기 저기 돌아다녔다.

'자동차'나 '핸드백'이 주어가 되는 인성명사와 동반했다고 해서 (34)가 성립되지는 않는다. 즉, 동반 구문에서의 'NP하고', 'NP와'는 반드시 주어와 의미적으로 등가성을 가져야 하는 제약이 있는 것이다.

두 번째로 지적할 수 있는 것은 동반 구문의 서술어는 반드시 [+행위성]의 의미 자질을 지녀야 한다. 같은 서술어라 할지라도 [+행위성]이 없으면 '동반'의 의미를 가질 수 없다.[145)

> (35) ㄱ. *철수는 영희와(하고) 예쁘다.
> ㄴ. 나는 철수와(하고) 영희를 때렸다.
> ㄷ. *외마디 소리가 저 소리와(하고) 내 뒤통수를 때렸다.

위의 문장 (35ㄱ)은 [+행위성]의 의미 자질이 없는 형용사가 서술어이기 때문에, '동반'의 의미를 가진 '철수와(하고)'가 나올 수 없음을 보여준다. 그러나 동일한 서술어인 '때리다'의 경우에도, [행위성]의 의미를 가질 때는 (35ㄴ)처럼 동반 구문이 성립하지만, (35ㄷ)처럼 서술어에 [행위성]의 의미가 없으면, '동반'의 의미를 가지지 못한다.

앞에서 언급한 조사 '하고'와 '와'가 가지는 '동반'의 의미에 대한 조건 두 가지는, 결국 '동반'의 의미가 '대칭'의 의미에서 크게 벗어나지 않음을 보여준다. 즉, 조사 '하고'와 '와'가 '동반'이나 '대칭'의 의미를 가지는 것은 문장에 참여자로 기능하는 두 명사구 사이에 의미적 등가성의 조건이 만족되느냐, 아니냐의 문제라는 것이다. 다시 말해서 서술어의 종류와 명사구 간의 관계에 따라 조사 '하고'와 '와'는 '동반'이나, '비교'의 의미, 혹은 '상호'의 의미 등을 갖게 된다. 이때 기본적으로 명사구 사이에 의미적인 대칭성이 필수적인 조건이 되기 때문에, '동반', '비교', '상호'의 의

---

145) 서술어의 행위성 자질의 검증 방법으로는 명령법, 약속법, 의도법, 청유법 형태들과의 결합양상으로 알아볼 수 있다.

미는 서술어의 유형별 의미 특성에 따라 구체적으로 실현되는 것이다. 그러므로 이러한 구체적인 의미를 실현하게 하는 조사 '하고'와 '와'의 기본 의미는 [+대칭]으로 볼 수 있다.

이상으로 격조사로 쓰인 조사 '하고'와 '와'의 의미와 기능에 대하여 살펴보았다. 조사 '하고'와 '와'가 공통적으로 지니는 기본적인 의미는 '대칭'이며, 조사 '하고'는 조사 '와'와 달리 '기준'의 의미를 가지고 있지 않다. 이러한 의미적인 차이로 인해 조사 '하고'는 기준을 나타내는 '와'와는 교체되지 않는다는 것을 확인할 수 있었다.

조사 '하고'는 접속조사로의 쓰임과 격조사로서의 쓰임의 두 가지 기능을 가지고 있다. 접속조사로 쓰일 때의 의미는 [+접속, +나열]이며, 격조사로서 쓰일 때의 의미는 [+대칭, −기준]의 의미를 가진다. 이러한 의미는 조사 '와'하고의 비교를 통하여 추출된 것이다. 조사 '하고'의 의미와 비교하여 조사 '와'는 접속조사로 쓰일 때는 [+접속, −나열]의 의미를 가지고 있으며, 격조사로서는 [+대칭, +기준]의 의미를 가진다.

그러므로 조사 '하고'는 조사 '와'와 공통의 의미를 가지고 있는 동시에, 변별되는 의미도 함께 가지고 있다. 이러한 의미적 공통점으로 인해, 조사 '하고'는 실제적 쓰임에서 조사 '와'와 많은 부분이 겹치기도 하며, 두 조사의 교체가 불가능한 것은 의미적인 차이로 설명할 수 있다.

조사 '하고'는 조사 '와'에 비해서 입말에서 주로 쓰이는 형식이다. 언어학 연구에서 글말보다 입말이 더 우선적이고 기본적인 자료라는 것에 대해서는 어느 누구도 이의를 제기하지 않으면서도, 정작 비슷한 의미를 가진 두 형태소나 단어가 문체적 차이만을 가지고 있을 때, 글말에 더 많이 쓰이는 쪽을 기본적인 것으로 삼는 경우가 더 일반적이다. 예를 들어 '에게'와 '한테'는 동의 관계에 있는 조사 부류인데, '에게'는 주로 글말에서 쓰이고 '한테'는 입말에서 주로 쓰인다. 하지만 '에게'를 '한테'보다 더 기본적인 조사로 취급하는 데에 암묵적인 동의를 하고 있다.[146]

소위 공동격, 혹은 대칭격이라고 할 때, 이 두 형태 중에 어느 것을 기본적인 것으로 삼아야 하는지에 대해서도 객관적인 시각으로 논의해야 할 것으로 생각한다. 만약 '하고'와 '와'가 같은 의미와 기능을 가지고 있다면, 입말에서 주로 쓰이는 '하고'를 더 기본적인 형태로 고려해야 할 것이다.

5. 조사 '에를'[147)

조사 '에를'은 조사 '에'에 '를'이 붙어 만들어진 단순한 조사연속구성으로 처리되는 것이 일반적이다. 대부분의 논의에서 이때의 '를'을 격조사가 아니고 단순히 의미만을 더하는 보조사로 보고 있다. 다음의 예를 보자.

> (1) ㄱ. 그가 고향에를 갔었다.(남기심 1991 : 86)
> ㄴ. 철수는 광주[에/에는/에도/에만/에를] 갔었다.(홍재성 1987 : 53)

남기심(1991)에서는 (1ㄱ)의 '를'은 목적어 표지라고 할 수 없다고 언급하고 있으며 홍재성(1987)은 분포를 근거로 하여 (1ㄴ)의 '를'을 담화적 기능을 하는 양태조사로 본다. 그러나 이러한 주장처럼 단순히 '를'을 보조사로 본다면 다음의 예들을 설명하기 어렵다.

> (2) ㄱ. 철수는 집[에/에는/에도/에만/*에를] 없어요.
> ㄴ. 우리들은 강당[에/에는/에도/에만/*에를] 모였다.

---

146) 예를 들어, 행동의 상대를 나타내는 처소격(위치자리) 조사를 언급한다거나 격틀에 있어 조사 형태를 표시할 때는 '한테'보다는 '에게'가 선호된다.
147) 이 절은 유현경(2007ㄷ)을 기반으로 기술되었다.

ㄷ. 흙이 바지[에/에는/에도/에만/*에를] 묻었다.

ㄹ. 나는 고민[에/에는/에도/에만/*에를] 빠졌다.

ㅁ. 네 행동은 예의[에/에는/에도/에만/*에를] 벗어난다.

예문 (2)는 (1)과 달리 '에'에 '를'이 통합될 수 없다. 이러한 '를'이 단순한 담화적 기능을 하거나 의미만을 더하는 보조사라면 왜 (2)와 같은 문장에서 다른 보조사들의 결합은 가능한 데 비해 '에'에 '를'이 결합될 수 없는지에 대한 설명하기 어렵다. 이광호(1988 : 237)에서는 '에'와 '를'의 결합을 성분 주제화에 따른 어휘격과 '를'의 통합 현상으로 보았다. 이광호(1988)에 의하면 'NP-에'를 D-구조로 하여 성분주제로서의 '를' 주제화에 따라 'NP-에를'이 생성되고 여기에서 '에'를 삭제함으로써 'NP-를'이 생성된다는 것이다. 홍재성(1987 : 67)에서도 '에를'을 '에'의 생략으로 본 바 있다. 이선희(1999 : 28)에서는 '에를'의 '를'은 서술어의 논항구조에 명시되는 어휘정보를 구성하는 요소라고 보기 어렵기 때문에 이때의 '를'이 강조의 기능을 하는 것으로 보면서도 'NP-에'와 '를'의 결합이 자유롭지 못함을 들어 '를'의 실현이 순수하게 담화화용적 기능만을 수행하는 초점 표지나 양태조사라는 주장이 성립하기 힘들다고 지적하고 있다. 이처럼 조사 '에를'에 대한 기존의 연구는 '에를' 자체에 대한 논의라기보다 '에'와 결합된 '를'에 초점이 맞추어져 있다.

이 연구는 조사 '에를'의 범주와 의미에 대하여 논의하는 것을 목적으로 한다. 먼저 조사 '에를'의 '를'이 어떠한 요소인지에 대하여 살펴본다. 기존의 연구들에서처럼 '를'을 보조사 혹은 양태조사로 볼 수 있는지에 대하여 논의한 후 '에'에 '를'이 결합될 수 있는 조건은 무엇인지 알아본다. 이를 바탕으로 조사 '에를'을 단순한 조사 통합으로 볼 것인지 아니면 '에서'처럼 하나의 조사로 굳어진 합성조사로 볼 것인지의 문제에 접근하게 될 것이다. 마지막으로 조사 '에를'의 의미에 대하여 살펴본다.

이 연구는 말뭉치 용례를 자료로 하게 될 것이다. 조사나 어미 등의 문법형태소에 대한 논의는 비문 판정 문제와 밀접한 관련이 있기 때문에 예문의 비문 판정에 대한 시비를 조금이라도 줄이고자 대부분의 예문을 기존의 연구에서 재인용하거나 말뭉치에 나오는 용례를 사용하였다. 이 연구에서 사용한 말뭉치는 21세기 세종계획에서 구축한 표준말뭉치이다.

5.1. 조사 '에를'의 '를'은 보조사인가?

홍재성(1987)에서는 (1ㄴ)의 '를'을 양태조사라 하고 근거를 몇 가지로 들고 있다.[148] 첫째 이유로 든 것은 '를'이 '는', '도', '만' 등과 같은 여타 양태조사와 통사적으로 평행적인 행태를 보이기 때문이라고 하면서 다음과 같은 예를 제시하였다.

(3) ㄱ. 철수는 광주[에는/에도/에만/에를] 갔었다.(=1ㄴ)
ㄴ. 이 차는 빨리[는/도/만/를] 가지 않아.
ㄷ. 정말 서울이 조용[은/도/만/을] 하구나!

—(홍재성 1987 : 53)

(3)은 '를'이 다른 격조사나 부사 뒤에 결합이 가능하거나 비분리성 요소가 통합된 '하다'류 동사 구문에서 선행 요소를 분리시켜 결합이 가능한 예이다. (2)에서 '를'이 '에'와 결합하지 않는 경우를 보였거니와 나머지 부사나 비분리성 어근에 결합하는 '를'의 경우에도 다른 보조사와 달리 선·후행 요소에 의한 제약이 심하다.

---

148) 홍재성(1987)에서는 '에를'에 결합된 '를'을 담화적 기능을 지닌 양태조사(강조의 특수조사)로 보았는데 기존의 논의에서의 '보조사(혹은 특수조사)'와 그 개념이 크게 다르지 않다. 이 글에서는 양태조사와 보조사를 구별하지 않고 보조사라는 용어를 주로 사용하려 한다.

(4) ㄱ. 철수는 광주[로는/로도/로만/*로를] 갔었다.

ㄴ. 이 차는 잘[은/도/만/*을] 간다.

ㄷ. 정말 서울은 깨끗[은/도/만/*을] 하구나!149)

(4ㄱ)에서 조사 '로'에 다른 보조사들은 결합이 자유로운 데 비해 조사 '를'의 결합이 불가하다. (3ㄴ), (4ㄴ)을 보면 다른 보조사와 달리 '를'은 부사에 따라 결합 양상이 달라진다. (4ㄷ)의 경우를 보아도 다른 보조사와 달리 조사 '를'은 결합에 있어 제약이 심한 것을 알 수 있다. 기존의 논의에서 (3)의 '를'을 보조사로 보아 왔으나 (3)과 같이 조사 '를'이 결합이 가능한 경우에만 초점을 맞추어 논의했을 뿐 다른 보조사들과 달리 같은 환경에서 결합되지 못하는 예들은 논의하지 않았다.150) (3)과 (4)의 비교를 통하여 우리는 다음의 (5)와 같은 가설을 설정할 수 있다.

(5) ㄱ. 조사 '를'은 보조사가 아니다.

ㄴ. 조사 '를'은 결합 제약을 가지고 있는 보조사류이다.

위의 가설 (5ㄱ)과 (5ㄴ) 중 어느 것이 옳은지에 대하여 '에'와 '를'의 결합 양상을 살펴봄으로써 증명하여 보이려 한다.151)

---

149) 필자의 직관으로는 (4ㄷ)뿐 아니라 (3ㄷ)의 '정말 서울이 조용을 하구나!'라는 문장도 비문인 것으로 판단된다.

150) 본문의 예 (3ㄴ, ㄷ), (4ㄴ, ㄷ)나 '영희가 밥을 먹어를 보았다/영희가 밥을 먹고를 싶다/영희가 예쁘지를 않다'에서 목적어가 아닌 성분에 결합되는 '를'을 무엇으로 볼 것인지에 대하여 본문에서 깊이 다루지 않는다. 그러나 우리의 입장은 부가어나 용언의 활용형에 붙는 '를'도 역시 보조사로 볼 수 없으며 이도 역시 문장의 구조와 관련되어 있다는 것이다.

151) '에'와 '를'의 결합 양상을 논의하는 것이 '에'와 '를'의 분리를 전제로 하는 것이기 때문에 '에를'을 하나의 요소로 보려는 우리의 입장과 배치되는 것이라고 할 수도 있으나 다음의 두 가지 이유로 조사 '에'와 '를'의 결합 양상을 살펴보려 한다. 첫째, 조사 '에를'을 조사 '에'와 '를'이 결합되어 문법화된 것으로 본다면 조사 '에'와 조사 '를'이 어떤 결합 양상을 보이는지를 살피는 것이 의미가 있을 것이다. 둘째로는 '에'와 '를'의 결합이 자유롭지 않다는 것을 보임으로써 조사 '에를'의 '를'이 '는, 만, 도'와 같은

5.2. 조사 '에'와 '를'의 결합 조건

5.2.1. 조사 '에'의 용법과 '를' 결합 양상

다른 보조사들152) 즉 '는', '만', '도'는 대부분의 용례에서 조사 '에'와 결합이 가능한 데 비해 조사 '를'은 결합이 지극히 한정되어 있다. 다음의 (6)은 『표준국어대사전』에서 제시한 '에'의 의미항목별 용례를 모아 '에'와 조사 '는, 도, 만, 를'의 결합 여부를 보인 것이다.

(6) 『표준국어대사전』의 조사 '에'의 의미와 용례
  ① 앞말이 처소의 부사어임을 나타내는 격 조사 : 거리[에는/에만/에도/*에를] 사람들이 많다.
  ② 앞말이 시간의 부사어임을 나타내는 격 조사 : 나는 아침[에는/에만/에도/*에를] 운동을 한다.
  ③ 앞말이 진행 방향의 부사어임을 나타내는 격 조사 : 지금 산[에는/에만/에도/에를] 간다.
  ④ 앞말이 원인의 부사어임을 나타내는 격 조사 : 그는 요란한 소리[에는/에만/에도/*에를] 잠을 깼다.
  ⑤ 앞말이 어떤 움직임을 일으키게 하는 대상의 부사어임을 나타내는 격 조사 : 나는 그의 의견[에는/에만/에도/에를] 찬성한다.
  ⑥ 앞말이 어떤 움직임이나 작용이 미치는 대상의 부사어임을 나타내는 격 조사 : 나는 화분[에는/에만/에도/에를] 물을 주었다.
  ⑦ 목표나 목적 대상의 부사어임을 나타내는 격 조사 : 몸[에는/에만/에도/*에를] 좋은 보약
  ⑧ 앞말이 수단, 방법 따위의 대상이 되는 부사어임을 나타내는 격 조사 : 우리는 햇볕[에는/에만/에도/?*에를] 옷을 말렸다.

계열의 보조사가 아니라는 것을 증명할 수 있을 것이다.
152) 모든 보조사가 조사 '에'와 결합이 자유로운 것은 아니다. 본론에서는 일반적으로 '를'과 같은 계열로 간주하는 '는, 만, 도'의 세 보조사를 '를'과 중점적으로 비교하였다. '를'을 '는, 만, 도'와 동일한 계열로 보는 논의는 홍재성(1987 : 53), 고석주(2000 : 46), 목정수(2003) 등을 참조할 것.

⑨ 앞말이 조건, 환경, 상태 따위의 부사어임을 나타내는 격 조사 : 이 무더위[에는/에만/에도/*에를] 어떻게 지냈니?

⑩ 앞말이 기준되는 대상이나 단위의 부사어임을 나타내는 격 조사 : 그것은 예의[에는/에만/에도/*에를] 어긋나는 행동이다.

⑪ 앞말이 비교의 대상이 되는 부사어임을 나타내는 격 조사 : 고양이 목[에는/에만/에도/*에를] 방울

⑫ 앞말이 맡아보는 자리나 노릇의 부사어임을 나타내는 격 조사 : 반장[에는/에만/에도/*에를] 그가 뽑혔다.

⑬ 앞말이 제한된 범위의 부사어임을 나타내는 격 조사 : 포유동물[에는/에만/에도/*에를] 무엇이 있지?

⑭ 앞말이 지정하여 말하고자 하는 대상의 부사어임을 나타내는 격 조사 : 이 문제[*에는/?에만/?에도/*에를] 관한 보고서를 작성해 오시오.

⑮ 앞말이 무엇이 더하여지는 뜻의 부사어임을 나타내는 격 조사 : 국[에는/에만/에도/*에를] 밥을 말아 먹다.

(6)에서 보조사 '는, 만, 도'는 제약 없이 거의 모든 용법의 '에'와 결합할 수 있는 반면, 조사 '를'은 극히 제한적인 용법의 '에'와만 결합한다. (6)의 ③(진행 방향),[153] ⑤(어떤 움직임을 일으키게 하는 대상), ⑥(어떤 움직임이나 작용이 미치는 대상) 등 세 가지 의미의 '에'에만 '를'이 붙을 수 있다. (6)의 ①, ②, ③은 '에'가 '처소' 혹은 '시간'의 의미를 가지는 경우인데, ①과 같이 '에'가 단순한 처소의 의미만을 가지거나 ②처럼 시간의 의미를 지니는 경우에는 '를'이 결합될 수 없다. (6) ④, ⑤, ⑥, ⑦, ⑧, ⑩, ⑪, ⑭의 '에'는 '대상(object)'과 관련된 의미를 가지는데 이 중 ⑤와 ⑥만이 '를'과 결합할 수 있다. (6) ⑫, ⑬, ⑮의 '에'는 '자리, 제한된 범위, 더함'의 의미를 지니는데 이 경우는 모두 '를'과 결합할 수 없다. 다음에서는 '처소'의

_____

153) 『표준국어대사전』에서는 (6) ③의 '에'의 의미를 '진행 방향'으로 제시하였으나 이동의 목표점 혹은 도달점이라고 하는 것이 더 정확할 것이다.

의미를 가지는 '에'와 '대상'의 의미를 지니는 '에'의 두 가지 경우에 '를'
이 결합되는 조건에 대하여 자세히 살펴보기로 하겠다.

5.2.1.1. '처소'의 '에'와 '를' 결합 조건

조사 '에'의 기본의미는 '처소'를 나타내는 것이다. 처소를 나타내는
'에' 중에서 '를' 결합이 가능한 경우는 서술어의 행위나 사건이 이루어진
장소를 나타내는 '에'와 서술어의 행위가 지향하는 목표(도달점)를 나타내
는 경우로 제한된다.

> (7) ㄱ. 우리 집은 서울[에/*에를] 있다.
> ㄴ. 정선군과 평창군[에/*에를] 걸쳐 있는 가리왕산은 해발 1,561m
> 이다.
> ㄷ. 보도블록[에/*에를] 붙은 껌을 이번 기회에 모두 제거하기로
> 했다.
> ㄹ. 이야기[에/*에를] 등장하는 인물은 현실성이 없다.

(7)은 조사 '에'에 '를'이 결합될 수 없는 예이다. (7)에서 조사 '에'의 의
미는 문장의 서술어의 의미와 깊이 연관되어 있다. 다시 말해서 어떠한
서술어와 공기하느냐에 따라 '에'의 의미가 결정된다. (7ㄱ)의 경우는 '있
다, 위치하다, 많다, 적다(글씨를)' 등 주로 소재를 나타내는 동사나 형용사
가 서술어가 된다. (7ㄴ)은 '걸치다, 이르다' 등의 동사가, (7ㄷ)은 '묻다(먼
지가), 닿다, 붙다, 기대다, 부딪치다' 등의 동사가, (7ㄹ)에는 '등장하다, 출
현하다, 나오다' 등의 동사가 서술어로 쓰인다.

> (8) ㄱ. 나는 오늘 학교[에/에를] 갔다.
> ㄴ. 우리는 바닥[에/에를] 앉았다.
> ㄷ. 아버지는 쌀을 자루[에/에를] 담고 집을 나섰다.

(8)은 조사 '에'에 '를'이 결합될 수 있는 예인데, (8ㄱ)은 '가다, 오다' 등의 이동동사와 '도착하다, 이르다, 닿다' 등의 어떤 장소에 도달함을 나타내는 동사, '다니다, 가다' 등의 반복적 드나듦을 의미하는 동사들이 주로 서술어가 되는 경우이다. (8ㄴ)의 서술어로는 사건이나 행위가 이루어지는 장소를 나타내는 동사류로 '살다, 머무르다, 앉다' 등을 들 수 있다. (8ㄷ)은 '담다, 넣다, 놓다, 두다' 등의 동사가 서술어로 쓰인다.

같은 동사의 용례 중에서 의미에 따라 '에'와 '를'의 결합이 달라지는 경우도 있다. 다음의 (9)는 동사 '나오다'가 서술어로 쓰인 문장에서 조사 '에'와 '를'의 결합이 가능하기도 하고 불가능하기도 한 예문이다.

(9) ㄱ. 가을 햅쌀이 시장[에/*에를] 나왔다.
    ㄴ. 이 책[에/*에를] 나온 설명은 이해할 수가 없다.
    ㄷ. 채소밭[에/에를] 나와 보니 오이 덩굴들이 시들어 있었다.
    ㄹ. 밖[에/에를] 나오니까 구름이 끼어서 캄캄했다.

(9ㄱ), (9ㄴ)의 '나오다'는 '출시되다, 출현하다'의 의미로 (7ㄹ)과 같은 부류이지만 (9ㄷ)과 (9ㄹ)은 '안에서 밖으로 오다'의 뜻을 가지고 이동동사로 쓰인 '나오다' 구문이다. 따라서 (9ㄱ), (9ㄴ)의 조사 '에'가 결합된 명사구는 단순한 장소를 의미하지만 (9ㄷ), (9ㄹ)은 (8ㄱ)처럼 어떤 장소에 도착함을 나타낸다. 이처럼 용언의 다의적 의미에 따라 조사 '에'와 '를'의 결합 양상이 달라질 수 있다. 이런 이유로 '이르다, 닿다' 등은 다의적 의미에 따라 '에'와 '를'이 결합될 수 없는 부류(예문(7))와 '에'와 '를' 결합이 가능한 부류(예문(8))에서 중복적으로 언급되었다.

(7), (8), (9)를 분석해 본 결과 조사 '에'와 '를'의 결합은 공기하는 서술어의 종류와 의미에 많은 영향을 받고 있음을 알 수 있다. 이는 조사 '를'이 의미만을 더하는 보조사가 아닐 가능성을 시사해 준다. 이정훈(2005 : 185~187)에서는 대격 조사와 결합될 수 있는 어휘격조사는 [장소성] 중에

서도 [도달점]의 의미 특성을 지닌 것으로 제한된다고 하면서 어휘격조사와 겹쳐 나타나는 구조격조사도 구조적으로 인허된다고 주장하고 있다. 이에 의하면 조사 '로'도 장소의 의미를 지니지만 방향이나 경로의 의미만을 가지고 [도달점]의 의미를 나타낼 수 없기 때문에 '를'과 결합할 수 없는 것으로 설명할 수 있다. 장소와 관련이 있는 다른 부사격 조사 '에서'와 '에게' 등도 [도달점]의 의미로써 '를'과의 결합 제약을 설명할 수 있다.

> (10) ㄱ. 그는 인근 호텔[에/에를] 머무르고 있다.
> ㄴ. 부모님은 서울[에/에를] 사신다.
> ㄷ. 그는 인근 호텔[에서/*에서를] 머무르고 있다.
> ㄹ. 부모님은 서울[에서/*에서를] 사신다.

(10ㄱ), (10ㄴ)은 '에'에 '를'이 결합될 수 있는 예이나, 같은 구문인데도 불구하고 (10ㄷ), (10ㄹ)은 '에서'가 나오면서 '를'이 결합할 수 없게 되었다. 이는 '에'와 '에서'의 차이로 설명할 수밖에 없다. 조사 '에서'는 [도달점]을 나타내기보다 행위가 이루어지고 있는 장소만을 나타내기 때문에 '를'과 결합할 수 없다. 이러한 차이로 인해 '에서'는 다음과 같은 문장에서 '에'와 교체되지 않는다.

> (11) ㄱ. 내일 도서관[에서/*에] 만나자.
> ㄴ. 공원[에서/*에] 사람들이 싸우고 있었다.

(8ㄴ)이나 (10)은 '살다, 머무르다, 앉다, 떨어지다, 내리다' 등이 동사가 서술어로 나오는 예문인데 이동동사 구문과 달리 'NP에'가 [도달점]의 의미보다는 행위가 이루어지는 장소로 해석되기 쉽다. 그러나 '에서'와의 비교를 통해서 보면 '에'는 행위가 이루어지는 장소로만 해석되지 않고 [도

달점]의 의미를 가지고 있는 것으로 보인다.

'에게'도 다음의 (12)에서 보듯이 [도달점]의 의미가 있을 때 '를'과의 결합이 가능하다.

> (12) ㄱ. 나는 책을 영희[에게/에게를] 주었다.
>   ㄴ. 영희는 언니[에게/*에게를] 야단을 맞았다.

이상 처소의 의미를 갖는 조사 '에'의 '를'과의 결합 양상을 살펴보았다. '처소'의 의미를 가진 조사 '에'는 [도달점]의 의미를 나타낼 경우에 한하여 '를'과 결합될 수 있었다. 그러면 다음에는 '대상'의 의미를 가지는 조사 '에'에 '를'이 결합되는 양상을 살펴보기로 하겠다.

5.2.1.2. '대상'의 '에'와 '를' 결합 조건

조사 '에'가 '를'과 결합할 수 있는 경우는 처소의 의미 이외에 '대상'과 관련이 있을 때이다.

> (13) ㄱ. 나는 그의 의견[에/에를] 따랐다.
>   ㄴ. 나는 고아원[에/에를] 쌀을 대 주고 있다.

(13)은 조사 '에'에 '를'이 결합될 수 있는 예이다. (13ㄱ)의 '에'는 서술어의 행위가 영향을 미치는 대상을 나타내는 경우인데 이러한 '에'와 함께 나오는 서술어로는 '따르다, 찬성하다, 반대하다, 맞추다, 집중하다' 등을 들 수 있다. (13ㄴ)은 수여동사류가 서술어가 되는 구문인데 '에'는 받는 대상을 의미하며 '주다, 대다, 보내다, 바치다' 등의 동사가 나온다.154)

---

154) (13ㄴ)의 '에'는 예문 (12ㄱ)에서와 같이 도달점으로도 해석이 가능하다.

같은 대상을 의미하지만 다음과 같은 경우는 '에'에 '를'이 결합될 수 없다.

> (14) ㄱ. 개구리는 파충류[에/*에를] 속한다.
> ㄴ. 옷이 비[에/*에를] 다 젖었다.

(14)의 '에'도 대상을 나타내지만 조사 '에'와 '를'이 결합되어 쓰일 수 없다. (14ㄱ)은 '속하다, 포함되다, 관련되다, 관계하다' 등의 동사가 쓰일 수 있는 예문이고 (14ㄴ)은 '젖다, 가리다, 차다, 찌들다, 속다' 등의 동사류가 서술어로 쓰이는 문장들과 같은 부류에 속한다. 대상을 나타내는 '에'의 경우는 '를'과의 결합 양상을 살펴보면 [영향성]과 관련이 있음을 알 수 있다. 다시 말해서 '에'와 '를'이 결합이 가능한 것은 '에'가 [대상]의 의미와 함께 [영향성]의 의미를 가질 때이다.

5.3. 조사 '에를'의 '를'의 정체성

앞에서 살펴본 바에 의하면 조사 '에'가 '를'과 결합이 가능한 조건은 '에'가 [처소 location][도달점 goal]과 [대상 object][영향성 affectness]의 의미를 가지는 경우로 한정할 수 있다. [도달점]의 의미는 [처소]를 포함하고 있으며 [영향성]은 [대상]을 전제로 하기 때문에 결국 '에'가 [도달점]과 [영향성]의 의미를 가지고 있을 때라고 할 수 있다.[155)

'를' 논항의 의미역 체계에 대한 연구인 홍종선·고광주(1999)에서는 서술어인 동사의 특성과 논항인 명사의 특성을 고려하여 도달역, 목적역, 경로역, 원천역, 장소역, 영역역, 결과역, 피해자역, 피위주역, 공동역, 대상

---

155) 남기심(1993)에서 조사 '에'의 의미 중 [대상]에 대하여 언급하면서 [대상]의 의미를 지닌 조사 '에'에는 장소명사가 결합되지 않는다고 하였다. 이와 마찬가지로 [도달점]과 [영향성]도 선행하는 명사구의 의미와 밀접한 관련이 있다.

역, 동작역, 수혜역 등 13개의 의미 관계를 설정한 바 있다. 홍종선·고광주(1999)의 연구가 주로 논항에 결합되는 '를'의 문제에 국한되었다는 것을 고려하면 '에를'의 '를'도 논항에 붙는 조사 즉 격조사의 의미에서 크게 벗어나지 않고 있음을 알 수 있다. '는, 도, 만' 등의 보조사들이 별다른 제약 없이 '에'와 결합되는 데 비해 '에'와 결합되는 '를'은 조사 '에'의 의미도 제한적이고 공기하는 서술어와도 관련이 있어 일련의 보조사와 같은 부류로 보기 어렵다.

최근 조사 '를'의 의미에 대한 연구가 깊이 있게 진행되면서 국어에서 조사 '를'의 목적격 조사의 기능만이 아니라 보조사 혹은 양태조사로서의 용법에 대한 관심이 많아졌다. 조사 '를'에 대한 기존의 연구는 단일 기능을 가진 것으로 보는가 두 가지 기능을 가진 것으로 보는가에 따라 크게 두 가지 관점을 나눌 수 있으며 일반적인 시각은 격조사로의 쓰임과 격조사가 아닌 용법을 모두 인정하는 것이다.156) 이러한 주장과 달리 고석주(2000)에서는 조사 '를'이 격조사가 아니라 의미만을 더하는 보조사임이 주장되기도 하였으며 이선희(1999)는 조사 '를'이 의미역을 나타내는 표지라고 하였다. 이 연구에서는 조사 '에를'의 '를'을 보조사로 볼 수 없다고 주장하였지만 '를'을 격조사로만 보아야 한다는 관점에 전적으로 동의하는 것은 아니다. 이 논의에서는 '를'을 무엇으로 볼 것인가의 문제보다 오히려 어떻게 보아야 하는가에 초점이 있다. 조사 '를'을 격조사로 보든 보조사로 보든 결국 하나의 관점에서 이를 바라보아야 하고 설명되어야 한다는 것이다. 이 연구에서 목적하는 바는 결국 논항에 결합되는 '를'이나 부가어에 결합되는 '를'이 모두 하나의 '를'이고 그 생성이 의미적 측면에서나 구조적 측면에서 공통점을 가지고 있다는 것을 밝히는 것이다.

---

156) 조사 '를'에 대한 선행 연구는 고석주(2000 : 6~10)에 상세히 정리되어 있다.

다음에서는 조사 '에를'이 단순한 조사 통합에 의한 조사연속구성인가 아니면 '에서'처럼 합성조사인가에 대하여 논의해 보고 이어 조사 '에를' 의 의미에 대하여 살펴보려 한다.

5.4. 조사 '에를'의 범주와 의미

5.4.1. 조사 '에를'의 범주

조사 '에를'을 단순한 조사연속구성으로 보느냐, 아니면 합성조사로 보 느냐에 따라 분석을 다르게 할 수 있다.157)

(15) ㄱ. [[학교-에]를]
ㄴ. [학교-[에를]]

(15ㄱ)은 조사연속구성으로 본 것이고 (15ㄴ)은 합성조사의 경우이다. '에서'는 널리 알려진 합성조사이거니와 김진형(2000 : 70)에서는 '로부터' 도 합성조사로 보고 있다.

(16) ㄱ. 영희는 공주<u>로부터</u> 전학을 왔다.
ㄴ. 영희는 공주<u>로</u> 전학을 왔다.
ㄷ. *영희는 공주<u>부터</u> 전학을 왔다.

—(김진형 2000 : 70)

(16ㄱ)의 '로부터'는 [출발점]을 나타낸다. (16ㄴ)의 '부터'가 빠진 '로'

---

157) 남윤진(1997 : 154~184)에서는 조사가 하나만 나타나면 단순조사, 조사가 두 개 이상 결합되어 나타나면 복합조사로 정의하고 단순조사와 복합조사의 목록을 작성하였다. 이 연구에서의 단순한 조사연속구성이 남윤진(1997)의 개념으로는 복합조사가 된다. 이 글에서는 조사가 결합되어 구성요소의 합 이상을 이룰 때 복합조사 대신 합성조사 라는 용어를 사용하였다. 합성조사는 김진형(2000 : 60)에서의 정의에 따라 둘 이상의 조사가 통합되어 하나의 조사처럼 기능하는 것을 이른다.

만으로는 [출발점]을 나타낼 수 없고 오히려 [방향]을 나타내며 (16ㄷ)은 문장이 비문이 된다. 이러한 분석은 '로부터'가 조사 '로'와 '부터'의 단순한 결합이 아니라 새로운 의미와 기능을 가진 합성조사라는 결론을 내리게 한다. 그러면 조사 '에를'은 어떠한가?

(17) ㄱ. 나는 학교에를 갔다.
    ㄴ. 나는 학교에 갔다.
    ㄷ. 나는 학교를 갔다.

(18) ㄱ. 나는 선생님 앞에를 설 때마다 경건한 마음이 솟아나오곤 했다.
    ㄴ. 나는 선생님 앞에 설 때마다 경건한 마음이 솟아나오곤 했다.
    ㄷ. *나는 선생님 앞을 설 때마다 경건한 마음이 솟아나오곤 했다.

(19) ㄱ. 멀리 밖에를 바라보니 둘이 나와 있었다.
    ㄴ. *멀리 밖에 바라보니 둘이 나와 있었다.
    ㄷ. 멀리 밖을 바라보니 둘이 나와 있었다.

(20) ㄱ. 나는 소나무에를 가서 영희를 만났다.
    ㄴ. *나는 소나무에 가서 영희를 만났다.
    ㄷ. *나는 소나무를 가서 영희를 만났다.

조사 '에를'이 나오는 대부분의 문장은 (17)과 같이 조사 '에'와 조사 '를'이 둘 다 허용되는 경우가 많다. 문제가 되는 것은 (18), (19), (20)과 같은 예문이다. (18)은 조사 '에'는 나올 수 있으나 '를'이 안 나오는 경우이고 (19)는 반대로 조사 '에를'이 결합되는 명사구에 조사 '에'는 결합할 수 없고 조사 '를'만이 결합이 가능하다. (20)은 조사 '에를'이 나오는 자리에 조사 '에'나 '를'이 올 수 없는 예문을 보여준다. 이러한 조사 결합의 차이는 조사와 결합되는 NP와 조사 '에', '를'의 의미 때문이다.

홍윤표(1978)에 의하면 조사 '에'는 [+목표]의 의미를 가지며 '를'은 [+통과]의 의미를 가진다. 정희정(1988)에서는 조사 '에'는 주체의 목표점(도달점)을 나타내며 목표점으로 표현된 장소의 한 부분에만 관여하는 의미로 쓰이며 이에 반해 조사 '를'은 방향의 의미가 없고 '를'이 붙는 장소어 전체에 걸쳐 이동행위가 지속되는 의미를 갖는다고 하였다.

예문 (17)의 경우는 조사 '에를'이 결합되는 명사구 '학교'가 목표를 나타낼 수도 있고 방향이나 통과의 의미로 해석될 수 있기 때문에 '에를', '에', '로'가 모두 결합할 수 있다. (18)의 '선생님 앞'도 역시 목표점이나 통과의 의미로 해석될 수 있으나 서술어로 쓰인 '서다'가 목표점만을 허용하고 [+통과]의 의미와 부합되지 않으므로 '를'이 결합할 수 없다. 그러나 (18ㄱ)에서처럼 조사 '에를'은 결합이 가능하다. (19)는 '에를'과 '를' 결합이 가능한 경우이지만 특이하게도 '에'가 나타날 수 없는 예문이다. 정희정(1988)에서는 조사 '를'을 전체성의 의미를 가지는 경우와 양태화된 경우로 구분하여 설명하면서, 지속적인 이동의 동작이 부사어에 의해 순간적인 이동 동작으로 바뀌면 '를'이 양태화되는데, 이 양태화된 '를'은 '에'가 생략된 것으로 주체의 목표점을 의미한다고 하고 있다. 그러나 양태화된 '를'이 '에를'의 에가 생략된 것이라면 '에'가 근본적으로 나타날 수 없는 (19)나 (20)과 같은 예문을 설명할 수 없다. 조사 '에'는 목표점을 의미하기 때문에 단순한 방향을 의미하는 (19ㄴ)의 '밖'과 결합할 수 없다.158) 조사 '에'는 이동 동작의 목표 또는 대상물에 귀착하는 어느 한 지점을 지시한다(홍윤표 1978 : 116). (20ㄴ)의 '소나무'는 어느 한 지점을 지시하는 것이 아니라 행위의 대상물에 지나지 않기 때문에 '에'와 결합하면 비문이 된다. (20ㄱ)에서 '소나무'에 '에를'이 결합되면 비문성이 훨씬 줄어드는 것을 볼 수 있는데 이는 '에를'이 '에'에 비하여 [대상성]의 의미를

---

158) 물론 '나는 한참을 밖에 서 있었다'와 같은 문장이 가능하나 이는 동사 '서다'가 문장의 서술어로 쓰인 경우이고 (19)처럼 단순한 방향을 의미하는 '바라보다'와 같은 동사가 서술어로 나오는 문장과 차이가 있다.

더 가지고 있기 때문인 것으로 추측된다.

이상의 예문 (17)~(20)의 분석을 고려해 볼 때 조사 '에를'의 구조는 (15
ㄱ)처럼 'NP-에'에 다시 '를'이 결합한 것으로 상정할 수 없고 오히려 (15
ㄴ)처럼 '에를'을 하나의 덩어리로 보아 합성조사로 간주하는 것이 옳을
것이다. 조사 '에를'이 결합하는 명사구나 서술어의 의미와 깊은 관련을
가지고 있다는 것은 '에를'이 보조사가 아니라 격조사와 같은 특성을 가지
고 있음을 보여준다. 다음에서는 조사 '에를'의 의미에 대하여 살펴보자.

5.4.2. 조사 '에를'의 의미

조사 '에를'의 의미를 자세히 살피기 위하여 앞의 예문 (17)~(20)을 다
시 가져와 보이겠다.

(17) ㄱ. 나는 학교에를 갔다.
　　 ㄴ. 나는 학교에 갔다.
　　 ㄷ. 나는 학교를 갔다.

(18) ㄱ. 나는 선생님 앞에를 설 때마다 경건한 마음이 솟아나오곤 했다.
　　 ㄴ. 나는 선생님 앞에 설 때마다 경건한 마음이 솟아나오곤 했다.
　　 ㄷ. *나는 선생님 앞을 설 때마다 경건한 마음이 솟아나오곤 했다.

(19) ㄱ. 멀리 밖에를 바라보니 둘이 나와 있었다.
　　 ㄴ. *멀리 밖에 바라보니 둘이 나와 있었다.
　　 ㄷ. 멀리 밖을 바라보니 둘이 나와 있었다.

(20) ㄱ. 나는 소나무에를 가서 영희를 만났다.
　　 ㄴ. *나는 소나무에 가서 영희를 만났다.
　　 ㄷ. *나는 소나무를 가서 영희를 만났다.

(18)~(20)은 조사 '에를', '에', '를'이 구문에 따라 결합 양상이 달라짐

을 보여준다. 조사 결합 양상은 서술어로 쓰인 동사와 조사와 결합하는 명사구의 의미와 관련이 있다. 같은 동사가 나오는 문장도 명사구에 따라 조사 결합 양상이 달라지기도 한다. (19ㄴ), (20ㄴ), (20ㄷ)에서 조사 '에'나 '를'의 결합이 불가능한 것은 서술어로 쓰인 동사의 문제가 아니라 조사와 결합하는 명사구의 의미 때문이다. 이는 앞의 예문 (17)로 증명된다. (17)~(20)은 조사 '에를'이 조사 '에'와 '를'의 단순한 조사 결합이 아니라 합성조사이며 '에'나 '를'과 변별되는 '에를'의 의미가 있음을 시사한다. 다음에서는 주로 홍윤표(1978)과 정희정(1988)에서 논의된 조사 '에'와 '를'의 의미를 중심으로 하여 조사 '에를'의 의미를 살펴보려 한다.159)

> (21) ㄱ. *영희는 창에 갔다.
> ㄴ. *영희는 창을 갔다.
> ㄷ. 영희는 창으로 갔다.
> ㄹ. 영희는 창에를 갔다.
>
> (22) ㄱ. 영희는 창가에 갔다.
> ㄴ. *영희는 창가를 갔다.
> ㄷ. 영희는 창가로 갔다.
> ㄹ. 영희는 창가에를 갔다.

조사 '에'는 일정한 면적을 지닌 장소와 결합하기 때문에 (21ㄱ)과 같이 단순한 방향이나 대상을 의미하는 명사와는 결합할 수 없다. (21ㄴ)의 조사 '를'도 서술어의 행위가 일어날 수 있는 일정한 공간적 영역을 나타내는 의미로 쓰이므로 '창'과 같은 일정한 공간적 영역을 가지지 않는 명사와는 결합이 불가능하다. 이러한 명사는 (21ㄷ)에서처럼 '로' 결합은 자유

---

159) 홍윤표(1978)와 정희정(1988)은 용어의 사용에 있어 차이를 보이는데 논의의 편의를 위하여 학교문법의 용어로 바꾸어 인용하기로 한다. 예컨대 '임자씨'는 '명사'로 대신하는 것이다.

롭다. (21ㄹ)의 조사 '에를'은 '에'나 '를'과 같이 일정한 공간적 영역을 반
드시 필요로 하지는 않는 것으로 보인다. (22)에서와 같이 '창'을 '창가'로
바꾸면 문법성이 달라지는데 일정한 면적을 지닌 장소가 될 수 없는 '창'
과 달리 '창가'는 일정한 면적이 있는 장소이기 때문에 조사 '에'와 결합
할 수 있다. (22ㄴ)에서 '를' 결합이 불가능한 이유는 '를'의 [전체성]의 의
미 때문인 것으로 보인다.

> (23) ㄱ. 산에 가다가 호랑이를 만났다.
>   ㄴ. 산으로 가다가 호랑이를 만났다.
>   ㄷ. 산을 가다가 호랑이를 만났다.
>
> —(홍윤표 1978 : 122)

(23)에서 호랑이를 만난 지점이 어디인가를 살펴보면 (23ㄱ)은 호랑이를
'산'이 아닌 곳에서 만난 것을 말해 준다. (23ㄴ)은 양면으로 해석이 가능
하여서 (23ㄱ)처럼 호랑이를 산속에서 만난 것이 아님을 의미할 뿐만 아
니라 또한 어느 목표지(이때의 목표지는 '산'이 아니라 '산'을 지난 곳에 존재한다)
를 가기 위하여 경유지를 '산'으로 택하여 가다가 산속에서 호랑이를 만
났다는 의미를 나타내기도 한다. 반면에 (23ㄷ)은 호랑이를 산속에서 만났
음을 강하게 나타내 주고 있다(홍윤표 1978 : 122). (23ㄷ)의 경우 (23ㄴ)의
'로'와 마찬가지도 호랑이를 산속에서 만날 수도 있고 산에 가다가 만난
것으로 해석될 가능성도 있다. 그러나 다음의 예문 (23)'를 보면 산으로 가
는 도중에 호랑이를 만났다는 해석보다는 산속에서 호랑이를 만났다는
해석이 더 옳음을 알 수 있다.

> (23)' ㄱ. 산에 가다가 버스 정류장에서 친구를 만났다.
>   ㄴ. 산으로 가다가 버스 정류장에서 친구를 만났다.
>   ㄷ. ?산을 가다가 버스 정류장에서 친구를 만났다.

그러면 '에를'의 경우는 어떠한가?

    (24) ㄱ. 산에를 가다가 호랑이를 만났다.
       ㄴ. 산에를 가다가 버스 정류장에서 친구를 만났다.

(24)의 '에를'은 '에'와 비슷한 해석이 가능하다. 산을 목표로 하여 가는 도중에 산이 아닌 곳에서 호랑이를 만난 것으로 해석된다. 이 해석은 '에를'이 '를'보다는 '에'에 가깝다는 것을 보여준다.

  조사 '에'는 도착단계에 중점이 놓이는 이동동사와 결합이 자유로운 반면, '를'은 경과단계에 중점이 있는 서술어인 '지나다, 돌아다니다, 건너다' 등과 결합한다(정희정 1988 : 215).

    (25) ㄱ. 우리는 거리[*에/를/*에를] 돌아다녔다.
       ㄴ. 지금 서울[*에/를/*에를] 지나고 있다.

  조사 '에를'도 '에'와 마찬가지로 경과단계에 중점이 있는 서술어와는 결합이 자유롭지 못하다. 정희정(1988 : 217)에 의하면 '에'는 이동행위가 끝난 상태의 지속을 의미하는 '-아 있-'과 결합하면 주체가 목표점에 도달해 있을 것을 의미하지만 '를'은 이동행위가 계속되고 있는 영역을 의미하므로 '-아 있-'과의 결합이 부자연스럽다.

    (26) ㄱ. 지금 철수는 서울[에/*을] 가 있다.
       ㄴ. 지금 우리는 서울[에/을] 가고 있다.
                                —(정희정 1988 : 217)

'에를'도 '에'와 마찬가지로 '-아 있-', '-고 있-'과 결합이 가능하다.

    (27) ㄱ. 어떤 때는 하루나 이틀쯤 안개섬의 친정에를 가 있기도 했다.

ㄴ. 여자는 비밀리에 춤추는 곳에를 가고 있는지도 모른다.

한 영역 내에서 계속 이동하는 의미를 가진 서술어의 행위가 완료되었을 때 '를'은 '를'이 붙은 명사 전체에서 행위가 이루어져 있음을 함의하며 '에'는 '에'가 붙은 명사에 도달해 있을 것을 함의한다.

(28) ㄱ. 민이가 계단[에/을] 올랐다.
　　ㄴ. 민이가 아직 계단[*?에/을] 오른다.

　　　　　　　　　　　　　　　　　　　　　—(정희정 1988 : 129)

(29) ㄱ. 민이가 계단에를 올랐다.
　　ㄴ. *민이가 아직 계단에를 오른다.

예문 (28)은 도달점만을 의미하는 조사 '에'와 달리 조사 '를'이 전체성을 가지고 있음을 보여주는데, (29)를 보면 조사 '에를'은 '를'과 달리 전체성의 의미를 가지고 있지 않다는 것을 알 수 있다.

(30) ㄱ. 영수가 기차[에/를] 탔다.
　　ㄴ. 영수가 기차[*에/를] 타고 부산에 갔다.

　　　　　　　　　　　　　　　　　　　　　—(정희정 1988 : 219)

(31) ㄱ. 영수가 기차에를 탔다.
　　ㄴ. *영수가 기차에를 타고 부산에 갔다.

'기차에 타다'는 '기차칸'이라는 목적지로의 상승적 이동의 '동작'을 나타내어 '기차'가 목적지 또는 목표점이 된다, '기차를 타다'는 '기차에 올라타고 이동하다. 또는 이동을 위해 기차를 이용하다'의 뜻을 갖는다(홍재성 1987). 즉 이때의 '기차에'의 '기차'는 움직임이 없이 고정되어 주체의 행위의 목표점이 된다. 반면 '기차를'의 '기차'는 기차 전체가 하나의 대상으로 인식된 것이지 목표점은 아니다. 그리하여 (30ㄴ)에서 새로운 목표점 '부산'이 나오는 구문에서 '를'은 가능하고 '에'는 결합이 불가한 것이다. '에를'의 경우는 '에'와 같은 결합 양상을 보인다. 이는 '에를'이 결합된 명사가 행위의 목표점이 됨을 의미한다.

(32) 나는 버스 뒷자리[에/*를/에를] 탔다.

'기차'와 달리 이동성이 없는 '뒷자리'는 탈것의 한 부분만을 의미하므로 목표점으로 설정되는 '에'와의 결합은 자유로우나 공간 전체를 대상으로 하는 '를'은 결합되기 어렵다. 조사 '에를'의 경우는 결합이 가능한데 이는 '에를'은 '를'의 전체성의 의미가 부각되지 않기 때문인 것으로 보인다.

앞에서 주로 이동동사와 결합하는 '에를'의 의미를 살펴보았는데 이동동사와 결합하는 '에를'은 '에'의 의미와 크게 다르지 않다. 조사 '에를'은 이동동사의 행위의 도달점을 나타내면서 조사 '를'이 가지는 [전체성]의 의미는 약화되고 대신 [대상성]의 의미가 강조되어 목표점뿐 아니라 단순한 대상의 의미를 가지기도 한다. 그러면 이동동사가 아닌 구문에 '에를'이 나타나는 경우에 '에를'의 의미가 어떠한지를 살펴보자.

(33) ㄱ. 잠시 차창 밖에를 내다보았다.
ㄴ. *잠시 차창 밖에 내다보았다.
ㄷ. 잠시 차창 밖을 내다보았다.

(34) ㄱ. 조선일보와 같은 경우에를 제가 말씀을 드릴게요.(이정훈 2005 : 185)
ㄴ. *조선일보와 같은 경우에 제가 말씀을 드릴게요.
ㄷ. 조선일보와 같은 경우를 제가 말씀을 드릴게요.

이동동사 구문의 조사 '에를'은 '에'와 흡사한 의미를 가지고 있었으나 비이동동사 구문에서는 (33), (34)에서 보듯이 조사 '에'가 결합될 수 없는 경우가 있다. 이는 'NP에를'이 'NP에'에 '를'이 결합된 것이 아니라는 것을 보여준다. 남기심(1991)이나 홍재성(1987)에서는 주로 이동동사 구문에 나오는 '에를'만을 살펴보았기 때문에 '에를'의 '를'이 보조사(혹은 양태조사)일 가능성을 주장하였으나 (33), (34)를 보면 '에를'이 결합된 명사가 문장 안에서 목적어의 기능을 하고 있음을 알 수 있다. 비이동동사 구문에서 조사 '에를'은 주체의 행위가 영향을 미치는 대상을 나타내 준다.

(35) ㄱ. 엄마는 시장[에를/에/을] 가셨다.
     ㄴ. 엄마는 시장[*에를/*에/을] 보셨다.

(35ㄱ)은 이동동사 구문이고 (35ㄴ)은 비이동동사 구문이다. (35ㄱ)의 '시장'은 장소를 의미하기 때문에 서술어 '가다'의 [도달점]의 역할을 할 수 있지만 (35ㄴ)의 '시장'은 구체적인 장소를 나타낼 수 없기 때문에 [도달점]의 의미를 가질 수 없다. (35ㄴ)에서의 '시장을'은 [도달점]이 아니라 행위의 목적이 된다.

(36) ㄱ. 새둥지가 절벽[*에를/에/*을] 매달렸다.
     ㄴ. 아이가 절벽[에를/에/을] 매달렸다.

(36ㄱ)에서 '절벽'이라는 명사구에 '에를'과 '를' 결합이 불가능하고 '에'만이 나올 수 있는 반면, (36ㄴ)에서는 주어가 바뀌면서 '에를', '에', '를' 모두 결합이 가능하다.160) (36ㄱ)에서 '매달리다'는 주어의 행위를 나

---

160) 유현경(2000 : 223~224)에서는 보충어의 조사 결합이 주어의 의미역과 관련이 있음을 보여주고 있다. 예컨대 동사 '가다'의 경우를 살펴보자.
   가. 오빠는 서울[에/을] 갔다.
   나. 그는 생명이 위독한 상태[에/*를] 갔다.

타낸다기보다 주어의 상태를 의미하는 반면 (36ㄴ)의 '매달리다'는 주어의 행위와 상태 모두를 나타낼 수 있다.

> (37) ㄱ. 새둥지가 절벽에 [매달려 있다/*매달리고 있다].
> ㄴ. 아이가 절벽에 [매달려 있다/매달리고 있다].

(37)에서 (36ㄱ)은 상태 지속의 '-어 있다'와는 어울릴 수 있지만 진행의 의미 '-고 있다'와는 결합할 수 없는 반면 (36ㄴ)은 '-어 있다', '-고 있다'와 결합이 가능한 것을 보여준다.

비슷한 자리에 나타나는 보조사들과 비교해 보면 '를'은 다른 보조사들에 비해 결합되는 명사와 문장의 서술어의 의미에 많은 영향을 받는다. 조사 결합 양상을 살펴본 결과, 조사 '에를'의 '를'은 의미만을 더하는 보조사로 볼 수 없다. 조사 '에'는 '처소'를 나타내거나 '대상'과 관련이 있을 때 '를'과 결합할 수 있는데 '처소'의 '에'는 [도달점]의 의미를 가질 때만이 '를'과 결합이 가능하다. '대상'과 관련이 있는 '에'는 [영향성]의 의미를 가질 때 '를'과 함께 나타난다. 조사 '에를'의 '를'도 격조사로 쓰일 때와 그 의미적인 측면에서는 크게 다르지 않다는 것을 확인할 수 있었다.

앞에서 살펴본 바에 의하면 조사 '에를'은 조사 '에'와 '를'이 단순하게 결합된 조사연속구성이 아니라 합성조사로 볼 수 있다. 이는 조사 '에를'이 출현하는 자리에 조사 '에'나 '를'이 나올 수 없는 예문들이 있다는 사실로 증명된다. 만약 'NP에를'이 'NP에'에 조사 '를'이 덧붙은 구성이라

다. 눈은 자꾸 텔레비전[으로/*을] 갔다.
위의 예문은 주어가 행동주(Agent)인 경우에는 조사 '를' 결합이 가능하지만 주어의 의미역이 대상(theme)역일 때는 조사 '를'의 결합에 제약이 있음을 보여준다. 주어의 의미역은 나머지 논항의 격 할당에 영향을 주어 논항과 결합하는 조사의 종류에 제약을 가하게 된다. 동일한 어휘 항목 내에서 주어의 의미역에 따라 격틀이 달라질 수 있다.

면 'NP에'가 나올 수 없는 경우 '를'이 결합될 수 없어야 하는데 'NP에'
가 출현 불가능한 경우에도 'NP에를'이 나올 수 있는 예가 발견된다. 조
사 '에를'이 선행 명사나 서술어의 의미와 깊이 관련되어 있다는 것은 '에
를'이 격조사의 일종이라는 것을 보여 준다.161) 그러나 조사 '에를'은 다
른 합성조사 '에서'나 '로부터'에 비해 그 쓰임이 제한적이고 특이한 양상
을 보인다. 이는 조사 '에를'이 조사 '에'와 '를'의 결합으로 인하여 하나
의 합성조사로 문법화되어 가는 과정에 있어서 문법화 정도의 차이 때문
인 것으로 생각된다.

조사 '에를'의 의미는 [도달점]과 [대상]으로 요약할 수 있다. 간단하게
말해서 조사 '에를'의 의미는 서술어의 행위가 이르는 도달점을 대상화한
것이라 할 수 있다.

6. 조사 '마다'162)

6.1. 조사 '마다'의 용법

이 연구는 말뭉치163) 용례 분석을 통하여 조사 '마다'의 의미·통사적
특성과 분포적 제약에 대하여 밝히는 것이 목적이다. 조사 '마다'는 대부
분의 논의나 사전에서 보조사로 다루고 있는 형태이다. 그러나 '마다'는

---

161) 조사 '에를'이 부사격 조사인지 아니면 목적격 조사인지를 가려야 할 것이나 여기에서
는 이에 관해서는 논의하지 않겠다. 이는 '철수는 학교를 갔다'의 '학교를'을 문장의
목적어로 볼 것인지의 판단과도 관련이 있을 것인데 이는 조사 '를'의 근본적인 문제
부터 다시 논의해야 하기 때문에 논의거리로 남기기로 하겠다. 그러나 비이동동사 구
문의 경우에는 '에를'이 붙은 명사구를 목적어로 볼 수밖에 없을 것으로 보인다.
162) 이 절은 유현경(2007ㄴ)를 기반으로 기술되었다.
163) 이 글에서 주로 사용한 말뭉치는 김한샘(2003, 이하 '김한샘 말뭉치'라 함)과 21세기
세종계획에서 구축한 현대국어 균형 말뭉치(이하 '세종말뭉치'라 함)이다.

보조사로만 취급하기에는 석연치 않은 부분이 많다.

조사 '마다'는 다음과 같은 용법으로 쓰인다.

(1) ㄱ. <u>사람마다</u> 생각이 달라요.
ㄴ. 그는 <u>들어가는 사람마다</u> 뚫어져라 쳐다보았다.
ㄷ. 나는 처음 일주일은 <u>보는 것마다</u> 새롭고 신기했다.
ㄹ. 우리는 <u>날마다</u> 운동장에 모였다.

(1ㄱ)은 문장에서 주어로 쓰인 명사구에 '마다'가 붙은 예이고 (1ㄴ)의 밑줄 친 명사구는 목적어로 기능한다. (1ㄷ)에서 '마다'가 결합된 명사구는 일종의 보어라고 할 수 있고 (1ㄹ)의 밑줄 친 부분은 부사어로 쓰인 '명사구+마다'이다.164) (1)에서 보듯이 조사 '마다'는 주어, 목적어, 보어, 부사어 등 문장의 여러 성분에 두루 쓰일 수 있어 보조사로 볼 수 있다. 그러나 '마다'는 문장에서 쓰일 때 여러 가지 제약이 있어 여타의 보조사와 다른 점이 많다.

(1)' ㄱ. *<u>사람이</u> 생각이 달라요.
ㄴ. 그는 <u>들어가는 사람을</u> 뚫어져라 쳐다보았다.
ㄷ. 나는 처음 일주일은 <u>보는 것이</u> 새롭고 신기했다.
ㄹ. *우리는 <u>날에마다</u> 운동장에 모였다.

(1)'는 (1)의 '마다'를 격조사로 바꾼 것이다. 문장 '<u>철수[는/도/만/까지]</u> 밥을 먹는다'는 '<u>철수가</u> 밥을 먹는다'와 같이 밑줄 친 부분의 보조사 대신

---

164) 여기에서의 보어는 주어와 목적어 이외의 필수적인 문장 성분을 가리키는 의미로 사용하였다. 보어로 쓰인 경우는 주로 본문의 (1ㄷ)처럼 심리형용사 구문의 두 번째 명사구에 결합된 예이다. 예문 (1)에서 '주어, 목적어, 보어, 부사어' 등의 문장 성분은 '명사구+마다' 전체를 지칭한다. 이때 '명사구+마다'는 논자에 따라 명사구로 볼 수도 있고 조사구로 볼 수 있다. 이 논의는 '마다'의 의미와 분포에 초점이 있기 때문에 '명사구+마다' 구성이 명사구인지 조사구인지의 문제를 깊이 있게 논의하지는 않겠다.

에 격조사가 나오는 경우에도 문장이 성립된다. 주격 조사와 목적격 조사 등과 달리 '에, 에서, 로' 등의 부사격 조사는 '철수가 집[에/에서도/*도] 공부를 한다'에서처럼 생략되지 않고 보조사가 연결되는 것이 일반적이다. 그러나 조사 '마다'는 격조사로 교체되거나(1'ㄱ) 함께 쓰이면(1'ㄹ) 비문이 되는 경우가 있다. 이는 일반적인 보조사와 다른 특성이다.

이 연구에서 '마다'의 이러한 제약이 의미적인 특성과 기능에서 비롯된 것이라는 전제 하에 우선 '마다'의 의미와 통사적 특성에 관하여 살펴볼 것이다. 의미를 논의하면서 '마다'를 수량 표현의 일종으로 보고 비슷한 의미와 기능을 가진 '-들'과 '각각'과의 비교를 통하여 그 의미를 더 명확히 드러내 보이겠다. (1)과 (1)'에서 보듯 '마다'는 다른 조사와의 배열 관계에 있어서도 특이한 점이 발견되는데 그 분포에 대하여서도 살펴보게 될 것이다.

6.2. '마다'의 의미·통사적 특성

6.2.1. '마다'의 의미

기존의 사전에서는 조사 '마다'의 의미에 대하여 다음과 같이 기술하고 있다.

(2) ㄱ. 『표준국어대사전』
　　　마다4⟪⟫묘체언 뒤에 붙어⟪'낱낱이 모두'의 뜻을 나타내는 보조사. ¶ 날마다 책을 읽는다./사람마다 성격이 다르다.
　　ㄴ. 『연세한국어사전』
　　　마다 ⟪ ① '낱낱이. 하나하나 모두. 하나도 빠짐없이'의 뜻을 나타냄. ¶ 도시에서는 집집마다 쓰레기를 대문 밖에 내어 놓기만 하면 쓰레기차가 싣고 가 버린다. ② [시간을 나타내는 말에 붙어 쓰이어] '~당' '~에 한 번씩'의 뜻을 나타냄. ¶ 닷새마다 한

번씩 서는 장날/승용차는 매 2년마다 정기 검사를 받게 되어
있다.

ㄷ. 『조선말대사전』
-마다 「토」 도움토의 하나. 같은 계렬에 있는 대상을 빠짐없이
망라시키는 관계를 나타낸다. ¶ 이 노래 고지마다 영웅을 낳고
마을과 거리마다 영광을 주네.

ㄹ. 『우리말큰사전』
마다07 (토) 임자씨에 붙어 '낱낱이 그 모두'를 나타내는 도움토.
¶ 사람~ 쉽게 배워 쓰기 편한 글. 봄풀은 해~ 푸르건만…. 저~
한다는 말이…. 날~ 더해 가는 사랑.

ㅁ. 『금성국어대사전』
마다02 ㄲ '낱낱이 모두 한결같이', '각각 다'의 뜻을 나타내는
보조사. ¶ 사람~ 얼굴이 다르다/날이면 날~ 눈물로 지낸다/잠을
잘 때~ 무서운 꿈을 꾼다.

(2)의 사전 기술에서 조사 '마다'는 크게 두 가지 뜻을 갖는 것을 알 수
있다. 명사에 붙어서 '낱낱이, 모두'라는 의미를 가지는 경우와 시간을 나
타내는 일부 명사와 어울려 '~당', '~에 한 번씩'의 의미를 지니는 경우
이다. 두 번째 의미는 『연세한국어사전』에만 실려 있다. 조사 '마다'의
'낱낱이, 모두'라는 첫 번째 의미는 수 개념과 밀접한 관련이 있다.

한국어에서 복수는 단수와 같은 무표형으로 나타내거나 유표적 복수
형태소로 표현된다. 한국어의 복수 표현은 인구어에서처럼 규칙적이거나
필수적인 문법 범주는 아니다. 그러나 한국어의 복수 표현은 여러 가지
유형의 형태소 혹은 단어로 실현된다. 대표적인 복수 형태소로는 '-들'을
들 수 있다. 한국어에서 무표형의 명사는 원칙적으로 단수와 복수 모두를
의미할 수 있고 유표형의 복수 의미는 '-들'을 부착하여 나타낸다.165)

---

165) 국어의 단수와 복수에 관해서는 이남순(1982), 이필영(1988), 임홍빈(2000), 백미현
(2002) 등을 참고할 것.

(3) ㄱ. 학생이 원하는 과목을 선택한다.
　　ㄴ. 학생들이 원하는 과목을 선택한다.

(3ㄱ)의 무표형의 '학생'은 단수와 복수의 의미의 두 가지 해석이 가능한 반면 (3ㄴ)에서의 '학생'은 복수로 해석된다. 그러나 (3ㄱ)과 (3ㄴ)이 복수로 해석되는 경우 그 의미는 다르다. (3ㄱ)의 복수는 '집합적(collective)' 복수이고 (3ㄴ)의 복수 의미는 '배분적(distributive)' 복수를 나타낸다.166) '-들' 이외에 배분적 복수를 나타내는 것으로 '마다'와 '각각'167)을 들 수 있다.

(4) ㄱ. *<u>식구마다</u> 한솥밥을 먹는다.
　　ㄴ. *사람은 <u>밥마다</u> 먹고 산다.

조사 '마다'는 선행어기 전체를 포함하면서 선행어기의 집합적 의미가 아니라 복수의 개체를 개별적으로 가리키는 배분적 의미를 가지기 때문에 (4)와 같이 총칭적(generic) 해석168)을 갖는 명사구에 결합되면 비문이 된다. 조사 '마다'는 대명사나 수사와의 결합이 자유롭지 않다.

(5) ㄱ. *<u>[우리/너희/나/너/그/그녀]마다</u> 성격이 서로 다르다.
　　ㄴ. *<u>[하나/둘/셋…]마다</u> 태극기를 들었다.

---

166) 집합적(collective) 복수와 배분적(distributive) 복수의 개념은 Corbett(2000), Kwak(2001)에서 가져온 것이다. 예컨대 'The team lifted the piano'와 같은 문장이 집합적으로 해석될 경우에는 '팀의 모든 구성원이 함께 하나의 피아노를 들었다는' 해석이 나오고, 같은 문장이 배분적 해석을 가질 경우에는 '팀의 구성원들이 각자 피아노를 하나씩 들었다는' 상이한 해석이 가능하다(이신영 2004 : 97).

167) '각각'은 김영희(1998 : 149~152)에서는 명사로 보고 있으나 『표준국어대사전』에는 부사가 주 품사로 되어 있고 그 다음에 명사의 용법이 기술되어 있다. 이 글에서는 '각각'의 부사로서의 용법을 주로 살펴보았다.

168) (4)의 '식구'나 '밥'은 지시성을 가진 존재가 아니라 유적(類的) 의미를 가진다. 총칭성과 총칭적 명사에 대해서는 박철우(1990), 이정민(1992), 전영철(2003) 등을 참고할 것.

(6) ㄱ. *선생님께서는 [우리/너희/나/너/그/그녀]마다 사랑하셨다.
　　ㄴ. *그가 [하나/둘/셋…]마다 세었다.

　(5)에서 대명사 중에서 단수를 나타내는 '나, 너, 그, 그녀'뿐 아니라 복수의 '우리, 너희' 등의 대명사에도 조사 '마다'가 쓰일 수 없다. '마다'와 수사와의 결합 여부를 살펴본 (6)은 '하나'는 물론이고 둘 이상의 숫자를 나타내는 경우에도 조사 '마다'의 결합이 제약적이라는 것을 보여준다. '마다'가 대명사나 수사와의 결합에서 제약적인 것은 대명사와 수사의 경우 복수의 의미를 가진 경우일지라도 집합적인 의미를 지니고 있기 때문에 배분적인 의미를 지닌 '마다'와 결합할 수 없는 것이다.

　다음의 예 (7), (8)에서 보듯이 추상명사나 고유명사에는 '마다'가 결합할 수 없다.

(7) ㄱ. *<u>성실마다</u> 가장 훌륭한 미덕이다.
　　ㄴ. *그는 무엇보다 <u>성실마다</u> 강조한다.

(8) ㄱ. *<u>설악산마다</u> 경치가 아름답다.
　　ㄴ. *그는 <u>설악산마다</u> 바라보았다.

　이러한 제약은 추상명사나 고유명사가 가지는 의미 특성과, 조사 '마다'의 배분적 복수의 의미가 양립할 수 없기 때문인 것으로 설명할 수 있다. 조사 '마다'는 선행어기뿐 아니라 후행하는 요소에도 제약이 있다.

(9) ㄱ. *어머니는 <u>만나는 사람마다</u> 일부 사람에게 사위 자랑에 열을 올렸다.
　　ㄴ. *나는 <u>그분을 볼 때마다 가끔</u> 너무나 부러워 눈물을 흘린답니다.

　(9)에서와 같이 조사 '마다' 다음에 오는 후행 요소가 '마다' 앞의 선행

어기의 일부분만을 지칭하면 비문이 된다. '마다' 뒤에 오는 후행 요소는 '전부, 모두, 매번' 등 그 전부를 가리키는 것이 많다. 이는 '같은 계열에 있는 대상을 빠짐없이 망라시키는 관계를 나타내는(『조선말대사전』)' 조사 '마다'의 의미와 관련이 있다.

    (10) ㄱ. <u>집집마다</u> 놀란 사람들이 다투어 불을 껐는가 하면…
        ㄴ. <u>요소요소마다</u> 계엄군이 깔리고 검문이 강화되어…
        ㄷ. 복도 순시차 <u>층층마다</u> 돌아다니노라니…
        ㄹ. 제각기 <u>곳곳마다</u> 나는 물건이 다를 것이다.
        ㅁ. <u>각각마다</u> 채색을 조금씩 다르게 하면…
        ㅂ. 테러의 개념 정립은 <u>각국마다</u> 달라…
        ㅅ. 우연히 맞아 떨어지는 일이 매 <u>시간마다</u> 일어나고 있어.
        ㅇ. 그 잡지는 <u>매호마다</u> 외국작가 한 사람을 골라…

  조사 '마다'는 복수의 선행어기 전체를 가리키면서 집합적 의미가 아닌 개체적 의미를 가진다. (10)에서 보듯이 조사 '마다'는 선행어기를 반복하거나 '각, 매' 등의 배분적 의미를 지닌 수식 요소와 함께 쓰인다.
  '마다'의 배분적 복수의 의미는 문장의 해석에 영향을 미친다.

    (11) ㄱ. <u>아이들이</u> 사탕 두 개를 받았다.
        ㄴ. <u>아이들마다</u> 사탕 두 개를 받았다.

  (11ㄱ)에서 아이들이 받은 사탕의 총수는 두 개일 수도 있고 두 개 이상일 수도 있지만 (11ㄴ)에서는 아이들 수에다 2를 곱해야만 전체 사탕의 수가 된다.
  조사 '마다'는 동사의 상의 해석에도 관여한다.

    (12) ㄱ. 철수가 뛴다.

　　ㄴ. 철수가 <u>아침마다</u> 뛴다.
　　ㄷ. 철수가 아침에 뛴다.

(12)' ㄱ. 철수가 뛰고 있다.
　　ㄴ. 철수가 <u>아침마다</u> 뛰고 있다.
　　ㄷ. 철수가 아침에 뛰고 있다.

　(12ㄱ)의 '뛰다'는 (12'ㄱ)처럼 '-고 있다'를 결합시켰을 때 동작이 진행됨을 의미한다. 그러나 (12'ㄴ)처럼 '마다'가 쓰인 문장에서 '뛰다'에 '-고 있다'를 결합하면 동작의 진행이 아니라 반복적 행위를 의미하게 된다. 이는 '에' 명사구가 부사어로 나타난 (12ㄷ)과 (12'ㄷ)의 해석을 비교해 볼 때 더 명확해진다. (12'ㄷ)은 (12'ㄱ)과 마찬가지로 동작의 진행을 의미하기 때문에 (12'ㄴ)의 반복적 행위의 해석은 조사 '마다'에 의한 것임을 알 수 있다.

　위의 (12)에서 부사어에 조사 '마다'가 쓰였을 때 문장의 상적 해석의 변화를 살펴보았거니와 조사 '마다'가 주어나 목적어 자리에 나타나는 경우에도 반복적인 행위의 해석이 가능하다.

(13) ㄱ. <u>사람마다</u> 태극기를 들고 있다.
　　ㄴ. <u>대학마다</u> 우수한 신입생 유치에 힘쓰고 있다.

　(13)은 '마다'가 주어 자리에 쓰인 예이다. (13ㄱ)의 '사람'은 집합적 의미가 아니라 개체적 의미로 쓰였으며 (13ㄴ)의 '대학'은 단체명사이지만 '대학마다'는 '대학'이라는 범주 안에 있는 각각의 대학을 지칭하는 배분적 복수를 의미한다. 예문 (13ㄱ)은 반복적 행위에 의한 복수의 사건으로 해석된다. 즉 (13ㄱ)은 'A라는 사람이 태극기를 들고 있다 + B라는 사람이 태극기를 들고 있다 + C라는 사람이 태극기를 들고 있다…'로 해석할

수 있다. 이와 마찬가지로 '마다'가 부사어 자리에 나타난 (12ㄴ)의 경우도 '철수가 그제 아침에 뛰었다 + 철수가 어제 아침에 뛰었다 + 철수가 오늘 아침에 뛴다…'로 해석하는 것이 가능하다.

조사 '마다'가 목적어 자리에 쓰인 경우는 다음과 같다.

(14) ㄱ. 어머니는 <u>음식마다</u> 맛을 보셨다.
　　ㄴ. 그는 <u>책마다</u> 열심히 읽는다.
　　ㄷ. 나는 <u>오가는 사람마다</u> 유심히 쳐다보았다.

예문 (14)도 반복적 행위에 의한 복수의 사건으로 해석된다.

조사 '마다'는 다음과 같은 예에서도 쓰인다.

(15) ㄱ. <u>4시간마다</u> 환자에게 약을 먹이세요.
　　ㄴ. 읍내에서 <u>닷새마다</u> 장이 선다.
　　ㄷ. 학생 <u>다섯마다</u> 교수는 하나이다.
　　ㄹ. 논 <u>다섯 마지기마다</u> 쌀 두 섬씩 수확되었다.

이러한 예문은 다른 조사로 바꾸어 쓰기도 어렵고 기존의 사전에서 조사 '마다'의 의미로 기술한 '낱낱이, 하나도 빠짐없이'로 해석될 수 없다. 이때의 '마다'는 '~에 한 번씩' 혹은 '~당(當)'의 의미를 가진다.[169] (15ㄷ)은 수사에 '마다'가 결합한 것으로 보이나 이는 수사가 아니라 '수관형사+분류사' 구성과 마찬가지로 수량사구의 일종이다. 수사 앞에 오는 명사구가 생략될 수 없는 점, '*학생 사십마다 교수가 하나이다'에서 보듯이 열 이내의 극히 제한적인 수사만이 올 수 있는 점 등으로 이를 확인할 수 있다. 이익섭(1973 : 46)에서도 '여학생 다섯이 축가를 불렀다'에서 '여학생

---

169) 이러한 의미를 기술한 사전은 『연세한국어사전』이다. 그러나 이 사전에서도 시간을 나타내는 경우에 한정하였는데 본문의 예문 (15)에서 보듯 이러한 의미의 '마다'의 선행어기로 꼭 시간만을 의미하는 명사구만이 나오는 것은 아니다.

다섯'을 수량사구의 일종으로 본 바 있다.

첫 번째 의미의 '마다'가 선행어기에 속하는 모든 개체를 망라하는 의미를 지니고 있다면 (15)에서의 '마다'는 같은 계열에 속하는 개체 중에서 선행어기의 조건에 맞는 개체만을 선택하여 지칭한다. 이와 같이 '마다'의 두 번째 의미는 선택적 배분의 의미를 가지고 있다. 그러나 이러한 의미의 '마다'도 역시 문장이 의미하는 사건을 복수화하는 것은 첫 번째 의미와 크게 다르지 않다.

다시 말해서 '마다'는 선행 명사구가 지시하는 대상을 개체화하여 개체화된 대상에 문장의 서술어가 의미하는 사태를 배분하는 기능을 가진다. '마다'의 두 가지 의미는 '배분적 복수'를 기본의미로 하여 전체적 배분이냐 선택적 배분이냐의 차이를 가진다.

6.2.2. '마다'와 '-들', '각각'의 의미 비교

조사 '마다'와 비슷한 의미와 기능을 가진 수량 표현으로 '-들'과 '각각'을 들 수 있다. 조사 '마다'와 '-들', '각각'의 의미를 비교함으로써 '마다'만의 고유한 의미가 무엇인지 살펴보기로 하겠다.

6.2.2.1. '마다'와 '-들'

최현배(1937/1971)에서는 국어에 성과 수의 가름이 필요 없다고 하고 셈이 많음을 들어내고자 할 때 첩어로 하거나 '-들'을 더한다고 하였다. '-들'에 대한 본격적인 연구는 송석중(1975), 김영희(1976), 이남순(1982), 임홍빈(1979, 2000) 등을 들 수 있다.

(16) ㄱ. 거리에 사람이 많다.
　　ㄴ. 거리에 사람들이 많다.

(16ㄱ)의 '사람'과 (16ㄴ)의 '사람들'은 모두 복수를 나타낼 수 있지만 (16ㄱ)은 총칭적인(generic) 존재이고 (16ㄴ)은 셀 수 있는 개체로서의 사람이다.[170] 즉 (16ㄴ)의 '-들'을 임홍빈(1979)에서는 개체화의 기능을 하는 것으로 보았다.[171] 그러면 '-들'의 개체화와 '마다'의 개체화는 어떻게 다른 것일까?

    (17) ㄱ. *거리에 <u>사람마다</u> 많다.
        ㄴ. *거리에 <u>사람들마다</u> 많다.

(17)에서 '-들'을 '마다'로 바꾸면 비문이 된다. 앞서 '마다'는 집합적 의미를 가지는 명사에는 붙을 수 없다고 하였는데 이로써 (17ㄱ)이 비문이 되는 이유는 설명할 수 있다. 그러나 (17ㄴ)의 '사람'은 '-들'의 부착으로 인하여 셀 수 있는 개체로 바뀌었음에도 불구하고 '마다'가 결합할 수 없다. '-들'과 '마다'의 의미가 중복되기 때문에 나타나는 현상이라는 해석도 가능하다. 그러나 다음의 예문을 보자.

    (18) ㄱ. 지나치는 <u>교사들마다</u> 혀를 찼다.
        ㄴ. <u>백화점들마다</u> 20대를 겨냥한 행사가 붐을 이루고 있다.
        ㄷ. <u>사람들마다</u> 견해가 다양하다.

---

170) 이남순(1982 : 119)에서 '-들'에 대한 논의는 [+singular]냐 [-singular]냐의 문제가 아니라 [+countable]이냐 [-countable]이냐의 차원에서 다루어져야 하므로 국어에서 단수, 복수의 문제는 의미론적인 범주에서의 문제라고 하였다. 국어의 복수는 문법적인 범주로 볼 수 없기 때문에 복수와 단수의 문제를 의미론적인 차원에서 다루어야 한다는 생각에 우리도 동의하지만 조사 '마다'의 경우 의미의 문제가 통합 관계나 계열 관계에 직접적인 영향을 미치고 있으므로 통사론에서도 다루어야 할 것이다.
171) 임홍빈(2000 : 16)에서는 임홍빈(1979)의 '-들'의 개체화 기능을 다음과 같이 보충하였다.
<집합을 나타내는 명사와 '-들'의 개체화>
집합을 나타내는 명사라도 집합의 성원이 집합의 이름을 가질 수 있거나 집합 자체에 개별성의 의미가 잠재되어 있는 경우가 아니면 '-들'의 개체화 기능은 발휘되지 않는다.

(18)을 보면 '-들'과 '마다'는 함께 나타날 수 있다. (16ㄴ), (17ㄴ), (18ㄷ)으로 보아 '-들'과 '마다'의 결합의 차이는 명사뿐 아니라 서술어가 되는 용언의 의미와도 관련이 있음을 알 수 있다. '-들'은 선행어기의 복수만을 의미할 뿐 문장이 나타내는 사건의 해석에 대하여는 관여하지 않는반면 '마다'는 선행어기를 개체화하는 동시에 서술어가 의미하는 행위를각각 '마다'가 결합하는 개체에 배분하기 때문에 문장은 복수의 사건으로해석된다. 즉 (16ㄴ)은 '-들'이 결합하는 개체가 복수로 해석되지만 문장전체는 단수의 사건을 의미한다. 그러나 (18ㄷ)은 '마다'로 인하여 복수의사건(혹은 사태)으로 해석되는데 이는 주어와 서술어가 어떤 의미적 관계를맺는가와 관련이 있다. (16ㄴ)의 '많다'는 주어가 단수로 표시되든 복수로표시되든 간에 주어와 한 번밖에 관계를 맺지 않는 데 반해 (18ㄷ)의 '다양하다'는 주어와 여러 번 반복적으로 관계를 맺을 수 있다. 이러한 이유로 '마다'가 쓰인 문장은 아래의 (19)와 같이 서술어가 단수의 사건만을나타내는 경우 비문이 된다.

(19) ㄱ. 가족[들이/*마다] 모였다.
ㄴ. 절 주위에는 민가[들이/*마다] 가득 들어차 있었다.

(19)에서 '-들'의 결합은 가능하나 '마다'는 결합이 불가능하다. (19)는동사의 의미 때문에 '마다' 결합이 어려운 것으로 생각된다.[172)]
'-들'은 '마다'가 결합할 수 없는 대명사나 추상명사에도 붙을 수 있다.

(20) ㄱ. 식구들은 한솥밥을 먹어야 정이 든다.
ㄴ. 그것을 보고 모두들 웃음을 이어 갔다.

---

172) (19ㄱ)이 'A라는 가족이 모이다 + B라는 가족이 모이다 + C라는 가족이 모이다…'의의미로 쓰인 것이라면 가능하지만 '가족을 이루는 개별적인 구성원들이 모였다'는 의미로는 비문이 된다.

ㄷ. 미루어 <u>짐작들을</u> 했으면 한다.
ㄹ. 나도 <u>너희들을</u> 따라가겠다.

(20)에서 '마다'가 결합될 수 없었던 총칭을 나타내는 명사, 집합적 의미를 가지는 명사, 추상명사, 대명사 등에도 '-들'은 아무런 제약 없이 붙을 수 있음을 알 수 있다. 이는 '-들'의 복수 기능이 개체화에 있는 반면 '마다'의 기능은 선행어기에 배분적 복수의 의미를 부여하고 이에 의해 문장이 의미하는 사건(혹은 사태)을 복수화하는 것으로 설명이 가능하다. 이러한 차이는 다음과 같은 문장에서도 확인할 수 있다.

(21) ㄱ. <u>학생들이</u> 세 벌의 옷을 가지고 있다.
ㄴ. <u>학생들마다</u> 세 벌의 옷을 가지고 있다.

(21ㄱ)에서 학생들이 공동으로 세 벌의 옷을 가지고 있을 수도 있고 학생들 모두가 각각 세 벌의 옷을 가지고 있을 가능성도 있다. 그러나 전자의 해석이 더 우세한 것으로 보인다. (21ㄴ)은 학생들이 각각 세 벌의 옷을 가지고 있다는 해석만이 가능하다. 즉 (21ㄱ)에서는 하나의 사건으로도 해석이 가능한 반면 (21ㄴ)은 항상 복수의 사건이 된다.
'마다'와 '-들'은 수량사구와의 공기에서도 차이를 보인다.

(22) ㄱ. <u>세 명의 학생들이</u> 학교에 간다.
ㄴ. *<u>세 명의 학생마다</u> 학교에 간다.

'-들'은 '수관형사+분류사+의' 꼴의 수식을 받을 수 있는 데 비해 '마다'는 '수관형사+분류사+의' 구성과 공기할 수 없다. 이는 '수관형사+분류사+의' 구성이 수식하는 명사구를 제한하여 집합명사적인 의미를 갖게 하기 때문이다.[173]

'마다'와 '-들'의 의미를 비교해 본 결과, '-들'은 (21ㄱ)에서 보듯이 항
상 배분적 복수의 의미로 해석되는 것이 아니라 중의적인 측면을 가지고
있는 데 반해 '마다'의 배분적 복수의 의미는 반드시 그렇게 해석되어야
만 하는 필수적인 의미 해석을 요구한다. 이러한 의미적인 차이 때문에
'-들'에 비해 '마다'는 선행어기에 제약이 심하다.

6.2.2.2. '마다'와 '각각'

김영희(1998 : 147~171)에서는 셈술말로서의 '각각'의 문법에 대하여 상
세하게 살펴보았다. 김영희(1984, 1998)에서 셈술말은 명사가 가리키는 잠
재 지시 대상(potential referent)의 수량을 한정함으로써 개별적 지시 대상들
로 이루어진 수량 자체에 셈술화의 시점(viewpoint)을 두는 것(집합 셈술말
collective quantifier)과 수량 자체보다는 그 수량을 이루고 있는 개별적 지시
대상들을 드러냄으로써 개체 부각에 셈술화의 시점을 두는 것(개체 셈술말
individual quantifier)이 있다고 하면서 '집합' 대 '개체'는 서로 양립할 수 없
는 대립적 의미 특성이 아니라고 하였다. '각각'과 '마다'를 개체 셈술말
의 전형으로 보았는데 '마다'는 집합의 개체화 구문을 구성할 수 없는 데
반해 '각각'은 집합의 개체화 구문을 구성할 수 있다는 차이를 지적하고
아래와 같은 예를 제시하였다.[174]

(23) ㄱ. *세 명의/모든 식구들마다 흩어져 산다.
     ㄴ. *순이가 세 명의/모든 아이들에게마다 선물을 주었다.

(24) ㄱ. 세 명의/모든 식구들이 각각 흩어져 산다.

---

173) (22)는 본문 (15)의 예문과 표면적으로 비슷하게 보이나 (15)는 '수관형사 + 분류사'가
     직접 선행어기가 되는 경우이고 (22)는 '수관형사 + 분류사' 구성이 '의'와 결합하여
     선행어기가 되는 명사구를 수식하는 예이다.
174) 김영희(1998 : 155)에서는 이러한 차이를 합리적으로 설명할 방안이 없다고 하였다.

ㄴ. 순이가 <u>세 명의/모든</u> 아이들에게 <u>각각</u> 선물을 주었다.

―(김영희 1998 : 155 재인용)

김영희(1998)에 의하면 '마다'는 집합의 개체화 구문을 구성할 수 없는 반면 '각각'은 집합의 개체화 구문을 구성하는 것이 가능하다. 그러나 다음의 예문을 보자.

(25) ㄱ. <u>모든</u> 대회 때<u>마다</u> 어머닌 내게 말했다.

ㄴ. <u>모든</u> 분야<u>마다</u> 그런 문제들이 산적해 있다.

ㄷ. 기자들이 이 <u>모든</u> 현장<u>마다</u> 파견되었다.

(25)에서 '마다'가 '모든'과 공기가 가능하여 집합의 개체화도 가능한 것을 알 수 있다. '마다'와 '각각'의 차이는 집합의 개체화 구문의 가능 여부에 있는 것이 아니라 사건의 복수화 여부에 있다. (23)에 비해 (25)가 가능한 것은 주어가 아닌 성분에 '마다'가 결합되었을 경우는 선행 명사가 집합적 의미를 갖더라도 사건의 복수화가 가능하기 때문인 것으로 보인다. (25)에서 '모든'이 결합된 것은 모두 부사어인데 다음의 (26)과 비교해 보면 명확해진다.

(26) ㄱ. *<u>모든</u> 대회<u>마다</u> 여름에 열린다.

ㄴ. *<u>모든</u> 분야<u>마다</u> 선진국에 비해 뒤떨어져 있다.

ㄷ. *<u>모든</u> 현장<u>마다</u> 달라지지 않으면 안 된다.

(26)은 (25)와 동일한 명사구가 주어 자리에 쓰인 경우인데 주어가 되는 명사구가 집합적 의미를 띠게 되면 문장이 의미하는 사건이 복수화할 수 없기 때문에 비문이 되는 것으로 설명할 수 있다.

위에서 살펴본 바에 의하면 '마다'의 핵심적 의미는 배분적 복수라는 의미에서 비롯된 '사건의 복수화'라는 것으로 요약할 수 있다. 다음에서는 '마다'의 분포적 특성에 대하여 살펴보기로 하겠다.

6.3. '마다'의 분포적 특성

조사 '마다'의 분포적 특성이라 함은 주로 다른 조사들과의 배열 관계를 말한다. 국어의 조사는 문법적 기능과 의미에 따라 하위분류되며 각각의 하위 부류에 속하는 조사는 일정한 결합 유형을 가지고 있다. '마다'는 다른 보조사에 비해 선행어기의 제약도 심하며 다른 조사와의 배합에 있어서도 매우 제약적이다.

국어 조사의 배열 양상에 대한 최근의 연구인 유하라(2005)에서는 조사 '마다'의 배열 양상을 다음과 같이 기술하고 있다.

> (27) ㄱ. 결합이 가능한 유형
> 마다가, 마다를, 마다의, 에마다, 에게마다, 마다에게, 으로마다, 마다로, 까지마다, 쯤마다, 마다는, 마다도, 마다라도, 마다야, 마다만
> ㄴ. 결합이 불가한 유형
> *마다께서, *마다에서, *에서마다, *마다에, *마다까지, *나마마다, *만마다, *마다나마, *마다야말로, *마다커녕
> ㄷ. '마다'에 선행과 후행이 모두 불가한 조사
> 만큼, 나마, 처럼, 보다, 대로, 마저, 밖에, 부터, 뿐, 조차, ㄴ들/인들, 과/와

위의 (27)을 보면 조사 '마다'는 꽤 많은 조사와 결합을 할 수 있는 것으로 되어 있다. 그러나 결합 가능하다고 제시한 예들 대부분이 말뭉치 용례에 나타나지 않는 것들이고 오히려 유하라(2005)에서 결합이 불가하다고 제시되었던 '마다에서'는 가능한 용례로 발견되었다. 말뭉치에서 용례

들에서 발견되는 '마다'와 다른 조사의 결합형의 예문을 보이면 다음의
(28)과 같다.175)

> (28) ㄱ. <u>역마다에서</u> 조금씩 대합실에서 흘러나온 불빛에…
> ㄴ. <u>골목마다에는</u> 휘황찬란히 전등불이 켜 있었다.
> ㄷ. 들어가는 <u>사람마다를</u> 붙잡고 현선생님은 사정을 하였어.
> ㄹ. 과거 선거 <u>때마다의</u> 관권개입 시비를 떠올릴 때…
> ㅁ. 보는 <u>사람에게마다</u> 자랑을 하지 않을 수 없었다.

말뭉치에서 나타난 '마다'와 다른 조사의 결합형은 '마다에서, 마다에
는, 마다를, 마다의, 에게마다'의 다섯 가지 종류밖에 없었다. 이 중 '마다
의'를 제외한 '마다에서, 마다에, 마다를, 에게마다'는 거의 1~2번의 출현
횟수만이 있을 뿐이다. 조사 '마다'의 배열 양상을 볼 때 '마다'는 일반적
인 보조사와 달리 다른 조사와의 결합에 있어 매우 제약적인 측면을 보인
다. 이는 '마다'가 가지는 의미 때문인 것으로 생각된다. 조사 '마다'는 다
른 보조사처럼 단순히 의미만을 더하는 것이 아니라 문장의 복수적 해석
여부, 상적인 해석 등에 직접적인 영향을 끼치므로 다른 조사와의 배합에
있어서도 많은 제약을 받게 된다. (27ㄷ)에서 '마다'와 배합이 불가능한
것으로 제시된 목록의 조사들도 매우 분명한 의미와 기능을 가진 부류인
것으로 미루어 짐작할 수 있다.

조사 '마다'는 문장에서 쓰일 때 대부분 부사어 자리에서 나타난다.176)

> (29) ㄱ. 나는 <u>아침마다</u> 달리기를 한다.

---

175) 이 용례들은 김한샘 말뭉치 용례 695개와 1000만 세종말뭉치에 나온 4377개의 조사
'마다'의 용례 중에서 찾은 것이다.
176) 김한샘 말뭉치에서 출현한 조사 '마다'의 용례는 695개이다. 이 가운데 주어로 쓰인 것
이 30개, 목적어로 쓰인 것이 2개, 보어로 쓰인 것이 3개이고 나머지 660개는 부사어
의 용례이다.

ㄴ. 걸음을 걸을 때마다 가슴이 철렁한다.

ㄷ. 테이블마다 녹차 잔이 놓여 있다.

ㄹ. 초가지붕마다 연기가 나오고 있었다.

(29)' ㄱ. 나는 아침[에/*∅] 달리기를 한다.

ㄴ. 걸음을 걸을 때[에/∅] 가슴이 철렁한다.

ㄷ. 테이블[에/*∅] 녹차 잔이 놓여 있다.

ㄹ. 초가지붕[에서/*∅] 연기가 나오고 있었다.

(29)는 부사어 자리의 명사구에 조사 '마다'가 나온 것이고 이때의 '마다'는 적절한 부사격 조사와 교체되어 쓰일 수 있다. 조사 '마다'는 주로 (29ㄱ, ㄴ)처럼 시간을 나타내는 명사나 (29ㄷ, ㄹ)에서와 같이 공간을 의미하는 명사와 어울린다.

(30) ㄱ. 그는 날마다 하루 종일 걸었다.

ㄴ. 읍내에서는 5일마다 장이 선다.

ㄷ. 쌀 맛이 산지마다 다르다.

(30)' ㄱ. *그는 날[에/에마다] 하루 종일 걸었다.

ㄴ. *읍내에서는 5일[에/에마다] 장이 선다.

ㄷ. *쌀 맛이 산지[에/에마다] 다르다.[177)]

(30)의 밑줄 친 부분의 '마다'는 (30)'에서 보듯이 다른 부사격 조사와 바꾸어 쓰거나 '부사격 조사+마다'의 결합형으로 나타날 수 없다. 이러한 '마다'의 분포는 일반적인 보조사와는 다른 양상이다.

(30)" ㄱ. *그는 날∅ 하루 종일 걸었다.

---

177) '쌀 맛이 산지와 다르다'는 성립 가능하나 '산지'가 비교대상이 아니라 '산지에 따라'의 의미의 부사어로 쓰였기 때문에 '에' 교체만을 보였다.

ㄴ. *읍내에서는 <u>5일Ø</u> 장이 선다.

ㄷ. *쌀 맛이 <u>산지Ø</u> 다르다.

(30)"는 조사 '마다'가 생략될 수 없음을 보여준다. 앞의 (29ㄴ)에서와 같이 '마다'가 생략되는 것은 특수한 경우이다.

(31) ㄱ. <u>그때[마다/Ø]</u> 나는 걸음을 멈추고 물었었다.

ㄴ. <u>매회[마다/Ø]</u> 좌석의 반 정도가 찬다.

ㄷ. 나는 매 <u>순간[마다/Ø]</u> 최선을 다했다.

'마다'가 생략될 수 있는 경우는 (31ㄱ)의 '때'처럼 명사 자체에 시간의 의미가 들어 있어 조사의 도움 없이도 부사어로 쓰일 수 있거나 '매(每)'와 같이 '하나하나의 모든, 또는 각각의'의 의미를 가지고 있어 '마다'의 의미를 대신할 수 있는 수식 요소가 붙을 때이다.

조사 '마다'의 분포를 살펴본 결과 '마다'는 일반적인 보조사들과 달리 다른 조사들과의 배합에 있어 상당히 제약적인 측면을 가지고 있었다.

김영희(1974)에서는 조사류어의 분포적 특성을 논하면서 '마다'를 비롯한 '씩, 들, 끼리'의 네 어휘 항목은 [+Numeral]을 공통 자질로 지니면서 모두 격조사를[178] 선행하며, 다른 조사들과의 분포를 볼 때, '마다'는 체계외적인 요소로 처리한다고 하였다. 임동훈(2004 : 148)에서도 '마다'는 '들, 끼리, 씩'과 함께 명사(혹은 명사구)에 붙어 선행 명사의 복수성이나 양화를 드러내는 조사이며, 기타 요소로 분류한다. 최동주(1997 : 215~216)에서는 '마다'가 후치사일 가능성을 제기하고 있지만 '마다' 자체가 시간이나 장소를 나타낸다고 하기 어려운 점을 고려하여 특수조사(보조사)로 간주하였다.

---

178) 김영희(1974)에서의 격조사는 '에, 에게, 한테, 로' 등의 소위 부사격 조사를 포함하고 주격 조사와 목적격 조사를 제외한다.

조사 '마다'는 앞에서도 살펴보았듯이 주어, 목적어, 부사어 등 문장의 여러 성분에 결합할 수 있기 때문에 보조사로 분류된다. 그러나 '마다'는 분포적 제약이 심하여 보조사의 전형적 유형(prototype)으로 보기 힘들고 주변적 요소로 볼 수 있다.

국어는 단수와 복수가 형태적으로 구별되지 않으며 복수의 의미를 갖는 요소가 쓰인 경우에도 중의적인 의미로 해석될 수 있어 수 범주가 문법 범주로 확인되지 않는 언어이다. 그러나 국어에서 수량과 관련된 표현들은 여러 가지 다양한 유형이 존재하며 조사 '마다'도 이 중 하나이다.

최근 말뭉치 용례를 자료로 하여 문법 요소 하나하나를 세밀히 살펴보는 연구가 늘어나고 있다. 자료 중심의 연구에서는 요소들의 쓰임을 모두 보여주기 때문에 문법 요소의 다면적 특성을 잡아낼 수 있다. 여기에서는 조사 '마다'를 국어의 수량 표현을 일종으로 규정하고 이를 말뭉치 용례 분석을 통하여 그 의미·통사적 특성과 분포를 세밀히 살펴보았다.

조사 '마다'는 결합되는 선행 명사구가 지시하는 대상을 개체화하여 개체화된 대상에 문장의 서술어가 의미하는 사태를 배분하는 기능을 가진다. 이로써 '마다'가 쓰인 문장은 사건이 복수화되는 결과를 가져온다. 조사 '마다'는 '-들'이나 '각각' 등의 개체화의 수량 표현들과는 '개체화'라는 공통점을 가지면서 '사건의 복수화'의 기능을 가졌다는 측면에서 변별된다. 조사 '마다'의 통사적인 특성과 분포적 제약은 '마다'의 의미적 속성에서 비롯된 것으로 해석할 수 있다.

제4장 문법 형태의 기능과 범주

2장과 3장에서 몇몇 어미와 조사를 중심으로 문법 형태의 용법과 기능을 살펴보았다. 이를 통하여 한국어의 문법 형태는 하나의 형태가 한 가지의 기능만을 하는 것이 아니라 용법에 따라 몇 가지 기능을 가지고 있는 경우가 많다는 것을 알 수 있었다. 문법 요소가 하나 이상의 기능을 가질 때 그 기능 간에는 어떠한 관계가 있을까? 앞에서 문법 형태를 중심으로 살펴본 귀납적인 결과를 분석해 보면 여러 문법 형태들이 가지는 복수의 문법 기능들이 특정한 관련성을 가지고 있다는 것과 형태들이 공유하는 문법 범주들 간의 관계를 알 수 있을 것이다. 이 장에서는 문법 형태별 고찰에서 드러난 범주 간의 문제에 대하여 살펴보려고 한다.

어미 형태별 용법과 기능을 살펴본 결과, 한국어 문법 범주 중 연결과 종결은 하나의 문법 형태로 실현될 수 있는 기능이며 이는 연결어미와 종결어미가 어말어미라는 공통적인 상위 범주에 속하기 때문일 수 있다. 연결어미는 종결뿐 아니라 내포의 범주를 실현시키기도 한다. 시제와 양태 역시 하나의 문법 형태로 실현될 수 있는 범주이다. 어미는 통사적인 문법 범주 간의 관계 속에서 해석될 뿐 아니라 형태 범주와 통사 범주의 속성을 모두 지녀서 중간 범주적인 기능을 하기도 한다.

다음에서는 문법 형태와 관련된 연결과 종결의 문제, 내포와 접속의 문제, 굴절과 파생, 조사의 범주 간의 겹침 문제 등에 대하여 기술하기로 한다.

1. 연결과 종결[179)]

한국어에서 어미는 위치에 따라 선어말어미와 어말어미로 나뉘는데, 어말어미는 문장을 끝맺는가 그렇지 않은가에 따라 종결어미와 비종결어미로 나눌 수 있다. 비종결어미에는 내포의 기능을 가지는 전성어미와, 접속의 기능을 지닌 연결어미가 있다(남기심 · 고영근 1993 : 150~161). 연결어미의 용법 중에는 접속의 기능에 더하여, 문장 안에서 종결어미처럼 쓰이는 것들이 많이 있다. 다음의 (1), (2), (3)은 그러한 용법의 연결어미들이 쓰인 예문이다.

(1) ㄱ. 집에 가거든 전화해라.
ㄴ. 내가 집에 이제 들어왔거든.

(2) ㄱ. 나는 학교에 가려고 옷을 입었다.
ㄴ. 벌써 집에 가려고?

(3) ㄱ. 숙제나 하든지, 아니면 잠이나 자라.
ㄴ. 못 오면 못 온다고 전화를 해 주든지.

---

179) 이 절은 유현경(2003ㄴ)의 일부를 수정 · 보완하여 기술한 것이다.

예문 (1), (2), (3)에서 연결어미로 쓰인 예는 각 예문 (ㄱ)에, 종결어미로 쓰인 문장은 각 예문 (ㄴ)에 보였다. '-거든', '-(으)려고', '-든지', 이 세 어미들은 문장에 따라 연결어미로 쓰이기도 하고 종결어미로도 기능한다. 그러나 (1ㄴ), (2ㄴ), (3ㄴ)은 종결어미의 기능적 측면에서 조금씩 차이가 있다. (1ㄴ)은 (1ㄱ)의 연결어미적 쓰임과 별도로 종결어미로서 독립적인 기능을 가지고 있는 반면, (2ㄴ)과 (3ㄴ)은 연결어미와의 연관성이 남아 있어 종결어미적인 쓰임을 동형어로 분리해 낼 수 있을지가 의문이다.

종결어미의 자리에서 종결어미의 기능을 하는 연결어미에 대하여 이미 여러 연구들에서 논의를 한 바 있다. 고영근(1974), 성기철(1985), 한길(1991), 박재연(1998) 등에서는 연결어미의 종결어미적 용법을 동형어로 분리하고자 하는 입장을 보였고, 임홍빈(1984)에서는 연결어미(부사형 어미)가 문장종결의 기능을 할 수 있는 것은 수행-억양 때문이라고 하여 연결어미의 범위 안에서 처리하고자 하였다. 그러나 위의 예문에서 보듯이 연결어미가 종결어미의 자리에서 쓰인다고 해서 일괄적으로 종결어미로 보기도 힘들고, 모든 연결어미가 종결어미적 용법을 가지는 것은 아니기 때문에 이러한 쓰임을 연결어미의 일반적인 용법 안에서 다룰 수도 없다.

이은경(1996)에서 제시한 다음의 (4)의 29개 연결어미 목록 중에서 종결어미로 쓰일 수 있는 연결어미는 굵은 글씨로 기울여 쓴 15개의 어미들이다.

(4) *-고*, *-어/어서*, *-고/고서*, *-(으)면*, *-(으)ㄴ데*, *-지만*, *-(으)니(까)*, *-(으)면서*, -다가, -어도, *-(으)려고*, *-(으)러*, -어야, *-든지*, -거나, -(으)며, -자, -자마자, *-느라고*, -기에, -(으)나, *-거든*, *-게*, *-도록*, -(으)므로, -더라도, -(으)ㄴ들, -(으)되[180]

---

180) 이 목록은 총 29개로 이은경(1996 : 4)에서 연결어미의 빈도수를 참작하여 배열한 것이다. 대체로 뒤로 갈수록 잘 사용하지 않는 경향이 있다고 볼 수 있을 것이다. 조민하(2011 : 84)에 의하면 종결 기능을 갖는 연결어미의 빈도는 '-고', '-는데', '-다고', '-(으)니(까)', '-거든' 등의 순인데 이 5가지 종류의 연결어미의 출현 빈도의 합계가 전체의 83.7%로 일부의 형태가 고빈도로 사용되고 있다는 것을 알 수 있다.

1.1. 연결어미가 종결어미로 쓰이는 환경

대부분의 논의에서 연결어미가 종결어미로 쓰이는 과정을 문법화나 담화적 차원에서 다루고 있다. 김태엽(1999 : 119~121)에서는 연결어미가 종결어미로 바뀌는 문법화가 '문장 구조의 축소, 문법 기능의 이전, 끊어짐 수행-억양 얹힘, 문장종결 기능의 획득'의 네 가지 과정을 거치게 된다고 보았다. 구현정·이성하(2001 : 10)에서는 조건 표지 '-거든'이 연결어미에서 종결어미로 문법화되는 과정을 살펴보면서, 이러한 문법화 과정에서 연결어미가 개재된 복합문에서 후행절이 일종의 담화 전략상 생략을 거치게 되어 선행절은 종속절에서 주절로의 위계적 상승(hierarchical upgrading)이 일어나고 후행절은 극단적인 위계적 강등(hierarchical downgrading)이라고 할 수 있는 소실이 일어난다고 하였다.

우리말에서 연결어미는 선행절에 붙어서 선행절을 후행절과 이어 주는 기능을 하는데, 연결어미가 종결어미로 쓰이게 되는 것은 주로 후행절이 생략되거나 선행절과 후행절이 도치되는 과정을 통해서이다.

> (5) ㄱ. 나, 소변 마려워서 화장실 좀 가려고. (⋯)
> ㄴ. 새로운 기분으로 하루를 시작하시기를 바라면서. (⋯)

> (6) ㄱ. 배가 고파서 내가 먼저 먹어야겠어요. 언니들한테는 미안하지만.
> ㄴ. 이리 좀 가까이 와라. 얼굴 좀 자세히 보게.

위의 예문 (5)의 경우는 후행절이 생략되어 연결어미 '-(으)려고'나 '-(으)면서'가 종결어미의 기능을 대신하는 예를 보인 것이고, (6)은 후행절이 선행절보다 먼저 나와서 연결어미 '-지만'이나 '-게'가 종결어미처럼 쓰인 예이다. 한길(1991 : 74)에서는 (6)처럼 어찌마디(부사절)이었던 것이 뒤로 도치되어 표면상 월의 일부로 된 것을 유사 종결 접미사(quasi-closing suffix)

라 하여, 완전히 종결 접미사(종결어미)가 된 것과 구분을 하고 있다. 그러나 모든 연결어미들이 생략과 도치의 과정을 통해서 종결어미처럼 쓰일 수 있는 것이 아니기 때문에 연결어미가 종결어미로 쓰이는 환경이 어떠한 것인가에 대한 본격적인 논의가 필요하다. 연결어미를 종결어미로 만드는 두 가지 기제 중에서 먼저 '도치'에 관하여 구체적인 예를 중심으로 살펴보기로 하겠다.

연결어미 '-게'는 다음의 (7)과 같이 종속적 연결어미로도 쓰이고 보조적 연결어미로도 쓰이며 부사적 용법도 가지고 있다(이종희 1992).

(7) ㄱ. 얼굴 좀 자세히 <u>보게</u> 이리 좀 가까이 와 봐라.
　　ㄴ. 그는 서예에 깊은 조예를 갖<u>게</u> 되었다.
　　ㄷ. 아버지는 한평생을 세상과는 동떨어져 고독하<u>게</u> 사셨다.

(8) ㄱ. 이리 좀 가까이 와 봐라. 얼굴 좀 자세히 보<u>게</u>.
　　ㄴ. *그는 되었다. 서예에 깊은 조예를 갖<u>게</u>.
　　ㄷ. *아버지는 사셨다. 한평생을 세상과는 동떨어져 고독하<u>게</u>.

(7ㄱ)의 '-게'는 종속적인 연결어미로 쓰인 것이고, (7ㄴ)은 보조적 연결어미로 쓰인 '-게'이고 (7ㄷ)의 '-게'는 부사적 용법으로 쓰인 것이다. 예문 (8)을 볼 때, 연결어미 '-게'의 여러 용법 중에서 도치를 통해서 종결어미로 쓰일 수 있는 것은 (7ㄱ)뿐이다. 나머지 (7ㄴ), (7ㄷ)은 도치의 과정을 거쳐서 종결어미의 자리에 쓰일 수 없다. (7ㄱ)과 나머지 예문들의 차이는 문장 접속이나 구 접속이냐의 문제인 듯하다. 다시 말해서 문장과 문장의 접속의 기능을 하는 연결어미만이 도치의 과정을 통하여 종결어미로 쓰일 수 있다고 할 수 있다.

문장 단위를 접속하기도 하고 구 단위나 단어 단위의 접속을 하기도 하는 '-게'와 달리, 항상 문장 단위의 접속의 기능만을 가지고 있는 '-(으)니

(까)'의 경우를 보면, 다음의 (9)와 같이 다양한 의미를 가지고 있다.

> (9) ㄱ. 오늘 월급을 받았<u>으니까</u> 점심은 내가 살게.
> ㄴ. 버스를 타고 보<u>니까</u> 지갑이 없었어.
> ㄷ. 이제 살 만하<u>니까</u> 부모님이 돌아가셨어요.

(9ㄱ)은 이유나 원인을 나타내는 '-(으)니(까)'의 용법이고, (9ㄴ)은 주어가 일인칭일 때 앞의 사실이나 행동이 진행된 결과, 뒤의 사실이 그러하거나 어떠한 행동이 일어남을 나타내고, (9ㄷ)은 주어가 일인칭인 문장에서 선행절과 후행절이 서로 엇갈리는 상황임을 나타낸다.

> (10) ㄱ. 점심은 내가 살게. 오늘 월급을 받았<u>으니까</u>.
> ㄴ. *²지갑이 없었어. 버스를 타고 보<u>니까</u>.
> ㄷ. *²부모님이 돌아가셨어요. 이제 살 만하<u>니까</u>.

예문 (9)의 연결어미 '-(으)니(까)'를 선행절과 후행절을 도치하여 종결어미 자리에 오게 해 본 것이 예문 (10)이다. 예문 (10)에서 이유나 원인을 나타내는 '-(으)니(까)'만이 도치의 과정을 거친 후 종결어미로 쓰일 수 있음을 볼 수 있는데, (9ㄴ)처럼 선행절과 후행절이 시간적 선후 관계를 나타내거나, (9ㄷ)처럼 선행절이 후행절의 조건이 될 때는 종결어미로 쓰일 수 없다는 가정을 해 볼 수 있다.

'-(으)니(까)'와 '-고'처럼 연결어미가 이유나 원인을 나타낼 때는 종결어미로 쓰이는 것이 자연스럽다. 그러나 이유나 원인, 근거를 나타내는 연결어미가 언제나 종결어미 자리에 쓰일 수 있는 것은 아니다. (4)에서 제시한 연결어미 중에서 원인, 이유, 근거 등을 나타낼 수 있는 연결어미는 '-고, -어/어서, -고/고서, -(으)니(까), -느라고, -기에, -(으)므로'인데, 이 중에서 '-기에'와 '-(으)므로'는 종결어미로 쓰일 수 없다.

(11) ㄱ. 이때 많은 전류가 흐르지만 저항이 없<u>으므로</u> 에너지의 열 손실
　　　 이 생기지 않는다.
　　ㄴ. 건강에 이상을 가져 올 수 있<u>으므로</u> 식사와 운동의 균형이 중요
　　　 하다.

예문 (11)은 선행절이 후행절의 근거가 되는 '-(으)므로'가 쓰인 예문이다.

(12) ㄱ. *에너지의 열 손실이 생기지 않는다. 이 때 많은 전류가 흐르지
　　　 만 저항이 없<u>으므로.</u>
　　ㄴ. *식사와 운동의 균형이 중요하다. 건강에 이상을 가져 올 수 있
　　　 <u>으므로.</u>

(11)의 '-(으)므로'가 (12)에서처럼 도치에 의한 종결어미화가 되지 않는
이유는 몇 가지로 생각해 볼 수 있다. 먼저, '-(으)므로'는 주로 논리적인
글말에서 쓰이므로 입말에서처럼 선·후행절의 도치나 생략이 힘들다는
것이다.[181] 또한 '-(으)므로'는 '-어서'나 '-(으)니(까)'와 같이 단순한 원인
만을 제시하는 것이 아니라 후행절이 선행절의 결과를 나타내기 때문에
도치나 생략이 어려운 듯하다.

다음에서는 연결어미 '-느라고'의 경우를 살펴보자.

(13) ㄱ. 나는 어제 숙제를 하<u>느라고</u> 한숨도 못 잤어.
　　ㄴ. 여자는 남편의 금시계줄을 사<u>느라고</u> 머리를 잘랐다.

(13)의 '-느라고'는 앞에서 살펴본 연결어미들과 마찬가지로 선행절이
후행절의 이유나 목적을 나타낸다.

---

181) 원인을 나타내는 '-기에'도 주로 글말에 쓰인다. 이러한 이유 때문에 종결어미로 쓰이
　　 지 않는 듯하다.

(14) ㄱ. ?*나는 어제 한숨도 못 잤어. 숙제를 하느라고.

    ㄴ. ?*여자는 머리를 잘랐다. 남편의 금시계줄을 사느라고.

  (14)에서 도치의 방법을 통한 '-느라고'의 종결어미화를 살펴본 결과, '-느라고'는 이유나 목적을 나타내면서도 종결어미로 쓰이는 것이 어색한 것을 볼 수 있다. 이는 '-느라고'가 이유나 목적을 나타내기는 하지만 시간적인 관계를 전제로 하기 때문에[182] 종결어미로 쓰일 수 없는 것으로 보인다.

  물론 '-느라고'도 아래의 (15)에서처럼 질문의 대답으로 쓰일 때는 종결어미 자리에 나타날 수 있다.

(15) ㄱ. 갑 : 너 어제 왜 못 잤니?

      을 : 숙제하느라고.

    ㄴ. 갑 : 그 여자 왜 머리 잘랐대니?

      을 : 남편의 금시계줄 사느라고.

  예문 (15)의 경우, 도치에 의한 종결어미화가 아니라 생략에 의한 종결어미화로 볼 수 있다. '-느라고'는 시간적 관계를 전제로 하기 때문에 생략에 의한 종결어미화만이 가능하다.

  도치에 의하여 연결어미가 종결어미화 되는 조건은 첫째, 선행절과 후행절이 독립적인 지위를 가지고 있는 문장과 문장 간의 접속일 때이며, 두 번째 조건은 선행절과 후행절의 의미 관계에 관한 것이다. 선행절과 후행절이 시간적 선후 관계를 가지고 있거나 선·후행절이 논리적인 인과 관계를 가지고 있을 때 도치에 의한 종결어미화가 불가능하다. 연결어

---

182) 이숙(1983 : 14)에 의하면, '-느라고'의 후행절은 선행절 동작의 진행을 위한 배경 관계라고 한다. 배경 관계가 이루어지기 위해서는 두 동작이 동일한 시간대에 있어야 한다. 즉 시간적 겹침이 배경이 되기 위한 조건이다.

미가 이유, 나열, 대조 등의 의미를 가질 때는 도치에 의한 종결어미화가
가능한 것으로 보인다.

생략에 의한 연결어미의 종결어미화의 경우는 도치의 과정과는 조금
다르다. 도치에 의하여 연결어미가 종결어미 자리에 쓰이는 경우 연결어
미가 문장과 문장을 연결할 때만 가능하지만 생략에 의한 경우는 단어나
구 단위를 접속하는 연결어미라 할지라도 가능하다.

다음에서는 생략에 의한 연결어미의 종결어미화의 환경에 대하여 살펴
보자.

  (16) ㄱ. 갑 : 너 공부를 왜 그렇게 열심히 하니?
          을 : 대학원 들어가려고.
       ㄴ. 갑 : 너 졸업하고 뭐 할 거니?
          을 : 대학원 들어가려고.

(16)은 다음과 같이 복원할 수 있다.[183]

  (17) ㄱ. 갑 : 너 공부를 왜 그렇게 열심히 하니?
          을 : 나는 대학원 들어가려고 (공부를 열심히 한다).
       ㄴ. 갑 : 너 졸업하고 뭐 할 거니?
          을 : 대학원 들어가려고 (해).

  (17)' ㄱ. 갑 : 너 공부를 왜 그렇게 열심히 하니?
          을 : (나는 공부를 열심히 한다.) 대학원 들어가려고.
       ㄴ. 갑 : 너 졸업하고 뭐 할 거니?
          을 : (*해.) 대학원 들어가려고.

---

183) 생략한 부분에는 여러 가지 성분을 상정해 볼 수 있기 때문에 복원 자체가 불가능하다
   고 할 수도 있다. 그러나 앞뒤 문맥을 보면 생략된 자리에 올 수 있는 것은 비슷한 의
   미를 가지고 있는 몇몇의 제한적인 언어 구성체이다.

(16ㄱ)은 (17)과 (17)'에서 보였듯이 생략과 도치가 모두 가능하다. 그러나 (16ㄴ)의 '-(으)려고'는 후행 성분의 생략에 의한 종결어미화는 가능하지만 도치에 의한 종결어미화는 불가능하다. 생략과 도치에 의한 연결어미의 종결어미화는 모두 글말에서는 잘 일어나지 않고 주로 입말에서 이루어진다는 공통점이 있으며, 생략의 경우는 도치와 달리 단어 간 연결에서도 가능하다는 특징을 가지고 있다.

연결어미 중에서 종결어미로 쓰일 수 없는 어미들의 의미적 특성을 살펴보면, 우선 '-어도'나 '-(으)ㄴ들', '-더라도'와 같이 선행절이 후행절의 가정이나 양보의 사실을 나타내는 연결어미는 종결어미 자리에 올 수 없다. '-다가', '-자'나 '-자마자' 등과 같이 시간적 선후 관계가 명확한 연결어미는 종결어미화하지 않는다.

조건을 나타내는 '-어야', '-(으)면', '-거든'의 경우를 실제 예를 들어 살펴보자.

(18) ㄱ. 윗물이 맑<u>거든</u> 아랫물도 맑지.
　　 ㄴ. 나는 어제 목욕 갔다 왔<u>거든</u>.
　　 ㄷ. 나는 어제 목욕 갔다 왔<u>거든요</u>.

(19) ㄱ. 윗물이 맑<u>으면</u> 아랫물도 맑지.
　　 ㄴ. 이번에는 꼭 합격했<u>으면</u>.
　　 ㄷ. ?이번에는 꼭 합격했<u>으면요</u>.

(20) ㄱ. 윗물이 맑<u>아야</u> 아랫물도 맑지.
　　 ㄴ. *그 사람이 가<u>야</u>.
　　 ㄷ. *그 사람이 가<u>야요</u>.

(18)에서 '-거든'은 조건의 표지에서 문장 종결 표지로 완전히 문법화된 경우(구현정·이성하 2001)로 '요'를 붙여서 두루 높임의 '해요체'로 쓸

수 있다. (19)의 '-(으)면'을 보면, 후행절이 생략된 채 '-었으면'의 꼴로 화자의 희망과 바람을 나타내는 종결어미적 용법을 가지는데, '-거든'과 달리 '요'를 붙이면 비문이 된다. 이는 연결어미의 종결어미적 용법의 일 반적인 특성과 다른 점이다. (20)의 '-어야'는 생략을 통한 종결어미화도 불가능하고 물론 '요'와 결합할 수도 없다.

(18)의 경우, '-거든'이 종결어미로 쓰일 때, 사실상 조건의 의미는 상실 하기 때문에 (18ㄴ), (18ㄷ)의 예문을 조건의 연결어미가 종결어미로 쓰인 것이라고 보기는 힘들다. (19ㄴ)의 '-(으)면'도 조건을 나타내기는 하지만, (19ㄷ)을 볼 때 '-(으)면'이 종결어미로 문법화하였다기보다 별개의 어미 복합체인 '-었으면'의 용법으로 보는 것이 옳을 듯하다. 이렇게 볼 때 조 건의 연결어미는 종결어미로 쓰일 수 없다는 결론에 이르게 된다.

이현희(1982 : 159)에서 연결어미가 종결어미로 쓰이는 것은 복문의 주절 이 생략되어 생기는 것으로, 부사어가 파편문으로 된 것(Sentence fragment)이 라고 하고 있다. 연결어미가 결합된 선행절을 부사절로 본다면 다른 부사 어들이 파편문으로서 다른 성분 없이 하나의 문장을 형성할 수 있는 것과 같은 맥락에서 생각해 볼 수 있다. 그러나 부사라고 해서 모두 다 파편문 이 되어 문장을 대신할 수 있는 것은 아니다.

    (21) ㄱ. 빨리!/빨리요.
         ㄴ. 여기./여기요.
         ㄷ. *매우./*매우요.
         ㄹ. *과연./*과연요.
         ㅁ. *다행히./*다행히요.
         ㅂ. *그러나./*그러나요.
         ㅅ. *가령/*가령요.

부사가 한 문장을 대신하여 소형문으로 쓰일 수 있는 경우는 '빨리'와 같은 양태부사나 '여기, 저기, 오늘, 내일' 등의 시간과 장소를 나타내는 경우에 한정된다. 양태부사나 시간, 장소부사는 통사적인 분류가 아니라 의미적인 분류이다(손남익 1995 : 14~51). 파편문으로 문장을 대신할 수 있는 부사류가 의미적으로 가른 부사의 부류라는 사실은 연결어미의 종결어미적 용법에 대한 조건이 구조적인 문제 즉, 통사적인 문제가 아니라 의미 · 화용적인 문제라는 것을 시사한다.

1.2. 연결어미의 종결어미적 용법의 기능

연결어미는 문장에서 성분들을 연결하는 기능만이 주가 되는 데 비해 종결어미는 문장을 끝맺으면서 상대높임법을 표시해 주고 평서문, 의문문, 청유문과 같은 문장의 종류를 결정하는 등 여러 가지 주요 문법 기능을 수행한다(이익섭 · 채완 1999 : 222).

연결어미가 종결어미의 자리에 올 때 위에서 열거한 세 가지 종결어미의 주요 기능을 수행한다면, 종결어미로 문법화하였거나 되는 과정에 있는 것으로 볼 수 있을 것이다. 다음의 예들은 '세종 말뭉치'에서 뽑은 것이다.

(22) ㄱ. 얼마나 좋아했니, 엄마들은 또 얼마나 감탄하<u>고</u>.
ㄴ. 효도 캠프를 핑계로 아빠를 따돌리<u>고</u>!
ㄷ. 아버님은 여전히 재미있으시<u>고</u>?

(23) ㄱ. 병석이가 어떻게 하려는지 <u>보려고</u>.
ㄴ. 교실에서 껌 씹다 들키면 어떡하<u>려고</u>!
ㄷ. 물 길러 가<u>려고</u>?

(24) ㄱ. 형 붙었나 떨어졌나 <u>보게</u>.
ㄴ. 빨래 갖다주러 가<u>게</u>?

ㄷ. 문장은 짤막하게!

위의 (22)~(24)를 보면, 종결어미 자리에 쓰인 어미가 연결의 기능을 하지 않고, 용언의 끝에 붙어서 문장의 종류를 결정함과 동시에 문장 종결의 기능을 수행하고 있다. 연결어미에서 온 종결어미는 문장의 종류 중 명령문과 청유문을 제외한 평서문, 의문문, 감탄문의 세 가지로 쓰일 수 있으며, 상대높임법 체계의 반말체 등급을 나타낸다. 조민하(2011 : 87)에서도 종결 기능 연결어미에서는 명령문이나 평서문의 사용은 찾아볼 수 없다고 하면서 이러한 이유로 연결어미의 종결 기능은 종결어미적 용법이아니라 발화 완결을 수행하는 억양의 용법 안에서 이루어지기 때문이라고 보았다. 또한 종결 기능 연결어미 중 출현 빈도가 가장 높은 연결어미인 '-고'는 평서문에서 집중적으로 사용되는 반면 '-고'보다 다소 출현빈도가 낮은 '-는데'의 경우는 평서문, 의문문, 감탄문에서 두루 사용된다고 하면서 이러한 이유를 '-고'가 일반적이고 보편적인 의미인 데 비해 '-는데'는 주관적이면서 포괄적인 의미를 보유하기 때문인 것으로 해석하고 있다.

1.3. 연결어미의 종결어미적 용법의 특징

1.3.1. 상대높임법 체계상의 특징

연결어미가 종결어미처럼 쓰일 때 거의 모든 어미들이 상대높임법 체계에서 반말체에 귀결된다. 그러면, 왜 연결어미가 종결어미로 쓰일 때 반말체로 귀결되는가? 그 이유는 연결어미가 종결어미화하는 조건과 관계가 있는 듯하다. 한길(1991 : 46)에서는 반말의 특성을 기술하면서, '반말이 쓰이는 장면을 잘 살펴보면, 반말은 주로 상관적 장면에서 쓰이고 단독적 장면에서는 잘 쓰이지 않는다. 다시 말해서 반말은 말할이와 들을이가 서로 얼굴을 맞대고 이야기를 주고받는 상황에서 주로 쓰인다'고 하고 있다. 앞선 논의에서 연결어미가 종결어미로 되는 주요 기제로 '생략'과 '도치' 의 과정을 들었는데, 생략과 도치의 과정이 주로 입말에서 화자와 청자가 이야기를 주고받는 상관적 장면에서 일어나는 담화적인 기제이므로 반말 의 장면적 특성과 맞아떨어진다.

반말체 종결어미들에 대한 여러 연구들에서, 접속문 구성의 후행절이나 내포문 구성의 상위문이 생략됨으로써 이루어진 소형문(minor sentence)의 끝 에서 본래 비종결 요소였던 것들이 종결어미로 발달한 것이라는 사실이 지적되어 온 바 있다(이현희 1982, 성기철 1985, 박재연 1998, 고광모 2001). 박재 연(1998)에 의하면 반말체 종결어미는 연결어미뿐 아니라 인용 구성, 간접 의문문 어미, 선어말어미의 융합에 의한 것, 통사적 구성에 의한 것 등 다 양한 구성에서 비롯된다.

반말체 종결어미 중 연결어미에서 비롯된 어미들은 대부분 평서형, 감 탄형, 의문형의 세 가지 의향법을 나타내는 특징을 가지고 있다. 다만 연 결어미 '-도록'은 종결어미적 용법으로 쓰일 때, 명령형 어미로 쓰이기도 한다.

(25) ㄱ. 망태기와 톱을 준비해서 이곳으로 나오도록.
　　 ㄴ. 우선 대문을 꼭꼭 잠그도록.
　　 ㄷ. 저 사람에게 은 삼십을 내주도록.

(25)에서 어미 '-도록'이 종결어미 자리에서 명령의 의미로 쓰였다. 이 때의 '-도록'은 다른 연결어미의 종결어미적 용법과는 달리 반말체가 아 니라 해라체의 등급을 나타낸다. 따라서 '요'를 붙여 '해요체'로 쓸 수도 없다. 반말체는 '하게'를 해야 할 사람과 '해라' 해야 할 사람에게 두루 쓸 수 있어서 성기철(1995)에서는 [두루 낮춤]이라 했으며, 한길(1991)과 고광

모(2001) 등에서는 [두루 낮춤]이 아니라 [안 높임]의 등급으로 보았다. 반
말체가 [두루 낮춤]이든지 [안 높임]이든지 간에 반말체는 해라체를 하지
못할 사람에게도 쓸 수 있는 특징을 가지고 있다.

> (26) ㄱ. 엄마 : 밥 먹을래?
>   딸 : 아니. 엄마 먼저 [먹어요/먹어/*먹어라].
>   ㄴ. 엄마 : 어디 가니?
>   딸 : 문방구 가서 공책 좀 [사려고/사려고요].
>
> (27) 엄마 : 그럼, 난 청소나 할까?
>   딸 : 아니요, 아무것도 하지 말고 편히 [쉬도록 하세요./*쉬도록./*쉬
>   도록요].

위의 예문 (26), (27)을 비교해 보면, '-도록'의 경우 해라체를 쓸 수 없
는 사람에게는 사용할 수 없으므로 '-어'나 '-(으)려고'처럼 반말체의 등
급이 아님을 알 수 있다. 다음의 (28)~(30)에서 보듯 연결어미로 쓰인 '-도
록'은 연결어미 '-게'와 바꾸어 쓸 수도 있는데, 종결어미적 용법으로 쓰
인 경우에는 이러한 교체가 불가능하다.

> (28) ㄱ. 차가 [지나가게/지나가도록] 길을 좀 비켜라.
>   ㄴ. 철수는 [얼어죽지 않게/얼어죽지 않도록] 옷을 잔뜩 껴입었다.
>
> (29) ㄱ. 빨리 집에 [가도록/*가게].
>   ㄴ. 이제 나가 [보도록/*보게].184)
>
> (30) ㄱ. 내가 바보니? 그 사람을 [좋아하게/*좋아하도록]?
>   ㄴ. 어디 아프니? 밥을 안 [먹게/*먹도록]?

---

184) (29)에서 '-게'가 종결어미로 쓰일 수 있는 것처럼 보이는 이유는 '하게체'의 '-게'가
     있기 때문이다. 이는 연결어미에서 온 (30)의 반말체의 어미와는 다른 것이다.

연결어미의 종결어미적 용법은 공시적으로 연결어미와의 의미적, 기능적 연관성이 끊어지지 않은 경우가 많으나 위의 예에서 본 바와 같이 연결어미와는 별개의 형태소로 분화되고 있음을 알 수 있다.

1.3.2. 선어말어미와의 결합 양상

연결어미가 종결어미로 쓰일 때 선어말어미와의 결합에서 연결어미로서의 쓰임과 다른 양상을 보이는 경우가 있다.

(31) ㄱ. 차가 [*지나가게/*지나갔게/*지나가겠게] 길을 비켰다.
　　 ㄴ. 우리는 뼛골이 [빠지게/*빠졌게/*빠지겠게] 고생을 했다.

(32) ㄱ. 그러면 차가 벌써 지나갔게?
　　 ㄴ. 비켜봐라. 차가 지나가게.
　　 ㄷ. 그러다가 뼛골 다 빠지게?
　　 ㄹ. 그랬었다가는 뼛골 다 빠졌게?

‘-게’의 경우 연결어미의 ‘-게’와 종결어미적 용법의 ‘-게’는 선어말어미의 결합 양상이 다르다. 연결어미 ‘-게’는 (31)에서 보듯 선어말어미와 결합하는 것이 불가능하지만, 종결어미적 용법의 ‘-게’는 (32)에서처럼 선어말어미와의 결합이 가능한 경우가 있다.

(33) ㄱ. 저녁을 [먹으려고/*먹었으려고/*먹겠으려고] 식당으로 갔다.
　　 ㄴ. 당신에게 [주려고/*주었으려고/주겠으려고] 꽃을 샀어요.

(34) ㄱ. 이제 저녁 먹으려고.
　　 ㄴ. 다섯 시도 안 되었는데 벌써 저녁을 먹었으려고.

(33)에서 연결어미 ‘-(으)려고’는 선어말어미와의 결합이 불가능한 반면,

(34)에서처럼 종결어미로 쓰일 때는 선어말어미 '-었-'과의 결합이 가능하다. 연결어미와 종결어미의 선어말어미와의 결합 양상이 다르게 나타나는 것은 연결어미의 종결어미적 용법이 하나의 독립된 항목(item)으로 문법화하고 있다는 증거로 볼 수 있다.

1.4. 연결어미의 종결 기능

연결어미의 종결어미적 용법의 처리에 대해서는 크게 세 가지 견해가 있다. 첫째는 종결어미로 쓰이는 경우를 연결어미의 일반적인 용법으로 보아 연결어미의 기능 안에서 처리하고자 하는 견해이다. 이 경우 연결어미의 종결어미적 용법은 연결어미의 다의적 의미 기능 중 하나로 다루어진다. 두 번째 견해로는 종결어미로 쓰이는 연결어미를 동형어로 분리하고자 하는 논의를 들 수 있다. 마지막 견해는 앞서 제시한 두 가지 견해를 절충하여 경우에 따라 연결어미의 하위 의미 항목으로 보기도 하고 독립된 종결어미로 분리시키기도 하는 것이다.

종결어미적 용법의 연결어미들을 살펴보면 각각의 문법화 정도가 다르기 때문에 종결어미로 분리하여 별도의 형태소로 처리해 주어야 하는 것이 있는가 하면, 어떤 것은 단순히 후행절 혹은 주절의 생략이나 도치로 보아서 연결어미 안에서 다의적 처리를 해 주어야 옳은 것 등이 있기 때문에 세 번째 견해가 가장 합리적이라고 할 수 있다.

어미나 조사 같은 문법형태소들이 어휘형태소에서 문법화 현상을 통하여 생성된다고 하는 사실은 이미 여러 연구들에서 지적된 바 있다. 연결어미가 종결어미화하는 것은 어휘형태소에서 문법형태소로의 문법화는 아니지만 대부분의 논의에서 이를 문법화의 일종으로 보고 있다. 연결어미와 종결어미는 둘 다 어말어미의 하위 범주로, 전자는 연결이 주 기능이고 후자는 문장의 종결이 주된 기능이다. 이 둘은 상보적 분포

(complementary distribution)를 이룬다. 즉, 연결어미, 종결어미 그리고 전성어
미는 같은 어말어미의 범주에 있기 때문에 하나의 문장에서 셋 중의 하나
만이 실현된다.

과연 연결어미와 종결어미는 기능적 차이만을 가지는가? 아니면 기능
적 차이 이외에 구조적 차이도 함께 지니는가? 이현희(1982 : 146)에서는 중
세국어나 근대국어 단계에서 문장이 종결어미로만 매듭지어지는 것이 아
니라 선어말어미로도 매듭지어질 수 있는 가능성을 보여 준다고 하였
다.185) 공시적인 현대국어에서는 선어말어미인 '-겠-'이나 '-었-', '-(으)
시-' 등이 종결어미의 자리에서 문장을 끝맺는 기능을 하지는 않지만, 이
러한 통시적인 예들로 보아 어미라는 범주가 현대국어로 오면서 기능에
따라 하위 유형의 범주로 갈라져 왔음을 알 수 있다. 즉, 연결어미와 종결
어미는 구조적인 차이가 아니라 기능상의 차이만을 가지고 있다고 할 수
있다.

연결어미와 종결어미의 관계에서 한 가지 특이한 사실은, 연결어미가
종결어미의 자리에서 종결어미의 기능을 하는 경우는 많이 발견되지만
종결어미가 연결어미로 전용되어 쓰이는 경우는 없다는 것이다. 이는 두
가지 측면에서 해석할 수 있다. '문법화란 한 형태소가 어휘적 지위에서
문법적 지위로, 혹은 파생형에서 굴절형으로의 변화처럼 덜 문법적인 것
으로부터 더 문법적인 것으로 범위가 증가되는 현상'(이성하 1998 : 23)이라
고 할 때, 이러한 현상은 연결어미보다 종결어미가 더 문법적인 요소라는
것을 방증하는 것으로 볼 수 있다. 종결어미의 문법적 기능 부담량이 연

---

185) 이러한 선어말어미로는 '-니-', '-리-' 등을 들 수 있는데, 자세한 것은 이현희(1982)
를 참조할 것. 이현희(1982)에서는 어말어미의 발달 양상을 네 가지 유형으로 구분하고
있는데, 첫째, 선어말어미와 어말어미가 응축되어, 선어말어미가 형태 변화를 입은 후
뒷부분의 어미부가 탈락해서 새로운 어미로 생성된 경우이고, 두 번째는 관형사형 어
미와 형식명사의 결합 형식을 띤 구조체가 어미화한 경우, 세 번째로, 연결어미가 종결
어미화하는 현상을 들고 있으며, 주로 마지막으로 소위 화합 현상으로 인해 나타나는
현대국어의 어미들이 있다고 하였다.

결어미보다 더하다는 것은 종결어미의 기능적 다양성으로도 짐작할 수 있다. 문법화의 주요 원리 중에서 '단일 방향성'(이성하 1998 : 193)의 측면에서도 연결어미가 종결어미로 분화되는 일방향성이 이해될 수 있다.

연결어미와 종결어미의 관계에 대하여 임홍빈(1984)에서는 부사형 어미 즉 연결어미를 문종결 형식이 되게 하는 것은 그 자체의 통사 형태적 기능이 아니라 문말 억양이 맡아 하는 기능의 하나라고 주장하고 있다. 그러나 앞에서 살펴보았듯 모든 연결어미(부사형 어미)가 종결어미로 쓰이지 않으며, 심지어 하나의 연결어미의 용법 중에서 조건이 충족되는 몇 개의 기능적 의미만이 종결어미적 용법으로 전환될 수 있다는 사실로 볼 때, 이러한 주장은 받아들이기 힘들다. 다시 말해서 연결어미가 종결어미적 기능을 갖게 되는 것이 단지 문말 억양 때문이라면, 어떠한 연결어미든지 문장의 맨 마지막에 놓여서 문말 억양만 가지게 되면 종결어미적인 기능을 수행할 수 있어야 하는데 그렇지 않다는 것이다.[186]

종결어미의 문말 억양이 나타낼 수 있는 기능은 문장의 종류를 결정하는 것이다. 이에 더하여 문장을 끝맺는 기능을 포함한다 해도 종결어미의 주요 기능 중 하나인 상대높임법의 문법 범주를 드러내는 기능이 문말 억양에 있다고 볼 수 없다. 상대높임법을 결정하는 것은 문말 억양이 아니라 종결어미의 형태이다. 그러므로 임홍빈(1984)의 주장과는 달리, 연결어미가 종결어미로 쓰이는 것은 개별 연결어미의 형태·통사적 특징이라고 할 수 있다.

연결어미가 종결의 기능을 가지게 되는 것은 주로 생략과 도치의 과정

---

186) 억양과 연결어미의 종결 기능의 관계에 관해서 조민하(2011 : 2)에서는 종결 기능에서 억양은 연결어미의 종결 기능을 수행하고 종결어미화를 견인하는 역할을 한다고 볼 수 있다고 하였다. 억양에 의해 주도되는 연결어미의 종결 기능은 음운, 형태, 어휘, 통사, 화용적 요소들이 서로 대립하고 보충하는 과정을 통해 화자의 의도를 효과적으로 전달할 수 있는 방법을 모색한 결과라고 보았고 연결어미의 종결 기능은 구정보를 재생산하지 않으려는 언어의 경제적 사용과 관련되며 다른 한편으로는 제한된 형태 안에서 다양한 의미를 생산하려는 언어의 표현성과도 맞닿아 있다는 것이다.

을 통해서이다. 모든 연결어미가 종결어미적 용법을 가지는 것도 아니며, 종결어미화가 가능한 연결어미라 할지라도 의미 항목에 따라 종결어미적 용법을 가질 수도 그렇지 않을 수도 있다. 연결어미가 종결어미적인 용법을 가지는 조건은 다음과 같이 요약할 수 있다.

먼저 문체적 조건으로 '입말적 환경'을 들 수 있다. 연결어미는 도치와 생략을 통하여 종결어미로 되기 때문에, 글말에서 쓰이는 연결어미보다는 입말체에서 쓰이는 연결어미들이 종결어미화하는 경향이 많다.

선행절과 후행절의 관계에 의한 조건으로 볼 때, 도치에 의한 연결어미의 종결어미화의 조건은 선행절과 후행절의 독립성이 가지고 있을 때이지만, 생략에 의한 것은 선·후행절의 독립성에 크게 영향을 받지 않는다.

연결어미의 의미적인 측면에서 보면, 선행절과 후행절이 시간적 선후 관계나 논리적인 인과 관계를 가지고 있을 때 연결어미의 종결어미화가 불가능한 것으로 보인다. 연결어미가 종결어미적 용법으로 잘 쓰이는 것은 주로 이유, 나열, 대조 등의 의미를 가지는 경우이다.

종결의 기능을 하는 연결어미는 비록 다의적 용법이라 할지라도 문장을 끝맺는 문장종결법과 상대높임법 체계를 드러내며, 문장의 종류를 결정하는 등 여타의 종결어미가 가지는 문법 범주적 기능을 수행하고 있음을 알 수 있었다. 연결어미의 종결어미적 용법은 거의 대부분 상대높임법 체계에서 반말체에 속한다. 형태·통사적 측면에서 연결어미의 용법과 비교해 볼 때, 종결어미적 용법은 연결어미와 다른 특징을 보이고 있는 경우가 많기 때문에 연결어미의 종결어미적 용법은 독립된 형태소로 분화되고 있는 문법화 과정에 있음을 알 수 있다. 그러나 개별 연결어미마다 문법화의 정도가 다르기 때문에 동형어 분할의 문제는 보다 세밀한 고찰을 필요로 한다.

연결어미와 종결어미가 어말어미라는 상위 범주에 속하면서 연결어미가 종결어미적 기능을 수행할 수 있다는 사실은 연결어미와 종결어미가 구조적으로 같은 자리(slot)를 공유하고 있을 가능성을 시사한다. 그러나 연결어미가 종결어미로 쓰일 수는 있어도 종결어미가 연결어미적 용법을 가지는 경우는 극히 드물다. 문법화의 방향성을 고려해 볼 때 연결어미보다 종결어미를 더 문법적인 요소로 볼 수 있다.

2. 내포와 접속[187)]

2.1. 내포와 접속의 관계

접속과 내포는 문장의 확대의 문법적 기제로서 항상 같은 층위에서 논의되어 왔다. 접속과 내포는 다른 범주인가? 접속과 내포를 실현하는 문법 형태는 별개의 범주인가? 지금까지 접속과 내포의 관계에 대한 여러 가지 논의들이 있어 왔다. 접속과 내포를 별개의 구조로 보면서 접속의 체계에 대등접속과 종속접속을 인정하는 주장이 있고,[188)] 접속을 인정하되, 종속접속을 내포의 일종인 부사절로 처리하고 접속에는 대등접속만 있는 것으로 보는 견해가 있고,[189)] 접속과 내포가 구조적으로 구분되지 않는 것으로 보는 논의들도 있다.[190)]

첫 번째 주장은 부사절을 인정하지 않아 복합문 체계에서 부사절이 빈칸으로 남는 불균형을 가져오는 동시에, 소위 종속접속이라고 불리는

---

187) 이 절은 유현경(2011ㄹ)을 기반으로 기술되었다.
188) 대표적 논의로 최현배(1937/1971), 권재일(1985), 남기심·고영근(1993), 윤평현(1989), 허웅(1999) 등을 들 수 있다.
189) 대표적 논의로 이익섭·임홍빈(1983 : 263~269), 남기심(1985), 유현경(1986), 이관규(1992), 최재희(1991), 서정수(1994 : 1069~1072), 김영희(1988), 이익섭·채완(1999)가 있다.
190) 대표적 연구로 서태룡(1979), 김진수(1987), 왕문용·민현식(1993), 왕문용(1997), 고광주(1999) 등을 들 수 있다.

부류들이 대등접속보다는 내포절과 그 속성을 같이하는 모순을 가지고
있다.

두 번째 견해에 해당하는 연구에서는 종속접속문을 내포문으로 보고
접속문의 하위 유형에서 배제하자는 주장을 펼쳐 왔다. 이들의 논거는 다
섯 가지 통사 현상이다. (1) 대등접속문과 달리 종속접속문의 선행절이 후
행절 사이로 자리를 옮길 수 있다는 것이고 (2) 후행절의 성분만이 주제어
가 될 수 있는 주제어 되기 현상이며 (3) 선행절의 주어나 주어가 되는 명
사구를 수식하는 관형어가 후행절의 주어 명사구를 선행사로 하여 재귀
대명사로 실현될 수 있는 재귀 대명사 되기 현상이고, (4) 후행절의 주어
만이 상위절의 목적어로 승격할 수 있는 주어 올리기 현상, (5) 선행절의
주어 또는 주어의 관형어 명사구가 후행절 주어 명사구를 선행사로 하여
영 조응사(zero anaphor)로 실현될 수 있는 역행 지우기 현상이다(김영희 2004).
종속접속문은 내포문과 이러한 통사적인 특징을 공유함으로써 부사절을
포함하는 내포라는 것이 논증되었다고 볼 수 있다. 이러한 주장의 문제점
은 내포 구성에 부사절이 더해짐으로써 내포절 체계는 균형을 지니게 되
나, 접속의 체계에 대등접속만 남게 됨으로써 접속의 체계가 불균형하게
되는 결과를 초래한다는 것이다. 이익섭(2003)과 임동훈(2009)에서는 대등
접속이라는 용어 대신 '병렬'이라는 용어를 사용한 바 있고 임동훈(2009)
은 한국어의 병렬문이 핵이 없는 구성으로서 종속문과 변별된다고 주장
하였다.

엄정호(1991), 이은경(1996), 고광주(1999), 유현경(2002ㄱ), 최웅환(2002), 박
소영(2002), 이정훈(2008) 등은 대등접속도 내포의 일종인 부사절로 보고 있
다. 대등접속과 종속접속을 모두 부사절로 보는 관점은 국어 문법에서 문
장 확대의 문법적 절차에서 접속이라는 기제를 삭제시키고 내포만을 남
기는 것이다. 이 관점은 두 번째 견해에서 밝혀 놓은 종속접속문과 내포
문의 통사적 공통점과 대등접속의 차이를 어떻게 설명할 것인가의 문제

와 아울러 내포만이 문장의 확대를 담당한다고 보는 기술이 언어유형론
적으로 어떤 문제를 야기시킬 것인가 하는 문제가 남아 있다.

유현경(2002ㄱ)에서는 어말어미를 문장을 끝맺느냐 그렇지 않느냐에 따
라 종결어미와 비종결어미로 나누고 비종결어미에는 전성어미만을 두는
체계를 제안한 바 있다. 어말어미의 체계의 하위분류에 자질을 도입하고
기존의 '접속'을 어말어미의 하위 유형이 아니라 어말어미를 분류하는 자
질로 보았다. 이러한 체계에서는 '접속'을 '내포'와 같은 층위로 보지 않
고 일부의 비종결어미가 가지는 하나의 기능으로 본 것이다. 이러한 관점
은 기존의 논의에서 '전성'과 '접속'을 양립할 수 없는 개념으로 볼 때 빚
어지는 문제점들을 해결하고자 한 것이다. 즉 '접속'의 기능을 가지고 있
으면서 내포절을 이끄는 어미가 될 수 있다고 본 것이다. 이익섭(2003)은
종속 연결어미와 부사형 어미를 둘러싼 문제가 『우리말본』에서 비롯되었
다고 보고 부사절을 둘러싼 국어학계의 논쟁을 새로운 시각에서 조망하
고자 하였다. 이익섭(2003 : 35~37)에서는 종속절은 명사절과 형용사절(국어
로 말하면 관형사절), 부사절을 포함하는 개념이라고 하면서, 명사절과 부사
절이 전성어미에 의해 만들어지는 반면 종속절은 전성어미가 아닌 접속
어미(연결어미)에 의하여 만들어지는 것으로 기술한 기존의 논의를 비판하
고 있다. 즉 이러한 잘못이 종속접속(subordination)이라는 개념을 좁게 해석
한 결과로 본 것이다.

접속과 내포의 문제는 이를 실현하는 어미와 밀접하게 연관이 되어 있
기 때문에 이에 대한 논의는 접속어미와 전성어미의 개념과 범위, 그리고
하위 유형에 대한 설명과 모순되는 점이 없어야 한다. 그러므로 접속과
내포에 대한 논의는 비종결어미의 체계를 전제하고 이루어져야 할 것이
다. 비종결어미 체계 내에서 부사형 어미와 연결어미를 별도의 하위 유형
으로 설정할 경우 접속과 내포도 별개의 범주로 보게 되지만 부사형 어미
와 연결어미에 동시에 속하는 어미가 있으면 접속과 내포는 결국 겹치는

부분이 있게 된다. 2장에서 어미 '-고'의 용법을 살펴본 결과 소위 대등접속의 '-고'와 종속접속의 '-고'는 구분하기 어렵다는 것을 알 수 있었다. 종속 연결어미를 부사형 어미로 본다면 결국 접속과 내포는 동일한 어미로 실현되는 것이므로 이 둘의 관계를 재설정할 필요가 생긴다.

접속은 하나의 문장 안에서 앞절과 뒷절을 연결한다는 의미인데 전성의 경우도 문장을 구성하는 절이 전성어미에 의하여 연결되어 있기는 마찬가지이다.

> (1) ㄱ. 비가 오고 길이 질다. (대등접속)
> ㄴ. 비가 와서 길이 질다. (종속접속)
>
> (2) ㄱ. 비가 온 후에 길이 질다. (관형사절 내포)
> ㄴ. 비가 오기에 길이 질다. (명사절 내포)
> ㄷ. 비가 길이 질도록 온다. (부사절 내포)

(1)은 접속의 예이고 (2)는 내포의 예이다. 접속의 경우 밑줄 친 부분의 어미가 앞에 오는 절과 뒤에 오는 절을 연결하는 기능을 하는 동시에, 앞절과 뒷절의 의미적 관계를 나타낸다. (1ㄱ)은 두 절이 대등적 관계를, (1ㄴ)은 두 절이 종속적인 관계를 맺는다. (1ㄴ)의 앞절은 뒷절에 대하여 이유를 표현한다. (2)에서 밑줄 친 부분의 어미는 연결된 절을 문장에서 한 성분으로 기능하게 하는 기능을 하는데 이때의 전성어미 '-(으)ㄴ', '-기', '-도록' 등이 문장을 구성하는 두 절을 접속하는 것으로 볼 수도 있다. 이는 '접속'이란 것을 어떻게 해석하느냐의 문제이기도 하다. '접속'이 두 절을 이어준다는 의미라면 (2)의 어미들도 두 절을 하나의 문장으로 이어주는 것은 (1)과 동일하다. (1)과 (2)에서 (1ㄴ)을 제외한 나머지 문장들은 어미로 연결된 절이 나머지 절에 대하여 종속적인 관계를 가진다. 즉 접속이라는 것은 두 절을 이어 하나의 문장을 만드는 절차이며 대등과 종속

은 복문을 이루는 두 절 간의 의미적 관계를 말한다. 그러므로 비종결어미는 연결어미와 전성어미로 분류되는 것이 아니라 다음의 (3)과 같이 종속적 관계와 대등적 관계로 나누어 볼 수 있다.

(3) 어말어미의 체계 제안(1)

```
                     ┌─ 종결어미
어말어미 ─────┤                      ┌─ 대등적 ──── 대등 연결어미
                     └─ 비종결어미 ─┤              ┌─ 종속 연결어미
                                         └─ 종속적 ─┤─ 명사형 어미
                                                       ├─ 관형사형 어미
                                                       └─ 부사형 어미
```

　(3)에서 제안한 어말어미 체계 중 연결어미는 의미 관계에 따라 대등 연결어미와 종속 연결어미로 나누어 보았다. (3)은 비종결어미 중 연결어미를 하나로 묶지 않고 의미 관계에 따라 나누었다는 점에서 이론적인 한계를 지니고 있다. 다음에서는 문장 성분과 내포의 관계를 살펴봄으로써 (3)의 체계를 수정해 보려고 한다.

2.2. 내포와 문장 성분

　내포는 한 문장이 다른 문장의 한 성분으로 참여하는 방식이다(이익섭·채완 1999 : 380). 그러므로 내포에 대한 논의는 문장 성분과 밀접한 관련이 있다. 명사절의 경우는 문장에서 주어나 목적어 등의 자리에 주로 쓰이며 관형절은 관형어 자리에 온다. 부사절도 당연히 문장 안에서 부사어의 기능을 하게 된다. 접속과 내포의 경계에서 문제가 되는 부사절은 부사어와의 관계를 생각해 볼 때 합리적인 해결책이 나올 수 있다.

　남기심·고영근(1985/1993 : 383~384)에서는 다음 문장의 밑줄 친 부분을

부사절로 보고 있다.

> (4) ㄱ. 그 사람이 <u>말도 없이</u> 떠나 버렸구나.
>   ㄴ. 그 아이가 <u>형과는 달리</u> 사교에 능하다.
>   —(남기심·고영근 1985/1993 : 383에서 가져옴)

　남기심·고영근(1985/1993)에서는 (4)의 밑줄 친 부분이 '말도 없다', '형과는 다르다'에 부사 형성의 접사 '-이'가 붙어서 부사절이 된 것이라고 하였다. 본래 '그 아이가 형과는 다르다'가 부사절이 된 것으로 주어 '그 아이가'가 부사절을 안고 있는 '그 아이가 사교에 능하다'의 주어와 같기 때문에 생략된 것이라는 것이다. 그러나 이러한 논지에서는 파생접사 '-이'의 처리가 문제가 되지 않을 수 없다. 앞서 제시한 남기심·고영근 (1985/1993)의 어말어미 체계에서 전성어미에서 부사형 어미가 제외된 것을 고려한다면 부사절은 있으되 이를 만드는 데 관여하는 부사형 어미는 부재하게 되는 모순을 지니게 된다.

> (5) ㄱ. 붉은 해가 <u>불이 활활 타듯이</u> 솟아오른다.
>   ㄴ. 저 아이가 <u>재주가 있게</u> 생겼구나.
>   ㄷ. 정부 당국은 <u>외국인도 이곳에서 살 수 있도록</u> 허가했다.
>   —(남기심·고영근 1985/1993 : 383에서 가져옴)

　예문 (5)의 밑줄 친 부분은 어미 '-듯이, -게, -도록' 등이 붙어 부사절로 쓰이고 있다고 볼 수 있다. 남기심·고영근(1985/1993)에서는 이에 대하여 종속적 연결어미는 실은 부사형 전성어미로 보는 것이 옳을지도 모르나 아직 단언할 수 없다고 판단을 유보하고 있다. 예문 (4)의 밑줄 친 부분은 부사형 어미로 인하여 만들어진 부사절로 보기 어려우나 (5)의 밑줄 친 부분은 부사절로 볼 수밖에 없다.

(6) ㄱ. <u>사자의 무기가 이빨이듯이</u> 소의 무기는 뿔이다.
　　ㄴ. <u>바람이 들어오게</u> 창문을 열어라.
　　ㄷ. <u>할머니께서 잘 주무시도록</u> 조용히 해야 한다.

　대부분의 문법서에서는 같은 어미 형태이지만 '-듯, -게, -도록'이 (6)에서는 종속 연결어미로 쓰였다고 본다. 그러므로 (5)는 내포로 (6)은 접속의 범주로 보게 된다. (5)와 (6)의 차이를 살펴보면 (5)의 밑줄 친 부분은 문장의 성분 즉 부사어로 쓰인 경우이고 (6)에서의 어미는 두 문장을 연결하는 기능을 가지고 있다. (5)와 (6)의 차이는 (6)의 밑줄 친 부분은 생략되어도 후행절 성립이 가능하지만 (5)에서는 밑줄 친 부분이 문장의 한 성분으로 기능하기 때문에 문장의 다른 성분과 밀접한 관련을 맺거나 생략이 불가능하다는 것이다. (5ㄱ)의 밑줄 친 부분은 부사어의 기능을 하여 동사구인 '솟아오른다'를 수식하고 있으며 (5ㄴ)의 '재주가 있게'는 '생기다'의 필수적 성분으로 생략이 불가능하고 (5ㄷ)의 '-도록' 절은 '허가하다'의 내용을 나타내고 있다.

　접속과 내포는 국어 문법 체계에서 어말어미 및 문장 성분의 논의와 밀접한 연관성을 가진다. 내포는 용언으로 하여금 서술어의 기능뿐 아니라 문장의 여러 성분으로 기능하게 하는 문법적 절차이기 때문에 내포절이 주절에서 어떠한 문장 성분으로 기능하게 되는가가 매우 중요하다. 이러한 측면에서 서술절과 인용절을 내포절의 하위 유형으로 설정하는 것은 합당하다고 보기 어렵다. 서술절과 인용절은 이에 관여하는 전성어미가 존재하지 않고 인용절은 부사어 등의 문장 성분으로 기능하게 되기 때문이다.

　접속어미의 하위 유형에 대한 논란은 종속 연결어미와 대등 연결어미의 규정과 범위에 대한 것이 대부분이었고 내포를 이루는 전성어미에 대한 논란은 부사형 어미에 집중되었다. 그러나 '전성어미'라는 용어도 문제이거니와 '명사형 어미, 관형(사)형 어미' 등의 용어도 문제가 된다. '~형 어미'는 용언을 '~'에 해당하는 품사로 쓰일 수 있도록 만들어 준다는 말이다. 이런 측면에서 각 '~형 어미'는 해당 품사와의 관련성을 보다 엄밀하게 따져 봐야 한다. 예를 들어 부사형 어미와 부사와의 관련성을 살펴보면 다음과 같다.

부사는 크게 성분부사와 문장부사로 분류할 수 있다(남기심·고영근 1985/1993 : 176).

> (7) ㄱ. 철수는 떡을 <u>잘</u> 먹는다.
>   ㄴ. 잠자리가 하늘을 <u>높이</u> 난다.
>
> (8) ㄱ. <u>과연</u> 철수는 훌륭한 화가이구나.
>   ㄴ. <u>설마</u> 태풍이 또 오겠니?

(7)의 밑줄 친 '잘'이나 '높이'는 뒤에 오는 동사구를 꾸며 주고 (8)의 밑줄 친 '과연'이나 '설마'는 문장 전체를 수식한다. (7)의 '잘'이나 '높이'와 같은 부사를 성분부사, (8)의 밑줄 친 '과연, 설마' 등을 문장부사라 한다.

유현경(1986)에서는 접속어미에 대등 연결어미만을 남기고 종속 연결어미는 부사형 어미라는 것을 주장하였다. 이에 따르면 부사를 문장부사와 성분부사로 나누는 것과 같이 종속접속절은 수식 범위에 따라 문장수식 부사절과 성분수식 부사절로 나눌 수 있다. 문장수식 부사절은 기존의 논의에서 종속접속절로 인정했던 부류들이고 성분수식 부사절은 문장 안에서 용언과 부사 등의 성분을 수식하면서 부사어의 기능을 하는 부류들이다. 그러나 성분수식 부사절을 이끄는 어미들도 문장의 맨 앞에 위치하여 문장 전체를 수식하는 경우가 있기 때문에 문장수식 부사절을 이끄는 어미와 성분수식 부사절만을 구성하는 어미를 따로 구분하는 것은 어려운 일이다. 유현경(1986)의 논의는 이은경(1996), 이익섭(2003) 등에서도 일부 수

용하고 있다. 종속 연결어미 즉 부사형 어미의 하위 부류에 참고한 성분
부사와 문장부사에 관해서는 기존의 논의에 기대고 여기에서는 대등 연
결어미와 접속부사와의 관계에 대하여 더 상세히 논하고자 한다.

접속부사는 문장부사의 일종이다. 남기심·고영근(1985/1993 : 180)에서
제시한 접속부사를 열거하면 다음과 같다.

> (9) ㄱ. 그리고, 그러나, 그러면, 그뿐 아니라, 그러므로, 그렇지마는……
> ㄴ. 곧, 즉, 또, 또한, 더구나, 도리어, 오히려, 하물며, 따라서
> ㄷ. 및, 또는, 혹은

접속부사는 (9ㄱ), (9ㄴ)과 같이 앞문장의 의미를 뒷문장에 이어 주면서
그것을 꾸미는 부사를 가리킨다. 접속부사에는 (9ㄷ)과 같이 단어를 이어
주는 말도 포함된다. (9ㄱ)은 '그' 계열이고 (9ㄴ)은 그 외의 부사들이다.
(9ㄱ)과 (9ㄴ)은 둘 다 접속과 수식의 기능을 가지고 있지만 (9ㄴ)이 일반
부사로서의 의미가 두드러지게 표시된다. 예를 들어 '영희는 얼굴이 예쁘
다. 또 마음씨도 착하다'에서는 '또'가 접속의 기능을 가진 것으로 보이지
만 '너 또 자니?'에서는 성분부사로 쓰인 것으로 해석된다. 학교문법에서
는 (9)와 같은 접속부사를 품사는 부사로 보고 있지만 문장 성분으로 분류
할 때는 독립어의 한 유형에 넣는다. 물론 (9ㄷ)과 같이 단어를 접속시키
는 것은 제외한다. 문장부사 중 독립어가 되는 것은 그것을 뒤따르는 문
장의 한 성분이 되지 못하는 것들이다. 다음의 (10)에서와 같이 문장부사
이면서 뒤에 오는 문장 전체를 수식하는 부류는 독립어에서 제외한다.

> (10) ㄱ. <u>다행히</u> 영희는 많이 다치지 않았다.
> ㄴ. <u>불행하게도</u> 영희는 다시 오지 않았다.

(10)의 밑줄 친 부분은 문장부사의 예인데 이는 문장 전체를 수식한다.

이는 다음과 같이 문장을 바꾸어 쓸 수 있음으로 알 수 있다(남기심·고영근 1985/1993 : 280).

> (11) ㄱ. 영희가 많이 다치지 않았다는 것은 다행이다.
> ㄴ. 영희가 다시 오지 않았다는 것은 불행한 일이다.

(9ㄱ), (9ㄴ)과 같은 접속부사를 뒤에 오는 문장과 관련이 없는 성분으로 보아 독립어로 보는 것은 여러 가지 문제가 있으나 최근 독립어가 뒤에 오는 문장과 전혀 무관하지 않다는 것이 권재일(1992), 유동석(1994), 김태엽(1995), 김양진(2002) 등에서 논의된 바 있다. 이러한 유형의 문장부사가 (10ㄴ)과 같은 부류보다 뒤에 오는 문장과의 독립성이 두드러지는 것이 사실이다. (9) 중에서도 (9ㄴ)의 경우는 뒤에 오는 요소와 호응하는 경우가 있기 때문에 (9ㄴ)보다 (9ㄱ)이 뒷문장에 대하여 더 독립적이다.

> (12) ㄱ. 짐승도 제 새끼는 귀한 줄 안다. <u>하물며</u> 사람이야 어쩌겠는가.
> ㄴ. <u>오히려</u> 너에게 해가 되지 않을까 걱정이다.

(12)에서 밑줄 친 부분은 접속부사로 쓰였지만 뒤에 오는 요소와 호응을 한다. 이렇듯 접속부사의 독립어 설정 문제는 논란이 있을 수 있겠으나 접속부사는 독립성의 정도성에 있어서 차이가 있는 것을 알 수 있다.

(9ㄱ)과 같이 독립성이 강한 부류는 부사형 어미의 일부에서도 발견된다. 유현경(1986)에서 소위 문장수식 부사절이라고 칭했던 것들인데 이 논의에서는 종속 연결어미만을 문장수식 부사절로 보았다. 그러나 접속부사의 일부인 '그리고, 그러나, 그렇지만' 등은 형태적으로나 어원적으로 대등 연결어미와 유관하다. 이러한 부류를 접속부사로 분류한다면 대등 연결어미를 부사형 어미의 하나로 보는 것도 가능할 것이다. 즉, 부사형 어미로 구성되는 부사절이 후행절(혹은 안은 문장)과의 의미적 관계가 얼마나

독립적이냐에 따라 그 유형 분류를 할 수 있다고 보는 것이다.

내포를 만드는 전성어미 중 부사형 어미는 문장으로 하여금 부사의 기능을 할 수 있게 하는데 부사형 어미의 하위 유형은 부사의 유형과 긴밀한 연관을 지을 수 있다. 부사 중 가장 독립성이 강한 접속부사의 역할을 하는 것을 대등 연결어미로 보는 것이다. 이는 기존의 논의에서 대등 연결어미로 분류한 어미들이 부사형 어미의 체계 안에 자리 잡을 수 있을 가능성을 보여준다.

(13) 어말어미 체계(2)

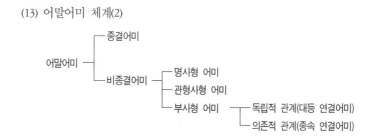

(13)의 체계는 기존의 접속의 범주를 없애고 대등 연결어미와 종속 연결어미를 모두 부사형 어미로 설정하고 이를 다시 두 절 간의 의미 관계에 따라 나눈 것이다. 이렇게 되면 접속이라는 범주는 내포와 대립되는 개념이 아니라 비종결어미가 가지는 기본적인 기능으로 보는 것이다. 접속과 내포를 비종결어미 체계 내에서 하위 유형이 담당하는 기능으로 보면 개별 어미 형태의 용법에서 나타나는 두 범주 간의 기능적인 중복을 설명하기 어렵다. 어미 '-고'를 비롯한 많은 어말어미의 용법을 살펴보면서 접속과 내포는 양립 가능한 개념이어야 한다는 것을 알 수 있었다.

접속과 내포의 공통점은 둘 다 문장의 확대 즉, 복문의 영역이라는 것이다. 두 개 이상의 절이 하나의 문장으로 구성되는 과정에서 접속은 비종결어미가 가지는 기본적인 기능이고 두 절 간의 의미적 관계에 따라 독립적인 관계와 의존적인 관계로 나누어진다. 즉 비종결어미가 가지는 통사적인 기능은 '내포'이다.

> (14) ㄱ. 철수는 춤을 추고 영희는 노래를 불렀다.
> ㄴ. [[철수는 춤을 추-]-고] 영희는 노래를 불렀다].
> ㄷ. [[[[철수는 춤을 추-]-고] 영희는 노래를 부르-]-었다].

(14ㄱ)은 앞절의 동사 어간에 시제를 표시하는 선어말어미가 결합되지 않았지만 뒷절의 선어말어미 '-었-'에 의하여 과거로 해석된다. 그러므로 (14ㄱ)의 구조는 (14ㄴ)이 아니라 (14ㄷ)이다. 이러한 측면에서 한국어의 접속이라는 범주는 의미적으로 독립적인 관계를 가진 대등접속의 경우에도 구조적으로는 의존적이다.

접속과 내포의 문제를 논하면서 통사론에서 의미와 통사의 관계에 대하여서도 다시 논의해야 할 필요성이 대두된다. 접속과 내포의 문제는 구조적인 것이기 전에 결국 두 명제 간의 의미적 대등성(혹은 독립성)이 가장 기본적인 전제가 된다. 지금까지 우리는 접속과 내포를 형태적으로 분리하고 이를 절대적인 틀로 설명해 왔다. 그러나 접속과 내포는 둘 이상의 사건 간의 관계를 드러내는 언어 현상이다. 두 가지 사건 즉 두 개의 명제를 어떤 방식으로 엮을 것인가가 문제가 되는 것이다. 이렇게 보면 접속과 내포의 근본적인 문제가 의미에 귀결됨이 당연한 것일 수 있다. 그러나 그 의미는 결국 구조에 반영되고 형태로 실현되기 때문에 의미와 구조, 그리고 형태의 문제를 한꺼번에 조망할 필요가 있을 것이다.

3. 격조사와 보조사

3.1. 조사의 체계에 대한 문제 제기

한국어 조사의 유형에는 다른 말과의 문법적인 관계를 표시하는 격조사와, 문법적 관계를 나타내지 않고 의미를 더하는 보조사가 있다. 이밖에도 접속조사를 더하기도 한다. 격조사는 문장을 구성하는 성분 간의 관계를 표시하는 문법 범주인 격(格, case)의 기능을 가지고 있으며 보조사는 문법적 기능과 크게 상관없이 의미만을 더하는 조사의 유형이기 때문에 격조사와 보조사를 조사라는 하나의 범주로 묶는 것에 관한 회의가 있어 왔다. 고영근·구본관(2008 : 182~183)에서는 격조사는 굴절어미에 가깝고 보조사는 단어에 더 가까워 격조사와 보조사를 하나의 범주로 묶는 것이 매우 어렵다고 하였다. 특히 다른 언어와 대조할 때 이러한 특징은 더욱 두드러진다. 서정수(1994 : 776)에서도 '조사'라는 용어는 여러 기능 범주를 한데 묶어서 담는 일종의 주머니에 비유된다고 하고 이 주머니는 그 내용물의 기능과는 직접 관계가 없다고 하였다. 고석주(2004)나 목정수(2003) 등에서도 기존의 문법에서 조사를 격조사와 보조사로 나눈 것에 대한 비판적 의견을 제시하였다. 격조사와 보조사를 조사라는 하나의 범주로 묶는다면 이들이 모두 형태적으로는 불변어이며 선행 요소에 의존적이고 결합할 때 제약이 있다는 점에 근거한다. 엄정호(2000)는 조사의 범주적 특성을 논의하면서 기존의 조사의 범주 안에 드는 여러 유형들을 하나로 묶을 수 있는 근거를 제시하였다.

선우용(1994), 고석주(2004), 목정수(2003), 이홍식(2004) 등 선행 연구에서는 조사 '가'와 '를'의 보조사적 용법을 부각시켜 이들 조사의 격조사로서의 지위를 부정하고 양태조사나 특수조사(보조사) 등의 범주로 보고 그 의미를 밝히는 데 초점을 맞춘 바 있다. 신서인(2014 : 71~72)에서는 이러한 논의들이 조사 '가'와 '를'의 전형적인 분포와 기본적인 기능에 주목하지 못하였다는 한계를 지적하고, 말뭉치에서 조사 '가'와 '를'의 분포를 살펴본 결과 97~98%가 명사구에 결합하여 주어와 목적어라는 문법 관계를 표시하고 있다고 하였다. 신서인(2014)에 의하면 계량적인 측면에서 볼 때 조사 '가'와 '를'은 격조사라고 보아도 무방하다는 것이다. 이러한 관점에서 보면 선행 연구에서 예로 든 조사 '가'와 '를'의 보조사적인 용법 또한 이들 조사가 격조사라는 것을 부정하는 논거가 되기 어렵다.

3장에서 조사 '가'의 용법을 살펴본 결과에서도 격조사와 보조사로서의 용법을 분리하기 어렵다는 것을 알 수 있었다. 조사 '가'의 용법을 격조사와 보조사로 나누고 이를 다시 별개의 범주로 보기보다는 조사 '가'가 문법적 기능과 의미적인 기능을 모두 가지고 있다고 보는 것이 더 합리적일 것이다. 조사 '를'도 목적어를 표시하는 표지인 동시에 의미적인 기능도 함께 하고 있다. 조사 '가'와 '를'의 용법을 형태 중심으로 살펴보았을 때, 보조사를 격조사와 다른 범주로 설정하기보다 조사라는 하나의 범주로 묶어야 한다는 것을 알 수 있다. 만약 보조사를 격조사와 다른 범주로 본다면 조사 '가'와 '를'을 두 개의 동형어로 나누어야 하는데 용법의 양적, 질적인 분석 결과를 두고 볼 때 이러한 처리는 불합리하다. 다음에서는 조사 '를'의 보조사적 용법을 중심으로 보조사적인 용법 또한 격조사로서의 기능과 무관하지 않음을 보임으로써 격조사와 보조사의 겹침이 우연이 아니며 기능적으로 유관하다는 것을 밝히고자 한다.

3.2. 조사 '가'와 '를'의 보조사적 용법 분석

조사 '가'와 '를'은 주어나 목적어 자리에 결합될 뿐 아니라 다음과 같이 의미를 더하는 보조사로서의 용법도 가지고 있다.

(1) ㄱ. 학생<u>의</u> 두 명이 왔다.

ㄴ. 전쟁에 나갔던 사람들이 거의<u>가</u> 전사했다.

ㄷ. 밥이 넘어가지<u>가</u> 않는다.

ㄹ. 바지 끝에<u>가</u> 길다.

(2) ㄱ. 학생<u>을</u> 두 명을 불렀다.

ㄴ. 이번 조사는 1학년 학생 거의<u>를</u> 포함한다.

ㄷ. 밥이 넘어가지를 않는다.

ㄹ. 바지 끝에를 잘라라.

ㅁ. 엄마가 만든 비빔국수를 먹어를 보았니?

선행 연구에서 조사 '가'나 '를'의 보조사적 용법으로 제시한 유형을 (1), (2)에서 제시하였다. (1ㄱ), (2ㄱ)은 수량사 구문에 조사 '가', '를'이 결합된 예이고 (1ㄴ), (2ㄴ)은 부사에 결합된 경우이다. (1ㄷ), (2ㄷ)은 장형 부정문의 본용언에 결합된 부사형 어미 뒤에 조사 '가'나 '를'이 보조사적으로 쓰인 예이며 (1ㄹ), (2ㄹ)은 부사격 조사 다음에 조사 '가', '를'이 쓰인 것이다. (1), (2)를 살펴보면 조사 '가'와 '를'의 보조사적 용법은 거의 그 유형이 유사하다는 것을 알 수 있다. (1ㄴ), (2ㄴ)에서 보조사 용법의 '가', '를'이 결합될 수 있는 부사는 '그대로, 그만큼' 등 명사구가 부사로 발달한 것이든지, '거의, 전부, 다' 등 수량사 구문과 관련이 있는 예들이 많다(신서인 2014). 수량사 구문의 조사 결합은 앞에 오는 명사구의 격을 그대로 이어받는 경우가 대부분이기 때문에 서술어의 통사구조와 무관하지 않다. (1), (2)에서 거의 유사한 구조에 조사 '가'와 '를'이 출현하는 것은 서술어의 문제에 기인한다고 볼 수 있다. 즉 조사 '가'와 '를'은 보조사적 용법에서조차 서술어의 통사구조에 영향을 받는다는 것이다. 이는 일반적인 보조사의 특성과 다르다.

(3) ㄱ. *학생이 두 명<u>을</u> 왔다.

ㄴ. *전쟁에 나갔던 사람들이 거의를 전사했다.

ㄷ. 밥이 넘어가지를 않는다.

ㄹ. *바지 끝에를 길다.

(4) ㄱ. *학생을 두 명이 불렀다.

ㄴ. *이번 조사는 1학년 학생 거의가 포함한다.

ㄷ. 밥이 넘어가지가 않는다.

ㄹ. *바지 끝에가 잘라라.

ㅁ. *엄마가 만든 비빔국수를 먹어가 보았니?

(5) ㄱ. 학생이 두 명은 왔다.

ㄴ. ?전쟁에 나갔던 사람들이 거의는 전사했다.

ㄷ. 밥이 넘어가지는 않는다.

ㄹ. 바지 끝에는 길다.

(6) ㄱ. 학생을 두 명은 불렀다.

ㄴ. ?이번 조사는 1학년 학생 거의는 포함한다.

ㄷ. 밥이 넘어가지는 않는다.

ㄹ. 바지 끝에는 잘라라.

ㅁ. 엄마가 만든 비빔국수를 먹어는 보았니?

(3), (4)는 (1), (2)의 조사 '가'를 '를'로, 조사 '를'을 '가'로 바꾸어 본 것인데 (1ㄷ), (2ㄷ)을 제외한 모든 경우에 조사 '가'와 '를' 교체가 불가능하다. 보조사 '는'으로 바꾸어 본 (5), (6)이 거의 교체가 가능한 것과 대조적이다. 조사 '가'와 '를'의 경우 보조사적으로 쓰였을 때에도 분포에 제약이 있다는 것을 알 수 있다. 전형적인 보조사는 의미적인 제약이 없으면 대부분 결합이 가능하지만 조사 '가'와 '를'은 의미적인 측면이 아니라 통사구조의 영향을 받는다는 것이다.

장형 부정문 본용언의 부사형 어미에 결합되는 조사 '가'와 '를'의 경우를 좀 더 자세히 살펴보자.

> (7) ㄱ. 집을 팔지 않으면 그것이 가능하지{를/가} 않기 때문이었다.
>   ㄴ. 영감이 현유순과 사돈지간이라고 죄인을 두둔하면 그 죄 또한
>   가볍지{를/가} 않을 겁니다.
>   ㄷ. 과장과 통화할 때와 다르지{를/가} 않은 목소리를 내려고 애쓰
>   면서 말하였다.
>
> (8) ㄱ. 잘 가꾸면 아담할 집을 그 여자는 통 가꾸지{를/*가} 않았고 식
>   사는 보통 밖에서 했다.
>   ㄴ. 형이 실은 자기의 출신교에 대한 긍지를 잃지{를/*가} 않고 있었
>   음도 그때 확인한 사실이다.
>   ㄷ. 동기는 그가 아직 검찰로 넘어가지{를/*가} 않고 있는 것에 내심
>   환호성을 올리고 있었다.

장형 부정문에서 (7ㄱ-ㄷ)처럼 조사 '를'과 '가'가 교체되는 경우가 있
는가 하면 (8ㄱ-ㄷ)의 경우는 조사 '를'은 붙을 수 있지만 조사 '가'가 결
합하면 비문이 된다. 이러한 현상은 형용사와 동사의 차이라고 할 수도
있지만 동사도 다음의 (9ㄱ-ㄷ)처럼 조사 '를'과 '가'가 모두 붙을 수 있
는 부류가 있다.

> (9) ㄱ. 그러나 여전히 쑥스러움이 가시지{를/가} 않는 듯 발그레 귀밑이
>   물들어 있었다.
>   ㄴ. 반쯤 남은 병을 바닥내는 데는 오랜 시간이 걸리지{를/가} 않았다.
>   ㄷ. 술 냄새가 나지{를/가} 않는 걸 보니 노름을 하고 온 모양이다.

(9)는 동사인데도 불구하고 '를'과 '가'가 교체가 된다. 강명윤(1992 :
24~27)에서는 형용사나 비대격 동사[191]일 때는 부정 구성에서 '를'과 '가'

---

191) 비대격 가설(the unaccusative hypothesis)이란 Perlmutter(1978)에서 처음 제안된 가설로

서, 이른바 비대격 서술어(unaccusative predicate)는 기저구조에서 수동태의 동사처럼 주어는 갖지 못하고 목적어만을 갖는 동사인데 기저구조에서의 목적어는 표면구조에서 반드시 주어로 나타난다는 주장이다. Perlmutter(1978)의 비대격 가설은 다음과 같다.
<비대격 가설 the unaccusative hypothesis>
어떤 자동사절은 초기 2를 가지지만 초기 1은 가지지 않는다.(Certain intransitive clauses have an initial 2 but no initial 1.)
'초기(initial) 2'라는 것은 기저구조의 목적어를 말하며, '초기 1'은 기저구조의 주어를 의미한다. 즉, 비대격 술어는 자동사이면서 표면구조의 주어가 기저구조에서는 목적어 자리에 나타난다는 것이다. 예를 들어
가. There arrived John.
나. [s △ [vp arrived John]]
다. [s John [vp arrived]]
위에서 'arrive'와 같은 동사는 기저구조에서 (나)와 같이 주어가 아니고 목적어를 택하게 되는데 표면구조에서는 그 목적어가 주어 자리로 이동하여 (다)와 같이 된다. 즉 'arrive'는 주어에는 수동동사처럼 의미역을 할당하지 않으며, 보충어(complement) 자리에만 의미역을 준다. 그 증거로 (가)의 주어 자리에 there과 같은 허사(expletive)가 온다는 것을 들 수가 있다.
라. [s Johni arrived ti]
마. [s Johni was killed ti]
주어 자리에 허사가 삽입되지 않을 때에는 명사구 이동(NP-movement)에 의하여 (라)와 같이 동사구(VP) 안에 있던 보충어가 주어 자리로 이동해 간다고 본다. 이것은 (마)의 수동문에서의 명사구 이동과 같은 현상이다.
김영주(1990)에서는 한국어의 격 할당과 관련하여 비대격을 논의했는데, "비대격 술어는 그 논항구조 표시에 원래 외재논항이 없는 술어이다(Unaccusative predicates are predicates which originally lack an external argument in their argument structure representation)."라고 비대격의 정의를 내리고 있다.
고광주(1994)에서는 지금까지 국내외의 비대격 논의에 대하여 정리하고 비대격의 정의를 새로 내리는 한편 국어 문법 내에서의 비대격의 의의에 대하여 논의였는데, Grimshaw(1990)의 논항구조의 논의를 받아들여 "비대격 술어(unaccusative predicate)는 상적인 사건구조(aspectual event structure)에서 상태(변화)상(state/state of change)에 속하는 논항만을 갖고 있는 술어이다."라고 비대격을 정의하였다. 이러한 정의에 의하면 서술어는 그 논항구조의 속성에 따라, 동작성과 상태(변화)성에 속하는 논항들을 모두 가지는 서술어(타동)와 동작성에 해당하는 논항을 가지는 서술어(비능격), 상태(변화)성에 해당하는 논항을 가지는 서술어(비대격)로 구분할 수 있다는 것이다. 비대격 서술어는 기저구조에서는 동사구 안에 있던 논항이 표면구조에서는 주어로 기능하는 서술어로, 외재논항에 의미역을 줄 수 없기 때문에 동사구 내부의 논항에도 대격을 줄 수가 없다. 이는 Burzio(1986)의 일반화에서 그 이유를 찾을 수 있다.
<Burzio의 일반화>
외재논항을 결여하는 서술어는 대격을 할당하지 못한다.(Iff a V assigns external theta-role, it assigns case to all of its direct internal argument.)

가 교체되고 타동사이거나 비능격 동사192)일 경우에는 (8ㄱ-ㄷ)과 같이 '가'가 붙는 것이 불가능하다고 설명한다. 형용사도 비대격 서술어의 일종 이므로 비대격 서술어는 장형 부정에서 '를'과 '가'가 교체될 수 있는 특 징을 가진다고 할 수 있다(유현경 1998). 같은 형태의 동사라도 장형 부정의 조사 교체에서 한 가지 모습만을 보이는 것은 아니다.

(10) ㄱ. 이 생선은 아직까지는 맛이 가지{를/가} 않았다.
ㄴ. 달궁을 떠나 온 뒤 한 번도 고향에 가지{를/*가} 않았다.

(11) ㄱ. 최영배 선생도 따라 웃고 싶었지만 그런 웃음이 나오지{를/가} 않았다.
ㄴ. 어머니는 오늘 낮엔 다시 다방에 나오지{를/*가} 않을 모양이 었다.

(12) ㄱ. 그러나 그가 찾는 운동구점은 쉬 나타나지{를/가} 않았다.
ㄴ. 약속된 시각, 약속된 장소에 아무도 나타나지{를/*가} 않았다.

(10)의 '가다'나 (11)의 '나오다', (12)의 '나타나다'는 비대격의 측면과 비능격의 측면을 함께 가지고 있다. 비대격 서술어로 쓰인 경우와 비능격 서술어로 쓰인 경우의 차이는 [±동작성(active)]으로 보인다. 동사의 경우 에도 (10)~(12)의 ㄱ항처럼 동작성, 즉 [+동작성]의 자질을 가지지 못할 경우가 있는데, 이때는 장형 부정의 조사 교체가 비대격 동사와 같은 양 상을 보인다.

김영주(1990)의 [±행위성]과 [±동작성] 자질이 다른 점은 [+행위성]이

___

대격을 할당하지 못하는 서술어는 외재논항에 의미역 표시를 하지 못한다.(Iff a verb assigns subject theta-role, it assigns accusative Case.)

192) 비능격 서술어는 외재논항 하나만을 가지고 있는 자동사류를 말한다. 이들은 비대격 서술어와 달리 외재논항에 의미역을 할당할 수 있기 때문에 문장에 'NP-를'이 나올 수 있다.

의도성을 전제로 하는 반면 [+동작성]은 비의도적인 것도 포함할 수 있다는 것이다. [+동작성]의 자질을 가진 동사는 주어의 동작성에 의해 주어 자신의 상태나 위치에 변화가 있고, 그 결과가 주어 이외의 참여자(participant)에 영향을 미친다. 이때 영향을 받은 참여자에 대격이 할당될 수 있다. 형용사는 물론 모두가 [-동작성]이라고 할 수 있고, 동사 중에서 [-상태성], [-동작성]의 자질을 가진 동사가 비대격 동사가 되는 것이다. '때리다'는 다음의 (13)과 같이 주어에 의도성이 있어서 [+행위성]의 자질을 가질 수도 있지만, 주어가 [+유정성]의 자질을 가진 경우에도 (14ㄱ)처럼 의도성이 없는 경우도 있다. (14ㄴ)~(14ㄹ)은 주어가 무생물이기 때문에 의도성 자질을 가질 수 없다.[193] 그러나 이때에도 역시 'NP-를'이 필수적으로 요구된다. 그러므로 비대격을 결정하는 자질을 [±행위성]이라고 하기에는 무리가 있음을 알 수 있다. 비대격의 자질을 [-동작성]으로 보면, (14)의 '때리다'가 (13)과 달리 [-행위성]인데도 자신의 논항에 대격을 할당하는 이유를 설명할 수 있다.

(13) ㄱ. 화가 잔뜩 치밀어오른 집주인이 용복이를 때렸다.
　　ㄴ. 병태는 닥치는 대로 때리고, 발길로 찼다.
　　ㄷ. 세 명의 아이가 한 아이를 둘러싸고 때리고 있었다.
　　ㄹ. 홍 씨는 마구간으로 들어가더니 소들을 마구 때리기 시작했다.

(14) ㄱ. 어머니는 자기도 모르는 사이에 앞에 앉은 남자의 뺨을 힘껏 때렸다.
　　ㄴ. 며느리의 외마디 비명이 할머니의 뒤통수를 때렸다.

---

[193] 보통 타동구조에서의 주어는 의도성이 전제되기 때문에 주로 행위자(agent) 논항이 온다고 알려져 있다. 그러나 말뭉치 예문을 살펴본 결과 비의도성을 가진 명사구들도 타동구문의 주어로 나오는 빈도가 매우 높았다. 이는 타동구문의 주어가 목적어 성분에 영향을 주게 되는 [피영향성]과 연관이 있는 것으로 보인다. 즉, 목적어에 영향을 미칠 수 있으면 주어가 비의도성의 자질을 가지더라도 서술어가 타동구조를 가질 수 있다.

ㄷ. 바람이 지나가자 후두두 빗방울이 떡갈나무 잎들을 어지럽게 때
렸다.
ㄹ. 문득 불길한 예감이 뒤통수를 때렸다.

(14)의 '때리다'는 (13)의 '때리다'와 달리 의도성이 없기 때문에 부사
'일부러'와 어울리지 못하고 약속법, 명령법, 청유법, 의도법에도 쓰일 수
없다. 그러므로 (14)의 '때리다'는 김영주(1990)의 [+행위성]의 자질을 가
지지 못한다. 그럼에도 불구하고 이때의 '때리다'도 대격을 할당하므로
[±행위성]의 자질로 비대격 서술어를 설명할 수 없다는 것을 알 수 있다.
(14)의 '때리다'는 의도성은 없지만 [+동작성]의 자질이 있어서 주어 이외
의 논항인 두 번째 명사구에 영향을 미치게 된다.
소유와 소재의 '있다'도 장형 부정의 조사 교체에서 다른 양상을 보
인다.

(15) ㄱ. 그는 부모님이 계시지{를/가} 않다.
ㄴ. 그는 통 집에 있지{를/*가} 않는다.

소유의 '있다'인 (15ㄱ)은 '를'과 '가'의 교체가 가능하지만, (15ㄴ)에서
소재의 '있다'는 타동사와 비능격 동사처럼 조사 '가'가 결합하지 못한다.
이는 소유의 '있다'는 비대격 서술어이지만 소재의 '있다'는 비능격의 자
질을 가지고 있음을 보여준다.[194]
'움직이다'와 같은 동사를 김석득(1980)에서는 '자리만듦 움직씨(능격 동
사)'라 하여 자동사문의 주어가 그것에 대응하는 타동사문의 목적어가 되
는 경우를 '자리만듦성'이 있다고 했다. 이러한 자동사류는 비대격 서술어

---

194) 소재의 형용사는 주어가 [+인성]인 경우에 동사성이 높아지고 이때 비능격 서술어로
쓰이는 것으로 보인다. 그러나 이는 소재형용사의 특성이라기보다 명사의 자질의 문제
이기 때문에 소재형용사가 비능격 서술어라고 볼 수는 없다.

에 해당된다.

> (16) ㄱ. 그가 차에 올랐는데도 앞의 차는 움직이지{를/가} 않았다.
> ㄴ. 철은 사고가 난후 한참이 지났는데도 차를 움직이지{를/*가} 않
> 았다.

(16ㄱ)의 '움직이다'와 (16ㄴ)의 '움직이다'는 둘 다 움직임이 있어 [+동작성]의 자질을 가진 것으로 보인다. (16ㄱ)의 '움직이다'는 비대격의 자질을 가졌고, (16ㄴ)의 '움직이다'는 타동사이다. (16ㄱ)의 '움직이다'의 주어인 '차'는 그 자체가 동작성이 있는 것이 아니라 '차를 움직이는' 주체가 상정되어야 한다. 즉 문장에는 나타나있지 않지만 행동주(Agent)가 반드시 상정되기 때문에, '차'는 문장의 주어임에도 불구하고 외재논항이 될 수 없으며 동사구 안에 있는 논항으로 대상(Theme)의 의미역을 받는다. 그러므로 (16ㄱ)의 '움직이다'는 외재논항이 없는 비대격 동사이다. 다음의 (17)은 (16)과 같은 '움직이다' 구문인데 비대격인지 비능격인지 구분하기가 쉽지 않은 예이다.

> (17) ㄱ. 그는 그 자리에 서면 몇 시간이고 움직이지{를/*가} 않았다.
> ㄴ. 빗자루를 멀리 던져 버리고 그녀가 조금 몸을 움직인다.

(17ㄱ)은 자동사이므로 (16ㄱ)과 별 다른 차이가 없어 보인다. 그러나 (16ㄱ)과 달리 (17ㄱ)은 주어가 곧 행동주로 외재논항이 될 수 있기 때문에 (17ㄴ)에서와 같이 대격을 줄 수 있다. 그러므로 (16ㄱ)은 비대격 동사이고 (17ㄱ)은 비능격 동사로 보아야 한다.

Perlmutter(1978)에서 열거한 비대격 서술어와 같은 의미의 우리말 서술어 중에서 비대격인 경우도 있고 그렇지 않은 것들도 있어, 개별 어휘의미가 곧 비대격적 자질을 결정해 주는 것은 아니며 비대격 서술어에 속하

는 어휘는 개별 언어마다 다를 수 있다는 지적이 옳은 것임을 확인할 수 있다.195)

장형 부정문의 조사 교체와 마찬가지로 시간과 빈도를 나타내는 부사어에서도 비대격 서술어는 '를'과 '가'가 교체될 수 있는 반면, 그 밖에 서술어들은 '를'만이 시간과 빈도부사어에 붙는 것이 가능하고 '가'로 교체되지 않는다. 형용사는 사건의 서술이 아니라 대상의 주관적, 객관적인 상태나 속성을 나타내므로 동사처럼 시간과 공간의 전제가 필요하지 않다. 그러므로 시간과 빈도를 나타내는 부사어와는 조사의 교체에 관계없이 공존하지 않는다. 자동사는 시간과 빈도의 부사어와 어울릴 수 있는데, 같은 자동사라도 비대격 서술어이냐 비능격 서술어이냐에 따라 시간과 빈도를 나타내는 부사어에 붙는 조사의 교체 양상이 달라진다.

> (18) ㄱ. <u>흐르는</u> 세월 속에서 같은 경험이 두 번{을/이} 반복되기를 바라겠는가.

---

195) Perlmutter(1978 : 162~163)에서는 비대격 서술어와 비능격 서술어로 다음과 같은 부류를 제시하고 있다.
(i) 비대격 서술어
가. 크기, 모양, 무게, 색깔, 냄새, 마음의 상태 등을 표현하는 형용사
나. 피위주(Patient)의 의미역을 갖는 주어를 택하는 서술어 : burn, fall, drop, sink…
다. 존재와 발생의 서술어 : exist, happen, transpire, occur…
라. 냄새, 소리, 빛 등의 자극을 나타내는 서술어 : shine, sparkle, glitter, glisten…
마. 상적인(aspectual) 서술어 : begin, start, stop, cease…
바. 지속(durative) 서술어 : last, remain, stay, survive…
(ii) 비능격 서술어
가. 의지가 있거나 의도적인 동작을 나타내는 서술어 : work, play, speak, talk…
말하는 태도와 관련된 동사(manner-of-speaking verbs) : whisper, shout, mumble, grumble…
동물이 내는 소리를 표현하는 서술어 : bark, neigh, whinney, quack…
나. 비의도적인 신체의 과정(Certain involuntary bodily processes) : cough, sneeze, belch, burp…
이러한 비대격 서술어와 비능격 서술어의 부류에 해당하는 개개의 어휘들은 언어마다 다를 수 있기 때문에 이를 그대로 우리말에 적용시킬 수는 없다.

ㄴ. 신호가 두 번{을/이} 울리고 나서 남자의 목소리가 들려온다.

ㄷ. 마루에서 낡은 시계가 열두 번{을/이} 친다.

ㄹ. 익상이 선친의 대를 잇고도 그 일이 두 번{을/이} 더 있었다.

(19) ㄱ. 아마 엄마는 연거푸 두 번{을/*이} 놀라게 될 것이다.

ㄴ. 차만 몰았다 하면 하루에도 두 번{을/*이} 다녀올 만큼 가까운 거리에 고향은 있었다.

ㄷ. 다방에 한 시간{을/*이} 앉아 있었지만 아는 사람을 못 만났다.

ㄹ. 청주에서 하루{를/*가} 머무른 다음 영조 태실로 첫길을 잡았다.

(18)과 (19)는 같은 자동사인데 부가어에 붙는 조사의 교체 양상이 다르다. (18)의 서술어들은 비대격 서술어이기 때문에 조사 '를'과 '가'가 교체될 수 있지만 (19)는 비능격 서술어이라서 장형 부정문과 마찬가지로 부가어에 '를'만이 붙을 수 있고 '가'는 올 수 없다.

앞에서 장형 부정문이나 부사어에 조사 '가'와 '를'의 결합 현상을 살펴본 결과, 일반적인 보조사의 결합과 달리 서술어의 통사적인 자질에 따라 그 결합 여부가 결정된다는 것을 알 수 있었다. 이는 보조사적인 용법으로 쓰인 '가'와 '를'도 통사적인 기능과 무관하지 않다는 것을 보여준다. 이를 통하여 격조사와 보조사를 별개의 범주로 나누는 것보다 조사라는 하나의 범주로 묶는 것이 더 합리적이라는 것을 알 수 있다. 만약 격조사와 보조사를 다른 범주로 다루게 되면 보조사적 용법의 조사 '가'와 '를'을 격조사와 다른 범주로 분류할 수밖에 없는데 이렇게 되면 격조사와 보조사의 관련성을 설명하기가 어렵다. 격조사와 보조사를 하나의 범주로 묶게 되면 조사 '가'와 '를'의 용법을 설명하기가 훨씬 용이하다. 선행 연구에서 조사 '가'와 '를'을 격조사로 보지 않고 보조사나 양태조사 등으로 보는 것은 조사 '가'와 '를'이 문장의 통사구조와 강하게 연동되어 있음을 설명하기 어렵다. 결국 계량적인 측면으로 보나 용법을 분석한 결과로 보나 조사 '가'와 '를'은 통사적 기능을 가진 문법 형태이다. 보조사의 하위 유형을 분류할 때도 조사 '가', '를'과 같은 문법적인 기능이 강한 부류를 구분할 필요성이 있다.

제5장 결론

　한국어는 조사와 어미가 발달한 언어이다. 한국어의 주요 문법 범주는 조사와 어미와 같은 문법 형태에 의하여 실현된다. 문법 형태에 대한 연구는 문법 형태의 용법에 대한 분석을 기반으로 그 형태가 가지는 기능에 대한 천착을 하는 경우가 많았다. 문법 형태의 의미나 기능은 어휘의 의미에 비하여 추상적이어서 결합하는 요소에 영향을 받는다. 결합하는 어휘 요소에 따라 달라지는 문법 형태의 의미나 기능에 대한 연구는 가로 관계와 관련된 것이다. 문법 형태에 대한 또 하나의 연구는 비슷한 의미나 기능을 가진 문법 형태들 간의 비교를 통하여 연구 대상이 되는 문법 형태의 의미와 기능을 밝히는 것으로 이는 세로 관계에 의한 연구이다. 이러한 두 가지 연구 방법은 문법 형태의 의미와 기능이 추상적인 데 기인한다.

　문법 형태에 대한 선행 연구는 주로 가로 관계와 세로 관계를 분석한 결과를 기반으로 하는데 개별 문법 형태의 의미와 기능을 밝히는 것이 주된 목적이어서 이러한 연구들이 문법 체계 전반에 어떤 의미가 있는지에 대한 거시적 조망이 이루어지지 않았다. 한국어가 교착어라는 것을 근거로 조사나 어미와 같은 문법 형태가 주로 하나의 문법 기능을 나타낸다고 하는 주장이 있어 왔는데 본론에서 문법 형태에 대하여 살펴본 결과, 한국어의 조사와 어미는 하나 이상의 문법 기능을 지니는 경우가 많았다. 이 연구에서는 문법 형태가 하나 이상의 기능을 가질 때 그 기능과 연관된 문법 범주 간의 관계를 분석해 보았다. 문법 형태가 하나 이상의 기능을 가지면 기능에 따라 형태를 동형어로 분리하여 볼 수도 있지만 실제 말뭉치 용례에 나타난 문법 형태의 용법을 분석해 보면 동형어로 분리하기 어려움을 알 수 있다. 예컨대 조사 '가'나 '를'의 경우 격조사와 보조사의 용법으로 나누어 각각을 별개의 형태소로 분리하는 것이 가능하지만 격조사나 보조사의 용법 모두가 공통의 의미를 가지고 있고 보조사의 용법조차 격 기능과 무관하지 않기 때문에 조사 '가'와 '를'이 가지는 다면적인 기능으로 이해하는 것이 합리적이다.

어미의 경우 어말어미가 종결과 연결의 기능을 동시에 가지고 있기도 하고 이때 기본적인 기능은 종결보다는 연결인 것으로 보인다. 연결어미가 종결어미로 전이되어 쓰이기는 해도 그 반대의 경우는 극히 드물기 때문이다. 연결어미는 연결과 종결뿐 아니라 내포의 범주와도 관련이 있는 문법 형태이다. 연결, 즉 접속과 내포의 관계를 어떻게 설명할 것인가는 한국어 문법 연구의 해묵은 논쟁거리이다. 종속접속을 인정할 것인가, 아니면 부사형 어미를 인정할 것인가, 또는 이 둘을 양립 가능한 것으로 볼 것인가 등 이를 보는 다양한 시각이 존재해 왔다. 형태를 중심으로 볼 때는 종속접속 혹은 접속 전체를 없애고 연결어미 모두를 모두 부사형 어미로 보아도 큰 무리는 없다. 연결이라는 기능 자체는 내포의 일부로 설명해도 문제가 되지는 않는다. 전성어미 중 부사형 어미 이외에도 명사형 어미도 실제로 종결어미로 사용될 수 있고 최근에는 관형사형 어미도 종결어미처럼 사용되는 경우가 발견된다. 전성어미가 종결어미로 쓰일 수 있다는 것은 내포와 종결 두 범주의 문제로 귀결된다. 왜 전성어미가 종결어미로 전용되는 것일까? 보통 이러한 문제는 문법화의 관점에서 바라보았지만 문법화는 통시적인 현상이므로 이를 공시적으로 설명하는 것도 필요하다.

문법 형태의 용법을 분석해 보면 범주 간의 겹침 현상도 있지만 통사론과 형태론이라는 영역 간의 겹침도 발견된다. 어미 '-게'는 형태론과 통사론의 중간 범주에 속하는 문법 형태이다. 이와 비슷한 형태로 접사 '-이'를 들 수 있다. 어미 '-게'는 통사론적 요소이면서도 접사적인 성격을 가지고 있고 접사 '-이'는 형태론적 요소이면서 논항을 취하여 부사절을 만드는 기능을 가진다. 형태론에서 소위 통사적 접사라는 형태·통사적인 범주를 설정하기도 하지만 통사적 접사는 결국 통사론의 영역이 아니라 형태론의 영역에 속하며 통사적인 문법 범주와 직접적으로 관련이 있지 않다. 통사적 접사는 주로 결합하는 단위가 단어 이상이라는 것이 여타의 파생접사와 다른 점이다. 그러나 접사 '-이'의 경우는 결합하는 단위의 문제를 넘어서 부사절을 형성하기 때문에 이를 부사형 어미에 넣을 것이냐의 문제를 야기시킨다. 이와 반대로 어미 '-게'는 대표적인 부사형 어미이면서 파생접사적인 성격을 가지고 있다. 어미 '-게'와 접사 '-이'는 굴절과 파생에 모두 걸쳐 있는 형태론과 통사론의 중간적인 성격을 지닌 문법 형태이다. 이를 통하여 한국어는 굴절과 파생이 엄밀히 구분되지 않는 언어라는 것을 알 수 있다.

한국어의 시제를 나타내는 범주는 동작상과 밀접한 관련을 가지고 있지만 주로 양태적인 기능도 함께 가지고 있다. 한국어의 양태 범주를 시간의 문제와 분리하기 어렵다는 것은 형태를 중심으로 보면 더욱 잘 알게 된다. 관형사형 어미는 보통 시제와 관련하여 논의하지만 시제 의미가 없는 용법 분석 결과를 통해서 볼 때 관형사형 어미는 양태적 기능을 가지고 있다고 할 수 있다. 그러면 시제와 양태는 어떤 관련이 있는 것일까?

대부분 시제는 동작상과 같이 논의되고 양태와 별개로 다루지만 문법 형태를 중심으로 보면 시제와 양태는 겹치는 부분이 있어 그 관련성을 좀 더 상세히 밝힐 필요가 있다.

어미는 문장종결법, 높임법, 접속, 내포 등 다양한 문법 범주의 기능을 가지는 반면, 조사는 격이라는 문법 범주를 드러낸다. 한국어에서 어미와 조사 등 문법 형태는 문법 범주의 성립을 가능하게 하는 존재이면서 의미역이나 양태의 기능도 함께 지닌다. 교착어라는 특성 때문에 한국어의 조사와 어미는 기능과 일대일 대응을 가지는 것으로 기술되지만 조사, 어미는 용법 중심으로 보면 하나 이상의 기능을 가지게 되는 경우가 많다. 이는 아마도 문법 형태가 가지는 기본적인 의미 때문인 것으로 보인다. 이 기본적인 의미가 무엇인가를 밝히는 것이 아마도 형태 중심 문법론의 마지막 목표가 될 것이다.

앞으로 남은 과제는 이 연구에서 다루지 못했던 문법 형태들의 용법 분석을 통하여 문법 범주 간의 연결고리를 좀 더 상세하게 기술하는 것이다. 연구를 시작하면서 또는 마무리하면서까지 아직 정확한 답을 내 놓지 못한 질문에 대하여 바른 대답을 할 수 있도록 이미 살펴본 문법 형태들에 대한 연구도 계속 진행하려 한다.

참고문헌

강명윤(1992), 『한국어 통사론의 제문제』, 한신문화사.

강명윤(1995), 「주격 보어에 관한 소고」, 『생성문법연구』 5-2, 한국생성문법학회, 391-417.

강현화(1998), 『국어의 동사연결 구성에 대한 연구』, 한국문화사.

고광모(2001), 「반말체의 등급과 반말체의 어미의 발달에 대하여」, 『언어학』 30, 한국언어학회, 3-27.

고광주(1994), 「국어의 비대격 구문의 연구」, 고려대 석사학위 논문.

고광주(1999), 「대등 접속문에 대한 검토」, 『한국어학』 9, 한국어학회, 49-80.

고광주(2001), 『국어의 능격성 연구』, 월인.

고석주(2000), 「한국어 조사의 연구-'-가'와 '-를'을 중심으로」, 연세대학교 박사학위 논문.

고석주(2002), 「조사 '가'의 의미」, 『국어학』 40, 국어학회, 221-247.

고석주(2004), 『현대 한국어 조사의 연구 1-격 개념과 조사 '-가'와 '-를'을 중심으로』, 한국문화사.

고영근(1974), 「현대국어의 종결어미에 대한 구조적 연구」, 『어학연구』 10-1, 서울대학교 어학연구소, 118-157.

고영근(1982), 「서술성어미와 관형사형어미의 연관성에 관한 연구」, 『관악어문연구』 7, 서울대학교 국어국문학과, 1-56.

고영근(1989), 『국어 형태론 연구』, 서울대학교 출판부.

고영근(2004), 「국어 문법의 방향 탐색-현행 고등학교 <문법>을 검토하면서」, 『우리말연구』 15, 우리말학회, 23-51.

고영근(2004), 『한국어의 시제 서법 동작상』, 태학사.

고영근(2005), 「형태소 교체와 형태론의 범위」, 『국어학』 46, 국어학회, 19-51.

고영근·구본관(2008), 『우리말문법론』, 집문당.

고영근·김영욱·구본관·로스 킹·시정곤·연재훈·유현경·이카라시 고이치·장소원·최동주 엮음(2006), 『21세기 형태론 어디로 가는가』, 박이정.

고재설(2003), 「국어 대등 접속문의 성립 조건과 구조」, 『언어학』 11-2, 대한언어학회, 135-156.

고현희(2007), 「국어 보어의 범위 설정과 유형 연구」, 제주대 교육대학원.

구현정(1987), 「씨끝 '-아', '-게', '-지', '-고'의 쓰임과 의미」, 『건국어문학』 11·12합집, 건국대국어국문학연구회, 167-187.

구현정·이성하(2001), 「조건 표지에서 문장 종결 표지로의 문법화」, 『담화와 인지』 8-1, 담화인지학회, 1-19.

권재일(1980), 「현대국어의 관형화내포문 연구」, 『한글』 167, 한글학회, 427-448.

권재일(1985), 『국어의 복합문 구성 연구』, 집문당.

권재일(1992), 『한국어통사론』, 민음사.

권재일(1998), 「한국어 인용 구문 유형의 변화와 인용 표지의 생성」, 『언어학』 22, 한국언어학회, 59-79.

김건희(2004), 「한국어 형용사의 논항 구조 연구-상적 특징을 중심으로」, 서울대학교 언어학과 박사학위 논문.

김귀화(1994), 『국어의 격 연구』, 한국문화사.

김규선(1981), 「관형형어미 '-(으)ㄴ, -(으)ㄹ'-의 형태적 성격」, 『문학과 언어』 2, 문학과언어연구회, 73-95.

김민국(2016), 「한국어 주어의 격표지 연구」, 연세대학교 박사학위 논문.

김민수(1971), 『國語文法論』, 일조각.

김민영(2009), 「한국어 접속문의 시제 해석」, 『한국어학』 43, 한국어학회, 69-104.

김석득(1980), 「자리만듦성(능격성)과 시킴월(사동문)되기 제약」, 『외국어로서의 한국어교육』 5, 연세대학교 언어연구교육원 한국어학당, 35-52.

김석득(1992), 『우리말 형태론』, 탑출판사.

김수태(1996), 「인용월의 개념과 유형」, 『우리말 연구』 6, 우리말학회, 161-178.

김승곤(1984), 「이음씨끝 '-게'와 '-도록'의 의미와 통어적 기능」, 『국어학 신연구』 1, 탑출판사, 103-113.

김승곤(1989), 『우리말 토씨 연구』, 건국대학교 출판부.

김승곤(1992), 『국어토씨연구』, 서광학술자료사.

김양진(2002), 「한국어 호격명사구와 종결어미에 대하여」, 『한국어학』 16, 한국어학회, 255-284.

김영선·권경희(2001), 『현대 국어 복합문의 통사론』, 한국문화사.

김영주(1990), 「The Syntax and Semantics of Korean Case : The Interaction between Lexical and Syntactic Levels of Representation」, Harvard 대학교 박사학위 논문.

김영희(1974), 「'-와'의 양상」, 『국어국문학』 65·66합집, 국어국문학회, 53-81.

김영희(1974), 「한국어 조사류어의 연구」, 『문법연구』 1, 문법연구회, 271-311.

김영희(1976), 「복수표시 '들'의 문법」, 『문법연구』 3, 문법연구회, 23-54.

김영희(1976), 「형용사의 부사화 구문」, 『어학연구』 12-2, 서울대학교 어학연구소, 175-195.

김영희(1984), 『한국어 셈숱화 구문의 통사론』, 탑출판사.

김영희(1988), 「등위 접속문의 통사 특성」, 『한글』 201, 202, 한글학회, 83-117.

김영희(1988), 『한국어 통사론의 모색』, 탑출판사.

김영희(1991), 「종속접속문의 통사적 양상」, 『들메서재극박사환갑기념논문집』, 165-188.

김영희(1993), 「의존동사 구문의 통사 표상」, 『국어학』 23, 국어학회, 159-190.

김영희(1998), 『한국어 통사론을 위한 논의』, 한국문화사.

김영희(1999), 「보족어와 격 표시」, 『한글』 244, 한글학회, 75-109.

김영희(1999), 「사격 표지와 후치사」, 『국어학』 34, 국어학회, 31-58.

김영희(2001), 「이른바 대립접속문의 구조적 유형」, 『한글』 253, 한글학회, 195~233.

김영희(2004), 「논항의 판별 기준」, 『한글』 266, 한글학회, 139-167.

김영희(2004), 「종속 접속문의 조응 현상과 구조적 이중성」, 『국어학』 43, 국어학회, 247-272.

김완진(1970), 「문접속의 '와'와 구접속의 '와'」, 『어학연구』 4-2, 서울대 어학연구소.

김용하(2009), 「한국어 등위 접속문의 구조적 표상에 대한 새로운 접근」, 『현대문법연구』 58, 현대문법학회, 1-37.

김원경(1997), 「'에게'와 격」, 『한국어의 이해와 전망』, 박이정, 463-475.

김은일(2000), 「유생성의 문법」, 『현대문법연구』 20, 현대문법연구회, 71-96.

김일웅(1989), 「담화의 짜임과 그 전개」, 『인문논총』 34, 부산대학교, 23-59.

김정남(2005), 『국어 형용사의 연구』, 역락.

김정대(1999), 「한국어 접속문의 시제구 구조」, 『언어학』 24, 한국언어학회, 75-108.

김종명·박만규(2001), 「'-게(도)' 형의 문장부사어 및 그 구문에 관하여」, 『언어학』 28, 한국언어학회, 57-75.

김종택·남성우(1994), 『국어의미론』, 한국방송대학교 출판부.

김지은(2002), 「관형절의 한 유형에 대한 연구」, 『애산학보』 27, 애산학회, 157-185.

김지홍(1990), 「문법 기술의 일관성과 간결성-특히 학교문법의 부정문과 {-게} 어미 처리를 중심으로」, 『배달말교육』 8, 배달말교육학회, 43-78.

김지홍(1992), 「국어 부사형 구문과 논항구조에 대한 연구」, 서강대학교 박사학위 논문.

김지홍(1998), 「접속 구문의 형식화 연구」, 『배달말』 23, 배달말학회, 1-78.

김진수(1987), 『국어 접속조사와 어미 연구』, 탑출판사.

김진형(2000), 「조사연속구성과 합성조사에 대하여」, 『형태론』 2-1, 형태론편집위원회, 59-72.

김차균(1990), 「관계절의 시제와 상위문 속에서의 연산」, 『한글』 207, 한글학회, 21-98.

김태엽(1995), 「국어 독립어의 일치 현상」, 『우리말글』 13, 대구어문학회, 1-26.

김태엽(1998), 「국어 비종결어미의 종결어미화에 대하여」, 『언어학』 22, 서울 : 한국언어학회, 171-189.

김태엽(1999), 「국어 통용 종결어미에 대하여」, 『현대문법 연구』 18, 서울 : 현대문법학회, 111-127.

김한샘(2003), 『한국현대소설의 어휘 조사 연구』, 국립국어원.

김한창(1971), 「英語의 冠詞用法에 關한 小考」, 『영미어문학』 11, 영미어문학회, 199-225.

김해옥・정희정・유현경・고석주(2004), 「한국어 어휘 교육을 위한 의미 기술 연구-형용사 '좋다'를 중심으로」, 『응용언어학』 20-1, 응용언어학회, 267-286.

김형덕(2004), 「영어의 정관사에 대한 인지언어학적 설명력」, 『언어과학연구』 29, 언어과학회, 107-124.

김홍범(1987), 「'-다면서', '-다고', '-다니'의 구조와 의미」, 『말』 12-1, 연세대 언어연구교육원, 71-91.

남기심 엮음(1994), 『국어 연결어미의 쓰임』, 서광학술자료사.

남기심(1973), 『국어완형보문법연구』, 계명대 한국학 연구소.

남기심(1978), 「국어 연결어미의 화용론적 기능-나열형 '-고'를 중심으로」, 『연세논총』 15, 연세대학교. (남기심, 1996 『국어 문법의 탐구 I』, 태학사, 255-284. 재록.)

남기심(1980), 「연결어미 '-고'에 의한 접속문에 대하여」, 『제1회 한국학국제학술대회 논문집』, 정신문화연구원. (남기심, 1996 『국어 문법의 탐구 I』, 태학사, 298-314. 재록.)

남기심(1981), 『국어문법의 시제문제에 관한 연구』, 탑출판사.

남기심(1982), 「국어의 공시적 기술과 형태소 분석」, 『배달말』 7, 배달말학회, 1-10.

남기심(1985), 「접속어미와 부사형어미」, 『말』 10, 연세대 언어연구교육원, 69-77. (남기심, 1996, 『국어 문법 탐구 I』 태학사, 348-357. 재록.)

남기심(1986/1996), 「'이형태'의 상보적 분포와 통사적 구성」, 『한글』 193, 한글학회. (남기심, 1996, 『국어문법의 탐구 I』, 태학사, 495-503. 재록.)

남기심(1990), 「토씨 '와/과'의 쓰임에 대하여」, 『동방학지』 66, 연세대 국학연구원.

남기심(1991), 「국어의 격과 격조사에 대하여」, 『겨레문화』 5, 한국겨레문화연구원. (남기심, 1996 『국어 문법의 탐구 I』, 태학사, 68-92. 재록.)

남기심(1992), 「표제어 풀이와 표제어 설정의 문제」, 『새국어생활』 2-1, 국립국어연구원.

남기심(1993), 『국어 조사의 용법-'-에'와 '-로'를 중심으로』, 서광학술자료사.

남기심(2001), 『현대 국어 통사론』, 태학사.

남기심・고영근(1985/1993), 『표준국어문법론』, 탑출판사.

남기심・루코프(1983), 「논리적 형식으로서의 '-니까' 구문과 '-어서' 구문」, 『국어의 통사・의미론』(고영근・남기심 편), 탑출판사.

남기심・우형식・이희자・오승신・유현경・정희정・강현화・한송화・이종희・이병규・조민정・남길임(2006), 『왜 다시 품사론인가』, 커뮤니케이션 북스.

남길임(1998), 「'-겠-' 결합 양상에 따른 종속접속문 연구」, 『국어 문법의 탐구 IV』(남기심 엮음), 태학사, 423-451.

남미정(2010), 「"-다고"류 어미의 형성과 의미」, 『한말연구』 29, 한말연구학회, 109-131.

남윤진(1997), 「현대국어의 조사에 대한 계량언어학적 연구」, 서울대학교 박사학위 논문.

류구상(1986) 「주격조사에 대하여」, 『國語學新硏究 : 若泉 金敏洙 敎授 華甲 紀捻』(柳穆相 편), 서울 : 塔出版社.

목정수(2003), 「한국어 조사의 분류 체계와 유형론」, 『한국어문법론』, 월인, 137-192.

목정수(2003), 『한국어 문법론』, 월인.

목정수(2004), 「記述動詞와 主觀動詞 앞의 '가形 成分'의 통사적 기능-單一主語說 정립 을 위하여」, 『어문연구』, 한국어문교육연구회, 37-61.

문숙영(2005), 『한국어의 시제 범주 연구』, 서울대학교 박사학위 논문.

민현식(2002), 「'부사성'의 문법적 의미」, 『한국어의미학』 10, 한국어의미학회, 227-250.

박기화(1994), 「외국어로서의 영어 관사 기능의 습득에 관한 연구」, 서울대학교 박사학 위 논문.

박덕유(1999), 「상의 본질적 의미와 동사의 자질에 대한 재고찰」, 『국어학』 33, 국어학 회, 177-212.

박만규(1996), 「국어 문장보어의 완형문의 통사-의미적 분석」, 『언어』 21-3, 한국언어 학회, 769-791.

박선우(1993), 「'-이' 부사와 '-게' 부사형에 대하여」, 『한성어문학』 12, 한성대학교 한 국어문학부, 83-97.

박소영(1999), 「한국어 문장의 계층구조와 부사」, 『언어연구』 19, 서울대 언어연구회, 43-73.

박소영(2001), 「결과 부사형 '-게'에 대한 연구」, 『한글』 252, 한글학회, 45-77.

박소영(2002), 「한국어 부사절과 접속문 체계 다시보기」, 『언어학』 34, 한국언어학회, 49-73.

박승윤(1984), 「"시작하다" 동사의 타동성 예외」, 『언어』 9, 한국언어학회, 279-303.

박양규(1975), 「소유와 소재」, 『국어학』 3, 국어학회, 93-117.

박영순(1994), 「접속문의 성립조건과 접속성의 정도에 대하여」, 『언어』 19-2, 한국언어 학회, 407-429.

박영준(1996), 「국어 반말 종결어미의 역사성-'-어'와 '-지'를 중심으로」, 『어문논집』 35, 민족어문학회, 97-118.

박재연(1998), 「현대국어 반말체 종결어미 연구」, 서울대 석사학위 논문.

박종갑(1996), 『토론식 강의를 위한 국어의미론』, 박이정.

박종갑(2000), 「접속문 어미 -고의 의미 기능 연구(3)」, 『국어학』 35, 국어학회, 93-111.

박철우(1990), 「한국어 수량표현의 의미에 관한 연구」, 서울대 언어학과 석사학위 논문.

박혜숙(2001), 「문법의식향상을 통한 영어관사 습득」, 『영어교육』 56-2, 한국영어교육학회, 383-402.

배진영(2001), 「국어 관형절 시제에 대하여」, 『이중언어학』 18, 이중언어학회, 141-164.

배진영(2005), 「국어 관형절 어미에 관한 연구」, 홍익대 국문과 박사학위 논문.

백낙천(2001), 「동사구 구성 통합형 접속어미의 형태론적 해석」, 『한국어학』 13, 한국어
학회, 151-170.

백낙천(2008), 「국어 접속문의 시제 해석과 관련된 몇 가지 문제」, 『새국어교육』 79, 한
국국어교육학회, 499-521.

백미현(2002), 「한국어 복수 의미 연구」, 『담화와 인지』 9-2, 담화인지학회, 59-78.

서상규(1998), 「연세 말뭉치 1-9를 대상으로 한 현대 한국어의 어휘 빈도」 상·하, 연
세대학교 언어정보개발연구원 내부 보고서(CLID-WP-98-02-28).

서상규·유현경·남윤진(2002), 「한국어 학습자 말뭉치와 한국어 교육」, 『한국어 교육』
13-1, 국제한국어교육학회, 127-156.

서상규·한영균(1999), 『국어정보학 입문』, 태학사.

서정수(1982), 「연결어미 '-고'와 '-어(서)」, 『언어와 언어학』 8, 한국외대 언어연구소,
53-73.

서정수(1994), 『국어문법』, 뿌리깊은나무.

서정수(1996), 『국어문법』, 한양대학교출판원.

서태룡(1979), 「국어 접속문에 대한 연구」, 『국어연구』 40, 국어연구회.

서태룡(1979), 「내포와 접속」, 『국어학』 8, 국어학회, 109-135.

서태룡(1980), 「동명사와 후치사 '은', '을'이 기저어미」, 『진단학보』 50, 진단학회,
97-120.

선우용(1994), 「국어조사 '이/가', '을/를'에 대한 연구-그 특수조사적 성격을 중심으로」,
『국어연구』 124, 국어연구회.

성광수(1999), 『격표현과 조사의 의미』, 월인.

성광수(1999), 『한국어 문장표현의 양상』, 월인.

성기철(1985), 「국어의 주제 문제」, 『한글』 188, 한글학회, 65-89.

성기철(1985), 『현대국어 대우법 연구』, 개문사.

성기철(1995), 「반말의 특성」, 『한양어문』 13, 서울 : 한국언어문화학회, 979-996.

손남익(1995), 『국어 부사 연구』, 도서출판 박이정.

손옥현·김영주(2009), 「한국어 구어에 나타난 종결어미화된 연결어미 양상 연구」, 『한
국어의미학』 28, 한국어의미학회, 49-71.

손혜옥(2016), 「한국어 양태 범주 연구」, 연세대학교 박사학위 논문.

송복승(1994), 「국어의 '에게' 구성에 대하여」, 『서강어문』 10, 서강대 국어국문학과,
5-43.

송복승(1995), 『국어의 논항구조 연구』, 보고사.

송복승(2005), 「"아니다" 구문에서 주격 보어의 격 실현」, 『배달말』 37, 배달말학회, 149-177.

송복승(2007), 「국어 보어의 특성과 범위 재론」, 『한국언어문학』 61, 한국언어문학회, 5-29.

송석중(1975), 「Rare Plural Marking and Ubiquitous Plural Marker in Korean」, 『어학연구』 11-1, 서울대 어학연구소, 77-86.

송석중(1982), 「조사 '-과', '-를', '-에'의 의미분석」, 『외국어로서의 한국어교육』 7, 연세대학교 한국어학당, 45-55.

송창선(2008), 「현행 학교문법에서 보어 설정의 문제점」, 『국어교육연구』 제43집, 국어교육학회, 83-104.

시정곤(1991), 「국어 관형구성의 형태·통사적 양면성」, 『어문논집』 30, 안암어문학회, 351-362.

신서인(2014), 「'이/가', '을/를'의 비전형적인 분포와 기능」, 『국어학』 69, 국어학회, 69-103.

신창순(1975), 「국어의 「주어문제」연구」, 『문법연구』 2, 문법연구회, 131-170.

신현숙(1982), 「관형형 어미의 의미분석(/-은/, /-는/, /-던/, /-을/)」, 『상명대학교 논문집』 10, 상명대학교, 93-116.

심재기(1981), 『국어어휘론』, 집문당.

안명철(1982), 「처격 '에'의 의미」, 『관악어문연구』 7, 서울대학교 국어국문학과, 245-268.

안명철(1983), 「현대국어의 양상 연구; 인식 양상을 중심으로」, 『국어연구』 56.

안명철(1998), 「동사구 내포문」, 『문법 연구와 자료』, 태학사.

안명철(1999), 「보문의 개념과 체계」, 『국어학』 33, 국어학회, 337-365.

안명철(2001), 「부사어 범주의 체계화를 위하여」, 『어문연구』 111, 한국어문교육연구회, 5-27.

양동휘(1978), 「Pragmantax of Conjunction in Korean」, 『국어학』 6, 국어학회, 133-144.

양동휘(1978), 「국어 관형절의 시제」, 『한글』 162, 한글학회, 205-221.

양명희(2006), 「보어와 학교문법」, 『한국어학』 32, 한국어학회, 167-192.

양인석(1972), 『Korean Syntax』, 백합출판사.

양정석(1995), 『국어동사의 의미분석과 연결이론』, 박이정.

양정석(1996), 「'-와/과' 문장의 통사구조」, 『국어 문법의 탐구Ⅲ』(남기심 편), 태학사.

엄정호(1991), 「'-고' 등위 접속문의 구조」, 『언어와 언어교육』 6, 동아대학교 어학연구소, 123-135.

엄정호(1999), 「동사구 보문의 범위와 범주」, 『국어학』 33, 국어학회, 399-428.

엄정호(2000), 「조사의 범주 특성」, 『형태론』 2-1, 박이정, 43-58.

엄정호(2000), 「조사의 범주」, 『형태론』 2-1, 형태론 편집위원회, 43-58.

연세대학교 언어정보연구원 엮음(2015), 『언어학에서 인문언어학으로』, 인문언어학총서 4, 박이정.

연재훈(1989), 「국어 중립동사 구문에 대한 연구」, 『한글』 203, 한글학회, 165-188.

연재훈(1995), 「기능-유형 문법에서의 분석과 설명」, 『언어학』 17, 한국언어학회, 203-230.

연재훈(1996), 「여격 주어 구문에 대한 범언어적 연구」, 『국어학』 28, 국어학회, 241-275.

왕문용(1997), 「대등접속문은 국어에 과연 있는가」, 『어문학보』 20, 강원대 국어교육과, 547-567.

왕문용・민현식(1993), 『국어 문법론의 이해』, 개문사.

우순조(1995), 「내포문과 평가구문」, 『국어학』 26, 국어학회, 59-98.

우순조(1997), 「'게'의 통합적 분석」, 『언어학』 20, 한국언어학회, 227-262.

우형식(1990), 「국어 타동구문에 관한 연구」, 연세대 박사학위 논문.

우형식(1995), 「연결 이론에서의 격표지 교체 분석」, 『애산학보』 17, 애산학회, 99-153.

우형식(1996), 「접속 기능의 명사구」, 『국어문법의 탐구Ⅲ』(남기심 엮음), 태학사, 475-506.

우형식(1996), 『국어타동구문 연구』, 도서출판 박이정.

원성옥・안길진(2001), 「영어관사 원리의 이해」, 『영미어문학』 62, 한국영미어문학회, 243-266.

유동석(1984), 「양태 조사의 통보기능에 대한 연구」, 서울대학교 석사학위 논문.

유동석(1994), 「한국어의 일치」, 『생성문법연구』 4-2, 한국생성문법학회, 211-247.

유목상(1985), 『連結敍述語尾 研究-活用體系를 중심으로』, 집문당.

유승섭(1996), 「국어 보조동사 구문의 통사 구조 재론」, 『언어』 21-4, 한국언어학회, 1061-1083.

유하라(2005), 「현대국어 조사의 배열 양상」, 성균관대학교 박사학위 논문.

유현경(1985), 「국어 접속문의 통사적 특질 연구」, 연세대 국어국문학과 석사학위 논문.

유현경(1986), 「국어 접속문의 통사적 특질에 대하여」, 『한글』 191, 한글학회, 77-104.

유현경(1994), 「논항과 부가어」, 『우리말글연구』 1, 우리말학회, 175-196.

유현경(1996), 「국어 형용사 연구」, 연세대 박사학위 논문.

유현경(1997), 「활용형에 제약이 있는 형용사의 사전적 처리」, 『사전편찬학연구』 7, 한국문화사.

유현경(1998), 『국어 형용사 연구』, 한국문화사.

유현경(2000), 「국어 형용사 유형에 대한 연구」, 『국어학』 36, 국어학회, 220-258.

유현경(2001ㄱ), 「간접인용절에 대한 연구」, 『국어문법의 탐구Ⅴ』(남기심 엮음), 태학사, 77-92.

유현경(2001ㄴ), 「어미 '-다고'에 대한 연구」, 『제28회 국어학회 공동연구회 발표논문집』,

국어학회.

유현경(2001ㄷ), 「조사 '하고'의 의미와 기능」, 『한글』 251, 한글학회, 205-231.

유현경(2002ㄱ), 「부사형 어미와 접속어미」, 『한국어학』 16, 한국어학회, 333-352.

유현경(2002ㄴ), 「어미 '-다고'의 의미와 용법」, 『배달말』 31, 배달말학회, 99-122.

유현경(2003ㄱ), 「'주다' 구문에 나타나는 조사 '에게'와 '에'」, 『한국어학』 20, 한국어학회, 155-174.

유현경(2003ㄴ), 「연결어미의 종결어미적 쓰임에 대하여」, 『한글』 261, 한글학회, 123-148.

유현경(2003ㄷ), 「형용사」, 『새국어생활』 13-2 여름호, 국립국어연구원, 187-204.

유현경(2003ㄹ), 「형용사Ⅱ」, 『새국어생활』 13-3 가을호, 국립국어연구원, 255-275.

유현경(2004), 「국어 소절(Small Clause) 구성의 복합술어 분석」, 『국어학』 44, 국어학회, 133-158.

유현경(2005), 「형용사 구문의 주어에 대한 연구」, 『배달말』 37, 배달말학회, 177-211.

유현경(2006), 「형용사에 결합된 어미 '-게' 연구」, 『한글』 273, 한글학회, 99-122.

유현경(2007ㄱ), 「에게와 유정성」, 『형태론』 9-2, 257-275

유현경(2007ㄴ), 「조사 '마다'의 의미와 분포」, 『국어학』 49, 국어학회, 137-157

유현경(2007ㄷ), 「조사 '에를'의 범주와 의미」, 『언어』 32-1, 한국언어학회, 105-123

유현경(2008), 「'-고' 접속문에서 선어말어미 '-겠-'의 작용역과 결합 양상-'-었-', '-시-' 와의 비교를 중심으로」, 『어문론총』 49, 한국문학언어학회, 153-178.

유현경(2009), 「관형사형 어미 '-을'에 대한 연구-시제 의미가 없는 경우를 중심으로」, 『어문학』 104집, 한국어문학회, 57-81.

유현경(2010ㄱ), 「한국어 어말 어미 체계에 대한 연구」, 『제5회 세계 한국학 대회 발표 자료집』, 한국학중앙연구원.

유현경(2010ㄴ), 「동사 '두다'와 '놓다' 구문의 논항 배열 연구」, 『우리말글』 50, 우리말 글학회, 55-81.

유현경(2010ㄷ), 「국어 문법에서의 '가' 보어 설정 문제-심리형용사 구문의 NP_2를 중심 으로」, 『어문론총』 52, 한국문학언어학회, 1-28.

유현경(2011ㄱ), 「조사 '마다'의 의미와 분포」, 『김영희 교수 정년기념 논문집』,

유현경(2011ㄴ), 「접속과 내포」, 『국어학』 60, 국어학회, 389-410.

유현경(2011ㄷ), 「품사에 따른 어미 형태 교체에 대한 연구-/-는데/류를 중심으로」, 『어 문론총』 55, 한국문학언어학회, 87-110.

유현경(2011ㄹ), 「한국어 어말 어미 체계에 대한 새로운 제안」, 『어문논집』 46, 중앙어 문학회, 189-212.

유현경(2014), 「문법 기술에서의 체계 정합성 문제-보어 기술을 중심으로」, 『국어학』 70, 국어학회, 3-28.

유현경·서상규·한영균·강현화·고석주·조태린(2015), 『우리말 연구의 첫걸음』, 보고사.

유현경·안예리·손혜옥·김민국·전후민·강계림·이찬영(2015), 『한국어의 문법 단위』, 보고사.

유현경·안예리·양수향(2007), 「한영 병렬 말뭉치를 이용한 한국어 조사 '가'와 '는'의 선택 원리 연구」, 『언어와 정보』 10-1, 한국언어정보학회, 1-23.

유현경·양수향·안예리(2007), 「영어권 중·고급 학습자를 위한 조사 '가'와 '는'의 교수 방안 연구 -한영 병렬 말뭉치를 이용하여」, 『이중언어학』 34, 이중언어학회, 271-298.

유현경·이선희(1996), 「격조사교체와 의미역」, 『국어 문법의 탐구Ⅲ』 (남기심 엮음), 태학사, 129-172.

유현경·한정한·김광희·임동훈·김용하·박진호·이정훈(2011), 『한국어 통사론의 현상과 이론』, 태학사.

유형선(1999), 「보어에 관한 一考」, 『한국어학』 제9집, 한국어학회, 181-203.

윤평현(1988), 「'-게', '-도록'의 의미에 대하여」, 『국어국문학』 100, 국어국문학회, 307-318.

윤평현(1989), 『국어 접속어미의 연구』, 한신문화사.

윤평현(2005), 『현대국어 접속어미 연구』, 박이정.

이관규(1992), 『국어 대등 구성 연구』, 서광학술자료사.

이관규(1999), 「대등문, 종속문, 부사절 구문의 변별 특성」, 『선청어문』 27, 서울대 국어교육과, 753-780.

이관규(2001), 「국어 부사절의 유형과 통사 구조」, 『수련어문』 26, 27, 수련어문학회, 1-26.

이광호(1988), 『국어 격조사 '을/를'의 연구』, 탑출판사.

이근용(2006), 「조사 '에게, 한테, 더러, 보고'의 통사적 특성」, 『어문학논총』 25, 국민대 어문학연구소, 125-138.

이기동(1982), 「영어 정관사의 연구」, 『人文科學』 48, 연세대학교 인문과학연구소, 69-94.

이남순(1982), 「단수와 복수」, 『국어학』 11, 국어학회, 117-141.

이남순(1983), 「양식의 '에'와 소재의 '에서'」, 『관악어문연구』 8, 서울대학교 국어국문학과, 321-355.

이남순(1998), 『격과 격표지』, 월인.

이남순(1998), 『시제·상·서법』, 월인.

이동석(1999), 「'-와/-과'의 성격과 기능 분화에 대하여」, 『국어의 격과 조사』(한국어학회 편), 월인.

이병기(2006), 「'-겠-'과 '-었-'의 통합에 대하여」, 『국어학』 47, 국어학회, 179-206.

이상복(1974), 「한국어의 인용문 연구」, 『언어문화』 1(=『말』 1), 연세대 한국어학당, 131-154.

이상섭(1989), 「뭉치 언어학적으로 본 사전 편찬의 실제 문제」, 『사전편찬학연구』 2, 탑출판사.

이상섭(1995), 「말뭉치 : 그 개념과 구현」, 『사전편찬학연구』 5, 6(연세대학교 언어정보연구원 편), 탑출판사, 7-28.

이상억(1970), 「국어의 사동·피동 구문 연구」, 『국어연구』 26, 국어연구회.

이선희(1999), 「조사 {-를}의 의미와 그 문법적 실현」, 연세대학교 박사학위 논문.

이성하(1998), 『문법화의 이해』, 한국문화사.

이 숙(1983), 「연결어미 '-느라고'의 의미적·통사적 분석」, 연세대 석사학위 논문.

이숭녕(1961/1981), 『중세국어문법』, 을유문화사.

이신영(2004), 「복수성에 대한 의미분석」, 『인문학연구』 31-1, 충남대 인문과학연구소, 97-117.

이영경(2004), 「국어 'NP이' 보어의 성격에 대한 고찰」, 『어문연구』 32-3, 한국어문교육연구회, 137-163.

이원근(1996), 「우리말 도움토씨 연구」, 연세대학교 박사학위 논문.

이은경(1996), 「국어의 연결어미 연구」, 서울대 박사학위 논문.

이은경(1998), 「접속어미의 통사」, 『문법 연구와 자료』, 태학사.

이은경(2010), 「역대 학교 문법의 연결 어미와 부사형 어미」, 『한국어학』 46, 한국어학회, 285-315.

이익섭(1973), 「국어 수량사구의 통사기능에 대하여」, 『어학연구』 9-1, 서울대 어학연구소, 46-63.

이익섭(2003), 『국어 부사절의 성립』, 태학사.

이익섭·임홍빈(1983), 『국어문법론』, 학연사.

이익섭·채완(1999), 『국어문법론강의』, 학연사.

이인영(1996), 「'주제'와 '화제'-기존 주제 개념에 대한 재고」, 『어학연구』 32-1, 서울대학교 어학연구소, 61-69.

이정민(1992), 「(비)한정성/(불)특정성 대 화제(Topic)/초점」, 『국어학』 22, 국어학회, 397-424.

이정훈(2005), 「국어 조사의 인허조건과 통합 관계」, 『언어』 30-1, 한국언어학회, 173-193.

이정훈(2008), 「한국어 접속문의 구조」, 『생성문법연구』 18, 한국생성문법학회, 115-135.

이종희(1991), 「부사형 어미 {-게}의 통어적 기능에 관한 연구」, 연세대 석사학위 논문.

이종희(1992), 「부사형 어미 -게의 통어적 기능에 관한 연구」, 연세대 석사학위 논문.

이춘숙(1993), 「우리말 도움토씨 연구」, 부산대학교 박사학위 논문.

이춘숙(1999), 「토씨{가}와 {는}의 의미 기능-자리 개념과 영역 개념에서 본」, 『한글』 243, 한글학회, 177-209.

이필영(1982), 「조사 '이/가'의 의미 분석」, 『관악어문연구』 7, 서울대학교 국어국문학과, 417-431.

이필영(1988), 「국어의 복수표현에 대하여」, 『수련어문논집』 15, 수련어문학회, 67-87.

이필영(1992), 「현대국어 인용 구문에 관한 연구」, 서울대 박사학위 논문.

이필영(1995ㄱ), 『국어 인용구문 연구』, 탑출판사.

이필영(1995ㄴ), 「통사적 구성에서의 축약에 대하여-'다、이라-、더라-、려-、노라'형을 중심으로」, 『국어학』 26, 국어학회, 1-32.

이필영(1998), 「국어의 인지 표현에 관한 연구-관형구성의 불확실성 표현을 중심으로」, 『한국어교육』 9-2, 국제한국어교육학회, 179-198.

이현정(2014), 「종결어미적 용법의 '-게'에 대한 고찰-의미와 통사·화용적 특성을 중심으로」, 『언어학연구』 19-3, 한국언어연구학회, 105-126.

이현희(1982), 「국어 종결어미의 발달에 대한 관견」, 『국어학』 11, 국어학회, 143-163.

이홍식(2004), 「조사 '을'의 의미에 대하여」, 『한국어의미학』 15, 한국어의미학회, 303-327.

이희자(1994), 「국어의 '주제부-설명부-구조' 연구Ⅰ」, 『국어학』 24, 국어학회, 319-351.

이희자·유현경·김한샘·천미애(2007), 「『학습용 한국어 관용 표현 사전』 편찬 연구」, 『한국사전학』 9, 한국사전학회, 99-122.

이희자·이종희(1998), 『텍스트분석적 국어 조사의 연구』, 한국문화사.

이희자·이종희(1999), 『사전식 텍스트 분석적 국어 어미의 연구』, 한국문화사.

임동훈(1995), 「통사론과 통사 단위」, 『어학연구』 31-1, 서울대 어학연구소, 87-138.

임동훈(1996), 「현대 국어 경어법 어미 '-시-'에 대한 연구」, 서울대 박사학위 논문.

임동훈(2001), 「'-겠-'의 용법과 그 역사적 해석」, 『국어학』 37, 국어학회, 115-147.

임동훈(2004), 「한국어 조사의 하위 부류와 결합 유형」, 『국어학』 43, 국어학회, 119-154.

임동훈(2009), 「한국어 병렬문의 문법적 위상」, 『국어학』 56, 국어학회, 87-130.

임유종·박동호·홍재성(2001), 「접속부사의 구문론적 특성」, 『언어학』 28, 한국언어학회, 177-209.

임칠성(1992), 「현대국어 관형형 어미의 시제 연구」, 『용봉논총』 21, 전남대 인문과학연구소, 233-249.

임홍빈(1972), 「NP-병렬의 {와/과}에 대하여」, 『서울대 교양과정부 논문집』 4.

임홍빈(1976), 「부사화의 대상성」, 『국어학』 4, 국어학회, 39-60.

임홍빈(1978), 「국어 피동화의 의미」, 『진단학보』 45, 진단학회, 94-115.

임홍빈(1979), 「{을/를}조사의 의미와 통사」, 『한국학 논총』 2, 국민대.

임홍빈(1979), 「복수성과 복수화」, 『한국어논총』 1, 국민대학 한국학연구소, 179-218.

임홍빈(1984), 「문종결의 논리와 수행-억양」, 『말』 9, 연세대 언어연구교육원, 147-182.

임홍빈(2000), 「복수 표지 '들'과 사건성」, 『애산학보』 24, 애산학회, 3-50.

임홍빈·장소원(1995),『국어문법론Ⅰ』, 한국방송대학교출판부.

장경현(2012),「연결어미에서 기원한 종결어미의 의미 연구」,『한국어의미학』38, 한국어의미학회, 109-134.

장경희(1987),「국어의 완형보절의 해석」,『국어학』16, 국어학회, 487-519.

장광군(1999),『한국어 연결어미의 표현론』, 월인.

장영준(2000),「한국어 부사형 서술어와 보문자 '-게'」,『한국어 통사 구조 새로 보기』, 박이정.

장요한(2007),「문장의 확장'에 대한 소고」,『시학과 언어학』14, 시학과 언어학회, 191-220.

장유진(1999),「국어 격조사의 기능 연구-의미 기능을 중심으로」, 성신여자대학교 석사학위 논문.

전영철(2003),「한국어 총칭 표현들의 의미론적 분석」,『언어학』37, 한국언어학회, 267-295.

전영철(2006),「대조 화제와 대조 초점의 표지 '는'」,『한글』274, 한글학회, 171-200.

전혜영(1988),「현대 한국어 접속어미의 화용론적 연구」, 이화여대 박사학위 논문.

전혜영(1995),「한국어 공손현상과 '-겠-'의 화용론」,『국어학』26, 국어학회, 125-146.

전혜영(1996),「'-다고' 반복 질문의 화용적 기능」,『언어』21-3, 한국언어학회, 889-911.

정문수(1984),「상적 특성에 따른 한국어 풀이씨의 분류」,『문법연구』5, 문법연구회, 51-85.

정주리(1995),「국어 보문 동사의 통사·의미론적 연구」,『한글』228, 한글학회, 181-218.

정희자(1994),「주제에 관하여 -담화의 기능 개념으로서」,『외대어문논집』9, 부산외대, 191-227.

정희정(1988),「'에'를 중심으로 본 토씨의 의미」,『국어학』17, 국어학회, 153-175.

정희정·권경일·조은(1993),「한국어 사전 편찬실 제3회 연찬회 합동발표 요지」, 연세대 한국어 사전 편찬실.

조경순(2001),「국어 보어에 대한 의미 구조론적 연구」,『한국언어문학』47, 한국언어문학회, 685-704.

조경순(2005),「현대 국어 세 자리 서술어 연구」, 전남대 대학원 박사학위 논문.

조민하(2011),「연결어미의 종결기능과 억양의 역할」, 고려대학교 박사학위 논문.

조일영(1994),「국어 양태소의 의미 기능 연구」, 고려대 국문과 박사학위 논문.

채 완(1977),「조사 '-는'의 의미」,『국어학』4, 국어학회, 93-113.

최동주(1994),「국어 접속문에서의 시제 현상」,『국어학』24, 국어학회, 45-86.

최동주(1995),「국어 선어말어미의 배열순서의 역사적 변화」,『언어학』17, 한국언어학회, 317-335.

최동주(1997), 「현대국어의 특수조사에 대한 통사적 고찰」, 『국어학』 30, 국어학회, 201-224.

최수영(1984), 「주제화와 주격조사 : '-는'과 '-가'를 중심으로」, 『어학연구』 20-3, 서울
          대학교 어학연구소, 233-250.

최영환(1987), 「{가}와 {는}의 의미 비교」, 서울대학교 석사학위 논문.

최웅환(1999), 「인용표지의 생성」, 『언어과학연구』 16, 언어과학회.

최웅환(2002), 「국어 접속문의 통사적 표상에 대한 연구」, 『언어과학연구』 23, 언어과학
          회, 225-248.

최일순(1998), 「국어의 주격중출문 연구」, 전남대 대학원 박사학위 논문.

최재희(1989), 「국어 접속문의 구성에 관한 연구」, 성균관대학교 박사학위 논문.

최재희(1991), 『국어의 접속문 구성 연구』, 탑출판사.

최재희(2000), 「'-고'에 이끌리는 내포 구문의 의미 해석」, 『한글』 248, 한글학회,
          107-128.

최현배(1937/1971), 『우리말본』, 정음사.

최형강(2004), 「국어의 격조사구 보어 연구」, 서울대 대학원 박사학위 논문.

최형강(2005), 「주격 중출 구성에서의 보어-주어, 주제와의 비교를 중심으로」, 『우리말
          연구 서른아홉 마당』, 태학사, 381-399.

최형기(2000), 「국어 보어에 관한 연구」, 『언어학』 8-3, 대한언어학회, 203-217.

최호철·홍종선·조일영·송향근·고창수(1998), 「기계 번역을 위한 한국어 논항 체계
          연구」, 『한국어 의미학』 3, 한국어의미학회, 1-39.

하길종(1999), 『현대 한국어 비교 구문 연구』, 박이정.

한국어학회(1999), 『국어의 격과 조사』, 월인.

한 길(1991), 『국어 종결어미 연구』, 강원대학교 출판부.

한동완(1996), 『국어의 시제 연구』, 탑출판사.

한송화(1997), 「활용형에 제약이 있는 동사의 사전적 처리」, 『사전편찬학연구』 7, 한국
          문화사.

한송화(1998), 「발화보문동사에 대한 연구」, 『국어문법탐구Ⅲ』(남기심 편), 태학사.

한용운(2004), 「조사연속구성과 복합조사」, 『어문연구』 32-2, 한국어문연구회, 145-169.

한학성(1995), 「영어 관사의 문법 : 국내 관사 교육의 문제점 및 그 개선을 위한 관사 교
          육 기본 모형의 모색」, 『언어연구』 13, 경희대학교 언어연구소, 109-146.

허 웅(1983), 『국어학』, 샘문화사.

허 웅(1999), 『20세기 우리말의 통어론』, 샘 문화사.

허철구(2010), 「국어의 '-고' 접속문의 구조와 해석」, 『한국어학』 47, 한국어학회, 261-293.

홍기선(1984), 「한국어 풀이씨의 상적 특성」, 『문법연구』 5, 문법연구회.

홍기선(1994), 「한국어 대격의 의미」, 『언어』 19-1, 한국언어학회, 287-311.

홍사만(1983), 『국어특수조사론』, 학문사.

홍양추(1989), 「국어 부사절 내포문 연구」, 『한글』 203, 한글학회, 49-92.

홍윤표(1977), 「불구동사에 대하여」, 『이숭녕선생 고희기념 국어국문학논총』, 탑출판사.

홍윤표(1978), 「방향성 표시의 격」, 『국어학』 6, 국어학회, 111-132.

홍재성(1987), 『현대 한국어 동사구문의 연구』, 탑출판사.

홍재성(1998), 「동사・형용사의 사전적 처리」, 『새국어생활』 8-1, 국립국어연구원, 131-157.

홍종선・고광주(1999), 「'-을' 논항의 의미역 체계 연구」, 『한글』 243, 한글학회, 141-176.

황병순(2003), 「한정 관형절과 비한정(부정) 관형절」, 『배달말』 33, 배달말학회, 197-211.

황화상(2003), 「조사의 작용역과 조사 중첩」, 『국어학』 42, 국어학회, 115-140.

황화상(2005), 「'-이'형 부사어의 문법 범주」, 『제28차 한국어 통사론 연구회 발표 요지』.

Berry, Roger (1993), *Articles*, London : HarperCollins Publishers.

Burzio, L. (1986), *Italian Syntax*, Dordrecht : Reidel.

Chafe, Wallace L. (1974), Language and consciousness, *Language* 50, Linguistic Society of America, 111-133.

Chomsky, Noam (1957), *Syntactic Structures*, New York : Humanities Press.

Chomsky, Noam (1981), *Lectures on Government and Binding,* Dordecht : Foris.

Clark, Herbert and Eve V. Clark (1977), *Psychology and Language*, New York : Harcourt Brace and Jovanovich.

Comrie. Bernard (1981), *Language Universals and Linguistic Typology*, Oxford : Blackwell.

Comrie. Bernard (1989), Language universals and linguistic typology : *Syntax and morphology*, Chicago : University of Chicago press.

Corbett, Greville G. (2000), *Number*, Cambridge : Cambridge University Press.

Croft, William (2003), *Typology and Universal*(2nd edition), Cambridge : Cambridge University Press.

Dowty, David (1991), Thematic Proto-Roles and Argument Selection, *Language* 67. Linguistic Society of America. 547-619.

Fillmore (1968), The Case for Case, *Universal in Linguistic Theory*, Bach and Harms(eds.), New York; Holt, Reinhart and Winston.

Givón, Talmy (1984), *Syntax I : A Functional-Typological Introduction*, Amsterdam; John Benjamins publishing Company.

Grimshaw, Jane (1990), *Argument Structure*, Cambridge, Mass. : MIT Press.

Haegeman, Liliane (1991), *Introduction to Government and Binding Theory*, Oxford : Blackwell.

Jackendoff, Ray (1990), *Semantic Structures*, Cambridge, Mass. : MIT Press.

Jeong, Yongkil (1999), Comp-ko and Case Makers, *Studies in Generative Grammar* 9-1, The Korean Generative Grammar Circle, 39-87.

Jespersen (1924), *The Philosophy of Grammar*, London : George Allen & Unwin LTD.

Kim, Nam-Kil (1980), Indirect Speech and its Predicates in Korean, *Korean Linguistics* 2-1, Amsterdam; John Benjamins Publishing Company, 97-112.

Kuno, Susumu (1973), *The Structure of the Japanese Language*, Cambridge, Mass. : MIT Press.

Kwak, Eun-Joo (2001), The Semantics of Bare-formed Plurals in Korean, *Korean Journal of Linguistics* 26-2. 311-330.

Lee, Hong-Bae (1970), *A Study of Korean Syntax*, Pan Korea Corporation.

Perlmutter, D. (1978), Impersonal Passives and the Unaccusative Hypothesis, *BLS* 4.

Perlmutter, David M. (1978), Impersonal Passives and the Unaccusative Hypothesis. *BLS* 4, 157-189.

Williams, Edwin S. (1975), Small Clauses in English, *Syntax and Semantics* 4(eds. by John P. Kimball), New York : Academic press. 249-273.

Williams, Edwin S. (1981), Argument Structure and Morphology, *The Linguistic Review* 1, 81-144.

Yamamoto, Mutsumi (1999), Animacy and Reference-A cognitive approach to corpus linguistics, *Studied in Language Companion Series* 46, Amsterdam : John Benjamins Publishing Company.

Yang, In-Seok (1972), *Korean Syntax*, Seoul : Paek Hap Sa.

국립국어연구원 편(1999), 『표준국어대사전』, 서울 : 두산동아.

금성출판사(1992), 『금성 국어 대사전』, 금성출판사.

김하수·유현경·김해옥·정희정·강현화·고석주·한송화·조민정·김현강(2007), 『한국어교육을 위한 연어사전』, 커뮤니케이션 북스.

사회과학원 언어연구소(1992), 『조선말 대사전』, 동광출판사.

서상규·백봉자·강현화·김홍범·남길임·유현경·정희정·한송화(2004), 『외국인을 위한 한국어 학습 사전』, 문화관광부 한국어세계화재단.

연세대 언어정보개발연구원 편(1998), 『연세 한국어 사전』, 두산동아.

이희자·이종희(2001), 『한국어 학습용 어미·조사 사전』, 한국문화사.

한글학회(1992), 『우리말큰사전』, 어문각.

문법 용어 찾아보기

문법 형태 찾아보기

저자 유현경

연세대학교 국어국문학과 학사, 석사, 박사 졸업
현 연세대학교 국어국문학과 교수 / 언어연구교육원 원장

주요 저서
『국어 형용사 연구』(1998)

공저
『한국어의 문법 단위』(2015)
『우리말 연구의 첫걸음』(2015)
『한국어 통사론의 현상과 이론』(2011)
『한국어 사전편찬학개론』(2008) 등

형태 중심 한국어 통사론

초판 1쇄 발행 2017년 2월 14일
초판 2쇄 발행 2017년 10월 14일

저 자 유현경
펴낸이 이대현
편 집 권분옥
디자인 최기윤

펴낸곳 도서출판 역락
주소 서울시 서초구 동광로 46길 6-6 문창빌딩 2층
전화 02-3409-2058, 2060
팩스 02-3409-2059
등록 1999년 4월 19일 제303-2002-000014호
이메일 youkrack@hanmail.net
역락블로그 http://blog.naver.com/youkrack3888

ISBN 979-11-5686-744-9 93710

이 도서의 국립중앙도서관 출판예정도서목록(CIP)은 서지정보유통지원시스템 홈페이지(http://seoji.nl.go.kr)와 국가자료공동목록시스템(http://www.nl.go.kr/kolisnet)에서 이용하실 수 있습니다.(CIP제어번호: CIP2017002509)